OLIVIER TWIST

2ᵉ SERIE IN-4°.

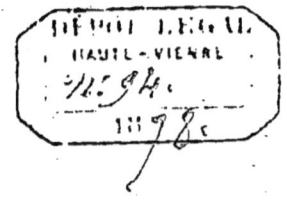

PROPRIÉTÉ DES ÉDITEURS.

AVIS IMPORTANT.

Tous les Ouvrages traduits de l'anglais que nous publions sont choisis parmi les meilleurs de Walter Scott, Charles Dickens, Fenimore Cooper, Miss Cumming, etc., etc. Les textes sont soigneusement revus, et quelquefois annotés, sous le contrôle d'un comité d'une OEuvre centrale des Bons Livres.

CHARLES DICKENS

OLIVIER TWIST

LES VOLEURS DE LONDRES

TRADUCTION DE LA BÉDOLLIÈRE

NOUVELLE ÉDITION REVUE.

LIMOGES
EUGÈNE ARDANT ET Cie, ÉDITEURS.

OLIVIER TWIST

I. — Du lieu où Olivier Twist reçut le jour, et des circonstances qui accompagnèrent sa naissance.

Au nombre des établissements publics d'une certaine ville d'Angleterre que, pour bien des raisons, je m'abstiendrai prudemment de désigner, et à laquelle, pourtant, je ne prêterai aucun nom imaginaire, il en est un, commun à presque toutes les villes, petites ou grandes, qu'elle se fait gloire de posséder : un dépôt de mendicité ; et dans cet asile philanthropique, un certain jour et à une certaine époque que je ne crois pas nécessaire de préciser, d'autant plus que cela ne serait d'aucune utilité pour le lecteur, du moins pour le présent, naquit le petit mortel dont le nom est placé en tête de ce chapitre.

Il y avait déjà près de cinq minutes que le chirurgien des pauvres de la paroisse l'avait introduit dans ce monde de misères et de souffrances, qu'on doutait encore qu'il pût vivre pour porter un nom quelconque. Il s'ensuivit que, après plusieurs efforts, il respira, éternua, et, par un cri aussi perçant qu'on pouvait raisonnablement l'attendre d'un enfant mâle qui ne possédait cet apanage si utile, le don de la voix, que depuis cinq minutes et quelques secondes, il annonça aux commensaux du dépôt de mendicité le fait d'une nouvelle charge que son entrée dans le monde allait imposer à la paroisse.

En même temps qu'Olivier donnait cette première preuve non équivoque de la force et de la liberté de ses poumons, la courte-pointe à mille pièces qui recouvrait le lit de fer fit un léger bruissement, et laissa voir le visage pâle et livide d'une jeune femme, qui, soulevant péniblement sa tête, dit d'une voix languissante ces paroles qu'on entendit à peine :

— Que je voie mon enfant avant de mourir !

Le chirurgien qui était assis devant la cheminée, présentant ses mains au feu et les frottant alternativement, se leva à la voix de la jeune femme, et, s'approchant du lit, dit avec douceur :

— Oh ! il ne faut pas encore parler de mourir !

— Bien sûr que non, pauvre chère femme ! que Dieu l'en préserve ! reprit la garde mettant précipitamment dans sa poche une bouteille dont elle avait entamé le contenu, dans un coin, avec une évidente satisfaction; que Dieu l'en préserve ! Quand elle sera arrivée à mon âge, mon cher Monsieur, qu'elle aura eu comme moi treize enfants à elle en propre, dont que l' bon Dieu m'en a r'tiré onze, et qu'y n' m'en reste pu qu' deux qui sont ici avec moi au dépôt, elle pensera bien autrement, au lieur de s' laisser abattre comme ça par le chagrin. Et s'adressant à l'accouchée : — Allons, mon p'tit chou, songez au bonheur qu'y a d'être mère, et qu' faut vivre pour votr' enfant. Songez-y, là, comme une bonne petite femme.

Cette consolante perspective des joies d'une mère ne produisit pas apparemment tout l'effet qu'elle devait : la malade secoua la tête en signe de doute, et étendit les bras vers son enfant. Le chirurgien le lui ayant présenté, elle imprima avec passion sur le front de l'innocent ses lèvres froides et décolorées; puis, passant ses mains sur son visage à elle-même, comme pour se rappeler une idée confuse, elle jeta autour d'elle un regard fixe, égaré, tressaillit d'horreur, retomba sur le lit et mourut... Ils lui frictionnèrent les mains et les tempes pour tâcher de la rappeler à la vie, mais inutilement : le sang s'était glacé pour toujours ! ! !

— Tout est fini, la mère ! dit alors le chirurgien.

— Pauv' jeune femme ! c'est pourtant vrai ! reprit la garde ramassant le bouchon de la bouteille, qui était tombé sur l'oreiller, comme elle se baissait pour prendre l'enfant, — pauv' jeunesse ! c' que c'est que d' nous, pourtant !

— Vous n'avez pas besoin de m'envoyer chercher si l'enfant crie, entendez-vous, la garde, dit le chirurgien mettant ses gants d'un air délibéré. Il est bien probable qu'il sera méchant; vous lui donnerez alors un peu de gruau. Disant cela, il prit son chapeau, et, s'arrêtant près du lit, comme il se dirigeait vers la porte, il ajouta : D'où venait-elle ?

— Ils l'ont amenée ici hier au soir par ordre de l'inspecteur, dit la vieille. On l'a trouvée couchée au beau milieu de la rue. Y a tout lieu d' croire qu'elle avait fait une longue route, car ses souliers sont tout usés ; mais d'où elle venait et où elle allait, c'est ce que personne ne sait.

Le chirurgien se pencha sur le lit, et soulevant la main gauche de la morte : — Toujours même histoire ! dit-il en branlant la tête ; elle n'a pas d'alliance, à ce que je vois. Allons, bonsoir !

L'homme de la faculté s'en alla dîner ; et la garde, ayant eu de nouveau recours à la bouteille, s'assit sur une chaise basse devant le feu, et se mit en devoir d'habiller l'enfant.

Quel exemple frappant du pouvoir de la parure offrait dans cet état le petit Olivier Twist ! Enveloppé dans la couverture qui jusqu'alors avait formé son seul vêtement, il eût pu être le fils d'un noble seigneur tout aussi bien que celui d'un pauvre mendiant. L'homme le plus présomptueux qui ne l'aurait pas connu eût été fort embarrassé de lui assigner un rang dans la société. Mais à peine fut-il affublé de la vieille robe de calicot, devenue jaune à force de servir, qu'il fut pour ainsi dire marqué et étiqueté, et se trouva tout d'un coup à sa place : le pauvre enfant de la paroisse, l'orphelin du dépôt de mendicité ; plus tard, l'humble goujat réduit à manquer du plus strict nécessaire, destiné aux coups et aux mauvais traitements, méprisé de tout le monde et plaint par personne.

Olivier cria bien fort. S'il eût su qu'il était orphelin, abandonné à la merci des marguilliers et des inspecteurs, il n'en eût crié peut-être que plus fort.

II. — De la manière dont fut élevé Olivier Twist, de sa croissance, de son éducation.

Pendant les huit ou dix premiers mois, Olivier fut victime d'un cours systématique de tromperies et de déceptions : il fut élevé au biberon. L'état chétif du petit orphelin, causé par la privation d'une nourriture naturelle, fut rapporté fidèlement par les *autorités du dépôt de mendicité* aux *autorités de la paroisse*. Les *autorités de la paroisse* s'informèrent avec dignité auprès des *autorités du dépôt de mendicité* s'il n'y aurait pas dans ledit dépôt quelque femme qui fût dans le cas de prodiguer à l'enfant le soulagement et la nourriture dont il avait besoin ; et, sur la réponse négative faite humblement par les *autorités du dépôt de mendicité*, les *autorités de la paroisse*, suivant l'impulsion de leur cœur en faveur de l'humanité souffrante, résolurent d'un commun accord qu'Olivier Twist serait *affermé* ; c'est-à-dire, pour parler plus clairement, qu'il serait envoyé à deux ou trois milles de là, dans une succursale du dépôt, où vingt à trente jeunes *contrevenants* à la loi sur la mendicité se roulaient tout le jour sans courir le risque d'être incommodés par l'excès de nourriture ou par le surcroît de vêtements. La direction de cette succursale était confiée à la surveillance toute maternelle d'une vieille femme qui recevait les *jeunes coupables* à raison de soixante-quinze centimes par semaine pour chaque enfant.

Quinze sous par semaine pour la nourriture d'un petit enfant font une somme encore assez ronde. On peut se procurer bien des douceurs avec quinze sous, assez du moins pour se surcharger l'estomac à s'en rendre malade. La vieille en question savait bien ce qui convenait aux enfants, et encore mieux ce qui était bon pour elle-même ; aussi elle s'appropriait pour son propre usage la plus grande partie des revenus hebdomadaires.

Tout le monde connaît l'histoire de ce philosophe expérimenté qui, ayant trouvé le moyen de faire vivre un cheval sans lui donner à manger, en fit l'essai sur le sien, qu'il amena à ne plus manger qu'un brin de paille par jour, et qu'il aurait rendu, sans aucun doute, l'animal le plus vif et le plus fringant, en ne lui donnant plus rien du tout, si la pauvre bête ne fût venue à mourir justement vingt-quatre heures avant de recevoir sa première ration d'*air pur*.

Malheureusement pour la philosophie expérimentale de la vieille aux tendres soins de qui Olivier Twist fut confié, un résultat semblable accompagnait ordinairement *son système d'opération* ; car, au moment où un enfant en était venu à ce point de pouvoir exister de la plus petite portion de la plus maigre nourriture possible, il arrivait, par une de ces fatalités perverses du sort, et cela huit fois et demie sur dix, qu'il devenait malade de besoin et de froid ou qu'il tombait dans le feu par défaut de surveillance, ou bien encore qu'il était étouffé par accident ; dans l'un ou l'autre desquels cas le pauvre petit être allait presque toujours rejoindre dans l'autre monde ses parents qu'il n'avait jamais connus dans celui-ci.

On ne doit pas s'attendre à trouver un excès d'embonpoint chez de jeunes enfants élevés d'après le système que je viens de décrire. Olivier venait d'entrer dans sa neuvième année, et il était fluet, chétif et petit pour son âge; mais il avait une âme forte et un jugement sain qui s'était développé chez lui, grâce à la diète à laquelle il était soumis; et peut-être est-ce à cette circonstance qu'il dut d'avoir atteint pour la neuvième fois l'anniversaire de sa naissance. Qu'il en soit ce qu'il voudra, le fait est que c'était l'anniversaire de sa naissance, et il le célébrait tristement dans le cellier, en compagnie de deux de ses petits camarades qui, après avoir partagé avec lui une grêle de coups, y avaient été enfermés pour avoir osé *prétendre* qu'ils avaient faim, lorsque madame Mann, l'aimable hôtesse du logis, aperçut tout à coup M. Bumble, le bedeau, qui faisait tous ses efforts pour ouvrir la petite porte du jardin.

— Dieu m' pardonne, je crois qu' c'est M. Bumble! dit-elle avec une joie affectée en mettant la tête à la fenêtre; Suzanne, poursuivit-elle en s'adressant à la bonne, — courez ouvrir à Olivier et aux deux autres petits vauriens et débarbouillez-les vite. Dieu! monsieur Bumble, que j' suis donc contente de vous voir!

Il faut savoir que M. Bumble était de ces hommes corpulents et irascibles, qui, au lieu de répondre comme il le devait à cette affectueuse réception, secoua le guichet avec force et donna dans la porte un coup qui ne pouvait provenir que du pied d'un bedeau.

— Là, voyez-vous ça! dit madame Mann courant ouvrir la porte (car les trois petits marmots avaient été mis en liberté pendant ce temps). A-t-on jamais vu! dire que j'oubliais que la porte était fermée en-dedans à cause de ces chers petits! Voyez-vous ça! Donnez-vous la peine d'entrer, monsieur Bumble, je vous en prie.

Quoique cette invitation fût faite avec une courtoisie capable d'adoucir le cœur d'un marguillier, elle ne toucha aucunement le bedeau.

— Croyez-vous, madame Mann, dit M. Bumble en pressant fortement sa canne, — croyez-vous qu'il soit respectueux ou convenable de faire attendre à la porte de votre jardin les *officiers paroissiaux* quand ils viennent pour des *affaires paroissiales?* Savez-vous bien, madame Mann, que vous êtes, si je puis m'exprimer ainsi, une déléguée paroissiale, salariée par la paroisse!

— Cer...tai...ne...ment, monsieur Bumble, répondit madame Mann d'un ton flatteur; c'est que j'étais allée dire à deux ou trois de ces chers enfants qui vous aiment tant que c'était vous qui veniez, monsieur Bumble.

M. Bumble avait une haute idée de ses facultés oratoires et de son importance.

— C'est bien, c'est bien, madame Mann! reprit-il d'un ton plus calme, c'est possible, je ne dis pas le contraire; mais entrons chez vous, j'ai quelque chose à vous communiquer.

Madame Mann fit entrer le bedeau dans une petite salle basse carrelée et le débarrassa de sa canne, qu'elle plaça avec symétrie sur une table qui était devant lui.

— N'allez pas vous fâcher de c' que j' vas vous dire, monsieur Bumble, hasarda madame Mann avec grâce, vous avez fait un bon bout d' chemin, vous avez chaud, ça s' voit bien, monsieur Bumble, sans quoi je n' me permettrais pas... Voulez-vous accepter un p'tit verre de queuqu' chose, monsieur Bumble?

— Merci bien! pas la moindre des choses, dit M. Bumble en agitant sa main d'un air de bienveillante dignité.

— Vous n' me r'fuserez pas, dit madame Mann, qui devinait un consentement facile dans le ton du refus aussi bien que dans le geste qui l'accompagnait, rien qu'une petite goutte avec un peu d'eau froide et un morceau de suc...

M. Bumble toussa.

— Rien qu'une larme, ajouta-t-elle d'un petit air engageant.

— Qu'allez-vous me donner? demanda le bedeau.

— C'est ce que je suis obligée d'avoir queuquefois dans la maison pour mettre dans le daffy d' ces chers enfants quand ils sont malades, dit madame Mann ouvrant un petit buffet placé dans une encoignure et en tirant une bouteille et un verre: c'est du genièvre, monsieur Bumble.

— Est-ce que vous donnez du daffy aux enfants, madame Mann? demanda celui-ci suivant des yeux l'attrayante action du mélange (1).

— Bien sûr que je leur z'en donne, malgré l' prix qu' ça m' coûte! reprit la sevreuse. J' n'aurais pas l' cœur d' les voir souffrir devant mes yeux, savez-vous bien, monsieur Bumble!

---

(1) Ceux-là seuls qui ont étudié de près en Angleterre le fonctionnement de la charité légale, peuvent dire ce que le protestantisme a fait pour les pauvres en leur enlevant les sœurs de charité et les religieux hospitaliers. A eux de contrôler le tableau que présente ici Dickens; fût-il chargé, il en reste assez pour juger la philanthropie. (*Note des Éditeurs.*)

— Sans doute, fit l'autre avec un signe d'approbation. Je pense bien que vous ne pourriez pas. Vous êtes une femme compatissante, madame Mann. (Elle pose le verre sur la table). J'en glisserai un mot à ces messieurs de l'administration, madame Mann. (Il approche le verre). Vous avez des entrailles de mère, madame Mann. (Il tourne l'eau et le genièvre). J'ai bien l'honneur de boire à votre santé, madame Mann. (Il en boit la moitié). Ah! ça, pour en revenir au sujet de ma visite, dit le bedeau tirant de sa poche un portefeuille de cuir, l'enfant qui a été ondoyé sous le nom d'Olivier Twist a aujourd'hui neuf ans.

— Que Dieu l'ait en sa sainte garde! s'écria madame Mann se frottant l'œil gauche avec le coin de son tablier.

— Cependant, poursuivit le bedeau, malgré la récompense promise de dix livres sterling, laquelle a été depuis portée jusqu'à vingt, malgré les recherches les plus *excessives*, et, si je puis m'exprimer ainsi, les plus *surnaturelles* de la part des administrateurs de cette paroisse, nous n'avons jamais pu découvrir qui est son père, pas plus que le nom et le pays de sa mère.

Madame Mann joignit les mains en signe d'étonnement, et après un instant de réflexion :

— Comment se fait-il donc alors qu'il ait un nom? demanda-t-elle.

Le bedeau se redressant avec dignité :

— C'est moi que j' l'ai inventé! répondit-il.

— Vous, monsieur Bumble?

— Moi-même, madame Mann ; nous nommons nos enfants trouvés par ordre alphabétique. Le dernier était à l'S, je l'ai nommé Swubble; celui-ci en était à la lettre T, je lui ai donné le nom de Twist; le premier qui nous arrivera s'appellera Unwin, le suivant Vilkins, et ainsi de suite. Nous avons des noms tout prêts jusqu'à la concurrence du Z, à charge par nous de recommencer quand nous aurons épuisé l'alphabet.

— Vraiment, monsieur Bumble, c'est pas pour dire, mais faut avouer qu' vous êtes fièrement instruit!

— C'est bien possible, madame Mann, dit le bedeau évidemment satisfait du compliment, c'est bien possible. (Il vide son verre). Or donc, Olivier étant maintenant trop grand pour rester ici, l'administration a décidé qu'il retournerait au dépôt, et je suis venu moi-même à cet effet pour le chercher; ainsi, faites-le venir, que je le voie.

— Je vais vous l'amener à l'instant, dit madame Mann en quittant la salle.

Olivier, qu'on avait débarrassé du plus gros d'une couche de crasse qui formait croûte sur son visage et sur ses mains (autant du moins qu'on en put ôter en une seule fois), entra dans la salle conduit par sa bienveillante protectrice.

— Saluez, monsieur Olivier, dit madame Mann.

L'enfant fit un salut partagé entre le bedeau assis sur la chaise et le tricorne posé sur la table.

— Veux-tu venir avec moi, Olivier? dit avec majesté M. Bumble.

Olivier allait répondre qu'il suivrait le premier venu avec le plus grand plaisir, lorsque, levant les yeux, que par respect il avait tenus baissés jusqu'alors, son regard rencontra celui de madame Mann, qui, placée derrière la chaise du bedeau, lui montrait le poing d'un air furieux. Il comprit parfaitement l'insinuation dès l'abord : ce poing-là avait été trop souvent imprimé sur son dos pour ne pas être profondément gravé dans sa mémoire.

— Et elle, viendra-t-elle avec moi? demanda le pauvre Olivier.

— Non, cela ne se peut pas; mais elle viendra te voir quelquefois répondit M. Bumble.

Ceci n'était pas très-rassurant pour Olivier; mais, tout jeune qu'il était, il eut assez de bon sens pour feindre un vif regret de s'en aller. Ce ne fut pas d'ailleurs chose difficile pour lui d'appeler les larmes dans ses yeux; la faim et des coups encore tout récents sont de puissants motifs pour pleurer, aussi pleura-t-il naturellement. Madame Mann lui donna mille baisers et ce dont il avait le plus besoin : une tartine de pain et de beurre, dans la crainte qu'il ne parût trop affamé en arrivant au dépôt.

Sa tranche de pain d'une main, et de l'autre s'accrochant à la manche de M. Bumble, Olivier suivait comme il pouvait en s'inquiétant *s'ils allaient bientôt arriver*. M. Bumble répondait d'un ton bref et bourru; car la douceur momentanée qu'inspire le *grog* dans certaine âmes s'était évaporée du cœur de M. Bumble, et il était redevenus bedeau. A peine était-il arrivé depuis un quart d'heure au dépôt, que M. Bumble vint lui annoncer que le *conseil* était assemblé, et qu'on l'attendait au *parquet*. Il lui ordonna de le suivre, en accompagnant cette recommandation de deux coups de canne. Olivier arriva dans une salle où dix messieurs gros et gras étaient assis autour d'une table

— Salue le parquet, dit Bumble. Olivier salua.

— Comment t'appelles-tu, petit?

Olivier n'ayant jamais vu tant de personnages, et d'ailleurs ayant reçu de Bumble un vigoureux coup de canne en manière d'encouragement, se mit à pleurer. Ces messieurs le déclarèrent idiot. Puis on lui apprit qu'il était orphelin, à la charge de la paroisse, et qu'il était destiné à apprendre un état, qui consistait à effiler de vieilles cordes pour faire de l'étoupe. Et il fut emmené par le bedeau dans une chambrée où il s'endormit sur un lit bien dur, car les douces lois de ce bon pays permettent aux pauvres de dormir, peu il est vrai, mais enfin quelquefois.

Ce jour-là même, pendant qu'Olivier sommeillait dans son innocence, le conseil prenait une décision qui devait influer sur son avenir. En effet, l'administration trouva que les pauvres étaient trop bien, que le dépôt était un rendez-vous de passe-temps agréable, où les déjeuners, les dîners, les soupers pleuvaient tout le long de l'année, un Elysée où tout était plaisir. Alors ils firent un règlement par lequel les pauvres avaient leur libre arbitre, ou de mourir de consomption et de faim dans le dépôt, ou plus promptement hors de la maison. A cet effet, ils passèrent un marché avec l'administration des eaux pour en avoir une provision illimitée, et un autre avec un marchand de blé, qui devait fournir de temps en temps une petite quantité de farine d'avoine dont ils composèrent trois repas d'un gruau clair par jour, avec un oignon deux fois la semaine et la moitié d'un petit pain le dimanche.

Six mois après l'arrivée d'Olivier au dépôt, le nouveau système était en pleine activité. Il devint coûteux tout d'abord à cause de l'augmentation du mémoire de l'entrepreneur des pompes funèbres, mais le nombre des pensionnaires diminuait considérablement, et l'administration était ravie. A l'heure des repas chaque enfant recevait un plein bol de gruau et *jamais plus*, à l'exception des jours de fête, où il recevait en plus deux onces un quart de pain. Les bols n'avaient jamais besoin d'être lavés, les enfants les polissaient avec leurs cuillers jusqu'à ce qu'ils fussent redevenus brillants; et quand ils avaient fini cette opération, qui ne demandait pas beaucoup de temps, ils fixaient sur le chaudron des yeux si avides, qu'ils semblaient vouloir dévorer jusqu'aux briques qui le soutenaient. Ces malheureux mangeaient si peu, et ils étaient devenus si voraces et si sauvages, qu'un d'entre eux donna à entendre à ses compagnons qu'à moins qu'on ne lui accordât un autre bol de gruau par jour, il se verrait dans la nécessité une belle nuit de dévorer son camarade de lit. Il avait les yeux hagards en disant cela, et ils le crurent capable de le faire; c'est pourquoi ils tirèrent à la courte paille pour savoir lequel d'entre eux irait à souper demander au chef un second bol de gruau. Le sort tomba sur Olivier. Tout enfant qu'il était, la faim l'avait exaspéré. Il se leva donc de table, et, alarmé lui-même de sa témérité, il s'avança vers le chef :

— Voudriez-vous m'en donner encore, s'il vous plaît, Monsieur ?

Le chef devint pâle et tremblant. Il regarda le jeune *rebelle* avec un étonnement stupide. Les aides furent paralysés de surprise et les enfants de terreur.

— Que veux-tu ? demanda-t-il d'une voix altérée.

— J'en voudrais encore, Monsieur, s'il vous plaît, répondit Olivier.

Le chef visa un coup de sa cuiller à pot à la tête de l'enfant, lui mit les mains derrière le dos, et appela à haute voix le bedeau.

Les administrateurs étaient assemblés en *grand conclave*, lorsque M. Bumble se précipita, tout hors d'haleine, dans la salle du conseil.

— Monsieur Limbkins, dit-il en s'adressant au gros monsieur qui occupait le fauteuil, pardon si je vous dérange, monsieur Limbkins, Olivier a redemandé du gruau !

Un murmure général s'éleva dans l'assemblée, une expression d'horreur se peignit sur tous les visages.

— Il en a redemandé ! dit M. Limbkins. Calmez-vous, Bumble, et répondez-moi distinctement. Ai-je bien compris qu'il en a redemandé, après avoir mangé la ration que la règle de cette maison lui accorde ?

— Oui, Monsieur, répliqua Bumble.

— Cet enfant se fera pendre un jour, dit l'homme au gilet blanc. J'en suis certain.

Personne ne contesta la prophétie de l'orateur. Une vive discussion eut lieu, à la suite de laquelle Olivier fut condamné à être enfermé sur-le-champ; et le lendemain une affiche fut posée sur la porte extérieure du dépôt, promettant une récompense de cinq livres sterling à quiconque débarrasserait la paroisse du jeune Olivier Twist : en d'autres termes, cinq livres sterling avec Olivier Twist étaient offerts à quiconque (homme ou femme) aurait besoin d'un apprenti pour le commerce, les affaires ou quelque genre d'état que ce fût.

— Jamais de ma vie je ne fus plus certain d'une chose, dit l'homme au gilet blanc, le lendemain matin, comme il parcourait l'affiche en frappant à la porte du dépôt de mendicité ; jamais de ma vie je ne fus plus certain d'une chose, c'est que cet enfant se fera pendre un jour.

Comme je me propose de faire savoir par la suite si la prévision de l'homme au gilet blanc était bien ou mal fondée, je croirais détruire l'intérêt de ce récit, en supposant toutefois qu'il y en eût, si je me hasardais de donner à entendre, dès à présent, que la vie d'Olivier Twist eut cette fin tragique ou non.

III. — Comment Olivier Twist fut sur le point d'accepter une place qui n'était rien moins qu'une sinécure.

Depuis huit jours qu'Olivier s'était rendu coupable du *crime affreux* de redemander du gruau, il habitait un réduit obscur, où, par la *clémence* et la *sagesse* de l'administration, il était détenu prisonnier. Il ne paraît pas déraisonnable dès l'abord de supposer que, pour peu qu'il eût entretenu pour la prédiction de l'homme au gilet blanc un sentiment convenable de respect, il aurait pu établir une fois pour toujours la réputation prophétique de ce sage individu, en attachant à un crochet dans la muraille un des coins de son mouchoir de poche et se passant ensuite l'autre à son cou. Pour en venir là, cependant, il y avait un obstacle : c'est que les mouchoirs, étant considérés comme *articles de luxe*, avaient été prohibés pour tous les temps et siècles à venir, et soustraits par conséquent du nez des pauvres par un ordre exprès émané de l'administration assemblée en grand conseil à cet effet; lequel ordre fut donné solennellement, approuvé, signé et paraphé de chacun des membres du conseil, et revêtu du sceau de l'administration.

Un autre obstacle, encore plus grand pour Olivier, c'est sa jeunesse et son inexpérience. Le pauvre enfant se contentait de pleurer amèrement tout le jour; et lorsque la nuit arrivait lente et froide, il étendait ses petites mains devant ses yeux pour ne pas voir l'obscurité, et se tapissait dans un coin pour tâcher de s'y endormir.

Que les ennemis du *nouveau système* n'aillent pas supposer que, durant le temps de sa réclusion, Olivier fut privé du bienfait de l'exercice, du plaisir de la société et des avantages réels d'une consolation religieuse. Quant à l'exercice, c'était par un froid piquant, mais sain, qu'il lui était permis d'aller chaque matin dans une cour pavée se laver sous la pompe en présence de M. Bumble, qui, pour l'empêcher d'attraper un rhume, lui procurait une vive sensation par tout le corps en lui distribuant quelques coups de canne avec une libéralité peu commune. Quant à ce qui est de la société, on le faisait venir de deux jours l'un dans le réfectoire pendant le dîner des enfants, pour y être fouetté publiquement, afin de servir d'exemple et de leçon pour l'avenir; et, bien loin de le priver des avantages d'une consolation religieuse, on l'introduisait à coups de pied dans le même endroit à l'heure de la prière du soir, pendant laquelle il pouvait à loisir lénifier son âme en prêtant l'oreille à une *formule* ajoutée à la prière ordinaire par l'ordre exprès de l'administration. Par ce surcroît de prière, les enfants demandaient à Dieu, avec instances, de leur faire la grâce de devenir bons, vertueux, contents et obéissants, et d'être préservés des fautes d'Olivier Twist, que la formule signalait comme étant sous le patronage exclusif, la protection et la puissance du démon, et comme étant lui-même sorti de la fabrique de Satan.

Tandis que les affaires d'Olivier étaient dans cet état favorable, et se présentaient sous un aussi beau jour, il arriva que M. Gamfield, ramoneur de cheminées, se dirigeait un matin vers la Grande-Rue, pensant sérieusement aux moyens de payer plusieurs termes échus de loyer, pour lesquels son propriétaire devenait un peu pressant. Malgré les connaissances étendues de M. Gamfield en arithmétique, il ne pouvait parvenir à réaliser cinq livres sterling (montant de sa dette); et, dans une sorte de désespoir mathématique, il frappait alternativement son front et son baudet, lorsque, venant à passer devant le dépôt, ses yeux rencontrèrent l'affiche collée sur la porte.

— Oh!... o... o... oh! fit le ramoneur s'adressant à son âne.

Le *monsieur* au gilet blanc se tenait sur le seuil de la porte, les mains derrière le dos, venant sans doute de prononcer un superbe discours dans la salle du conseil. Ayant été témoin du petit différend entre M. Gamfield et son baudet, il sourit gracieusement en voyant le premier lire l'affiche, car il pensa dès l'abord que c'était justement le genre de maître qui convenait à Olivier. M. Gamfield sourit aussi à part lui en parcourant l'affiche, car cinq livres sterling faisaient justement la somme dont il avait besoin; et quant à l'enfant dont il fallait se charger, le ramoneur pensa qu'avec le régime de vie auquel il avait été soumis il devait être de taille à passer dans les cheminées étroites. Il épela donc l'affiche pour la seconde fois, depuis le premier mot jusqu'au dernier; et portant la main à sa casquette de loutre avec le plus grand respect, il accosta le *monsieur* au gilet blanc en ces termes :

— Pardon, excuse, Monsieur ! Est-ce point ici qu'y n'ia un enfant que la paroisse voudrait mettre en apprentissage ?

— Oui, mon brave homme, dit l'autre avec un sourire gracieux, que lui voulez-vous ?

— Si la paroisse désire lui donner un état agréable et pas fatigant du tout, dans l'art de ramoner les cheminées, par exemple, je le prendrais assez volontiers ; avec ça que j'ai besoin d'un apprenti.

— Entrez, dit l'homme au gilet blanc.

M. Gamfield ayant fait quelques pas rétrogrades pour donner à son âne un autre coup sur la tête et une nouvelle secousse à la mâchoire, en guise d'avertissement de ne pas bouger pendant son absence, suivit le *monsieur* au gilet blanc dans la salle où Olivier Twist l'avait vu pour la première fois.

— C'est un état bien sale ! dit M. Limbkins lorsque Gamfield eut exprimé de nouveau son désir.

— Il paraît qu'il y a eu déjà de jeunes garçons étouffés dans les cheminées, dit un autre.

— C'est qu'on mouillait la paille avant d'y mettre le feu pour les en faire descendre, dit Gamfield. C' n'est que d' la fumée sans flamme. Avec ça qu' la fumée n' sert de rien du tout pour faire descendre un enfant d'une cheminée, bien du contraire : c' n'est bon qu'à l'endormir, et c'est c' qui d'mande. Les enfants, comme vous savez, Messieurs, sont paresseux et ostinés comme l' diable, et n'y a rien de tel qu'une bonne flamme bien vive pour les faire déguerpir. Bien plus, c'est un service à leur z'y rendre parce que, voyez-vous, Messieurs, lorsqu'ils sont engourdis dans la cheminée, d' leur z'y rôtir un peu la plante des pieds, ça n' les en fait dégringoler que plus vite.

L'homme au gilet blanc parut très-satisfait de cette explication ; mais un coup d'œil de M. Limbkins réprima sur-le-champ sa gaieté. Les membres du conseil continuèrent à causer entre eux pendant quelques instants, mais si bas que ces mots : *Visons à l'économie, voyons le livre de comptes, faisons imprimer un rapport*, furent seuls entendus, parce qu'ils furent répétés souvent et avec beaucoup d'emphase.

Enfin le chuchotement cessa et les membres du conseil ayant repris tout à la fois leurs siéges et leur dignité, M. Limbkins prit la parole :

— Nous avons considéré votre proposition et nous ne l'approuvons pas, dit-il à Gamfield.

— Pas le moins du monde, dit le *monsieur* au gilet blanc.

— Tout bien réfléchi, non! reprirent les autres membres.

Comme M. Gamfield passait pour avoir roué de coups trois ou quatre jeunes enfants qui en étaient morts, il lui vint en esprit que, sans doute, les membres du conseil, par un caprice inconcevable, s'étaient imaginé que cette circonstance qui leur était étrangère devait influer sur leur conduite à cet égard. S'il en eût été ainsi, c'eût été bien contraire à leur manière habituelle de penser et d'agir. Néanmoins, comme il n'avait nullement envie de faire revivre la rumeur publique, il s'éloigna lentement de la table en tournant sa casquette dans ses mains.

— De sorte que vous ne voulez pas me l' donner, Messieurs? dit-il en s'arrêtant sur le seuil de la porte.

— Non, dit M. Limbkins. Du moins, comme c'est un état sale, nous pensons que vous devriez prendre quelque chose de moins que la somme offerte sur l'affiche.

Les yeux du ramoneur étincelèrent de joie comme il revint sur ses pas en disant :

— Voyons, Messieurs, que voulez-vous donner? Ne soyez pas si durs envers un pauvre diable comme moi. Que voulez-vous donner?

— Je pense que trois livres dix shillings, c'est bien raisonnable, dit M. Limbkins.

— Dix shillings de trop, dit l'homme au gilet blanc.

— Voyons, dit Gamfield, dites quatre livres et vous en serez débarrassés une bonne fois pour toujours. Voyons, Messieurs.

— Trois livres dix shillings, répéta M. Limbkins avec fermeté.

— Eh bien! partageons la différence, Messieurs, insista Gamfield. Disons trois livres quinze shillings.

— Pas un liard de plus! Telle fut la réponse de M. Limbkins.

— Vous êtes d'une rigueur désespérante envers moi, Messieurs, dit le ramoneur en hésitant.

Cependant, après débat le marché fut conclu, et M. Bumble fut chargé d'amener Olivier Twist avec un acte d'apprentissage qui devait être signé et approuvé par le magistrat dans l'après-midi du même jour.

En conséquence de cette détermination, le petit Olivier fut, à son grand étonnement, délivré de sa captivité et reçut l'ordre de mettre une chemise blanche. Il avait à peine achevé cet exercice gymnastique (auquel il se livrait si rarement), que M. Bumble lui apporta de ses propres mains un bol de gruau et la ration des jours de fête, c'est-à-dire deux onces un quart de pain ; ce que voyant Olivier, il se prit à pleurer à chaudes larmes, pensant tout naturellement qu'il fallait qu'on eût résolu de le tuer dans quelque vue avantageuse, sans quoi on ne commencerait pas à l'engraisser ainsi.

— Ne va pas te faire devenir les yeux rouges, dit M. Bumble affectant un air de grandeur ; mais mange et sois reconnaissant, Olivier. Tu vas entrer en apprentissage, mon garçon.

— En apprentissage, Monsieur ! dit l'enfant d'une voix tremblante.

— Oui, Olivier, reprit M. Bumble, les hommes *sensibles* et *généreux* qui sont pour toi comme autant de parents, puisqu'il est vrai que tu en es privé, vont te mettre en apprentissage, te lancer dans le monde et faire un homme de toi, quoiqu'il en coûte à la paroisse trois livres dix shillings !... Trois livres dix shillings, Olivier ! Soixante-dix shillings ! Cent quarante pièces de six sous !!!... Et tout cela pour qui ? Pour un mauvais garnement, un méchant orphelin que tout le monde déteste !

Comme M. Bumble s'arrêta pour reprendre haleine après avoir débité cette harangue d'un ton imposant, des larmes ruisselèrent le long des joues du pauvre enfant et il sanglota amèrement.

— Allons, dit M. Bumble d'un air un peu moins doctoral, car il était flatté de l'effet qu'avait produit son éloquence ; allons, Olivier, essuie tes yeux avec la manche de ta veste et ne pleure pas comme ça dans ton gruau, mon garçon. C'est une bêtise de pleurer ainsi dans ton gruau. (Oui, certes, c'en était une : il y avait déjà assez d'eau dans son gruau.)

En se rendant chez les magistrats, M. Bumble donna à entendre à Olivier que tout ce qu'il avait à faire était de paraître fort content et de répondre, lorsque le *moniteur* lui demanderait s'il voulait être mis en apprentissage, qu'il le désirait de tout son cœur ; à l'une et l'autre desquelles recommandations Olivier promit de se conformer, d'autant plus que le bedeau lui fit comprendre adroitement que s'il y manquait on ne pouvait répondre de ce qui lui serait fait. Lorsqu'ils furent arrivés au bureau du magistrat, l'enfant fut renfermé et livré seul à lui-même dans un cabinet avec ordre d'attendre le retour de M. Bumble. Il y resta le cœur palpitant de crainte pendant une demi-heure, à l'expiration de laquelle ce dernier entr'ouvrit la porte ; et passant sa tête dégarnie de son tricorne, il dit de manière à être entendu :

— Maintenant, mon petit ami, viens voir M. le magistrat.

Après quoi, prenant un air menaçant, il ajouta à voix basse :

— N'oublie pas ce que je viens de te dire, toi, petit drôle !

Olivier fixa M. Bumble avec bonhomie, étonné qu'il était d'une façon de parler si contradictoire. Mais ce digne homme ne lui donna pas le temps de faire de commentaire à cet égard, car il l'introduisit dans une pièce voisine dont la porte était ouverte. C'était une vaste salle éclairée par une grande croisée. Derrière une balustrade, assis à un bureau, étaient deux vieux messieurs à la tête poudrée, dont un lisait le journal, et l'autre, à l'aide d'une paire de lunettes d'écaille, parcourait une petite feuille de parchemin placée devant lui. D'un côté, en avant du bureau, se tenait M. Limbkins, et de l'autre M. Gamfield avec sa figure barbouillée de suie ; tandis que deux ou trois gros joufflus, en bottes à revers, se pavanaient au beau milieu de la salle.

Le vieux monsieur aux lunettes s'assoupit par degrés sur la feuille de parchemin, et il y eut un moment d'intervalle après qu'Olivier eut été placé par M. Bumble devant le bureau.

— Voici l'enfant, monsieur le magistrat, dit Bumble.

Le vieux monsieur qui lisait le journal se détourna un peu, et parvint à éveiller l'autre en le tirant par la manche.

— Ah ! est-ce là l'enfant ? dit celui-ci.

— C'est lui-même, Monsieur, répondit le bedeau... Salue monsieur le magistrat, mon ami.

Olivier, s'armant de courage, fit un salut de son mieux. Les yeux fixés tout le temps sur les têtes poudrées des magistrats, il se demandait à lui-même si tous les membres des cours de justice naissaient avec cette matière blanche sur les cheveux, et si ce n'était pas pour cela qu'ils devenaient magistrats.

— C'est bien, reprit le monsieur aux lunettes ; je pense qu'il a du goût pour ramoner les cheminées !

— Il en raffole, monsieur le magistrat, répliqua Bumble pinçant adroitement Olivier pour lui faire comprendre qu'il ferait bien de ne pas dire le contraire.

— Alors il veut être ramoneur, n'est-ce pas ? demanda le magistrat.

— Si nous fussions pour l'obliger à prendre un autre état, il s'en sauverait simultanément dès demain, monsieur le magistrat, répondit Bumble.

— Et c'est cet homme qui va être son maître?... Vous, Monsieur? Vous le traiterez bien, n'est-ce pas? vous le nourrirez bien? enfin vous en aurez bien soin, n'est-il pas vrai?

— Si on dit qu'on l' fera, c'est qu'on a intention de l' faire, reprit Gamfield d'un air bourru.

— Vous avez la parole vive et le ton brusque, mon ami, mais vous me paraissez franc et honnête, dit le magistrat dirigeant ses lunettes vers le prétendant à la prime annoncée sur l'affiche, dont les traits ignobles portaient l'empreinte de la cruauté; mais le magistrat était à moitié aveugle et à moitié en enfance, aussi on ne doit pas s'étonner qu'il n'ait pas discerné ce que tout le monde pouvait apercevoir dès l'abord.

— Un peu qu' je l' suis et que j' m'en vante! dit le ramoneur avec un sourire affreux.

— Je n'en doute pas, dit le magistrat fixant ses lunettes plus avant sur son nez et cherchant des yeux l'encrier.

C'était le moment critique touchant le sort d'Olivier. Si l'encrier eût été où le magistrat croyait qu'il devait être, il y aurait indubitablement plongé sa plume, aurait signé l'acte, et Olivier eût été emmené sans plus tarder; mais comme il se trouvait être justement sous ses yeux, il s'ensuivit naturellement qu'il le chercha partout autour de son pupitre sans pouvoir le trouver. Et, comme dans sa recherche il lui arriva de regarder droit devant lui, son regard rencontra le visage pâle et livide d'Olivier, qui, malgré les coups d'œil significatifs et les avertissements touchants de M. Bumble, qui continuait à le pincer, regardait la physionomie répulsive de son futur patron avec une expression d'horreur mêlée d'effroi, trop évidente pour qu'un magistrat, quelque aveugle qu'il fût, pût s'y méprendre.

Le vieux monsieur cessa de chercher plus longtemps; il posa sa plume sur la table et regarda alternativement Olivier et M. Limbkins, qui prit une prise de tabac en affectant un air enjoué et indifférent tout à la fois.

— Mon enfant, dit le magistrat en se penchant sur son pupitre.

Olivier tressaillit au son de sa voix. En cela, il était bien excusable; ces paroles étaient dictées par la bienveillance, et des sons étrangers nous effrayent ordinairement. Il trembla de tous ses membres et fondit en larmes.

— Mon enfant, poursuivit le magistrat, vous êtes pâle et vous paraissez effrayé ! Dites-moi, qu'avez-vous ?

— Eloignez-vous un peu de lui, bedeau ! dit l'autre magistrat mettant le journal de côté et se penchant avec un air d'intérêt... Maintenant, mon garçon, dis-nous ce que tu as, ne crains rien.

Olivier tomba à genoux, les mains jointes, et dit d'un ton suppliant :

— Reconduisez-moi en prison dans la chambre noire, laissez-moi mourir de faim ;... battez-moi, tuez-moi, si vous voulez, plutôt que de m'envoyer avec cet homme affreux !

— C'est bien ! dit M. Bumble levant les yeux et les mains de l'air le plus mystique. De tous les orphelins trompeurs et rusés que j'aie jamais vu, Olivier, tu es le plus effronté que je connaisse.

— Taisez-vous, bedeau ! dit le second magistrat lorsque celui-ci eut lâché cette triple épithète.

— Pardon, monsieur le magistrat, dit Bumble croyant avoir mal entendu, ne m'avez-vous pas adressé la parole ?

— Oui, sans doute ; je vous ai dit de vous taire.

M. Bumble resta interdit. Imposer silence à un bedeau ! Quelle révolution morale !!!

Le magistrat aux lunettes d'écaille regarda son collègue et lui fit un signe de tête significatif.

— Nous refusons de sanctionner cet acte ! dit-il en agitant la feuille de parchemin.

— J'espère, balbutia M. Limbkins, que sur le simple témoignage d'un enfant, messieurs les magistrats n'induiront pas de là que les autorités se sont mal conduites en cette circonstance.

— Les magistrats ne sont pas appelés à donner leur opinion sur ce sujet, reprit le second magistrat... Reconduisez cet enfant au dépôt et traitez-le avec douceur, il paraît en avoir besoin.

Le même soir, l'homme au gilet blanc affirma, plus positivement que jamais que non-seulement Olivier serait pendu, mais encore qu'il serait écartelé par-dessus le marché. M. Bumble secoua la tête d'un air mystérieux et sombre, et dit qu'il souhaitait que l'enfant vînt à bien, sur quoi M. Gamfield ajouta qu'il désirait qu'il vînt à lui, désir qui semble d'une nature toute différente quoique, sur bien des points, le ramoneur fût d'accord avec le bedeau.

Le lendemain matin, le public fut de nouveau informé qu'Olivier

Twist était encore à louer, et que cinq livres sterling seraient comptées à quiconque voudrait s'en charger.

IV. Une autre place étant offerte à Olivier, il fait son entrée dans le monde.

Dans les familles nombreuses, lorsque pour le jeune homme qui commence à prendre de l'âge on n'a en vue aucune place avantageuse, soit par droit de succession, de survivance ou au demeurant, c'est une coutume assez commune de l'envoyer sur mer. Les administrateurs, à l'instar d'une conduite si sage et si exemplaire, tinrent conseil entre eux, afin d'aviser aux moyens de faire passer Olivier Twist à bord d'un petit vaisseau marchand en charge pour quelque port malsain ; et ils adoptèrent ce parti comme étant ce qu'il y avait de mieux pour l'enfant. Car il était probable que quelque jour, après son dîner, le patron du bâtiment, pour se procurer quelque distraction ou quelque amusement nécessaire à la digestion, le ferait périr sous les coups de garcette, ou lui ferait sauter la cervelle avec une barre de fer (passe-temps qui, nous le savons fort bien, sont très-recherchés et fort prisés de messieurs les marins). (1)

M. Bumble avait été dépêché pour faire quelques recherches préliminaires, à l'effet de trouver un capitaine quelconque ayant besoin sur son bord d'un mousse sans parents ni amis, et il s'en revenait au dépôt, pour y rendre compte du résultat de sa mission, lorsque, sur le seuil de la porte, il se trouva face à face avec un personnage qui n'était rien moins que M. Sowerberry, l'entrepreneur paroissial des pompes funèbres.

— Je viens de prendre la mesure des deux femmes qui sont mortes la nuit dernière, monsieur Bumble, dit l'entrepreneur.

— Vous ferez votre fortune, monsieur Sowerberry ! dit le bedeau introduisant avec dextérité le pouce et l'index dans la tabatière que

---

(1) Soulignons ce passage pour remarquer que Dickens était un de ces penseurs mécontents de tout le monde, chez lesquels le jugement n'est pas à la hauteur de l'imagination et de l'esprit. Critiquer, ridiculiser à peu près tout sans réfléchir sur les conséquences de leurs railleries, voilà leur préoccupation exclusive. Il prend ici à part les marins ; mais pour empêcher ces sortes de *digestion qu'ils aiment*, qu'oppose-t-il de sérieux remède, en admettant que cela soit vrai ? Le lecteur donc ne se ferait que des idées fausses sur les hommes et sur les choses, s'il s'en rapportait à ces exagérations, qui n'ont pour premier but que celui de l'amuser par leur spirituel agencement. (*Note des Éditeurs.*)

lui présenta l'entrepreneur, laquelle était un joli petit modèle de cercueil patenté. Je vous dis que vous ferez votre fortune, continua-t-il en donnant en signe d'amitié un petit coup de canne sur l'épaule de ce dernier.

— Vous croyez? dit l'autre d'un air qui semblait admettre et repousser en même temps la probabilité du fait. Les prix qui me sont alloués par l'administration du dépôt sont bien minces, monsieur Bumble!

— Ainsi sont vos cercueils, répliqua le bedeau d'un air qui approchait de la plaisanterie sans cependant dépasser les bornes de la gravité qui convient si bien à un homme en place...

M. Sowerberry fut pour ainsi dire chatouillé par cette réponse si à propos de M. Bumble. Il ne fallait rien moins que cela pour provoquer sa belle humeur, et il partit d'un éclat de rire qui paraissait ne pas devoir finir de sitôt.

— C'est juste, au fait, monsieur Bumble, dit-il lorsqu'il eut repris ses sens, j'avouerai franchement que, depuis le système de nourriture adopté nouvellement dans cette maison, les bières sont un peu plus étroites et moins profondes qu'auparavant. Mais il faut avoir un petit profit, monsieur Bumble. Le bois tel que nous l'employons est un article très-cher, savez-vous bien; et les poignées en fer nous viennent de Birmingham par le canal.

— Sans doute, sans doute, répliqua M. Bumble, chaque état a son bon et son mauvais côté, et un profit honnête n'est pas à dédaigner.

— Comme de raison, dit l'autre. Et si je ne gagne pas grand'chose sur tel ou tel article, eh bien! je me retire sur la quantité, comme vous voyez, hé! hé! hé!

— Justement, fit M. Bumble.

— Quoique je puisse dire, poursuivit l'entrepreneur reprenant le cours de ses observations que le bedeau avait interrompues, quoique je puisse dire que j'ai à lutter contre un grand désavantage; c'est que les gens robustes partent toujours les premiers : je veux dire que les personnes qui ont joui autrefois d'une certaine aisance, et qui ont payé leurs contributions pendant nombre d'années, sont les premières à descendre la garde, une fois qu'elles ont goûté du régime de cette maison. Et, soit dit en passant, monsieur Bumble, trois ou quatre pouces en plus sur le compte d'un individu font une fameuse brèche dans ses profits, surtout quand il a une famille à soutenir.

Comme M. Sowerberry disait cela de l'air d'indignation qui convient à un homme trompé, et que M. Bumble sentait qu'en insistant sur ce point il pourrait s'ensuivre quelque réflexion désagréable concernant l'honneur de la paroisse, ce dernier jugea prudent de changer de sujet de conversation, et Olivier lui en fournit la matière.

— Quelquefois, par hasard, dit-il, vous ne connaîtriez pas quelqu'un qui aurait besoin d'un apprenti! C'est un enfant de la paroisse, qui est en ce moment une charge monstrueuse, et, si je puis m'exprimer ainsi, une meule à moulin pendue au cou de la paroisse. Des conditions avantageuses, monsieur Sowerberry! des conditions très-avantageuses! Disant cela, il donna avec sa canne trois petits coups bien distincts sur les mots : *cinq livres sterling*, imprimés sur l'affiche en romaines capitales d'une taille gigantesque.

— Hum! fit l'entrepreneur prenant M. Bumble par le pan de son habit d'ordonnance, c'est justement ce dont je voulais vous parler. Vous savez... quel joli genre de bouton vous avez là, monsieur Bumble! Il me semble que je ne vous l'ai jamais vu auparavant?

— Oui, il est assez bien, dit le bedeau flatté de la remarque. Le sujet est le même que celui du sceau *paroissial* (*le bon Samaritain pansant les plaies d'un pauvre blessé*). L'administration m'en a fait présent au premier jour de l'an, monsieur Sowerberry. Je l'ai porté pour la première fois, si je me rappelle, pour assister à l'enquête de ce marchand ruiné qui mourut sous une grande porte au milieu de la nuit.

— Je me rappelle, dit l'autre. Le jury rendit son verdict en ces termes : *Mort de faim et de froid;* n'est-ce pas?

M. Bumble fit un signe affimatif.

Et il ajouta d'une manière spéciale que, si l'officier de surveillance avait...

— Ta, ta, ta, ta! fit le bedeau avec aigreur. Si l'administration voulait prêter l'oreille à toutes les balivernes que débitent ces jurés ignorants, elle aurait beaucoup à faire.

— C'est vrai, dit Sowerberry.

— Les jurés, poursuivit M. Bumble pressant sa canne fortement dans sa main, habitude qu'il avait lorsqu'il était en colère, les jurés, voyez-vous, sont des êtres vils, bas et rampants, au-delà de toute expression.

— C'est encore vrai, dit l'autre.

— Ils n'ont pas plus de philosophie ni d'économie politique à eux tous que ça, dit le bedeau en faisant claquer ses doigts en signe de mépris.

— Non, sans doute, reprit l'autre.

— Je les méprise! poursuivit le bedeau, à qui le rouge montait au visage.

— Et moi de même, ajouta Sowerberry.

— Je voudrais seulement que nous eussions un de ces jurés si présomptueux pendant une quinzaine de jours dans l'établissement : les règles et les statuts de l'administration auraient bientôt dompté leur esprit d'indépendance.

— Il faut les laisser pour ce qu'ils sont, allez, monsieur Bumble, dit Sowerberry souriant d'un air approbatif pour calmer le courroux croissant du fonctionnaire indigné.

M. Bumble, soulevant son chapeau, en ôta son mouchoir, essuya de son front la sueur que l'indignation y avait provoquée, replaça son tricorne sur sa tête, et, se tournant vers M. Sowerberry, il dit d'un ton plus calme :

— Eh bien! quoi, au sujet de cet enfant?

— Eh bien! reprit l'autre, vous savez bien, monsieur Bumble, je paye une forte taxe pour les pauvres.

— Hem! fit le bedeau. Eh bien?

— Eh bien! reprit Sowerberry, je pense que si je paye tant pour eux, il est bien juste que j'en tire le plus que je peux. C'est pourquoi, tout bien réfléchi, je crois que je prendrai cet enfant moi-même.

M. Bumble prit le croque-mort par le bras et le fit entrer au dépôt. M. Sowerberry resta enfermé avec les administrateurs environ cinq minutes, pendant lequel temps il fut convenu qu'il prendrait Olivier à l'essai, et que ce dernier irait chez lui à cet effet le soir même.

Quand Olivier parut le même soir devant ces messieurs, qu'il eut appris qu'il allait entrer en qualité d'apprenti chez un fabricant de cercueils, et que, s'il se plaignait de sa condition, ou qu'il revînt jamais à la charge de la paroisse, on l'enverrait sur mer, où il courrait la chance d'être assommé ou noyé, il fit paraître si peu d'émotion, que chacun s'écria que c'était un petit vaurien, dont le cœur était endurci; et M. Bumble reçut l'ordre de l'emmener sur-le-champ.

Puis M. Bumble fut chargé de conduire Olivier chez son nouveau patron; ce qu'il fit non sans administrer au pauvre enfant quelques coups de canne et pas mal de conseils, comme il convient à tout digne bedeau. L'enfant pleurait, il se sentait si seul et si abandonné, qu'il ne put s'empêcher de faire remarquer son isolement à M. Bumble. Tout autre mortel eût peut-être été attendri de la naïve douleur du petit malheureux, mais un bedeau! M. Bumble croyait la sensibilité indigne de sa dignité paroissiale.

L'entrepreneur venait de fermer les volets de sa boutique, et il était en train d'inscrire quelques entrées sur son grand-livre, à la faveur d'une chandelle dont la sombre clarté convenait fort bien à la tristesse du lieu, quand M. Bumble entra.

— Ah! ah! dit-il, levant les yeux de dessus son livre, et s'arrêtant au milieu d'un mot; c'est vous, monsieur Bumble?

— Personne autre, monsieur Sowerberry, répliqua celui-ci. Voici l'enfant que je vous amène. (Olivier fit un salut.)

— Ah! c'est là l'enfant, n'est-ce pas? dit l'autre levant la chandelle au-dessus de sa tête pour mieux considérer Olivier. Madame Sowerberry!... voulez-vous voir un instant, ma chère?

Madame Sowerberry sortit de l'arrière-boutique, et présenta la forme d'une petite femme maigrelette à la mine grondeuse et rechignée.

— Ma chère, dit son mari avec déférence, voici le petit garçon du dépôt de mendicité, dont je vous ai parlé. (Olivier salua de nouveau.)

— Bon Dieu! qu'il est petit! dit celle-ci.

— Il est un peu petit, c'est vrai, répliqua M. Bumble regardant Olivier d'un air de reproche, comme si c'eût été la faute de cet enfant s'il n'était pas plus grand; il est un peu petit, on ne peut pas dire le contraire, mais il grandira, madame Sowerberry, il grandira, soyez-en sûre.

— Ah! sans doute, il grandira, reprit sèchement la dame, avec notre boire et notre manger. La belle malice! n'y a rien à gagner sur les enfants de la paroisse, y coûtent toujours plus cher qu'y n' valent. Malgré ça, les hommes s'imaginent qu'y zont plus raison qu' leurs femmes. Avance ici, toi, petit squelette!

En même temps elle ouvrit une petite porte et poussa Olivier vers un escalier rapide conduisant dans une petite pièce sombre et humide, attenante au bûcher, et qu'on appelait la cuisine, où était assise une fille malpropre ayant aux pieds des souliers éculés et aux jambes des bas d'estame bleus hors d'état de servir.

— Charlotte, dit madame Sowerberry, qui avait suivi Olivier, donnez à ce garçon quelques-uns de ces morceaux de viande froide que vous avez mis de côté ce matin pour Frip : puisqu'y n'est pas rentré à la maison de la journée, y s'en passera.

— J' pense bien qu' tu n' s'ras pas dégoûté d' les manger, pas vrai?

Olivier, dont les yeux brillèrent en entendant parler de viande, et qui tremblait d'avance du désir de les dévorer, répondit aussitôt que non ; et un plat de viande, composé des morceaux les plus grossiers, fut placé devant lui.

En une minute Olivier avala tout ce qu'il y avait dans le plat, sans se donner la peine de mâcher les bouchées. Madame Sowerberry le regardait avec une silencieuse horreur, considérant cet appétit comme d'un mauvais augure pour l'avenir. Puis elle le conduisit au milieu des bières, et, avec sa gracieuseté ordinaire, elle le fourra sous le comptoir, qui était la chambre à coucher du nouvel apprenti.

V. — Olivier fait connaissance de nouveaux personnages.

Olivier, livré seul à lui-même dans la boutique de l'entrepreneur de funérailles, posa sa lampe sur le banc d'un ouvrier, et regarda timidement autour de lui, saisi tout à la fois de terreur et de crainte (ce que bien des gens plus âgés que lui comprendront facilement). Un cercueil en train, placé sur deux tréteaux noirs, au milieu de la boutique, ressemblait tellement à l'image de la mort, qu'un froid glacial accompagné d'un tremblement convulsif parcourait tous ses membres chaque fois que son regard se portait involontairement sur cet affreux objet, d'où, à chaque instant, il s'attendait à voir un spectre effrayant lever sa tête hideuse pour l'épouvanter à le faire devenir fou de terreur.

Il fut éveillé le lendemain matin par un bruit redoublé de coups de pieds en-dehors de la porte de la boutique, lesquels, pendant qu'il mettait ses habits à la hâte, se renouvelèrent jusqu'à vingt-cinq ou trente fois environ ; et quand il eut commencé à tirer les verrous, les pieds cessèrent de frapper et une voix se fit entendre :

— Ouvre la porte, veux-tu? dit la voix appartenant aux pieds qui avaient frappé.

— Je suis à vous à l'instant, Monsieur, répondit Olivier tirant les verrous en tournant la clef.

— Tu es sans doute l'apprenti qu'on attendait, n'est-ce pas? reprit la voix à travers le trou de la serrure.

— Oui, Monsieur, répliqua Olivier.

— Quel âge as-tu? demanda la voix.

— Dix ans, Monsieur, répondit Olivier.

— Alors, j' m'en vas t'en ficher en entrant, poursuivit la voix, tu vas voir si j' m'en passe, je n' te dis qu' ça, méchant orphelin!

Après avoir fait cette promesse gracieuse, la voix se mit à siffler.

Olivier avait été trop souvent assujéti aux effets d'une semblable menace pour douter, en aucune manière, que le maître de la voix, quel qu'il fût, ne tint fidèlement sa parole. Il tira les verrous d'une main tremblante, et ouvrit la porte. Il regarda pendant quelque temps à droite, à gauche et en face de lui, persuadé que l'inconnu qui lui avait parlé par le trou de la serrure avait fait quelques pas de plus pour se réchauffer; car il ne vit personne si ce n'est un gros garçon de l'école de charité, assis sur une borne, en face de la boutique, et occupé à manger une tartine de pain et de beurre qu'il coupait par morceaux de la largeur de sa bouche, à l'aide d'un méchant eustache, et qu'il avalait ensuite avec assez de voracité.

— Je vous demande bien pardon, Monsieur, dit enfin Olivier, voyant que personne autre ne paraissait, est-ce vous qui avez frappé?

— J'ai donné des coups de pied, répondit l'autre.

— Auriez-vous besoin d'un cercueil? dit Olivier ingénûment.

A cette question, le garçon de charité parut terriblement furieux, et jura qu'Olivier en aurait besoin d'un avant peu s'il se permettait de plaisanter ainsi avec ses supérieurs.

— Tu ne sais pas, sans doute, qui je suis, méchant orphelin? dit-il descendant de la borne sur laquelle il était assis et s'avançant, les mains dans ses poches, avec une édifiante gravité.

— Non, Monsieur, répondit Olivier.

— Je suis le sieur Noé Claypole, poursuivit l'autre. Et tu es sous moi. Allons! ouvre la boutique et descends les volets. En même temps le sieur Claypole administra un coup de pied à Olivier, et entra dans la boutique d'un air majestueux qui lui donna beaucoup d'importance.

Ayant descendu les volets et cassé en même temps un carreau en faisant ses efforts pour porter le premier volet dans une petite cour derrière la maison, où on les mettait pendant le jour, Olivier fut gracieusement assisté par Noé, qui, après l'avoir consolé en l'assurant qu'il le payerait, consentait à lui donner un coup de main. M. Sowerberry descendit peu de temps après et fut bientôt suivi de madame Sowerberry; et Olivier, ayant payé pour le carreau, selon que Noé l'avait prédit, suivit ce dernier à la cuisine pour y prendre son déjeuner.

— Approchez-vous du feu, Noé, dit Charlotte. J'ai mis de côté pour vous un p'tit morceau d' lard que j'ai r'tiré du déjeuner de Monsieur.

— Toi, Olivier, ferme cette porte drerière M. Noé, et prends ces p'tits morceaux de pain qui sont là pour toi. Prends ton thé sur ce coffre, là-bas dans l' coin, et mets les morceaux doubles car y faut qu' t'aille garder la boutique; tu m'entends?

— Entends-tu, orphelin? dit Noé Claypole.

— Quel drôle de corps vous êtes, allez, Noé! reprit Charlotte. N' pouvez-vous laisser c't enfant tranquille.

— Qu' je l' laisse tranquille! dit Noé. Y' m' semble qu' chacun l' laisse assez tranquille comme ça! c' n'est pas là c' qui gêne. C' n'est ni son père, ni sa mère qui viendront jamais l' contredire; n'y a pas d' danger! Tous ses parents l' laissent bien faire comme il l'entend; hein, Charlotte! hé! hé! hé!

— Farceur que vous êtes, allez! répliqua Charlotte éclatant de rire, ce en quoi elle fut imitée par Noé; et tous deux jetèrent un regard de dédain sur le pauvre Olivier, qui, assis sur un coffre dans le coin le plus froid de la cuisine, mangeait en grelottant les morceaux de pain dur qui avaient été spécialement réservés pour lui.

Noé était un enfant de charité, mais non pas un orphelin du dépôt de mendicité. Il était encore moins l'enfant du hasard, car il pouvait tracer sa généalogie en remontant jusqu'à ses parents, qui vivaient à quelques pas de là : sa mère était blanchisseuse et son père un ancien soldat, vieil ivrogne retiré du service avec une jambe de bois et une pension de cinq sous trois deniers par jour. Les garçons de boutique du voisinage avaient eu longtemps pour habitude d'insulter Noé en pleine rue en lui donnant les épithètes les moins flatteuses, et il avait souffert cela le plus patiemment du monde; mais maintenant que la fortune avait jeté sur son chemin un pauvre orphelin, sans nom, que l'être le plus abject pouvait montrer du doigt et insulter impunément, il lui fit expier avec usure les torts dont les autres s'étaient rendus coupables envers lui.

VI. — Olivier, poussé à bout par les railleries amères de Noé, entre en fureur, et surprend ce dernier par son audace.

Le mois d'épreuves étant écoulé, l'acte d'apprentissage d'Olivier fut signé dans toutes les formes voulues. On était alors dans une saison très-favorable aux décès, et, pour me servir d'une expression commerciale, la vente des cercueils était à la hausse; de sorte qu'en peu de temps Olivier eut acquis beaucoup d'expérience. Les succès de l'ingénieuse industrie de M. Sowerberry allaient même au-delà de son attente. De mémoire d'homme on n'avait vu la rougeole exercer ses funestes ravages avec autant de force sur les jeunes enfants. Aussi voyait-on maint et maint convoi, à la tête desquels, coiffé d'un chapeau orné d'un large crêpe qui lui descendait jusqu'aux jarrets, marchait le petit Olivier, à l'admiration indicible de toutes les mères, émues par la nouveauté de ce spectacle.

Comme Olivier accompagnait aussi son maître dans la plupart de ses expéditions funèbres pour de grands corps, afin d'acquérir cette fermeté de caractère et cet ascendant sur sa sensibilité qui distinguent le croque-mort des autres classes de la société, il eut plus d'une fois l'occasion d'observer avec quelle résignation et quel noble courage certains esprits forts supportaient leurs épreuves et leurs pertes.

Une chose digne de remarque, c'est que les personnes de l'un et de l'autre sexe qui, tout le temps que durait l'enterrement, se livraient au plus violent désespoir, se trouvaient beaucoup mieux en arrivant au logis et devenaient tout à fait calmes avant la fin du repas. Toutes ces choses étaient tout à la fois plaisantes et instructives à voir, et Olivier les observait avec beaucoup d'étonnement.

Qu'Olivier Twist ait été porté à la résignation par l'exemple de ces bonnes gens, c'est une chose que je ne puis entreprendre d'affirmer avec confiance, bien que je sois son biographe. Tout ce que je puis dire, c'est que, pendant plusieurs mois, il continua de se soumettre avec douceur à la tyrannie et aux mauvais traitements de Noé Claypole, qui en usait avec lui bien pis qu'auparavant, maintenant qu'il était jaloux de voir le nouveau venu promu au bâton noir et au chapeau à crêpe, tandis que lui, premier arrivé, en était resté à la casquette ronde et à la culotte de peau. Charlotte, de son côté, le maltraitait parce qu'ainsi faisait Noé, et madame Sowerberry était son ennemie déclarée parce que M. Sowerberry était disposé à le protéger. De sorte que, ayant à lutter d'un côté contre ces trois personnes, et, de l'autre, contre un dégoût des funérailles, Olivier était loin d'être à son aise.

Mais me voilà arrivé à un passage important de son histoire; j'ai à citer un fait qui, bien que léger en apparence et sans aucune importance en soi, n'en produisit pas moins un changement total dans tout son avenir.

Un jour qu'Olivier et Noé étaient descendus dans la cuisine, à l'heure ordinaire du dîner, pour y prendre leur part d'une livre et demie de mauvaise viande, Charlotte se trouvant absente pour le moment, il s'ensuivit un court intervalle pendant lequel Noé Claypole, qui était tout à la fois affamé et vicieux, ne crut mieux faire que de harceler et de tourmenter le jeune Twist. A cet effet, il commença par mettre les pieds sur la nappe, tira les cheveux d'Olivier, lui pinça les oreilles, lui donna à entendre qu'il était un capon, et alla jusqu'à manifester le plaisir qu'il aurait de le voir pendre un jour : en un mot, il n'y eut pas de méchancetés qu'il n'exerçât sur ce pauvre enfant, suivant en cela son mauvais naturel d'enfant de charité qu'il était. Mais, voyant que tout cela ne produisait pas l'effet qu'il en attendait, de faire pleurer Olivier, il changea ses batteries; et, pour se rendre encore plus facétieux, il fit ce que font bien des petits esprits, gens plus huppés que Noé, lorsqu'ils veulent faire les plaisants, il l'attaqua personnellement.

— Orphelin! dit-il, comment se porte madame ta mère?

— Elle est morte, répondit Olivier. Ne m'en parlez pas, je vous en prie!

Le rouge monta au visage de l'enfant; comme il disait cela, sa respiration devint gênée, et il y eut, sur ses lèvres et dans ses narines, un jeu étonnant que le sieur Claypole pensa être l'avant-coureur d'une forte envie de pleurer. Dans cette pensée, il revint à la charge.

— De quoi est-elle morte, orphelin? demanda-t-il.

— Elle est morte de chagrin! C'est du moins ce que m'ont dit quelques vieilles femmes du dépôt, reprit Olivier paraissant plutôt s'adresser à lui-même que répondre à Noé. Je devine bien ce que c'est que mourir de chagrin.

— La faridondaine, la faridondon! fredonna Noé voyant une larme rouler sur la joue de l'enfant. Tiens, qu'est-ce qui te fait pleurnicher maintenant?

— Ce n'est pas vous, au moins! repartit Olivier, passant rapidement sa main sur sa joue pour en essuyer une larme prête à tomber. Ne croyez pas que ce soit vous!

— Du plus souvent que ce n'est pas moi! reprit Noé d'un air goguenard.

— Non, certainement! répliqua vivement Olivier. Allons! en voilà assez là-dessus. Ne me parlez plus d'elle, c'est ce que vous pourrez faire de mieux!

— C' que j' pourrai faire de mieux! s'écria Noé. S'cusez du peu! C' que j' pourrai faire de mieux! Pu qu' ça d' monnaie! Pas d'insolences, orphelin, ou j' me fâche! Ta respectable mère, c'était un beau brin d' femme, hein?

Disant cela, Noé secoua la tête avec malice, et fronça son petit nez rouge autant que ses muscles le lui permirent en cette occasion.

— Tu sais bien, poursuivit-il enhardi par le silence d'Olivier et affectant un air de pitié (de tous, le plus vexant), tu sais bien qu'on n' peut rien y faire maintenant; toi-même tu n'y pourrais rien non plus; alors, j'en suis vraiment fâché, je t'assure, et j' te plains de tout mon cœur, ainsi que ceux qui te connaissent; mais, vois-tu, orphelin, faut avouer que ta mère était une vraie coureuse.

— Une vraie quoi? demanda Olivier levant promptement la tête.

— Une vraie coureuse, orphelin, reprit froidement Noé, et vaut-il pas mieux qu'elle soit morte comme ça que de s' faire enfermer à Bridewell, ou transporter à Botany-Bay, ou bien (c' qu'est encore plus probable) de s' faire pendre devant Newgate?

Rouge de colère, Olivier s'élança de sa place, renversa table et chaises, saisit Noé à la gorge, et, dans la violence de sa rage, le secoua d'une telle force que ses dents claquèrent dans sa tête; puis, rassemblant son courage, il lui porta un coup si violent qu'il l'étendit à ses pieds.

Il n'y avait pas une minute, ce même enfant, accablé par les mauvais traitements, était la douceur même; mais son courage s'était réveillé en lui, à la fin. L'affront sanglant fait à la mémoire de sa mère avait fait bouillonner son sang dans ses veines, son cœur palpitait fortement; son attitude était fière, son œil était vif et brillant : ce n'était plus du tout le même enfant maintenant qu'il regardait fièrement son lâche persécuteur étendu à ses pieds, et qu'il le défiait avec une énergie qu'il ne s'était jamais connue auparavant.

— Au secours! cria Noé. Char...lotte! Ma...da...me! Olivier m'assassine! Au secours! au secours!

Les hurlements de Noé furent entendus de Charlotte, qui y répondit par un cri perçant, et de madame Sowerberry, dont la voix se fit entendre sur un diapason encore plus haut. La première s'élança dans la cuisine par une porte latérale; et sa maîtresse s'arrêta sur l'escalier jusqu'à ce qu'elle se fût assurée que ses jours n'étaient point en danger.

— Petit misérable! s'écria Charlotte secouant Olivier de toute sa force, qui égalait, pour le moins, celle d'un homme robuste quand il est bien disposé, ingrat! scélérat! assassin! et à chaque syllabe elle assénait un fameux coup de poing qu'elle accompagnait d'un cri perçant pour le bien de la société.

Bien que le poing de Charlotte ne fût rien moins que léger, madame Sowerberry, craignant, sans doute, qu'il ne produisît pas tout l'effet nécessaire pour calmer le courroux d'Olivier, se précipita dans la cuisine, le saisit d'une main au collet, et, de l'autre, lui déchira le visage, tandis que Noé, profitant de cet avantage immense, se releva et lui donna des coups par derrière.

Cet exercice était trop violent pour pouvoir durer longtemps : lorsqu'ils furent tous les deux épuisés de fatigue, à force de battre et de déchirer, ils entraînèrent l'enfant criant et se débattant, mais nullement intimidé, dans le cellier au charbon, et l'y enfermèrent à clef, après quoi madame Sowerberry se laissa tomber sur une chaise, et fondit en larmes.

— Juste ciel! la v'là qui s' trouve mal! dit Charlotte. Noé! vite, mon cher, un verre d'eau!

— Hélas! mon Dieu! Charlotte, dit madame Sowerberry parlant du mieux qu'elle put, c'est-à-dire autant que le lui permettaient un manque de respiration et une quantité d'eau froide que Noé lui avait jetée sur la tête et sur les épaules, oh! Charlotte! quel bonheur que nous n'ayons pas tous été assassinés dans notre lit!

— Ah! sans doute que c'en est un grand, Madame, repartit celle-ci, je souhaite seulement qu' ça apprenne à Monsieur à n' plus avoir chez lui d' ces êtres horribles qui sont nés voleurs et assassins dès leur berceau. Pour Noé, y s'en fallait bien peu qu'y n' soit tué quand j' suis entrée dans la cuisine.

— Pauvre garçon! dit madame Sowerberry jetant un regard de compassion sur son apprenti.

Noé, qui était plus grand qu'Olivier de la tête et des épaules pour le moins, se voyant l'objet de la commisération de ces dames, se frotta les yeux avec les paumes de ses deux mains, faisant mine de pleurer.

— Qu'allons-nous faire, s'écria madame Sowerberry, Monsieur n'est pas à la maison, il n'y a personne ici, et il enfoncera la porte avant qu'il soit dix minutes.

Les violentes secousses qu'Olivier donnait à la porte en question rendaient la crainte assez fondée.

— Mon Dieu! mon Dieu! j' n' sais vraiment pas, Madame, dit Charlotte, à moins que nous n'envoyions chercher les agents de la police!

— Ou bien la garde, proposa le sieur Claypole.

— Non, non, reprit madame Sowerberry pensant aussitôt au vieil ami d'Olivier, va vite trouver M. Bumble, Noé; dis-lui de venir ici tout de suite, sans perdre une minute. N'importe ta casquette, dépêche-toi et mets une lame de couteau sur ton œil, tout le long du chemin, ça calmera l'enflure.

Noé, sans se donner le temps de répondre, s'élança hors de la maison et courut aussi vite que ses jambes le lui permirent. Les personnes qu'il rencontra sur son chemin ne furent pas peu surprises de voir un grand garçon de l'école de charité courir à perdre haleine le long des rues, sans casquette sur sa tête, et une lame de couteau sur son œil.

VII. — Olivier est décidément réfractaire.

Noé Claypole courut à toutes jambes le long des rues, et ne s'arrêta, pour reprendre haleine, que quand il fut arrivé au dépôt de mendicité. Ayant attendu là quelques minutes pour donner le temps aux larmes et aux sanglots de venir à son aide, et pour prêter à sa physionomie un air de terreur et d'effroi, il frappa rudement à la porte et présenta une mine si piteuse au vieux pauvre qui la lui ouvrit, que ce dernier, bien qu'accoutumé à ne voir autour de lui que des mines piteuses, même aux plus beaux jours de l'année, recula d'étonnement.

— Qu'est-il donc arrivé à ce garçon? demanda le vieux pauvre.

— M. Bumble! M. Bumble! s'écria Noé feignant l'épouvante et

s'exprimant si haut, que non-seulement ses accents parvinrent aux oreilles de M. Bumble, qui était à quelques pas de là, mais qu'ils effrayèrent tellement ce digne fonctionnaire, qu'il se précipita dans la cour sans son fidèle tricorne (circonstance aussi rare que curieuse, qui nous fait voir que, quand il est mu par une impulsion soudaine et puissante, un bedeau même peut être atteint d'une visitation momentanée de l'oubli de soi-même en même temps que de sa dignité personnelle).

— Monsieur Bumble, dit Noé, si vous saviez, Monsieur... Olivier a...

— Eh bien! quoi? qu'a-t-il fait, Olivier? demanda le bedeau avec un rayon de plaisir dans ses yeux métalliques. Il ne se serait pas sauvé, par hasard? aurait-il fait ce coup-là, Noé?

— Non, Monsieur, bien du contraire, y n' s'a pas en sauvé; mais il est devenu assassin, répliqua Noé. Il a voulu m'assassiner, Monsieur, et puis Charlotte, et puis Madame. Oh! la, la, la, la, mon Dieu, que je souffre! si vous saviez, Monsieur! (Et en même temps il se tortillait dans tous les sens, se tenant le ventre à deux mains, et faisant des contorsions et des grimaces horribles pour faire croire à M. Bumble que de l'attaque violente qu'il avait soutenue, il avait eu quelque chose de dérangé dans le corps, qui le faisait cruellement souffrir en ce moment.)

Voyant qu'il avait atteint le but qu'il s'était proposé, et que son rapport avait entièrement paralysé le bedeau, il jugea à propos d'ajouter à l'effet qu'il venait de produire en se lamentant sur une octave et demie plus haut qu'auparavant, et ayant aperçu un monsieur en gilet blanc, qui traversait la cour, il conçut l'heureuse idée d'attirer l'attention et d'exciter l'indignation du susdit monsieur en criant plus fort que jamais.

En effet, le monsieur n'eut pas fait deux pas, qu'il se retourna brusquement, s'informant du motif qui faisait ainsi hurler ce jeune dogue, et pourquoi M. Bumble ne lui administrait pas quelques bons coups de canne, pour le faire pleurer pour quelque chose.

— C'est un pauvre garçon de l'école de charité, dit Bumble, qui a manqué d'être assassiné par le jeune Twist.

— J'en étais sûr! dit l'homme au gilet blanc s'arrêtant tout court. Je le savais bien! J'eus, dès le premier abord, un étrange pressentiment que ce petit audacieux se ferait pendre un jour!

— Il a voulu aussi assassiner la domestique, dit Bumble tout pâle de frayeur.

— Et puis sa maîtresse, reprit Noé.

— Et son maître aussi, m'avez-vous dit, je crois, Noé? ajouta le bedeau.

— Non, Monsieur, il est sorti, sans quoi il l'aurait assassiné, répliqua Noé; il a dit qu'il voulait l'assassiner.

— Ah! il a dit qu'il le voulait, n'est-ce pas, mon garçon? dit le monsieur au gilet blanc.

— Oui, repartit Noé. — Oh! à propos, Monsieur, ma maîtresse m'envoie demander à M. Bumble s'il pourrait venir un moment à la maison pour fouailler Olivier, vu que mon maître est sorti.

— Certainement, mon garçon, certainement! dit le monsieur au gilet blanc d'un air gracieux. Et, passant sa main sur la tête de Noé, qui était plus grand que lui de trois pouces pour le moins : Tu es un bon garçon, un bien bon garçon, ajouta-t-il. Tiens, voilà un sou pour toi. Bumble! courez de ce pas avec votre canne chez Sowerberry, et voyez vous-même ce qu'il y a de mieux à faire. Ne le ménagez pas, Bumble, entendez-vous?

— Non, Monsieur, répliqua l'autre ajustant un fouet qui s'adaptait au bout de sa canne, et dont il se servait pour infliger des corrections paroissiales.

— Dites à Sowerberry de ne pas l'épargner non plus. On n'en fera jamais rien que par les coups, dit l'homme au gilet blanc.

— Je n'y manquerai pas, Monsieur, reprit le bedeau.

Pendant ce temps la canne et le tricorne ayant été ajustés chacun en son lieu et place, à la satisfaction de leur commun maître, M. Bumble et Noé Claypole se rendirent en toute hâte vers la demeure de Sowerberry.

La situation des affaires ne s'était pas améliorée. M. Sowerberry n'était pas encore de retour, et Olivier continuait de donner des coups de pied dans la porte du cellier avec une égale vigueur. Le rapport fidèle que firent Charlotte et madame Sowerberry, au sujet de la férocité de l'enfant, fut d'une nature si alarmante, que M. Bumble jugea prudent de parlementer avant d'ouvrir la porte. En conséquence il y donna lui-même un coup de pied, en manière d'exorde, et, appliquant ses lèvres au trou de la serrure, il dit d'un ton grave et imposant :

— Olivier!

— Ouvrez-moi la porte, vous! répondit l'enfant.

— Reconnais-tu bien cette voix, Olivier? demanda le bedeau.

— Oui, reprit Olivier.

— N'en avez-vous pas peur, Monsieur, ne tremblez-vous pas de tous vos membres tandis que je vous parle? poursuivit le bedeau.

— Non, répondit hardiment Olivier.

Une réponse si différente de celle à laquelle il avait droit de s'attendre, et qu'il était habitué à recevoir, n'ébranla pas peu M. Bumble. Il fit trois pas en arrière, se redressa de toute sa hauteur, et porta ses regards alternativement sur les trois spectateurs, sans pouvoir proférer une parole.

— Oh! vous voyez, monsieur Bumble, dit madame Sowerberry, il faut qu'il soit fou! Un enfant qui ne posséderait que la moitié de sa raison n'oserait pas vous parler ainsi.

— Ce n'est pas de la folie, Madame, dit M. Bumble après quelques instants d'une mûre réflexion, c'est la viande.

— Qu'est-ce que vous dites que c'est? s'écria madame Sowerberry.

— La viande, Madame, repartit le bedeau d'un ton emphatique, c'est tout bonnement la viande. Vous l'avez surchargé de nourriture, vous avez *érigé* en lui une âme et un esprit artificiels qui ne conviennent nullement à une personne de sa condition : comme les administrateurs, qui sont des philosophes expérimentés vous le diront eux-mêmes, madame Sowerberry. Quelle est la nécessité pour les pauvres d'avoir un esprit et une âme? N'est-ce pas assez que nous les fassions vivre? Si vous ne lui aviez donné que du gruau, Madame, ceci ne serait jamais arrivé.

— Mon Dieu! mon Dieu! fit madame Sowerberry levant pieusement les yeux vers le plafond de la cuisine, faut-il que cela vienne d'un excès de libéralité!

La libéralité de madame Sowerberry envers Olivier consistait en une prodigalité confuse de rogatons que personne autre que lui n'aurait voulu manger : aussi y avait-il beaucoup d'abnégation et de dévouement à rester volontairement sous la lourde accusation de M. Bumble, dont (à lui rendre justice) elle était innocente de pensée, de parole et d'action.

— Eh bien! dit le bedeau lorsque la dame, revenue de son extase, eut ramené ses yeux vers la terre, la seule chose qu'il y ait à faire maintenant, selon moi, est de le laisser là vingt-quatre heures, jusqu'à ce que la faim se fasse un peu sentir chez lui; après quoi vous le laisserez sortir, et vous le mettrez au gruau pendant tout le temps de son apprentissage. Il provient de mauvaises gens, madame Sowerberry; des pas grand'choses, rien qu' ça. Le médecin et la garde m'ont dit que sa mère est venue ici au milieu de difficultés et de peines qui auraient tué une femme vertueuse longtemps auparavant.

A ce point du discours du bedeau, Olivier, en ayant assez entendu pour savoir qu'on faisait de nouveau allusion à sa mère, se remit à frapper d'une telle force qu'on ne pouvait plus s'entendre. M. Sowerberry rentra sur ces entrefaites, et le crime d'Olivier lui ayant été raconté avec toute l'exagération que ces dames jugèrent la plus capable d'exciter son courroux, il ouvrit en un clin d'œil la porte du cellier et en fit sortir son apprenti rebelle en le prenant au collet.

Les habits d'Olivier avaient été déchirés dans la lutte, son visage était meurtri et égratigné, et ses cheveux étaient épars sur son front. Le rouge de la colère n'avait pas encore disparu de ses joues; et, lorsqu'il fut tiré de sa prison, loin de paraître intimidé, il lança à Noé un regard menaçant.

— Vous êtes un gentil garçon! dit Sowerberry secouant Olivier par le collet, et lui appliquant un soufflet sur l'oreille.

— Il a dit du mal de ma mère, reprit l'enfant.

— Eh bien! quand même encore! dit madame Sowerberry, petit scélérat!

— Il n'a pas encore dit tout c' qu'elle mérite.

— Elle ne le mérite pas, dit Olivier.

— Elle le mérite, dit madame Sowerberry.

— C'est un mensonge! repartit Olivier (1).

Madame Sowerberry versa un torrent de larmes. Ce torrent de larmes ne laissait à M. Sowerberry aucune alternative. Le lecteur avisé comprendra facilement que, si ce dernier eût hésité un seul instant à punir très-sévèrement Olivier, il eût été, eu égard à tous ces usages reçus en fait de disputes matrimoniales, une brute, un mari dénaturé,

---

(1) Ainsi qu'en sera aisément convaincu le lecteur par la suite de ce récit, Dickens tombe encore ici dans l'exagération. Qu'un enfant soit maltraité, méprisé, persécuté parce qu'il est né de parents indignes et dans des conditions malheureuses, assurément cela est de toute injustice, puisque lui est innocent. Mais de ce que, par suite de cette circonstance, il trouve dans ce monde des obstacles qu'un enfant né d'une véritable famille honnête n'a pas à vaincre, en conclure contre l'inhumanité des hommes et leurs institutions et leurs lois, c'est de la déraison, c'est le renversement de tout ordre social, c'est la démoralisation décrétée en 1793. (*Note des Éditeurs.*)

une basse imitation de l'homme, et tant d'autres charmantes épithètes, trop nombreuses pour être insérées dans ce chapitre. A lui rendre justice, il était, autant que s'étendait son pouvoir qui n'allait pas bien loin, assez bien disposé en faveur de l'enfant : peut-être bien parce qu'il y allait de son intérêt ; peut-être encore parce que sa femme ne pouvait le souffrir. Pourtant, comme je viens de le dire, ce torrent de larmes ne lui laissait point d'alternative, il l'étrilla de manière à satisfaire son épouse outragée, et à rendre inutile l'usage de la canne paroissiale. Notre jeune héros fut enfermé tout le reste du jour dans l'arrière-cuisine, en compagnie d'une pompe et d'un morceau de pain sec. A la nuit, madame Sowerberry lui ouvrit, non sans avoir fait auparavant quelques remarques peu flatteuses au sujet de sa mère, et ce fut au milieu des railleries et des sarcasmes de Noé et de Charlotte qu'il alla rejoindre son lit de douleur.

Ce ne fut que lorsqu'il se trouva seul dans l'atelier du croquemort qu'il donna un libre cours à l'émotion que le traitement de la journée avait dû éveiller dans son cœur d'enfant. Il avait entendu leurs sarcasmes avec mépris, il avait supporté les coups sans proférer une seule plainte, car il avait senti naître en lui cette noble fierté capable d'étouffer le moindre cri, quand même on l'aurait brûlé vif ; mais maintenant qu'il n'y avait personne qui pût le voir ou l'entendre, il se laissa tomber à genoux sur le plancher, et, cachant son visage dans ses mains, il répandit de telles larmes, que Dieu veuille que pour le bien de notre esprit, peu d'enfants aussi jeunes aient jamais occasion d'en répandre devant lui !

Olivier resta longtemps immobile dans cette position, la chandelle était près de finir dans sa bobèche lorsqu'il se releva ; et ayant regardé autour de lui avec précaution en écoutant attentivement, il tira les verrous de la porte d'entrée et jeta un coup d'œil dans la rue.

La nuit était sombre et froide, et les étoiles parurent aux yeux de l'enfant plus éloignées de la terre qu'il ne les avait jamais vues auparavant. Il ne faisait pas de vent ; et les ombres noires des arbres, par leur immobilité, avaient quelque chose de sépulcral comme la mort même. Il referma doucement la porte, et ayant profité de la lumière vacillante du bout de chandelle qui finissait pour envelopper dans un mouchoir le peu de vêtements qu'il avait, il s'assit sur un banc en attendant le jour.

Aux premiers rayons de l'aurore qui commencèrent à poindre à travers les fentes des volets de la boutique, Olivier se leva et ouvrit de nouveau la porte. Un regard craintif autour de lui, un moment d'hésitation... il l'a refermée sur lui et le voilà au milieu de la rue... Il regarde à droite et à gauche, ne sachant trop de quel côté fuir. Il se rappelle avoir vu les chariots, lorsqu'ils quittaient le pays, gravir lentement la colline : il se dirige de ce côté; et étant arrivé à un sentier qu'il savait rejoindre la route un peu plus loin, il le prit et marcha bon train.

Le long de ce même sentier, Olivier se ressouvint d'avoir trotté côte à côte avec M. Bumble, lorsque ce dernier le ramenait de la succursale au dépôt de mendicité. Ce chemin conduisait à la chaumière. Son cœur battit bien fort en y pensant, et il lui prit envie de revenir sur ses pas. Il avait cependant fait un bon bout de chemin et il perdrait beaucoup de temps en agissant ainsi; et puis il était si matin, qu'il n'y avait pas de danger qu'on l'aperçût. Il continua donc et arriva devant la maison. Il n'y avait pas d'apparence que les commensaux fussent levés à une heure si matinale. Il s'arrêta et regarda avec précaution dans le jardin. Un enfant y était occupé à arracher les mauvaises herbes d'un carré; et venant à lever la tête pour se reposer, Olivier reconnut en lui un de ses camarades d'enfance. Il fut bien aise de le voir avant de partir; car, quoique plus jeune que lui, cet enfant avait été son ami et son compagnon de jeu; ils avaient été affamés, battus et enfermés ensemble tant et tant de fois!

— Chut, Richard! fit Olivier comme le petit garçon courut à la porte, et passa ses petits bras au travers de la grille pour lui faire accueil. Est-on levé ici?

— Non, il n'y a que moi! repartit l'enfant.

— N' faut pas dire que tu m'as vu, entends-tu, Richard, dit Olivier. Je me sauve : on me battait et on me maltraitait, j' m'en vas chercher fortune ailleurs, bien loin d'ici, je ne sais pas où. Comme tu es pâle!

— J'ai entendu l' médecin leur dire que j' me mourais, reprit l'enfant avec un sourire languissant. J' suis si content d' te voir, mon cher ami! Mais, ne t'amuse pas; va-t'en bien vite!

— Non, non, je veux te dire au revoir, poursuivit Olivier. Je te reverrai, Richard, j'en suis sûr! Tu seras bien portant et plus heureux alors.

— Je l'espère bien, dit l'enfant, mais quand je serai mort, pas avant. Je sais bien que le médecin a raison, Olivier, parce que je rêve si souvent du ciel et des anges, et je vois des figures douces comme je n'en ai jamais vu quand je suis éveillé. Embrasse-moi, continua-t-il en grimpant sur la porte du jardin. Et passant ses petits bras autour du cou d'Olivier : Au revoir, mon ami! que Dieu te bénisse!

Quoique donnée par un enfant, cette bénédiction était la première qu'Olivier eût jamais entendu invoquer sur sa tête; et au milieu des souffrances et des vicissitudes de sa vie future, il ne l'oublia jamais une seule fois.

VIII. — **Olivier se rend à Londres, et rencontre en chemin un singulier jeune homme.**

Olivier, arrivé à la barrière où aboutissait le sentier, se trouva de nouveau sur la grand'route. Il était alors huit heures; quoiqu'il eût déjà fait cinq milles, il courut et se cacha tour à tour derrière les haies jusqu'à midi, dans la crainte d'être rattrapé dans le cas où l'on serait à sa poursuite. Alors il s'assit auprès d'une borne et se mit à penser, pour la première fois, à l'endroit où il devait aller pour tâcher de gagner sa vie.

Ayant souvent entendu dire par les vieillards du dépôt de mendicité qu'un garçon d'esprit ne pouvait manquer de réussir à Londres, et qu'il y avait dans cette grande ville des ressources dont les habitants de la province ne se faisaient aucune idée, c'était justement l'endroit qui convenait à l'enfant sans asile, et qui pouvait mourir dans la rue si personne ne venait à son secours. Il marcha donc avec courage, couchant en plein champ, vivant tantôt d'aumônes, tantôt de débris jetés à la borne, rebuté partout, chassé de partout.

Le septième jour de son départ, il entra de très-grand matin, clopin-clopant, dans la petite ville de Barnet. Les contrevents des maisons étaient fermés, les rues désertes; personne n'était encore levé pour vaquer aux occupations de la journée. Le soleil se levait tout radieux; mais sa lumière ne faisait que montrer à l'enfant, d'une manière plus sensible, et sa tristesse et sa misère, en même temps qu'il s'assit sur les marches froides d'un perron les pieds en sang et couverts de poussière.

Peu à peu les volets s'ouvrirent, les stores se levèrent et les gens commencèrent à circuler dans les rues. Quelques personnes (un bien petit nombre) s'arrêtèrent un moment pour le considérer, ou se détournèrent seulement en passant rapidement; mais pas un ne le secourut, on ne se donna même pas la peine de s'informer comment il se trouvait en cet endroit. Le pauvre enfant n'avait pas le cœur de mendier, et il était assis là sans savoir que devenir.

Il y avait déjà quelque temps qu'il était sur les marches de ce perron, s'étonnant du grand nombre de tavernes qu'il voyait (presque toutes les maisons de Barnet étant des tavernes), et regardant avec insouciance les voitures publiques qui passaient devant lui, surpris cependant de la rapidité et de la légèreté avec laquelle elles franchissaient en peu d'heures une distance qui lui avait demandé, à lui, toute une semaine d'un courage et d'une résolution au-dessus de son âge, lorsqu'il fut tiré de sa rêverie en remarquant qu'un jeune garçon qui quelques instants auparavant venait de passer, sans paraître le remarquer, était revenu se placer de l'autre côté de la rue et le considérait avec la plus grande attention. D'abord il n'y attacha aucune importance; mais, voyant que ce garçon restait si longtemps dans la même attitude, il leva la tête et le regarda de la même manière. Alors celui-ci traversa la rue et venant droit à lui :

— Eh bien! vieux, de quoi qu'il en r'tourne? dit-il en s'adressant à Olivier.

L'individu qui fit cette question à notre jeune voyageur était à peu près de son âge; mais c'était bien le garçon le plus original qu'Olivier eût jamais vu.

— Eh bien! vieux, de quoi qu'il en r'tourne?

— Je meurs de faim et je suis très-fatigué, répondit Olivier les larmes aux yeux; j'ai fait une longue trotte : j'ai marché pendant sept jours.

— Pendant sept jours! dit le jeune homme. Ah! je devine. Par ordre du bec. Hein? — Mais, ajouta-t-il remarquant la surprise d'Olivier, je pense que tu ne sais peut-être pas ce que c'est qu'un bec, mon jeune camarade?

Olivier répondit ingénument qu'il avait toujours entendu dire qu'un bec était la bouche d'un oiseau.

— En v'là un *jobard!* s'écria le *jeune homme* : le *bec*, c'est le magistrat. *Marcher par ordre du bec*, c' n'est pas aller tout droit, mais toujours grimper, sans jamais redescendre. N'as-tu jamais été sur le *moulin?*

— Quel moulin? demanda Olivier.

— Quel moulin! quel moulin! le moulin qui va cent fois plus vite quand les eaux sont basses, c'est-à-dire quand la bourse est à sec, que quand elles sont hautes, parce que, dans ce dernier cas, il y a toujours bien moins d'ouvriers. Ça s' comprend facilement du reste. Viens avec moi, tu n'as rien à mettre sous la dent, et faut que tu tortilles. N'y a pas grand' chose à la poche, seulement un rond et un jacques, voilà tout, mais aussi loin qu' ça ira, ça ira. Allons, en avant les cliquettes!

Ayant aidé Olivier à se soulever, le jeune monsieur entraîna ce dernier vers une boutique de regrattier, où il acheta un peu de jambon et un petit pain de deux livres, dans lequel il fit un trou où il introduisit le jambon pour le garantir de la poussière; puis, mettant le tout sous son bras, il se dirigea vers un cabaret de chétive apparence, et entra dans une salle sur le derrière. Là, un pot de bière ayant été apporté par ordre du mystérieux jeune homme, Olivier donna dessus à un signe de son nouvel ami, et fit un long et splendide repas, pendant lequel l'étrange garçon l'observait de temps en temps avec la plus grande attention.

— Tu vas à Londres? dit le jeune monsieur quand Olivier eut fini.

— Oui.

— As-tu un logement?

— Non.

— De l'argent?

— Non.

L'étrange garçon siffla et mit les mains dans ses poches, aussi avant toutefois que les manches de son habit le lui permirent.

— Demeurez-vous à Londres? demanda Olivier.

— Oui, quand je suis chez moi! répondit l'autre. Je pense que tu ne sais pas où coucher cette nuit, hein?

— Non, reprit Olivier. Je n'ai pas dormi à couvert depuis que j'ai quitté mon pays.

— Ne te fais pas de bile pour ça. T'as tort de te tourmenter ainsi les paupières, répliqua le jeune monsieur. J' dois être moi-même à Londres ce soir, et j' connais là un vieillard respectable qui te donnera un logement pour rien, et y n'aura pas la peine de t' rendre la monnaie de ta pièce; c'est-à-dire si tu es présenté par quelqu'un de ses amis, bien entendu. Et avec ça qu'y n' me connaît pas du tout! Non, s'cusez! pus qu' ça d' connaissance!

Disant cela, le jeune monsieur sourit, pour donner à entendre que la dernière partie de son soliloque était purement ironique, et il vida son verre incontinent.

Cette offre inattendue d'un logement était trop séduisante pour être refusée, surtout lorsqu'elle fut immédiatement suivie de l'assurance qu'une fois connu du vieux monsieur, ce dernier ne serait pas longtemps sans procurer à Olivier quelque place bien avantageuse. Ceci conduisit à un entretien plus confidentiel, dans lequel Olivier découvrit que son ami, qui s'appelait Jack Dawkins, était l'ami intime et le protégé du vieux monsieur en question.

L'extérieur de M. Dawkins ne parlait pas beaucoup en faveur des avantages que son patron obtenait pour ceux qu'il prenait sous sa protection ; mais comme il avait une manière de s'exprimer si prompte et si obscure tout à la fois, et qu'en outre il avoua que, parmi ses coteries, il était mieux connu sous le sobriquet de *fin Matois*, Olivier conclut de là que son compagnon étant peut-être insouciant et léger, la morale du vieux monsieur avait été perdue en lui. Dans cette pensée, il résolut, à part lui, de la mettre à profit aussitôt que possible, et que, s'il trouvait le Matois incorrigible, comme il avait tout lieu de le croire, il renoncerait à l'honneur de le fréquenter.

Comme Jack Dawkins déclara ne vouloir entrer dans Londres qu'à la nuit, il était près de onze heures quand ils arrivèrent à la barrière d'Islington. Ils passèrent devant la taverne de l'Ange, au coin de la rue Saint-Jean, enfilèrent la petite rue qui conduit au théâtre Sadlerswells, longèrent la rue d'Exmouth et Coppice-Row, descendirent la petite cour près du dépôt de mendicité ; et ayant traversé le terrain classique nommé autrefois Hocley-in-the-Hole, ils gagnèrent Little-Saffron-Hill et Great-Saffron-Hill, que le fin Matois arpenta au pas de course, recommandant à Olivier de le suivre de près.

Olivier réfléchissait justement s'il ne ferait pas mieux de se sauver, lorsqu'ils atteignirent le bout de la rue. Son compagnon, le prenant alors par le bras, poussa la porte d'une maison près de Field-Lane, et, l'entraînant dans le passage, ferma la porte derrière eux.

— Qui va là? cria une voix qui venait d'en dessous en réponse à un coup de sifflet du Matois.

— Plummy et Slam ! telle fut la réponse.

C'était apparemment le mot du guet ou le signal qu'il n'y avait rien à craindre ; car la faible lumière d'une chandelle se refléta sur la muraille, à l'extrémité opposée du passage, et une tête se montra à fleur de terre, à l'endroit où était jadis la vieille rampe de l'escalier de la cuisine.

— Vous êtes deux? dit l'homme avançant un peu plus la chandelle et mettant sa main sur ses yeux pour mieux voir; qui est l'autre?

— Un pophyte, répondit Jack Dawkins poussant Olivier en avant.

— D'où vient-il?

— Du pays de la Jobardière. Fagin est-il en haut?

— Oui, il assortit les blavins. Allons, montez.

La lumière s'éloigna et la tête disparut.

Olivier, cherchant son chemin à tâtons d'une main, et de l'autre tenant les basques de l'habit de son compagnon, arriva non sans peine au haut de l'escalier sombre et à moitié brisé que le fin Matois escalada avec une assurance et une agilité qui prouvaient assez que le chemin lui était connu. Celui-ci ouvrit la porte d'une chambre donnant sur le derrière de la maison, et y fit entrer sa nouvelle connaissance.

— C'est mon ami Olivier Twist, que je vous présente, Fagin, dit le Matois.

Le juif sourit, et, faisant un profond salut à Olivier, il le prit par la main en lui disant qu'il espérait avoir l'honneur de faire sa connaissance (1).

— Nous sommes charmés de te voir, assurément! dit le juif. *Le Matois!* retire les saucisses de la poêle et approche du feu ce paquet pour qu'Olivier s'asseye. — Ah! tu regardes les mouchoirs de poche, hein, mon ami? N'y en a pas mal, n'est-ce pas? Nous venons justement de les compter pour les envoyer au blanchissage; voilà tout, Olivier. Ha! ha! ha!

Ces dernières paroles du juif excitèrent les applaudissements de ses jeunes élèves, et ce fut au milieu des éclats de rire de la compagnie qu'on se mit à table.

Olivier prit sa part du souper; et le juif lui ayant versé un verre de genièvre et d'eau chaude, en lui recommandant de le boire tout de

---

(1) Quelque fondée que puisse être particulièrement en Angleterre la défaveur attachée au nom de *juif*, nous ne saurions approuver cette qualification continuellement appliquée ici à un type de scélératesse. Il n'y a pas seulement que des juifs dans les tavernes de bandits et les bagnes. Le fils d'Israël croit à Dieu, à l'immortalité de l'âme, etc. Donc, englober tous les juifs dans la même accusation à cause de quelques exceptions, c'est exagérer, plus que cela, c'est manquer de justice. Fagin est étranger à toute croyance; mieux valait par conséquent, et ce n'eût été calomnier aucune croyance, simplement l'appeler l'*Apostat* ou le *Rénégat*, etc. Pareil être doit s'attendre à tout.

(*Note des Éditeurs.*)

suite, afin de passer son gobelet à un autre, il ne l'eut pas plus tôt avalé qu'il se sentit porter doucement sur l'un des sacs, où il s'endormit d'un profond sommeil.

IX. — Quelques détails concernant le facétieux vieillard et ses élèves intelligents.

Il était tard quand Olivier s'éveilla le lendemain matin. Il n'y avait dans la chambre que le vieux juif, qui faisait bouillir du café en sifflant tout bas, tandis qu'il le remuait avec une cuiller de fer. De temps à autre, il s'arrêtait pour écouter, au moindre bruit qui se faisait au-dessous, et, quand il avait satisfait sa curiosité, il se remettait à tourner le café et à siffler de plus belle.

Lorsque le café fut fait, le juif posa la casserole à terre, et, ne sachant trop comment passer le temps, il se tourna machinalement vers Olivier et l'appela par son nom; il y eut toute apparence que l'enfant dormait, car il ne répondit pas. S'en étant assuré, il se dirigea doucement vers la porte, qu'il ferma aux verrous, puis, selon qu'il parut à Olivier, il tira, d'une trappe pratiquée dans le plancher, une petite boîte et la plaça sur la table. Ses yeux brillèrent en même temps qu'il leva le couvercle et qu'il y plongea son regard. Alors, approchant une vieille chaise, il s'assit et tira de la boîte une montre d'or magnifique étincelante de diamants.

— Ah! ah! dit-il haussant les épaules et faisant une grimace horrible, de fameux lapins ceux-là! de vrais lurons! Fermes jusqu'à la fin! Pas si bêtes que de dire au vieux prêtre où ça s'trouverait! Jamais ils n'ont vendu le vieux Fagin! Et d'ailleurs, à quoi ça leur aurait-il servi de manger le morceau? Ça n'aurait pas desserré le nœud coulant, ni laissé l'échelle une minute de plus. Non! non! Ah! c'étaient de bons vivants! de fameux lapins!

Tout en faisant ces réflexions, ainsi que d'autres de même nature, le juif remit encore fois la montre en son lieu de sûreté; cinq ou six autres, pour le moins, furent tirées tour à tour de la même boîte et passées en revue avec la même satisfaction, ainsi que des bagues, des broches, des bracelets et d'autres articles de bijouterie d'une matière si magnifique et d'un travail si précieux, qu'Olivier n'en savait même pas le nom.

Ayant replacé ces joyaux, le juif en prit un autre si petit, qu'il tenait dans le creux de sa main. Une inscription très-fine paraissait y être gravée, car il le posa sur la table, et, le garantissant du faux jour en mettant sa main devant, il l'examina longtemps avec la plus grande attention. Enfin, renonçant à l'espoir d'en déchiffrer la légende, il le remit dans la boîte, et se penchant sur le dos de sa chaise :

— Quelle belle chose que la peine capitale ! murmura-t-il entre ses dents. Les morts ne reviennent jamais pour jaser. Ah ! c'est une bien grande sécurité pour le commerce ! cinq d'entre eux accrochés à la file l'un de l'autre ; et pas un n'a été assez capon pour manger l'morceau !

Disant cela, le juif, qui jusqu'alors avait tenu ses yeux noirs et perçants sur le bijou dans un état de fixité extatique, les reposa sur Olivier, et, voyant que l'enfant le regardait avec une muette curiosité, il comprit qu'il en avait été observé. Alors, fermant brusquement la boîte, il s'empara d'un couteau qui était sur la table, et se leva d'un air furieux. Il n'était pas rassuré cependant, car, malgré sa frayeur, Olivier put s'apercevoir que le couteau tremblait dans la main du vieillard.

— Qu'est-ce que cela ? dit le juif, m'espionnais-tu ? Quoi donc ! étais-tu éveillé ? Qu'as-tu vu ? parle, enfant ! réponds vite ! Il y va de ta vie !

— Je n'ai pas pu dormir plus longtemps, Monsieur, répondit Olivier, je suis bien fâché de vous avoir interrompu, en vérité.

— Tu n'étais pas éveillé il y a une heure ? demanda le juif d'un air égaré.

— Non, Monsieur, bien sûr ! reprit Olivier.

— En es-tu bien sûr ? s'écria le juif donnant à son regard une expression encore plus farouche et prenant une attitude menaçante.

— Oui, oui, Monsieur, ma parole d'honneur, répliqua l'enfant avec empressement ; je vous assure que je n'étais pas éveillé ; bien vrai, bien vrai !

— Tais-toi, tais-toi, mon ami ! dit le juif reprenant tout à coup ses manières ordinaires et faisant semblant de jouer avec le couteau avant de le remettre sur la table, pour donner à entendre qu'il ne l'avait pris que par badinage. Sans doute, je savais bien cela, mon ami ; aussi c'était seulement pour te faire peur, histoire de rire. — Sais-tu que tu es brave, mon garçon ! Ah ! ah ! tu es un brave, Olivier ! (Disant cela, il frottait ses mains en ricanant, tout en regardant la boîte avec inquiétude cependant.) Alors, posant sa main sur le couvercle, il ajouta, après un moment de silence : — As-tu vu quelques-unes de ces jolies choses, mon ami?

— Oui, Monsieur, répondit Olivier.

— Ah! fit le juif changeant de couleur, ce... sont... c'est... mon petit avoir, Olivier; c'est ma propriété, c'est tout ce que j'ai pour me retirer sur mes vieux jours. Le monde dit que je suis avare, oui, mon ami, seulement avare, rien que cela.

Olivier pensa que le *vieux monsieur* devait être avare en effet pour vivre dans un endroit si sale avec tant de montres; mais, s'imaginant que sans doute sa tendresse pour le *fin Matois* et les autres garçons lui coûtait beaucoup d'argent, il n'en eut que plus d'estime pour lui, et lui demanda respectueusement s'il pouvait se lever.

— Certainement, mon ami! certainement! répondit le vieux *juif*, attends! il y a une cruchée d'eau là, dans le coin, derrière la porte; apporte-la ici, je m'en vais te donner une cuvette pour te laver.

Olivier se leva, traversa la chambre et se baissa pour prendre la cruche; quand il se retourna la boîte avait disparu.

Il avait à peine fini de se laver et de remettre chaque chose à sa place, après avoir conformément aux ordres du juif vidé la cuvette par la fenêtre, lorsque le *fin Matois* rentra accompagné d'un de ses amis, jeune gaillard qu'Olivier avait vu la veille la pipe à la bouche, et qui lui fut présenté avec toutes les formalités voulues comme étant le sieur Charlot Bates. Chacun se mit à table et mangea avec le café des petits pains tout chauds et du jambon, que le *Matois* avait apportés dans le fond de son chapeau.

— Eh bien! dit le juif jetant sur Olivier un regard malin, en même temps qu'il s'adressait au Matois, j'espère que vous avez été à l'*ouvrage* ce matin, les amis!

— Un peu, mon neveu! répondit le Matois.

— Hardis comme des pages! reprit Charlot.

— Allons! allons! vous êtes de bons enfants! de bien bons enfants! dit le juif. Qu'est-ce que tu as rapporté, toi, Jack?

— Deux *agenda*, répondit celui-ci.

— Garnis, hein? demanda le juif avec empressement.

— Pas mal, répliqua le *Matois*, tirant de sa poche deux *agenda* dont un rouge et l'autre vert.

— Pas aussi lourds qu'ils le devraient, dit le juif après avoir examiné le dedans avec une scrupuleuse attention. Du reste, c'est très-propre et fait dans le soigné.

— C'est d'un *habile ouvrier*, n'est-ce pas, Olivier ?

— Très-*habile* certainement, Monsieur, répondit Olivier.

Là-dessus, le sieur Charlot partit d'un grand éclat de rire, au grand étonnement de l'enfant, qui ne voyait rien de risible en cela.

— Et toi, mon vieux ! dit Fagin à Charlot, qu'est-ce que tu nous rapportes ?

— Des *blavins*, reprit maître Bates proposant quatre mouchoirs de poche.

— C'est bien ! repartit le juif après les avoir passés en revue ; ils ne sont pas mauvais. Oui, mais tu ne les as pas bien marqués, Charlot, faudra en ôter la marque avec une aiguille, et nous montrerons à Olivier comment il faut s'y prendre.

— Ça va-t-il, Olivier ? hein ! ha ! ha ! ha !

— Volontiers, Monsieur, répondit Olivier.

— Tu voudrais bien savoir *faire le mouchoir* aussi habilement que Charlot Bates, n'est-il pas vrai, mon ami ? demanda le juif.

— Oh ! oui, Monsieur, j'aimerais beaucoup cela. Si vous vouliez me l'enseigner, reprit l'enfant.

Maître Bates vit dans cette réponse quelque chose de si plaisant, qu'il partit d'un nouvel éclat de rire qui, lui ayant fait avaler son café de travers, il s'en fallut de bien peu qu'il ne suffoquât.

— Il est vraiment si *neuf !* dit Charlot lorsqu'il fut remis, comme pour excuser sa conduite incivile.

Le *Matois*, passant sa main sur la tête d'Olivier en lui rabattant ses cheveux sur le visage, dit qu'il en saurait bientôt assez ; sur quoi le vieux juif, voyant que le rouge montait au visage de l'enfant, changea de conversation en demandant s'il y avait eu beaucoup de monde à l'exécution qui avait dû avoir lieu le matin même. Cela surprit d'autant plus Olivier, que par les réponses des deux jeunes *garçons*, il était évident qu'ils y avaient assisté, et il ne comprenait pas qu'ils eussent eu assez de temps pour être si laborieux.

Quand on eut desservi, le plaisant vieillard et les deux jeunes gens jouèrent à un jeu aussi curieux qu'il était peu commun. Le premier mit une tabatière dans un des goussets de son pantalon, et un portefeuille dans l'autre ; dans la poche de son gilet une montre à laquelle était attachée une chaîne de sûreté, qu'il passa autour de son cou ; et fichant sur sa chemise une épingle montée en faux, il se boutonna jusqu'en haut ; puis plaçant son étui à lunettes et son mouchoir dans les poches de sa redingote, il se promena de long en large dans la chambre, une canne à la main : de même qu'on voit nos vieux messieurs dans les rues à chaque instant du jour. Tantôt il s'arrêtait devant la cheminée, et tantôt à la porte, feignant d'examiner les marchandises aux fenêtres des boutiques. Parfois, il regardait autour de lui et tâtait ses poches alternativement pour s'assurer si on ne l'avait point volé; et il faisait cela si naturellement, qu'Olivier en riait jusqu'aux larmes. Pendant tout ce temps, les deux jeunes *messieurs* le suivaient de près, évitant si adroitement ses regards chaque fois qu'il se retournait, qu'il était impossible à l'œil de suivre leurs mouvements. A la fin le *Matois* lui marcha sur le pied, tandis que Charlot le heurta (sans le faire exprès, bien entendu), et, en ce moment même, ils lui soulevèrent en moins de rien et avec la plus étonnante dextérité tabatière, portefeuille, montre, chaîne de sûreté, épingle, mouchoir de poche, ainsi que l'étui à lunettes. Si le vieux *monsieur* sentait une main dans une de ses poches, il disait dans laquelle, et le jeu était à recommencer.

Lorsqu'on eut joué à ce jeu un grand nombre de fois, deux jeunes *demoiselles* vinrent faire une visite aux deux jeunes *messieurs*. L'une se nommait Betzy, et l'autre Nancy. Leur chevelure naturellement épaisse n'était pas des mieux soignée; leurs souliers n'avaient point de cordons, et leurs bas étaient négligemment tirés. Elles avaient de grosses couleurs et paraissaient assez gaillardes. Comme elles avaient des manières excessivement enjouées, Olivier pensa qu'elles étaient fort aimables (comme elles l'étaient, à n'en point douter).

Ces demoiselles restèrent assez longtemps, et des liqueurs ayant été apportées par suite de la réflexion de l'une d'elles, qui se plaignit d'avoir l'estomac *glacé*, la conversation devint vive et animée. A la fin Charlot dit qu'il pensait qu'il était grandement temps de *battre la semelle*, expression qu'Olivier crut être le français de sortir; car, aussitôt après, le *Matois* et Charlot et les deux jeunes *demoiselles* s'en allèrent ensemble, munis de quelque argent que leur donna le bon vieux juif pour dépenser en chemin.

— Eh bien! mon ami, n'est-ce pas une vie agréable que celle-ci, hein? dit Fagin; les voilà partis pour toute la journée!

— Ont-ils fini de travailler, Monsieur? demanda Olivier.

— Oui, repartit le juif, à moins qu'ils ne trouvent de la besogne en route; alors ils ne la négligeront pas, tu peux bien y compter. Prends exemple sur eux, mon ami : prends exemple sur eux! continua-t-il en frappant l'âtre de la cheminée avec la pelle à feu, comme pour donner plus de force à ses paroles : fais tout ce qu'ils te diront, et consulte-les en toutes choses, principalement le *Matois*. Il fera un grand homme lui-même, et tu deviendras comme lui si tu le prends pour modèle. Est-ce que mon mouchoir sort de ma poche, mon ami? demanda-t-il en s'arrêtant tout court.

— Oui, Monsieur, répondit Olivier.

— Essaye donc un peu si tu pourrais le prendre sans que je m'en aperçusse, de même que tu les a vus faire quand nous nous amusions ce matin.

Olivier souleva la poche d'une main, comme il l'avait vu faire au *fin Matois*, et de l'autre tira légèrement le mouchoir.

— Est-ce fait? demanda le juif.

— Le voilà, Monsieur, dit Olivier en le lui montrant.

— Tu es un garçon fort adroit, mon ami! dit le plaisant vieillard passant sa main sur la tête d'Olivier en signe d'approbation. Je n'ai jamais vu un garçon plus habile. Tiens, voilà un schelling pour toi. Si tu continues de ce train-là, tu seras le plus grand homme de ton siècle. Maintenant, viens ici que je te montre à ôter les marques des mouchoirs.

Olivier se demanda à lui-même ce qu'avait de commun l'action d'escamoter, en plaisantant, le mouchoir du vieillard, avec la chance de devenir un grand homme; mais pensant que le juif, étant beaucoup plus âgé que lui, devait en savoir davantage, il s'approcha de la table et fut bientôt livré profondément à sa nouvelle étude.

X. — **Olivier connaît mieux le caractère de ses nouveaux compagnons et acquiert de l'expérience à ses dépens. Importance des détails contenus dans ce chapitre.**

Pendant plusieurs jours Olivier resta dans la chambre du juif, démarquant les mouchoirs, qui arrivaient en foule au logis, et quelquefois aussi prenant part au susdit jeu auquel ce dernier et les deux jeunes messieurs s'exerçaient régulièrement tous les matins. A la fin, il commença à soupirer après le grand air, et chercha plusieurs fois l'occasion de supplier le vieillard de le laisser sortir pour *travailler* avec ses deux camarades.

Il désirait d'autant plus ardemment d'être mis en activité, qu'il avait vu un échantillon de la morale austère du *vieux monsieur*.

Chaque fois que le *Matois* ou Charlot Bates rentrait le soir les mains vides, il leur faisait une longue mercuriale, s'étendant au long sur les maux qu'engendrent la paresse et l'oisiveté, et, pour graver plus fortement cette vérité dans leur mémoire, il les envoyait coucher sans souper. Une fois entre autres il les précipita du haut en bas de l'escalier. Mais cet excès de zèle chez ce *vertueux* vieillard n'était pas souvent porté à ce point.

Enfin, un beau matin Olivier obtint la permission qu'il avait si ardemment désirée. Il y avait déjà deux ou trois jours qu'il n'avait plus de mouchoirs à démarquer, et les repas étaient un peu maigres. Peut-être ce furent les motifs qui engagèrent Fagin à donner son consentement. Que ce soit cela ou non, il dit à Olivier qu'il pouvait sortir, et le plaça sous la sauvegarde de Charlot Bates et de son ami *le Matois*.

Les trois amis s'en allèrent : *le Matois*, les manches retroussées et le chapeau sur l'oreille comme de coutume ; maître Charlot, les mains dans ses poches en se dandinant, et Olivier entre eux deux, s'étonnant où ils pouvaient aller et dans quelle branche d'industrie on allait d'abord le lancer.

Ils marchaient si lentement et ils paraissaient si incertains quant au chemin qu'ils devaient prendre, qu'Olivier pensa que ses compagnons trompaient le vieux *monsieur* en n'allant pas du tout à l'ouvrage. Le *Matois* avait un malin penchant aussi : c'était d'ôter les casquettes des petits garçons et de les jeter ensuite dans les cours. Charlot, de son côté, montrait des principes bien relâchés quant au respect qu'on doit avoir pour le bien d'autrui, en escamotant aux échoppes des fruitières des ognons et des pommes qu'il mettait dans ses poches, qui étaient si grandes qu'elles semblaient envahir ses habits dans tous les sens. Cela parût si inconvenant à Olivier, qu'il était sur le point de leur déclarer son intention de les quitter pour s'en retourner à la maison comme il pourrait, lorsque ses pensées furent dirigées tout à coup vers un autre sujet par un changement mystérieux dans la conduite du *Matois*.

Ils venaient de sortir d'un étroit passage près de Clerkenwell, qu'on appelle encore, par une étrange corruption de mots, le Boulingrin, lorsque le *Matois* s'arrêta tout-à-coup, et, posant son doigt sur ses lèvres, fit rétrograder ses camarades avec la plus grande circonspection.

— Qu'est-ce que c'est? demanda Olivier.

— Chut! fit le *Matois,* vois-tu ce vieux *pante* devant l'étalage du libraire?

— Le vieux monsieur de l'autre côté de la rue? reprit l'enfant. Oui, je le vois.

— *Il y passera*, poursuivit le *Matois*.

— *Il y a gras*, répliqua Charlot.

Olivier les regarda alternativement l'un et l'autre avec la plus grande surprise, mais il n'eut le temps de faire aucune question; car ses deux compagnons traversèrent la rue sans faire semblant de rien, et se glissèrent furtivement derrière le monsieur sur qui son attention était fixée. Il fit quelques pas dans la même direction, et, ne sachant s'il devait avancer ou reculer, il les regarda avec un silencieux étonnement.

Ce monsieur, qui avait la tête poudrée et des lunettes d'or, paraissait être très-respectable; il portait un habit vert-bouteille avec un collet de velours noir et un pantalon blanc, et il avait sous le bras un élégant bambou. Il venait de prendre un livre à l'étalage, et il était là comme chez lui, lisant aussi tranquillement que s'il eût été dans son fauteuil, et il est bien probable qu'il s'y croyait réellement, car il était évident qu'absorbé comme il l'était dans sa lecture, il ne voyait ni l'étalage du libraire, ni la rue, ni les deux garçons, rien autre chose enfin que le livre qu'il parcourait en entier, tournant le feuillet quand il arrivait au bas d'une page, recommençant à la première ligne de la suivante, et ainsi de suite, avec le plus vif intérêt et le plus grand empressement.

Quelles furent la surprise et l'horreur d'Olivier quand, ouvrant des yeux aussi grands que ses paupières le lui permettaient, il vit le *Matois* plonger sa main dans la poche du monsieur et en retirer un mouchoir qu'il passa à Charlot, après quoi ils tournèrent le coin de la rue en se sauvant à toutes jambes!

En un instant tout le mystère des mouchoirs, des montres, des bijoux et du juif lui-même fut dévoilé à ses yeux. Il resta là un moment abasourdi; son sang bouillonnait dans ses veines avec une telle force, qu'il se crut dans un brasier ardent; puis, confus et effrayé tout à la fois, il s'en prit à ses jambes; et, sans savoir ce qu'il faisait ni où il allait, il s'enfuit au plus vite.

Tout ceci fut l'affaire d'un rien. Au même instant qu'Olivier se mit à courir, il arriva que le monsieur, venant à fouiller dans sa poche et n'y trouvant plus son mouchoir, se retourna brusquement, et, comme il aperçut l'enfant se sauver aussi rapidement, il conclut de là que c'était lui qui avait fait le larcin, et il le poursuivit le livre en main, en criant de toutes ses forces :

— Au voleur! au voleur!

Il n'était pas le seul qui criât haro sur Olivier : le *fin Matois* et Charlot Bates, craignant d'attirer sur eux l'attention en courant, s'étaient tout bonnement cachés sous la première porte cochère qui s'offrit à eux; mais ils n'eurent pas plus tôt entendu le cri et vu courir l'enfant que, devinant ce que c'était, ils se mêlèrent aux poursuivants (comme de bons citoyens qu'ils étaient) en criant comme les autres :

— Au voleur! au voleur!

Olivier, élevé par des *philosophes*, ne connaissait pourtant pas par théorie leur maxime sublime que *le soin de soi-même est la première loi de la nature*. S'il l'eût connue, peut-être y eût-il été préparé; mais, comme il ne l'était pas, il n'en fut que plus effrayé : aussi il allait comme le vent, ayant le vieux monsieur et les deux garçons à ses trousses.

— Au voleur! au voleur!

Il y a quelque chose de magnétique dans ce cri. Le marchand quitte son comptoir et le charretier sa voiture; le boucher met là son panier, le boulanger sa corbeille, le laitier ses brocs, le commissionnaire ses paquets, l'écolier ses billes, le paveur sa pioche, et l'enfant sa raquette; chacun court pêle-mêle, criant, hurlant, se culbutant, renversant les passants au détour des rues, agaçant les chiens, effarouchant les poules et faisant retentir les rues, les places et les carrefours de ce cri :

— Au voleur! au voleur!

Ce cri est répété par cent voix, et la foule grossit à chaque coin de rue. Elle l'éloigne en pataugeant dans la boue et en faisant résonner le bruit de ses pas sur les trottoirs. Les croisées s'ouvrent, le monde sort des maisons, les gens se précipitent; toute une audience déserte Polichinelle au moment le plus intéressant de la pièce, et, se joignant à la presse, augmente le bruit en prêtant une nouvelle vigueur aux cris répétés : *Au voleur! au voleur!*

— Au voleur! au voleur!

Il y a chez l'homme une passion fortement enracinée pour courir après quelque chose. Un malheureux enfant hors d'haleine et épuisé de fatigue, la terreur dans les yeux et l'agonie dans le cœur, ayant le visage couvert de sueur, redouble d'efforts pour conserver l'avance sur ceux qui le poursuivent et qui, à mesure qu'ils gagnent sur lui, saluent ses forces défaillantes par des huées et des vociférations de joie :

— Au voleur ! au voleur ! Arrêtez ! arrêtez-le ! Ne fût-ce que par pitié, arrêtez-le !

— Le voilà arrêté à la fin ! C'est un fameux coup, ça ! Il est étendu sur le trottoir, et la foule empressée s'assemble autour de lui ; chaque nouveau venu coudoyant et se poussant pour l'entrevoir. — Reculez-vous ! — Donnez-lui un peu d'air ! — C'te bêtise ! Il ne mérite pas... — Où est le monsieur ? — Le voilà qui vient. — Faites place au monsieur ! — Est-ce bien là le garçon, Monsieur ? — Oui.

Olivier était là, couvert de boue et de poussière, la bouche ensanglantée et regardant d'un air égaré toutes ces figures qui l'environnaient, lorsque le vieux monsieur fut introduit, pour ne pas dire porté dans le cercle, par l'avant-garde des poursuivants, et qu'il fit cette réponse.

— Oui, dit-il avec un air de bonté, j'ai bien peur que ce ne soit lui.

— Peur ! murmura la foule. En v'là d'une bonne !

— Pauvre petit diable ! dit le monsieur, il s'est fait mal !

— C'est moi qui l'ai arrangé comme ça, Monsieur, dit un grand flandrin en s'avançant, et je me suis joliment coupé la main contre ses dents. C'est moi qui l'ai arrêté, Monsieur.

Disant cela, l'individu porta alors la main à son chapeau, souriant bêtement et s'attendant sans doute à recevoir quelque chose pour sa peine ; mais le monsieur, l'examinant avec un air de mépris, jeta un regard inquiet autour de lui comme s'il eût cherché à s'esquiver lui-même : ce qu'il eût fait sans doute, et il eût donné lieu par là à une autre poursuite, si un agent de police (la dernière personne qui arrive toujours en pareil cas) n'eût percé la foule en ce moment et n'eût saisi Olivier au collet.

— Ce n'est pas moi, Monsieur, bien sûr, bien sûr ! C'est deux autres garçons, dit Olivier joignant les mains d'un air suppliant et regardant autour de lui ; ils doivent être là, quelque part.

— Oh ! que non, ils ne sont pas là ! reprit l'agent de police d'un air moqueur.

Il disait vrai sans le savoir. (Le *Matois* et Charlot s'étaient faufilés dans la première cour qu'ils avaient rencontrée sur leur chemin.)

— Allons, lève-toi !

— Ne lui faites pas de mal, dit le vieux monsieur avec compassion.

— Oh! je ne veux pas lui faire de mal, reprit l'autre arrachant la veste de l'enfant, en le forçant à se relever, pour preuve de ce qu'il avançait. Allons, viens! Je te connais; ça n' peut prendre avec moi, ces couleurs-là! Veux-tu bien te tenir sur tes jambes, petit vaurien!

XI. — De la manière dont M. Fang le magistrat rend la justice.

Le vol avait été commis dans la juridiction, et, de fait, dans le voisinage immédiat d'un bureau de police métropolitain très-renommé. Les curieux eurent seulement la satisfaction d'accompagner Olivier un bout de chemin, c'est-à-dire jusqu'à un endroit nommé *Multon-Hill*, où on le fit passer sous une voûte sombre et basse qui conduisait à une cour malpropre sur le derrière de ce dispensaire de la prompte justice. Ils y rencontrèrent un fort gaillard ayant d'énormes favoris sur la figure et un gros trousseau de clefs à la main.

— Qu'y a-t-il de neuf? demanda-t-il avec insouciance.

— C'est un jeune *pègre* (filou), reprit l'agent de police.

— Est-ce vous qui avez été volé, Monsieur? demanda le geôlier.

— Oui, dit le vieux monsieur, c'est moi, mais je ne suis pas sûr que ce soit cet enfant qui ait pris le mouchoir; c'est pourquoi je... j'aimerais mieux ne pas donner suite à l'affaire.

— Il est trop tard! Il faut qu'il aille devant le magistrat, reprit le geôlier. Il va être libre à l'instant.

Et s'adressant à Olivier :

— Voyons, toi, gibier de potence! à nous deux!

C'était pour l'enfant une invitation d'entrer dans une cellule dont l'homme ouvrit la porte et où il l'enferma, bien qu'après l'avoir fouillé il n'eût rien trouvé sur lui.

Le vieux monsieur parut presque aussi triste qu'Olivier, lorsque la clef cria dans la serrure, et il jeta les yeux en soupirant sur le livre qui était la cause innocente de tout ce tumulte.

— Il y a quelque chose dans la figure de cet enfant, se dit-il à lui-même en faisant quelques pas et en se frappant le menton avec le livre, absorbé qu'il était dans ses réflexions, quelque chose qui me touche et m'intéresse. Serait-il innocent?... Il ressemble... A propos, s'écria-t-il s'arrêtant tout court et regardant fixement les nuages, où donc ai-je vu une figure semblable à la sienne?

Après avoir réfléchi quelques instants, le vieux monsieur s'avança d'un air pensif vers une petite salle qui donnait sur la cour; et là, retiré à l'écart, il passa en revue dans son esprit un grand nombre de visages qu'il avait perdus de vue depuis bien des années, et sur lesquels un voile sombre s'était étendu.

Il fut tiré de sa rêverie par le geôlier, qui, lui donnant un petit coup sur l'épaule, lui fit signe de le suivre. Il ferma aussitôt son livre et fut bientôt en la présence imposante du célèbre M. Fang. La salle d'audience, qui donnait sur la rue, était lambrissée. M. Fang était assis en-deçà d'une petite balustrade à l'extrémité; et d'un côté de la porte, sur une sellette placée à cet effet, se tenait le pauvre petit Olivier, effrayé de la gravité de cette scène.

Le vieux monsieur s'inclina respectueusement, et, s'avançant vers le bureau du magistrat, il dit en ajoutant l'action à la parole :

— Voici mon adresse, Monsieur. Et, faisant trois pas en arrière, il s'inclina de nouveau et attendit qu'on le questionnât.

Il arriva que M. Fang était occupé à lire dans le *Morning Chronicle* un article concernant un jugement qu'il avait rendu, lequel article le recommandait pour la mille et unième fois à l'attention particulière du ministre de l'intérieur. Il était de mauvaise humeur et il leva la tête d'un air rechigné.

— Qui êtes-vous? demanda-t-il.

Le vieux monsieur montra du doigt sa carte avec quelque surprise.

— Officier de police! dit M. Fang secouant avec mépris la carte et le journal, quel est cet individu?

— Mon nom, dit le vieux monsieur en s'exprimant avec aisance, mon nom est Brownlow. Qu'il me soit permis, à mon tour, de demander le nom du magistrat qui, sous la protection de la loi, insulte gratuitement un homme respectable sans y être provoqué. Disant cela, M. Brownlow jeta un regard autour de lui comme pour chercher quelqu'un qui voulût bien répondre à sa question.

— Officier de police, dit M. Fang en jetant le journal de côté, de quoi cet individu est-il accusé?

— Il n'est point accusé du tout, monsieur le magistrat, répondit l'officier de police, il comparaît contre ce garçon.

Le magistrat savait bien cela; mais c'était un moyen tout comme un autre de vexer les gens impunément.

— Ah! il comparaît contre ce garçon, n'est-ce pas? répliqua M. Fang examinant M. Brownlow de la tête aux pieds avec un air de dédain. Recevez son serment.

— Avant de prêter serment, dit M. Brownlow, je me permettrai de dire un seul mot : c'est que, sans une preuve aussi convaincante, je n'aurais jamais voulu croire que...

— Taisez-vous, Monsieur, dit M. Fang d'un ton péremptoire.

— Je ne me tairai pas, Monsieur! répliqua M. Brownlow.

— Taisez-vous à l'instant, si vous ne voulez que je vous fasse mettre à la porte! dit M. Fang. Vous êtes un impertinent, un drôle, d'oser ainsi braver un magistrat dans l'exercice de ses fonctions.

—Quoi! s'écria le vieux monsieur en rougissant.

— Faites prêter serment à cet homme, dit M. Fang au greffier : je n'en entendrai pas davantage. Faites-lui prêter serment.

L'indignation de M. Brownlow était à son comble; mais, réfléchissant qu'en y donnant cours, il pourrait faire du tort à l'enfant, il se retint et prêta serment sur-le-champ.

—Maintenant, dit M. Fang, de quoi ce garçon est-il accusé? Qu'avez-vous à déposer contre lui?

— J'étais à l'étalage d'un libraire, commença M. Brownlow.

— Taisez-vous, Monsieur, reprit M. Fang. Agent de police! Où est l'agent de police? Approchez. Faites-lui prêter serment, greffier. Maintenant parlez. Qu'avez-vous à dire?

L'agent de police raconta avec une bienséante soumission comment il avait arrêté l'enfant; comme quoi, l'ayant fouillé, il n'avait rien trouvé sur lui, ajoutant que c'était tout ce qu'il avait à dire.

— Y a-t-il des témoins? demanda M. Fang.

— Non, Monsieur le magistrat, répondit l'agent de police.

M. Fang garda le silence pendant quelques instants; puis, se tournant vers la partie civile, il dit d'un air courroucé :

Voulez-vous expliquer le sujet de votre plainte contre ce garçon, ou ne le voulez-vous pas? Si vous refusez de donner des preuves, je m'en vais vous punir pour manquer de respect envers un *magistrat*. Je le ferai par...

Par qui ou par quoi, c'est ce que personne ne sait : car au même instant le greffier et le geôlier toussèrent bien fort et très à propos sans doute; et le premier ayant laissé tomber *par mégarde* un gros livre sur le parquet, le reste ne put être entendu.

Au milieu des nombreuses interruptions et des insultes réitérées de

M. Fang, M. Brownlow essaya de raconter le fait; observant que, dans la surprise du moment, il avait couru après l'enfant, parce qu'il l'avait vu se sauver. Et, ajouta-t-il, oserai-je espérer que, dans le cas où M. le magistrat considérerait ce petit garçon, sinon comme voleur, du moins comme étant lié avec des voleurs, il voudra bien en agir avec lui aussi doucement que la justice le lui permet? D'ailleurs il est blessé, et je crains bien, poursuivit-il d'un air de compassion en se tournant vers la barre, je crains réellement qu'il ne soit pas bien du tout.

— Oh! sans doute, cela se comprend, observa Fang d'un air moqueur. Allons, toi, petit vagabond! Tes malices sont cousues de fil blanc. Ça ne prendra pas avec moi. Comment t'appelles-tu?

Olivier essaya de répondre, mais sa langue resta attachée à son palais. Il était d'une pâleur effrayante et tout semblait tourner autour de lui.

— Comment t'appelles-tu, petit fripon? cria Fang d'une voix de tonnerre. Officier! quel est son nom?

Ceci s'adressait à un gros joufflu, au gilet rayé, qui se tenait près de la barre. Il se pencha vers l'enfant et répéta la question; mais, voyant qu'il était réellement incapable de comprendre, et sachant que son silence ne ferait qu'accroître la colère du magistrat, et, par conséquent, ajouter à la sévérité de la sentence, il répondit au hasard:

— Il s'appelle Tom White, monsieur le magistrat.

— Oh! il ne veut pas parler, n'est-ce pas? dit Fang. Fort bien! Où demeure-t-il?

— Où il peut, monsieur le magistrat, répondit ce brave homme feignant de recevoir la réponse d'Olivier.

— A-t-il des parents? demanda M. Fang.

— Il dit qu'ils sont morts depuis son enfance, répliqua l'autre de la même manière.

A cet endroit de la question, Olivier leva la tête, et, jetant autour de lui un regard suppliant, demanda, d'une voix mourante, qu'on voulût bien lui donner un verre d'eau.

— Grimaces que tout cela, dit Fang, ne pense pas me prendre pour dupe.

— Je crois qu'il n'est vraiment pas bien, monsieur le magistrat, dit l'officier de police.

— J'en sais plus long que vous là-dessus, dit Fang.

— Prenez garde, officier de police, dit le vieux monsieur levant les mains instinctivement, prenez garde, il va tomber.

— Retirez-vous de là, officier de police, s'écria Fang d'un air brutal, et qu'il tombe si cela lui plaît.

Olivier profita de l'obligeante permission, et tomba évanoui sur le plancher. Les hommes de service, dans la salle, se regardèrent les uns les autres, mais pas un seul n'osa bouger.

— Je savais bien qu'il le faisait exprès, dit Fang (comme si cet accident eût été pour lui la preuve incontestable de ce qu'il avançait), il en sera bientôt las.

— Qu'allez-vous prononcer, Monsieur? demanda à voix basse le greffier.

— Le condamner sommairement, dit Fang, à trois mois de prison, et au *tread-mill* (1), bien entendu. Evacuez la salle!

La porte était déjà ouverte à cet effet, et deux hommes se préparaient à porter dans la prison le pauvre Olivier, qui n'avait pas encore repris ses sens, lorsqu'un homme d'un certain âge et d'un extérieur décent, quoique pauvre, à en juger par ses habits noirs un tant soit peu râpés, se précipita dans la salle; et s'approchant de la barre :

— Arrêtez! dit-il tout hors d'haleine, et sans se donner le temps de respirer, ne l'emmenez pas! suspendez le jugement!

Malgré la mauvaise humeur et les grossièretés du juge Fang, il lui fallut écouter le témoin. C'était le libraire; il avait tout vu, il raconta le fait, et Olivier fut remis en liberté. M. Brownlow était indigné de la conduite de Fang. Il voulut protester, mais on le jeta hors de la salle. Une pâleur mortelle couvrait les joues d'Olivier; à peine il pouvait se tenir. Le compatissant vieillard fit approcher un fiacre, et, ayant déposé l'enfant sur l'un des coussins, ils partirent.

XII. — Olivier est mieux traité qu'il ne l'a jamais été auparavant. — Particularité concernant un portrait.

Le fiacre roula le long de Mont-Plaisir, gagna la rue d'Exmouth, parcourant à peu près le même chemin qu'Olivier avait dû prendre la première fois qu'il entra à Londres en compagnie du *Matois*; et,

---

(1) Moulin mis en action par des hommes.

prenant une route différente quand il eut atteint la taverne de l'Ange, à Islington, il s'arrêta enfin devant une petite maison de belle apparence, dans une rue bourgeoise et retirée de Pentonville. Là, sans perdre de temps, on prépara un lit dans lequel M. Brownlow fit placer le pauvre enfant, qui fut gardé avec une sollicitude et une tendresse sans égale.

Pendant plusieurs jours, Olivier demeura sans connaissance entre la vie et la mort. Il sortit enfin de cet état; il jeta un regard inquiet autour de lui :

— Quelle est cette chambre? Où m'a-t-on amené? dit Olivier.

Il prononça ces mots d'une voix faible, étant épuisé lui-même; mais ils furent entendus dès l'abord, car le rideau de son lit fut tiré aussitôt, et une bonne dame âgée, décemment vêtue, se leva en même temps d'un fauteuil qu'elle occupait près du lit, et dans lequel elle tricotait.

— Chut! mon ami, dit la vieille dame avec douceur. Il faut être bien tranquille, ou vous retomberiez malade; et vous avez été bien mal, — aussi mal qu'on peut être. Là! recouchez-vous comme un bon petit garçon. Disant cela, la bonne dame replaça doucement la tête d'Olivier sur l'oreiller; et, écartant les mèches de cheveux qui tombaient sur son front, elle le regarda d'un air si bon et si affectueux, qu'il ne put s'empêcher de placer sa petite main décharnée sur la sienne et de l'attirer autour de son cou.

— Dieu! dit la vieille dame les larmes aux yeux, quel bon petit cœur! comme il est reconnaissant! Que dirait sa mère si, après l'avoir gardé nuit et jour, comme je l'ai fait, elle pouvait le voir à présent?

— Peut-être bien qu'elle me voit, chuchota Olivier en joignant les mains, peut-être bien qu'elle était assise auprès de moi, Madame; il me semble qu'elle était auprès de moi.

— C'est l'effet de la fièvre, mon ami, dit la bonne dame.

— C'est bien possible, reprit Olivier d'un air pensif, parce qu'il y a bien loin d'ici au ciel, et on y est trop heureux pour descendre près du lit d'un pauvre enfant. Pourtant, si elle a su que j'étais malade, elle m'aura plaint de là-haut, car elle a tant souffert elle-même avant de mourir! Elle ne peut rien savoir de ce qui m'arrive cependant, ajouta-t-il après un moment de silence; car, si elle m'avait vu battre, cela l'aurait rendue triste, et son visage était toujours si doux et si riant chaque fois que j'ai rêvé d'elle!

La vieille dame ne répondit rien ; mais, essuyant ses yeux d'abord, puis ses lunettes, qui étaient sur la courte-pointe, elle donna à l'enfant une boisson rafraîchissante, et, lui passant la main sur la joue, lui recommanda de rester bien tranquillement dans son lit, sans quoi il retomberait malade.

Olivier se tint coi ; d'abord parce qu'il voulait obéir en tout à la bonne dame, et aussi, à dire le vrai, parce qu'il était tout à fait épuisé par ce qu'il venait de dire. Il se laissa bien aller à un sommeil réparateur dont il fut tiré par la lumière d'une chandelle qui, approchée de son lit, lui laissa voir un monsieur qui, lui tâtant le pouls tout en consultant une grosse montre d'or, à tic-tac fortement prononcé, qu'il tenait à la main, dit qu'il le trouvait beaucoup mieux.

— Vous êtes beaucoup mieux, n'est-ce pas, mon ami? dit ce dernier.

— Oui, Monsieur, je vous remercie, répliqua Olivier.

— Je sais bien que vous devez être mieux, reprit l'autre. Vous avez faim, n'est-il pas vrai?

— Non, Monsieur, répondit l'enfant.

— Hein! fit le monsieur. Non, je sais bien que vous ne devez pas avoir faim. Il n'a pas faim, madame Bedwin, continua-t-il d'un air d'importance en se tournant vers la vieille dame.

Celle-ci fit un signe de tête respectueux qui semblait dire qu'elle croyait le docteur un très-habile homme : celui-ci, de son côté, parut avoir de lui la même opinion.

— Vous avez sommeil, n'est-il pas vrai, mon ami? poursuivit le docteur.

— Non, Monsieur, répondit Olivier.

— Non, reprit l'autre d'un air de connaisseur, vous n'avez pas sommeil. Vous n'avez pas soif, non plus, n'est-ce pas?

— Si, Monsieur, je suis un peu altéré, répliqua l'enfant.

— C'est justement ce que je pensais, madame Bedwin, dit le docteur. C'est tout naturel, au fait, qu'il soit altéré ; c'est tout à fait naturel. Vous pouvez lui donner un peu de thé et une rôtie sans beurre. Ne le tenez pas trop chaudement, madame Bedwin ; cependant ayez bien soin qu'il n'ait pas trop froid. Vous comprenez, n'est-ce pas?

La bonne dame fit une révérence, et le docteur, ayant goûté la potion rafraîchissante et fait une signe d'approbation, s'éloigna en faisant craquer ses bottes sur le parquet d'un air d'importance et de dignité. Olivier se rendormit peu après, et il était près de minuit quand il s'éveilla. Madame Bedwin alors lui souhaita une bonne nuit. et le laissa aux soins d'une grosse vieille femme qui venait d'entrer apportant dans son ridicule un petit livre de prières et un large bonnet de nuit.

Il y avait déjà longtemps qu'il faisait jour quand Olivier s'éveilla frais et dispos. La crise du mal s'était passée sans danger, et il appartenait encore à ce monde. En moins de trois jours il fut capable de s'asseoir sur une chaise longue, appuyé sur des oreillers; et, comme il était encore trop faible pour marcher, madame Bedwin l'avait descendu dans sa propre chambre, où elle s'asseyait auprès de lui, au coin du feu, et, enchantée qu'elle était de voir en lui un mieux si sensible, elle versa des larmes d'attendrissement.

— Ne faites pas attention, mon ami, mais ça part malgré moi, dit-elle; là! voilà que c'est fini, maintenant, et je me sens tout à fait soulagée!

— Vous êtes bien bonne pour moi, Madame, en vérité, dit Olivier.

— C'est bon! n' parlons pas de ça, mon ami, reprit la bonne dame. Ça n'a rien à faire avec votre bouillon, et il est grandement temps que vous le preniez; car le docteur dit que M. Brownlow pourrait venir vous voir ce matin, et il faut que nous soyons sur notre *quarante-huit* : parce que meilleure mine nous aurons, plus il sera content.

Disant cela, la bonne dame fit chauffer dans une casserole un plein bol de bouillon assez fort (s'il eût été réduit à la force requise dans les dépôts de mendicité) pour fournir un copieux dîner à trois cent cinquante pauvres pour le moins.

— Aimez-vous les tableaux, mon ami? demanda la bonne dame voyant qu'Olivier avait les yeux fixés avec une attention toute particulière sur un portrait accroché à la muraille juste en face de lui.

— Je ne saurais vous dire, Madame! répondit celui-ci sans quitter les yeux de dessus le tableau. J'en ai vu si peu, que je ne sais vraiment pas... Quelle figure douce et belle elle a, cette dame!

— Ah! dit la bonne dame, les peintres font toujours les personnes plus jolies qu'elles ne sont; sans quoi ils n'auraient pas de pratiques, mon enfant. Celui qui a inventé la machine pour prendre des ressemblances aurait bien dû savoir que ça ne réussirait jamais : c'est beaucoup trop fidèle, beaucoup trop! reprit-elle en riant de tout son cœur de la malice avec laquelle elle avait dit cela.

— Est-ce que ça ressemble à quelqu'un, Madame? demanda Olivier.

— Oui, répliqua la bonne dame levant les yeux un instant; c'est ce qu'on appelle un portrait.

— A qui ressemble-t-il? demanda l'enfant avec curiosité.

— Ah! dame, je ne sais pas, mon ami, reprit-elle d'un air enjoué; ce n'est probablement pas à quelqu'un que ni vous ni moi connaissions, du moins que je sache. Vous avez l'air de prendre plaisir à le regarder, mon ami?

— Il est si joli! si beau! répliqua Olivier.

— Je pense que vous n'en avez pas peur? dit la bonne dame observant avec surprise l'air de respect avec lequel l'enfant regardait le portrait.

— Oh! bien sûr que non, répondit promptement celui-ci; mais les yeux de cette dame paraissent si tristes, et, d'où je suis, ils semblent fixés sur moi... Cela me fait battre le cœur, comme s'il était vivant (poursuivit-il d'un ton plus bas), et qu'il voulût me parler, mais qu'il ne pût pas.

— Que le bon Dieu vous bénisse! s'écria la bonne dame en tressaillant; ne parlez pas comme ça, enfant! vous êtes faible et nerveux après la maladie que vous venez de faire; laissez-moi tourner votre chaise de l'autre côté, et, alors, vous ne la verrez pas; là! dit-elle en joignant l'action à la parole; vous ne pouvez plus le voir maintenant, du moins!

Olivier le voyait en imagination aussi bien que si on ne l'eût pas changé de place; mais il pensa qu'il ferait mieux de ne pas chagriner la bonne dame, aussi il sourit gracieusement quand elle le regarda; et madame Bedwin, de son côté, contente de voir qu'il se trouvait plus à l'aise, sala son bouillon et y mit de petites croûtes de pain rôti avec tout l'apparat qui convient à un apprêt si solennel. Il l'expédia avec une promptitude extraordinaire; et il avait à peine avalé la dernière cuillerée, qu'on frappa doucement à la porte.

— Entrez! dit la bonne dame.

M. Brownlow (car c'était lui) entra aussi lestement que possible; mais il n'eut pas plus tôt haussé ses lunettes sur son front, et mis ses mains derrière les pans de sa robe de chambre pour bien examiner Olivier, que sa figure changea plusieurs fois d'expression, et qu'elle fit des contorsions toutes plus grotesques les unes que les autres. Olivier était affaibli par la maladie, et comme, par respect pour son bienfaiteur, il faisait des efforts inutiles pour se tenir debout, il finissait toujours par retomber en arrière sur sa chaise; de sorte que

M. Brownlow, qui, à dire vrai, avait à lui seul plus de sensibilité qu'une demi-douzaine d'hommes comme lui, ne put retenir des larmes qui s'échappèrent de ses yeux comme par un procédé hydraulique que nous ne sommes pas assez philosophe pour pouvoir expliquer.

— Pauvre enfant! pauvre enfant! dit-il en éclaircissant sa voix. Je suis un peu enroué, ce matin, madame Bedwin, je crains d'avoir attrapé un rhume.

— Faut espérer que non, Monsieur, reprit celle-ci, tout le linge que je vous ai donné était bien sec.

— Je ne sais pas, Bedwin, je ne sais pas, poursuivit M. Brownlow, il me semble que la serviette que vous m'avez donnée hier, à dîner, était un peu humide. Mais n'importe! Comment vous trouvez-vous, mon ami?

— Très-heureux, Monsieur, répondit Olivier, et très-reconnaissant de vos bontés pour moi.

— Charmant enfant! dit M. Brownlow remis de son émotion. Lui avez-vous donné quelque nourriture, Bedwin? quelque bouillon, hein!

— Il vient de prendre un bol d'excellent consommé, répondit madame Bedwin se relevant de toute sa hauteur, et prononçant ces derniers mots avec emphase pour faire comprendre qu'entre un bouillon et un consommé, il n'y avait pas le moindre rapport.

— Pouah! fit M. Brownlow haussant les épaules, deux ou trois verres de vin de Porto lui auraient fait beaucoup plus de bien, n'est-il pas vrai, Tom White, hein?

— Je m'appelle Olivier, Monsieur, reprit le jeune convalescent d'un air étonné.

— Olivier! dit M. Brownlow; Olivier qui? Olivier White, hein?

— Non, Monsieur, Twist; Olivier Twist.

— Drôle de nom! dit le vieux monsieur. Pourquoi avez-vous dit au magistrat que vous vous nommiez White?

— Je ne lui ai jamais dit cela, Monsieur, répondit Olivier avec un surcroît d'étonnement.

Ceci ressemblait tellement à un mensonge, que le vieux monsieur regarda fixement Olivier. Il était impossible de ne pas le croire : le caractère de la vérité était empreint sur tous les traits fins et délicats de son visage.

— C'est sans doute une erreur, dit M. Brownlow. Mais, quoique ce dernier n'eût plus de motif pour considérer attentivement

Olivier, l'idée de ressemblance entre ses traits et quelque visage qui lui était connu le travaillait si fortement, qu'il ne pouvait détourner les yeux de dessus lui.

— Vous n'êtes pas fâché contre moi, n'est-ce pas, Monsieur? dit Olivier avec un regard suppliant.

— Non, non, répondit M. Brownlow. Dieu! voyez donc, Bedwin! regardez donc là!

— En parlant ainsi, il comparait du doigt le portrait et le visage de l'enfant. Il y avait une ressemblance parfaite. Les yeux, la bouche, les traits, la forme de la tête étaient absolument les mêmes. L'expression de la physionomie était tellement pareille en ce moment, que les moindres lignes y semblaient copiées avec une exactitude qui n'avait rien de terrestre.

Olivier ignora la cause de cette exclamation subite, car il était si faible, qu'il ne put supporter le tressaillement qu'elle lui causa, et il s'évanouit.

XIII. — Comment, par le moyen du facétieux vieillard, le lecteur intelligent va faire la connaissance d'un nouveau personnage. — Particularités et faits intéressants appartenant à cette histoire.

Quand le *Matois* et son digne ami, maître Bates, se joignirent à ceux qui poursuivaient Olivier, en conséquence de leur attentat à la propriété de M. Brownlow, ils agissaient dans leur propre intérêt; car comme la liberté individuelle est la première chose dont se vante un Anglais de vraie race, je n'ai pas besoin de faire remarquer au lecteur que cette action doit les exalter aux yeux de tout bon patriote.

Ce ne fut que lorsque nos deux garçons eurent parcouru un labyrinthe de cours et de rues étroites qu'ils s'arrêtèrent d'un commun accord sous une voûte basse et sombre. Y étant restés en silence le temps juste qu'il leur fallait pour reprendre haleine, maître Bates poussa un cri de satisfaction et de joie; et, partant d'un grand éclat de rire, il se laissa tomber sur le seuil d'une porte et s'en donna à cœur joie.

— Qu'est-ce qu'y a? demanda le *Matois*.

— Ah! ah! ah! fit Charlot.

— Tu vas te taire, dit le *Matois*, regardant autour de lui avec précaution. As-tu envie de nous faire *pincer*, animal?

— C'est pus fort que moi, dit Charlot; j' peux pas m'en empêcher, quoi! Y m' semble encore le voir courir et s' rendre dans les poteaux au détour des rues, puis, comme s'il était de fer aussi bien qu'eux, de r'prendre ses jambes à son cou comme de plus belle, et moi, avec l' *blavin* dans ma poche, criant après lui comme les autres; ah! Dieu, s'il est possible!...

L'imagination active de maître Bates lui représentait la scène sous des couleurs trop fortes; quand il en fut à ce point de son discours, il se roula sur le seuil de la porte, et se mit à rire encore plus fort qu'auparavant.

— Qu'est-ce que va dire Fagin? demanda le *Matois*, profitant pour cela du moment où son ami, n'en pouvant plus, gardait le silence.

— Quoi? reprit Charlot.

— Oui, quoi? dit le *Matois*.

— Eh bien! répliqua Charlot un tant soit peu frappé de la manière avec laquelle le *Matois* fit cette remarque, qu'est-ce qu'y peut dire?

Le *Matois*, en guise de réponse, s'amusa à siffler, puis il ôta son chapeau et se gratta la tête en faisant deux ou trois grimaces.

— Je n' te comprends pas, dit Charlot.

— Tra de ri de ra... c'est la mère Michel qu'a perdu son... fit le *Matois* d'un air goguenard.

Ceci était explicatif, mais non pas satisfaisant. Maître Bates le sentit bien, et demanda à son ami ce qu'il voulait dire.

Le *Matois* ne répondit rien; mais, donnant un léger coup de tête pour remettre son chapeau en place, et prenant sous ses bras les longs pans de son habit, il se fit une bosse à la joue avec sa langue, se donna quelques chiquenaudes sur le nez d'un air familier, mais expressif, et faisant une pirouette, il s'élança dans la cour. Maître Bates le suivit d'un air pensif. Le bruit de leurs pas sur les marches du vieil escalier attira l'attention du juif assis en ce moment devant le feu, un cervelas et un petit pain dans sa main gauche, un couteau dans sa droite et un pot d'étain sur le trépied. On eût pu apercevoir un ignoble sourire sur sa figure blême, quand il se détourna pour écouter attentivement, penchant l'oreille vers la porte, et jetant un regard fauve de dessous ses sourcils rouges.

— Comment cela se fait-il? murmura-t-il changeant de contenance, ils ne sont que deux maintenant! Où est le troisième? Leur serait-il arrivé quelque chose? Ecoutons!

Les pas se firent entendre plus distinctement. Les deux jeunes *messieurs* atteignirent le palier, la porte s'ouvrit lentement et elle se referma derrière eux.

— Où est Olivier? dit le juif d'un air furieux, qu'avez-vous fait de cet enfant?

Les jeunes filous se regardèrent l'un l'autre d'un air embarrassé, comme s'ils redoutaient la colère du juif; mais ils gardèrent le silence.

— Qu'est devenu Olivier? dit le juif saisissant le Matois au collet et le menaçant avec d'horribles imprécations. Parle, ou je t'étrangle! Parleras-tu, dit-il d'une voix de tonnerre, et le secouant d'une telle force qu'il était tout à fait surprenant qu'il pût tenir dans son habit, qui, comme on le sait, n'était pas des plus étroits.

— Eh bien! il *est pincé* et voilà tout, dit enfin le Matois d'un air bourru. Voyons, lâchez-moi, voulez-vous? Il dit, et, d'un seul élan se dégageant de son habit qui resta entre les mains du juif, il saisit la fourchette à faire rôtir, et visa au gilet du facétieux vieillard une botte qui, si elle eût porté, l'aurait privé de sa gaieté pour six semaines ou deux mois pour le moins.

Le juif, en cette circonstance, recula avec plus d'agilité qu'on n'eût pu l'attendre d'un homme de son âge, et s'emparant du pot d'étain, il s'apprêtait à le lancer à la tête de son adversaire, quand Charlot Bates, détournant en ce moment son attention par un hurlement affreux, changea la destination du pot, et Fagin le jeta plein de bière à la tête de ce dernier.

— Allons, maintenant, que se passe-t-il ici? murmura une grosse voix : qui est-ce qui m'a jeté cela à la figure? C'est bien heureux que je n'aie reçu que la bière et non pas le pot, sans quoi j'aurais fait l'affaire à quelqu'un. Il ne me serait jamais venu à l'idée qu'un vieux voleur de juif puisse jeter autre chose que de l'eau, et pas même encore ça, à moins qu'il ne fraude la compagnie des eaux filtrées. Qu'est-ce que tout ça, Fagin? Ma cravate pleine de bière!

— Venez-vous-en ici, vous! Qué qu' vous avez à rester là à c'te porte? Comme si vous aviez à rougir de vot' maître!

L'homme qui gronda ces mots était un fort gaillard de trente-cinq ans à peu près, portant une redingote de velours de coton noir, une culotte courte de gros drap brun tout usée, des brodequins et des bas de coton gris qui recouvraient des jambes massives surmontées de gros mollets; de ces jambes auxquelles il semble toujours manquer quelque chose, si elles ne sont garnies de chaînes.

— Venez ici, m'entendez-vous ? dit-il d'un air qui n'était rien moins qu'engageant.

Un chien blanc au poil long et sale, ayant la tête déchirée en vingt endroits différents, entra en rampant dans la chambre.

— Vous vous faites bien prier, dit l'homme. Vous êtes devenu trop fier sans doute pour me reconnaître en compagnie, n'est-ce pas ?... Couchez là !

Cet ordre fut accompagné d'un coup de pied qui envoya l'animal à l'autre bout de la chambre.

— Après qui en avez-vous donc ? Vous maltraitez les garçons, vous, vieux ladre que vous êtes, vieux recéleur ? dit l'homme s'asseyant d'un air délibéré. Je m'étonne qu'y n' vous assassinent pas. Si j'étais que d'eux je l' ferais. Si j'avais été votre apprenti, y a longtemps qu' ça s'rait fait, et que... mais non, j'aurais pas pu tirer un sou d' vot' peau après tout, car vous n'êtes bon à rien qu'à mettre en bouteille pour vous faire voir comme un phénomène de laideur ; et j' pense bien qu'on n'en souffle pas d'assez grandes pour vous contenir.

— Chut ! chut ! monsieur Sikes, dit le juif tout tremblant. Ne parlez pas si haut.

— Pas tant de cérémonies s'il vous plaît, poursuivit le brigand, avec vot' air de m'appeler *monsieur*. Je sais bien où vous voulez en venir quand vous prenez c' ton-là ; ça n' dénote rien de bon. Appelez-moi par mon nom, vous le connaissez bien. — Je ne le déshonorerai pas, allez, quand mon heure sera venue !

— C'est bon, c'est bon, Guillaume ! dit le juif avec une abjecte humilité ; vous me paraissez de mauvaise humeur, Guillaume ?

— Peut-être bien, répliqua Sikes ; vous n' faites pas l'effet vous-même d'être dans vos bons moments quand vous vous amusez à lancer des pots d'étain à la tête des gens, à moins que votre intention n' soit pas d' leur faire plus d' mal que quand vous les dénoncez, et que...

— Avez-vous perdu la tête ? dit le juif prenant l'autre par la manche et lui montrant du doigt les enfants.

Sikes pour toute réponse fit semblant de se passer un nœud coulant autour du cou, et laissa tomber sa tête en la secouant sur l'épaule droite, pantomime que le juif parut comprendre parfaitement ; puis en termes d'argot dont sa conversation était remplie, mais qu'il est inutile de rapporter ici, puisqu'ils ne seraient pas compris, il demanda un verre de liqueur.

— Et n'allez pas y mettre du poison, au moins! dit Sikes posant son chapeau sur la table.

Ceci fut dit en plaisantant; mais s'il eût pu voir le sourire amer avec lequel le juif se mordit la lèvre en se dirigeant vers le buffet, il eût pensé que la précaution n'était pas tout à fait inutile, ou que le désir en tout cas d'enchérir sur l'art du distillateur n'était pas éloigné du cœur du facétieux vieillard.

Après avoir avalé deux ou trois verres de liqueurs, Sikes voulut bien faire attention aux deux jeunes messieurs, condescendance de sa part qui amena une conversation dans laquelle la cause de l'arrestation d'Olivier fut racontée avec tels détails et changements que le Matois jugea plus convenable de faire selon les circonstances.

— J'ai bien peur, dit le juif, qu'il ne nous fasse de mauvaises affaires s'il vient à *jaser*.

— C'est encore possible, reprit Sikes avec un malin sourire; vous êtes *flambé*, Fagin!

— Et j'ai bien peur aussi, poursuivit le juif regardant l'autre fixement, sans paraître faire attention à la remarque qu'il venait de faire, j'ai bien peur que, si la mèche est découverte pour moi, elle ne le soit aussi pour bien d'autres, et ça deviendrait du *vilain* pour vous encore plus que pour moi, mon cher Sikes.

— Il faut que quelqu'un aille savoir ce qui s'est passé au bureau de police, dit Sikes d'un ton plus bas que celui qu'il avait pris depuis qu'il était entré.

Le juif fit un signe d'approbation.

— S'il n'a pas *jasé* et qu'il soit en prison, n'y a pas d' danger jusqu'à c' qu'y sorte, reprit Sikes, et alors y n' faut pas l' perdre de vue. Faut mettre la main dessus d'une façon ou d'autre.

Le juif fit un nouveau signe de tête approbatif.

La prudence de ce plan de conduite était évidente, sans aucun doute; mais malheureusement il y avait un obstacle à surmonter pour le mettre à exécution : c'est que le Matois, Charlot, Fagin et Sikes lui-même se trouvaient avoir l'antipathie la plus grande pour approcher d'un bureau de police, pour quelque cause et quelque prétexte que ce fût.

Combien de temps ils auraient pu être là à se regarder les uns les autres dans un état d'incertitude rien moins qu'agréable, c'est ce qu'on ne peut savoir. Il n'est pas nécessaire, d'ailleurs, de faire aucune conjecture à ce sujet, car l'entrée subite de deux jeunes demoiselles qu'Olivier avait déjà vues auparavant ranima la conversation.

— Voilà justement notre affaire! dit Fagin. Betty ira, n'est-ce pas, ma chère?

— Où donc? demanda celle-ci.

— Seulement jusqu'au bureau de police, ma chère, dit le juif d'un ton doucereux.

C'est une justice à rendre à celle-ci de dire qu'elle ne refusa pas positivement, mais qu'elle exprima simplement le désir *de se donner au diable* plutôt que d'y aller : excuse honnête et délicate qui prouve que la jeune *demoiselle* était douée de cette politesse naturelle qui fait qu'on ne peut affliger son semblable par un refus formel.

Le juif, un tant soit peu décontenancé de la réponse de cette *demoiselle*, qui était *gaiement* (pour ne pas dire *magnifiquement*) parée d'une robe rouge, avec des bottines vertes et des papillottes jaunes, s'adressa à l'autre.

— Nancy, ma chère, dit-il d'un air flatteur, qu'en dis-tu?

— Que ça ne me va pas, Fagin, répondit Nancy. Ainsi ce n'est guère la peine de m'en parler.

— Que veux-tu dire par là? dit Sikes levant brusquement la tête.

— C'est comme je l' dis, Guillaume, reprit la fille avec le plus grand sang-froid.

— Pourquoi cela? répliqua Sikes. Tu es justement la personne qui convient; personne ne te connaît dans ce quartier.

— Avec ça que j' n'ai pas envie non plus qu'on me connaisse, continua Nancy sur le même ton; c'est plutôt *non* que *oui* avec moi, Guillaume.

— Elle ira, Fagin, dit Sikes.

— Non, elle n'ira pas, Fagin, s'écria Nancy.

— Je vous dis qu'elle ira, Fagin, répliqua Sikes.

Celui-ci avait raison : à force de menaces, de promesses et de présents alternativement, la demoiselle en question se laissa enfin persuader. Elle n'était pas retenue par les mêmes considérations que son aimable amie, ayant quitté récemment l'élégant faubourg de *Ratcliffe* pour venir habiter le quartier de *Field-Lane*, qui lui est tout opposé; elle n'avait donc point la crainte d'être reconnue par aucune de ses nombreuses connaissances.

En conséquence, ayant mis un tablier blanc et enfoncé ses papillotes sous un chapeau de paille (deux articles de parure tirés du magasin inépuisable du juif), Nancy se disposa à remplir sa mission.

— Attends un instant, ma chère, dit le juif apportant un petit panier couvert. Prends cela, ça donne toujours un air plus respectable.

— Donne-lui aussi une grosse clef, pour porter de l'autre main, Fagin, dit Sikes, ça ressemble mieux à une cuisinière qui va au marché.

— C'est vrai, reprit le juif passant une grosse clef à l'index de la main droite de la jeune fille. Là!... c'est vraiment ça! continua-t-il en se frottant les mains.

— Oh! mon frère! mon frère bien-aimé! mon cher petit frère! s'écria Nancy feignant le chagrin, et se tordant les mains en signe de désespoir, qu'est-il devenu? Où l'a-t-on emmené? Ah! par pitié, Messieurs, dites-moi ce qu'est devenu cet enfant; je vous en supplie, Messieurs, dites-le-moi!

Ayant dit ces paroles du ton le plus lamentable, à la satisfaction indicible de ses auditeurs, Nancy se tut, jeta un regard à la compagnie, fit un sourire d'intelligence à chacun et disparut.

— Ah! c'est une fille bien adroite, mes enfants! dit le juif en secouant la tête d'un air grave comme un muet avertissement de suivre l'*illustre* exemple qu'ils avaient devant les yeux.

— Elle est la gloire et l'honneur de son *sesque*, dit Sikes remplissant son verre et donnant un coup de son énorme poing sur la table.

— A sa santé! Dieu veuille que toutes les femmes lui ressemblent!

Tandis qu'en son absence on faisait ainsi son éloge, l'incomparable jeunesse se dirigeait de son mieux vers le bureau de police, où, malgré quelque peu de timidité naturelle à son sexe de marcher ainsi seule dans les rues, elle arriva peu de temps après en toute sûreté.

Prenant par les derrières du bâtiment, elle frappa doucement avec sa clef à la porte d'une des cellules et prêta l'oreille; comme elle n'entendit aucun bruit en-dedans, elle toussa et écouta encore, et, voyant qu'on ne répondait pas, elle appela.

— Olivier, dit Nancy d'une voix douce, Olivier! mon ami!

— Qui est là? répondit-on d'une voix faible et languissante.

— N'y a-t-il pas un petit garçon ici? demanda Nancy en soupirant.

— Non, fut-il répondu, que Dieu l'en préserve!

Comme aucun de ces criminels ne répondit au nom d'Olivier et ne put en donner des nouvelles, Nancy alla droit à l'agent de la police (le gros joufflu au gilet rayé dont il a déjà été parlé), et, avec des lamentations et des cris qu'elle rendit encore plus pitoyables en agitant son panier et sa clef, elle demanda son frère chéri.

— Il n'est pas ici, ma chère, dit ce dernier.

— Où est-il? dit Nancy d'un air égaré.

— Le monsieur l'a emmené, reprit l'autre.

— Quel monsieur? oh! Dieu du ciel! quel monsieur? s'écria la fille.

En réponse à ces questions incohérentes, l'agent de police raconta à cette sœur affligée comme quoi Olivier s'était évanoui dans le bureau du magistrat, et comment, sur la déposition d'un témoin qui avait prouvé que le vol avait été commis par un autre enfant, qui s'était sauvé, il avait été acquitté et emmené par le plaignant à la demeure de ce dernier, quelque part du côté de Pentonville, d'après l'adresse que le monsieur avait donnée au cocher en montant dans le fiacre.

Dans un état affreux de doute et d'incertitude, l'éplorée se retira en chancelant; mais à peine eut-elle franchi le seuil de la porte, que, reprenant sa démarche ferme et assurée, elle se rendit en toute hâte à la demeure du juif par le chemin le plus long et le plus détourné.

Guillaume Sikes n'eut pas plus tôt connu le résultat de la démarche de Nancy, qu'appelant son chien brusquement et mettant son chapeau sur sa tête, il s'en alla sans dire adieu à la compagnie.

— Il faut que nous sachions où il est, mes enfants; il faut que nous le trouvions, dit le juif grandement troublé. Charlot, ne fais rien autre chose que d'aller à sa recherche, jusqu'à ce que tu nous aies rapporté de ses nouvelles. Nancy, ma chère, il faut que je le trouve, n'y a pas à dire. Je compte sur toi, ma chère; sur toi et sur le *Matois*, pour tout cela.

— Attendez! attendez! ajouta-t-il ouvrant un des tiroirs de la commode d'une main tremblante; voici de l'argent, mes amis. Je fermerai cette *boutique* ce soir. Vous savez où me trouver; ne vous arrêtez pas ici un instant, pas un seul instant, mes amis. Disant cela, il les poussa hors de la chambre, et, fermant soigneusement la porte aux verrous et à la clef, il tira de sa cachette la boîte qu'il avait, sans le vouloir, découverte aux yeux d'Olivier, il se mit en devoir de cacher les montres et les bijoux sous ses vêtements.

XIV. — **Détails concernant le séjour d'Olivier chez M. Brownlow.** — **Prédiction remarquable d'un certain M. Grimwig au sujet d'un message dont l'enfant est chargé.**

Olivier revint bientôt de l'évanouissement que lui avait causé la brusque exclamation de M. Brownlow ; et, le sujet du tableau ayant été évité avec soin, de même que ce qui pouvait avoir rapport à l'histoire ou à l'avenir de l'enfant, la conversation roula sur des choses capables de l'amuser sans exciter sa sensibilité. Il était encore trop faible pour se lever à l'heure du déjeuner ; mais le lendemain, lorsqu'il descendit dans la chambre de la femme de charge, son premier soin fut de jeter un coup d'œil sur la muraille dans l'espoir de revoir la figure de la belle dame.

— Ah ! fit la femme de charge suivant des yeux le regard d'Olivier, il est parti, comme vous le voyez.

— Je vois bien, Madame, reprit Olivier en soupirant. Pourquoi l'a-t-on ôté de là ?

— On l'a descendu dans le salon, mon enfant, parce que M. Brownlow dit que, comme la vue de ce portrait paraît vous faire mal, cela pourrait retarder votre guérison, poursuivit la bonne dame.

— Oh ! que non, Madame ! répliqua Olivier ; cela ne me faisait pas de mal, je vous assure ; j'avais tant de plaisir à le voir !

— C'est bon, c'est bon ! dit la dame d'un air enjoué ; rétablissez-vous le plus vite que vous pourrez, et on le remettra à sa place, c'est moi qui vous le dis. Maintenant, parlons d'autre chose.

Voilà tout ce qu'Olivier put savoir pour cette fois du tableau mystérieux ; et comme la vieille dame s'était montrée si bonne envers lui pendant sa maladie, il essaya de porter son attention sur un autre objet : c'est pourquoi il prêta une oreille attentive aux récits nombreux qu'elle lui fit au sujet de sa fille, mariée à un grand bel homme, habitant tous deux la province.

M. Brownlow lui fit acheter un habillement neuf, et lui laissa la liberté de disposer à son gré de ses vieilles hardes. Il les donna à un domestique, qui les vendit le jour même à un juif.

Un soir qu'il était à causer avec madame Bedwin, quelques jours après l'aventure du portrait, M. Brownlow envoya dire que, si Olivier se sentait bien, il le priait de venir dans son cabinet pour causer un instant avec lui.

— Bonne Vierge Marie! s'écria madame Bedwin, lavez-vous bien vite les mains, et venez ensuite que je vous arrange un peu les cheveux. Si j'avais pu prévoir ça, je vous aurais mis un col blanc et je vous aurais fait propre comme un sou.

Olivier se lava les mains, selon que la bonne dame le lui avait dit; et, quoique celle-ci regrettât beaucoup de n'avoir seulement pas le temps de plisser la petite collerette de son jeune protégé, il avait vraiment si bonne mine qu'elle ne put s'empêcher de dire en le regardant des pieds à la tête, qu'elle ne savait réellement pas s'il lui aurait été possible, lors même qu'elle eût été prévenue longtemps d'avance, d'opérer en lui un plus grand changement en mieux.

Ainsi encouragé par ces paroles de la bonne dame, Olivier entra dans le cabinet de Brownlow, après avoir frappé doucement à la porte. C'était une jolie petite pièce remplie de livres, ayant vue sur des jardins superbes. A une table auprès de la croisée était assis ce monsieur avec un volume à la main. Il posa son livre sur la table à la vue d'Olivier, et lui dit de venir s'asseoir auprès de lui.

— Maintenant, dit M. Brownlow prenant un ton plus doux et plus sérieux cependant, j'ai besoin que vous prêtiez une oreille attentive à ce que je vais vous dire, mon ami. Je vous parlerai à cœur ouvert, persuadé que je suis que vous êtes aussi capable de me comprendre que bien des personnes plus âgées que vous.

— Oh! ne me parlez pas de me renvoyer, Monsieur, je vous en conjure! s'écria l'enfant effrayé du ton avec lequel M. Brownlow fit cet exorde. Ne m'exposez pas à errer de nouveau dans les rues! Gardez-moi ici comme domestique! Ne me renvoyez pas à l'affreux endroit d'où je viens! ayez pitié d'un pauvre enfant, Monsieur, je vous en supplie!

— Mon cher enfant, dit le vieux monsieur touché de l'accent avec lequel Olivier fit cet appel soudain à sa sensibilité, vous n'avez pas besoin de craindre que je vous abandonne, à moins que vous ne m'en donniez le sujet.

— Jamais, Monsieur! jamais, je vous assure! répliqua Olivier.

— J'ai tout lieu de le croire, reprit à son tour le vieux monsieur; j'espère bien que vous ne m'en donnerez jamais le sujet. J'ai déjà été trompé auparavant par des gens à qui j'ai voulu faire du bien; malgré cela, je me sens tout disposé à vous accorder ma confiance, et je sais plus intéressé en votre faveur que je ne puis m'en rendre compte à moi-même. Les personnes qui ont possédé mon affection la plus tendre reposent en paix dans la tombe; mais, quoique la joie et le bonheur de ma vie les y aient suivies, je n'ai pas fait un cercueil de mon cœur, et je ne l'ai pas fermé pour toujours aux plus douces émotions. Une profonde affliction n'a fait que les rendre plus fortes, et cela doit être, car elle épure notre cœur. C'est bien, c'est bien, poursuivit-il d'un air enjoué; je dis cela, parce que vous avez un jeune cœur, et que, sachant que j'ai eu de grands chagrins, vous éviterez avec plus de soin de les renouveler. Vous dites que vous êtes orphelin, sans un seul ami sur la terre; toutes les recherches que j'ai faites à ce sujet confirment votre rapport; racontez-moi votre histoire, d'où vous venez, qui vous a élevé, et comment vous vous êtes trouvé en compagnie de ceux avec qui je vous ai vu. Dites-moi la vérité, et si je vois que vous n'ayez commis aucun crime, vous ne serez jamais sans ami tant que je vivrai.

Les sanglots d'Olivier lui ôtèrent la parole pendant quelques instants, et comme il allait raconter comment il avait été élevé à la ferme, et, de là emmené par M. Bumble au dépôt de mendicité, deux coups de marteau qui partaient d'une main impatiente se firent entendre à la porte de la rue, et presque aussitôt la domestique vint annoncer M. Grimwig.

— Monte-t-il? demanda M. Brownlow.

— Oui, Monsieur, répondit celle-ci; il s'est informé s'il y avait des *muffins* à la maison, et comme je lui ai répondu que oui, il a dit qu'il était venu pour prendre le thé avec vous.

M. Brownlow sourit, et se tournant vers Olivier :

— M. Grimwig, dit-il, est une vieille connaissance. Il ne faut pas faire attention s'il a les manières un peu brusques, c'est un digne homme, du reste, et que j'estime sincèrement.

— Faut-il que je descende, Monsieur? demanda Olivier.

— Non pas, reprit M. Brownlow, je préfère que vous restiez.

En ce moment parut un gros individu boitant tout bas d'une jambe et s'appuyant sur une canne énorme. Il avait l'habitude, en parlant, de pencher sa tête d'un côté et de la tourner en manière de spirale, comme le fait un perroquet. C'est dans cette attitude, qu'ayant à la main un petit morceau d'écorce d'orange qu'il tenait à bras tendu, il s'écria d'une voix rauque et chagrine :

— Tenez! voyez-vous bien ceci? N'est-ce pas la chose la plus extraordinaire et la plus surprenante, que je ne puisse entrer dans aucune maison sans y trouver un morceau d'orange dans l'escalier! j'ai déjà été estropié une fois avec de l'écorce d'orange, et je sais que l'écorce d'orange sera ma mort; oui, j'en suis certain, l'écorce d'orange causera ma mort. J'en *mangerais ma tête*, que l'écorce d'orange sera ma mort!

C'était l'offre avec laquelle M. Grimwig appuyait presque toutes les assertions qu'il faisait. Ce qui rendait la chose d'autant plus extraordinaire en ce cas, c'est que, en admettant même (en faveur de l'argument) que les progrès scientifiques fussent portés à ce point de donner à un homme la facilité de manger sa propre tête, s'il était bien résolu à le faire, celle du susdit monsieur était tellement grosse, que l'homme le plus ardent à prouver cette possibilité physique n'eût jamais été assez téméraire pour espérer d'en venir à bout en un seul repas, abstraction faite d'une couche épaisse de poudre dont elle était garnie.

— J'en mangerais ma tête! répéta M. Grimwig frappant de son bâton sur le parquet en apercevant Olivier. Allons! qu'est-ce que c'est que ça? ajouta-t-il, faisant deux ou trois pas en arrière.

— C'est le petit Olivier Twist dont je vous ai parlé, dit M. Brownlow.

Olivier fit un salut.

— Vous ne voulez pas dire que c'est cet enfant qui a eu la fièvre, je pense? dit M. Grimwig reculant encore. Attendez un peu! ne dites rien! M'y voilà! ajouta-t-il brusquement, perdant toute crainte de la fièvre, enchanté qu'il était de sa découverte; c'est cet enfant qui a mangé une orange, et qui en aura jeté l'écorce dans l'escalier! Si ce n'est pas lui, je veux manger ma tête et la sienne par-dessus le marché!

— Non; vous vous trompez; il n'a pas mangé d'orange, dit en souriant M. Brownlow. Allons, posez là votre chapeau, et parlez à mon jeune ami.

— C'est là le garçon dont vous m'avez parlé, n'est-ce pas? dit enfin M. Grimwig.

— C'est lui-même, répondit M. Brownlow, faisant un signe de tête amical à Olivier.

— Eh bien! comment vous portez-vous, mon garçon? reprit Grimwig.

— Beaucoup mieux, Monsieur, je vous remercie, répondit Olivier.

M. Brownlow, craignant que son singulier ami ne dit quelque chose de désagréable à son jeune protégé, pria celui-ci d'aller dire à madame Bedwin qu'ils étaient prêts pour le thé, ce qui fit d'autant plus de plaisir à l'enfant, que les manières du nouveau venu ne lui revenaient qu'à moitié.

— Ne trouvez-vous pas que cet enfant est intéressant? demanda M. Brownlow.

— Je ne sais pas trop, reprit sèchement Grimwig.

— Vous ne savez pas?

— Non, en vérité. Je ne vois pas de différence dans les enfants; je ne connais que deux espèces d'enfants : les uns pâles et fluets, et les autres colorés et joufflus.

— Et dans quelle catégorie rangez-vous Olivier?

— Dans celle des fluets. J'ai un de mes amis qui a un gros garçon bouffi (un beau garçon qu'ils appellent ça), avec une tête comme une boule, des joues rouges et des yeux étincelants, un enfant horrible, quoi? dont le corps et les membres semblent forcer les coutures de ses habits, ayant avec tout cela une voix de pilote et un appétit de loup. Je le connais, le monstre!

— Allons! dit M. Brownlow, ce n'est pas là le défaut d'Olivier; ainsi il ne peut exciter votre courroux.

— Sans doute, il n'a pas ce défaut-là, mais il peut en avoir de pires.

En ce moment M. Brownlow toussa avec impatience; ce qui parut faire grand plaisir à M. Grimwig.

— Oui, je le répète, dit ce dernier, il peut en avoir de pires. D'où vient-il? qui est-il? et quel est-il?...

Il a eu la fièvre. Qu'est-ce que cela prouve? La fièvre n'est pas particulière aux honnêtes gens, du moins que je sache. Les méchantes gens n'ont-ils pas aussi quelquefois la fièvre, hein? J'ai connu, dans la Jamaïque, un homme qui s'est fait pendre pour avoir assassiné son maître; il avait eu six fois la fièvre. On ne l'a pas recommandé pour cela à la clémence de la cour, pouah! c'te bêtise!

Le fait est que, dans le fond de son cœur, M. Grimwig était fortement disposé à convenir que l'air et les manières d'Olivier parlaient en sa faveur, mais il était disposé plus que jamais à contredire, excité qu'il était d'ailleurs par l'écorce d'orange; et comme il avait mis dans sa tête que personne ne lui ferait avouer si un enfant était bien ou non, il avait résolu dès l'abord de combattre l'opinion de son ami.

Aussi, lorsque celui-ci eut avoué qu'il ne pouvait répondre d'une manière satisfaisante à aucune de ses questions, et qu'il avait attendu, pour interroger Olivier sur ses antécédents, que ce dernier fût mieux portant, M. Grimwig ricana malicieusement, et demanda d'un air moqueur si la femme de chambre avait coutume de compter l'argenterie chaque soir; parce que si un de ces quatre matins il ne lui manquait pas deux ou trois cuillers, il mangerait, etc., etc.

— Et quand devez-vous entendre le récit fidèle et circonstancié de la vie et des aventures d'Olivier Twist? demanda Grimwig à M. Brownlow vers la fin du repas, lorgnant en même temps Olivier du coin de l'œil.

— Demain matin, répondit M. Brownlow. Je préfère qu'il soit seul avec moi pour cela. Venez me trouver demain matin à dix heures, mon ami, continua-t-il en s'adressant à Olivier.

— Oui, Monsieur, reprit l'enfant avec quelque hésitation, honteux de se voir observé si attentivement par M. Grimwig.

— Voulez-vous parier qu'il n'ira pas vous trouver demain matin? dit tout bas ce dernier à l'oreille de M. Brownlow. Je l'ai vu hésiter; il vous trompe, mon cher.

— Je jurerais que non, dit M. Brownlow avec chaleur.

— S'il ne vous trompe pas, reprit l'autre, je veux bien... (Et le bâton de retentir sur le parquet.)

— Je répondrais sur ma vie que cet enfant dit la vérité, dit M. Brownlow frappant du poing sur la table.

— Et moi, sur ma tête, qu'il vous trompe, reprit l'autre frappant aussi sur la table.

— Nous verrons bien, dit M. Brownlow cherchant à cacher son dépit.

— Oui, c'est ce que nous verrons, repartit Grimwig avec un sourire moqueur, c'est ce que nous verrons!

Comme si le sort l'eût fait exprès, madame Bedwin entra sur ces entrefaites, apportant un petit paquet de livres que M. Brownlow avait achetés le matin même du bouquiniste qui a déjà figuré dans cette histoire, et, l'ayant posé sur la table, elle se disposait à sortir de la chambre.

— Dites au garçon d'attendre, madame Bedwin, dit M. Brownlow, il y a quelque chose à remporter.

— Il est parti, Monsieur, reprit madame Bedwin.

— Rappelez-le, c'est important, répliqua M. Brownlow. Cet homme n'est pas riche, et ces livres ne sont pas payés : il y a aussi d'autres livres à remporter.

La porte de la rue fut ouverte ; Olivier courut d'un côté et la bonne de l'autre, tandis que, du perron, madame Bedwin appelait le garçon ; mais celui-ci était déjà bien loin, et Olivier, ainsi que la bonne, revinrent tout essoufflés sans avoir pu le rejoindre.

— J'en suis vraiment fâché, s'écria M. Brownlow ; j'aurais désiré que ces livres fussent reportés ce soir.

— Renvoyez-les par Olivier, dit M. Grimwig avec malice ; vous êtes sûr qu'il les remettra fidèlement.

— Oh ! oui, Monsieur, laissez-moi les reporter, je vous en prie, dit Olivier ; je courrai tout le long du chemin ; j'aurai bientôt fait.

M. Brownlow allait dire qu'Olivier ne devait sortir pour quelque cause que ce fût, lorsqu'un coup d'œil malin de son vieil ami le détermina à laisser partir l'enfant qui, par un prompt retour, prouverait sur-le-champ à ce dernier l'injustice de ses soupçons, sur ce point du moins.

— Eh bien ! oui, vous irez, mon ami, dit M. Brownlow. Les livres sont sur une chaise près de mon bureau ; montez les chercher.

Olivier, enchanté de pouvoir se rendre utile, apporta les livres sous son bras avec beaucoup d'empressement, et attendit, la casquette à la main, qu'on lui expliquât ce qu'il avait à faire.

— Vous direz, ajouta M. Brownlow regardant fixement M. Grimwig, vous direz que vous venez porter ces livres et payer en même temps les quatre livres dix shillings que je dois. Voici un billet de banque de cinq livres ; vous aurez dix shillings à me remettre.

— Je ne serai pas dix minutes, dit Olivier tout joyeux.

En même temps, il serra le billet de banque dans la poche de sa veste, qu'il boutonna jusqu'en haut, mit les livres sous son bras, et, ayant fait un salut respectueux, il sortit. Madame Bedwin le suivit jusqu'à la porte de la rue, lui donnant des renseignements sur le plus court chemin, sur le nom et l'adresse du libraire, toutes choses qu'Olivier dit très-bien comprendre ; et, lui ayant recommandé en outre de bien prendre garde de ne pas attraper un rhume, la bonne dame le laissa enfin partir.

— Que Dieu le bénisse ! dit-elle en le regardant s'éloigner. Je ne sais pas pourquoi, mais je n'approuve pas qu'on le laisse ainsi partir.

En ce moment, Olivier tourna gaiement la tête et fit un signe gracieux avant que d'entrer dans une autre rue. Madame Bedwin lui rendit son salut en souriant ; et ayant fermé la porte, elle se retira dans sa chambre.

— Voyons un peu, dit M. Brownlow, tirant sa montre de son gousset et la posant sur la table. Il sera de retour dans vingt minutes au plus tard. Il fera nuit alors.

— Comptez-vous vraiment qu'il reviendra? demanda M. Grimwig.

— Et vous, ne le croyez-vous pas? dit en souriant M. Brownlow.

M. Grimwig, déjà porté à la contradiction, le fut encore bien davantage, excité qu'il était par le sourire confiant de son ami.

— Non, dit-il en donnant un coup de poing sur la table; je ne le crois pas. Ce garçon a un habillement tout neuf sur le corps, un paquet de livres précieux sous le bras, et un billet de banque de cinq livres dans sa poche, il ira rejoindre ses anciens amis les voleurs, et se moquera de vous. Si jamais il revient dans cette maison, je veux manger ma tête! Disant cela, il approcha sa chaise de la table, et les deux amis attendirent en silence, la montre devant eux.

XV. — Montrant jusqu'à quel point le vieux juif et mademoiselle Nancy aimaient Olivier.

Cependant Fagin, Sikes et Nancy déguisée en cuisinière s'étaient réunis dans un cabaret du plus sale quartier de Londres, et là ils tenaient conseil en compagnie du chien au long poil blanc et sale. Sikes toujours bourru, le juif plus obséquieux, et Nancy déterminée plus que jamais à se mettre à l'*affût* pour surprendre Olivier.

— Allons, tu vas te mettre en chasse, n'est-ce pas, Nancy? dit Sikes en lui présentant un verre.

— Oui, Guillaume, répondit la fille après avoir avalé la liqueur d'un seul trait; et j'en ai bien assez, Dieu merci! Le pauv' p'tit a été malade et obligé de garder le lit; et...

— Ah! chère Nancy! dit Fagin levant la tête.

Soit qu'un coup d'œil significatif et un froncement des sourcils rouges du juif avertirent Nancy qu'elle allait être trop communicative, c'est ce qu'il nous importe peu de savoir; le fait seul est ce à quoi nous attachons de l'importance : qu'elle se tut, et, souriant gracieusement à Sikes, elle amena la conversation sur un autre sujet.

Peu après, le vieux Fagin fut pris d'une toux si violente, que Nancy, jetant son châle sur ses épaules, déclara qu'il était temps de partir. Sikes, qui allait du même côté une partie du chemin, exprima son intention de l'accompagner; et ils sortirent ensemble, suivis, à peu de distance, du chien qui sortit d'une petite cour aussitôt que son maître fut hors de sa vue. Le vieux juif mit la tête à la porte de la salle aussitôt que Sikes fut parti, et, le regardant longer l'allée obscure et étroite, il lui montra le poing en proférant d'horribles imprécations et en grinçant les dents; après quoi il se rassit à la table, où il fut bientôt enseveli profondément dans les pages intéressantes de la *Gazette des Tribunaux*.

Pendant ce temps-là, Olivier, ne se doutant guère qu'il était si près de la demeure du facétieux vieillard, se dirigeait vers la boutique du libraire. Quand il fut dans Clerkenwell, il prit par mégarde une rue qui, bien que parallèle, le détournait cependant un peu de son chemin; mais, ne s'apercevant de sa méprise que quand il l'eut parcourue aux deux tiers, et sachant d'ailleurs qu'elle le conduisait dans la même direction, il ne jugea pas à propos de revenir sur ses pas, et il avança bon train, avec ses livres sous son bras.

Tout en marchant, il pensait en lui-même combien il devait se trouver heureux et content, et ce qu'il ne donnerait pas pour voir seulement le petit Richard qui, battu et manquant de pain, était peut-être bien en train de pleurer en ce moment même, lorsqu'il fut tiré de sa rêverie par la voix d'une femme, criant à tue-tête :

— O mon cher frère! Et à peine eut-il tourné la tête pour voir qui c'était, qu'il se sentit étroitement pressé par deux bras vigoureux lourdement passés autour de son cou.

— Laissez-moi tranquille! cria-t-il en se débattant. Laissez-moi aller! Qui êtes-vous? Pourquoi m'arrêtez-vous?

La réponse à ceci fut une foule de doléances et de lamentations de la part de la jeune fille qui l'embrassait avec transport, et qui avait un petit panier et une grosse clef à la main.

— Ah! grâce à Dieu, dit-elle, je l'ai enfin trouvé! Olivier! Olivier! méchant enfant que tu es de m'avoir rendue si malheureuse à ton sujet! Viens, viens avec moi à la maison. Dieu! c'est donc bien lui! O bonheur! je l'ai donc retrouvé!

Au milieu de ces exclamations incohérentes, la jeune fille tomba dans un accès qui fit tellement craindre pour ses jours, que quelques femmes, attirées par ses cris, demandèrent à un garçon boucher, à la chevelure luisante de suif, qui se trouvait là par hasard, s'il ne ferait pas bien d'aller chercher le médecin; ce à quoi celui-ci, qui était d'une nature assez lente (pour ne pas dire indolente), répondit qu'il ne pensait pas que ce fût nécessaire.

— Oh! non, non! Ne faites pas attention, dit Nancy saisissant la main d'Olivier; je me sens bien mieux maintenant. Allons! viens-t'en vite à la maison, toi, petit malheureux!

— Quoi qu'y n'y a, mam'zelle? demanda une des femmes.

— Oh! Madame, répondit la fille, il y a un mois qu'il s'est sauvé de chez son père et sa mère (personnes très-respectables et de bons ouvriers), et il s'est joint à une bande de voleurs et de mauvais sujets; au point que sa pauv' mère en est presque morte de chagrin!

— Petit misérable! dit une femme.

— Veux-tu bien vite t'en retourner chez vous, toi, petit sauvage! reprit une autre.

— Ce n'est pas vrai! s'écria Olivier grandement alarmé. Je ne la connais pas! Je n'ai pas de sœur, ni de père, ni de mère! Je suis orphelin! Je demeure à Pentonville!

— Oh! faut-il être effronté pour soutenir des choses pareilles! dit Nancy.

— Quoi! c'est Nancy! s'écria Olivier, qui, la reconnaissant enfin, recula d'étonnement.

— Vous voyez bien qu'il me connaît! reprit Nancy, faisant un appel aux assistants : il ne peut pas faire autrement! Aidez-moi à le ramener chez nous, comme de braves gens que vous êtes, ou bien il tuera son père et sa mère, et j'en mourrai de chagrin!

— Qu'est-ce que c'est que ça? dit un homme sortant précipitamment d'un cabaret, suivi d'un chien blanc tout crotté. Oh! c'est le petit Olivier! Veux-tu bien vite retourner avec ta pauvre mère, toi, petit vaurien! et plus vite que ça!

— Je ne leur appartiens pas! Je ne les connais pas! Au secours! au secours! cria l'enfant cherchant à se débarrasser des mains de l'homme.

— Ah! tu cries au secours! reprit celui-ci. Je m'en vas t'en donner du secours, petit drôle. Qu'est-ce que c'est que ces livres que tu as là? Tu les auras volés, sans doute? Donne-moi ça bien vite!

Disant cela, il lui arracha les volumes des mains, et lui donna un grand coup de poing sur la tête.

— C'est ça! dit un homme qui regardait par la fenêtre d'un grenier. C'est le seul moyen de lui faire entendre raison.

— N'y a pas de doute! s'écria un menuisier à moitié endormi en jetant un regard approbateur à celui qui venait de parler.

— Ça lui fera du bien! dirent les deux femmes.

— Et c'est justement pour ça qu' je n' veux pas qu'y s'en passe, reprit le brigard saisissant Olivier au collet et lui assénant un autre coup de poing. Veux-tu avancer, toi, petit vaurien! A moi, César, à moi! poursuivit-il en s'adressant à son chien.

Affaibli par la maladie qu'il venait de faire, interdit par les coups et par une attaque si subite, épouvanté par l'affreux grognement du chien et la brutalité de l'homme, et accablé par la conviction des assistants qui le prenaient pour ce qu'il n'était pas, que pouvait ce pauvre enfant en cette occurrence? L'obscurité de la nuit, dans un tel quartier, rendait tout secours improbable et toute résistance inutile. En moins de rien, il fut entraîné dans un labyrinthe de cours sombres et étroites, avec une telle rapidité, que les quelques cris qu'il osa proférer ne furent point entendus; et l'eussent-ils été, d'ailleurs, qu'il n'y avait personne pour y faire attention. . . . .
. . . .

Les réverbères étaient allumés partout; madame Bedwin attendait avec anxiété à la porte de la cour; la domestique avait couru vingt fois jusqu'au bout de la rue pour voir si elle ne rencontrerait pas Olivier, et les deux amis étaient dans le salon, sans lumière, ayant toujours la montre devant eux.

XVI. — De ce que devint Olivier, après avoir été réclamé par Nancy.

Après avoir traversé un certain nombre de cours et de ruelles, ils se trouvèrent enfin sur une grande place qui, à en juger par les claies et les parcs dont elle se trouvait garnie, devait être un marché aux bestiaux. Sikes alors ralentit le pas, la jeune fille étant incapable de le suivre plus longtemps, au train dont il les avait entraînés, et se tournant vers Olivier il lui ordonna brusquement de donner la main à Nancy.

— Entends-tu c' que j' te dis? gronda Sikes, s'apercevant que l'enfant hésitait et regardait autour de lui.

Ils étaient dans un endroit très-sombre, tout à fait éloigné des passants, et Olivier ne devina que trop bien que la résistance serait inutile. Il tendit donc à Nancy sa main, que celle-ci tint étroitement serrée dans la sienne.

— Maintenant donne-moi celle-ci! continua Sikes, s'emparant de l'autre main.

— Ici, César! (Le chien leva la tête et se mit à grogner.) Tu vois bien ce garçon? poursuivit-il montrant du doigt le gosier de l'enfant et faisant d'horribles jurements, s'il a le malheur de remuer seulement les lèvres, mords-moi ça! tu comprends?

Le chien grogna de nouveau, et, léchant ses babines, il regarda Olivier comme s'il se réjouissait à l'avance de lui sauter à la gorge.

— Il le fera comme je le dis, reprit Sikes, jetant à l'animal un regard féroce en signe d'approbation. Maintenant, mon jeune camarade, ça te regarde, crie tant qu'y t' f'ra plaisir; le chien t'aura bientôt imposé silence! Allons, marche donc, petit vaurien!

César remua la queue, à ces paroles affectueuses de son maître, auxquelles il n'était pas accoutumé; et faisant un grognement en signe d'avertissement et dans l'intérêt d'Olivier, il prit les devants et ouvrit la marche.

C'était le marché de Smithfield qu'ils traversaient : c'eût été Grosvenor-Square, qu'Olivier n'en eût pas su davantage. La nuit était sombre et brumeuse, les lumières des boutiques avaient peine à se faire jour à travers l'épais brouillard qui grossissait à chaque instant, et qui ajoutait à la solitude et à la tristesse du lieu, en même temps qu'il rendait l'incertitude d'Olivier plus affreuse et plus accablante.

Ils parcoururent pendant près d'une heure de petites rues sales et peu fréquentées, où les quelques personnes qu'ils rencontrèrent parurent, aux yeux de l'enfant, occuper le même rang que M. Sikes dans la société. A la fin, ils enfilèrent une rue plus étroite et plus sale encore que les autres, habitée en grande partie par des fripiers; et le chien alors courant en avant, comme s'il eût été certain que sa vigilance était maintenant inutile, s'arrêta devant une boutique qui était fermée et qui ne paraissait pas être occupée, car la maison menaçait ruine, et un écriteau annonçant qu'elle était à louer était cloué négligemment sur la porte comme s'il eût été là depuis bien des années.

— Nous y voilà! dit Sikes après avoir jeté un coup d'œil autour de lui.

Nancy passa la main sous les volets, et Olivier entendit résonner une sonnette de l'intérieur. Ils allèrent se placer près d'un réverbère en face, et attendirent là quelques instants. Une fenêtre à châssis fut levée doucement, et, peu après, la porte s'ouvrit avec la même précaution. Sikes alors, sans plus de cérémonie, prit l'enfant par le collet, et en moins de rien ils furent tous trois dans la maison. Ils attendirent, dans l'obscurité la plus profonde, que la personne qui leur avait ouvert eût refermé la porte aux verrous et à la clef.

— Il n'y a personne ici? demanda Sikes.

— Non, répondit une voix qu'Olivier crut reconnaître.

— Le vieux y est-il? poursuivit le brigand.

— Oui, répliqua la voix; et il a été joliment sur les épines en vous attendant. Avec ça qu'y n' s'ra pas content de vous voir! non, s'cusez! pu qu' ça d' satisfaction!

Le style de cette réponse et le ton avec lequel elle fut faite étaient familiers aux oreilles d'Olivier; mais il ne put apercevoir la figure de l'interlocuteur.

— Eclaire-nous un peu, dit Sikes, si tu ne veux pas que nous nous cassions l' cou, ou que nous marchions sur les pattes du chien. Prenez garde à vos jambes, d'abord, si vous lui marchez sur les pattes, je n' vous dis qu' ça!

— Attendez un moment, je m'en vais chercher de la lumière, reprit la voix.

Le bruit des pas d'une personne qui s'éloignait se fit entendre, et aussitôt après parut en personne M. Jack Dawkins, autrement le *fin Matois*, tenant à la main une chandelle plantée dans un bâton fendu. Il se contenta de faire une grimace à Olivier pour renouveler connaissance avec lui, et fit signe aux visiteurs de le suivre. Ils descendirent l'escalier, traversèrent une cuisine dépourvue d'ustensiles, et ouvrant la porte d'une chambre basse, d'où s'exhalait une odeur fétide, ils furent reçus au milieu d'éclats de rire et d'acclamations de joie.

— Oh! c'te bonne farce! s'écria maître Bates n'en pouvant plus de rire. C'est pourtant lui! Mais voyez donc, Fagin! Fagin, regardez-le donc! Ah! Dieu, quelle fameuse farce! Y a d' quoi en mourir de rire! Tenez-moi donc, quelqu'un, que je rie tout à mon aise!

Disant cela, maître Bates se laissa tomber à plat ventre par terre, et pendant plus de cinq minutes, donnant un libre cours à sa folle gaieté, il se frappait le dos avec ses talons; après quoi, se relevant, il prit la chandelle des mains du Matois, et, s'approchant d'Olivier, il tourna autour de lui pour l'examiner, tandis que le juif, ôtant son bonnet de coton, salua respectueusement et à diverses reprises le pauvre enfant qui les regardait d'un air effaré. Pendant ce temps-là, le Matois, qui était d'un caractère plus posé et qui compromettait rarement sa dignité quand il s'agissait d'*affaires sérieuses* relatives à sa *profession*, vidait les poches du petit malheureux avec la plus scrupuleuse attention.

— Voyez donc sa *pelure*, Fagin! dit Charlot approchant la chandelle si près de l'habillement neuf d'Olivier, qu'il manqua y mettre le feu. Voyez donc sa *pelure!* Du drap *coq* et la coupe dans le *chique!* S'cusez, pu qu' ça d'élégance! Et ses livres donc! ça lui donne tout à fait l'air *monsieur*, n'est-ce pas, Fagin?

— Charmé de vous voir si bien portant, mon cher! dit le juif saluant Olivier avec une humilité affectée. Le Matois vous donnera d'autres habits, mon cher, dans la crainte que vous ne gâtiez ceux-ci, qui sont pour les dimanches. Pourquoi n'avez-vous pas écrit que vous veniez, mon cher? Nous aurions eu quelque chose de chaud pour votre souper.

A ces mots maître Bates partit d'un éclat de rire si grand, que Fagin lui-même se dérida et que le Matois sourit. Mais comme ce dernier tira en ce moment le billet de banque de la poche d'Olivier, on ne saurait dire si c'est la bouffonnerie de Charlot, ou la découverte du billet, qui excita son sourire.

— Tiens! qu'est-ce que c'est que ça? dit Sikes, s'avançant vers le juif en même temps que celui-ci s'emparait de la bank-note. Cela m'appartient, Fagin!

— Non, non, Guillaume, c'est à moi, mon cher! Vous aurez les livres.

— Si cela ne m'appartient pas, dit Sikes, mettant son chapeau d'un air déterminé, à moi et à Nancy (ce qui est la même chose), je vas remmener cet enfant!

Le juif tressaillit : ainsi fit Olivier, quoique pour un motif bien différent; car il espérait que sa liberté serait le résultat de la dispute.

— Allons! donnez-moi ça! voulez-vous? dit Sikes.

— Ce n'est pas bien, Guillaume! Ce n'est pas bien du tout; n'est-ce pas, Nancy? dit le juif.

— Que ce soit bien ou mal, répliqua Sikes, donnez-moi ça, j' vous dis encore une fois! Pensez-vous que Nancy et moi nous n'ayons rien autre chose à faire que de passer un temps précieux à aller à la découverte et à enlever tous les enfants qui se feront *pincer* à cause de vous? Donnez-moi ça, vous! vieil avare, vieux squelette, vieux meuble!

En parlant ainsi, Sikes s'empara du billet de banque, que le juif tenait entre le pouce et l'index; et envisageant celui-ci avec le plus grand sang-froid, il le plia en cinq ou six et l'enferma dans un nœud qu'il fit au mouchoir qu'il portait autour de son cou.

— C'est pour la peine que nous nous sommes donnée, dit Sikes rattachant sa cravate; et c' n'est pas encore moitié de ce que ça vaut : et bien sûr encore! Vous pouvez garder les livres, si vous aimez la lecture; sinon, vous les vendrez.

— Ils sont bien écrits! dit Charlot, qui parcourut un des volumes en faisant mille grimaces. Beau style! Expressions élégantes! N'est-ce pas, Olivier? Et voyant la mine piteuse que faisait l'enfant en regardant ses persécuteurs, maître Bates, qui était doué d'un esprit caustique et qui avait un goût décidé pour le *burlesque*, se mit à rire aux éclats et à faire plus de bruit qu'auparavant.

— Ils appartiennent au vieux monsieur! dit Olivier se tordant les mains; à ce bon et respectable monsieur qui m'a emmené chez lui et qui a eu soin de moi quand j'étais malade et que j'allais mourir. Oh! je vous en supplie, envoyez-les-lui! Renvoyez-lui l'argent et les livres! Gardez-moi ici toute ma vie; mais, pour l'amour de Dieu, renvoyez-lui ce qui lui appartient! Il croira que je l'ai volé! La bonne dame et toutes les personnes de la maison, qui ont eu tant de bontés pour moi, me prendront pour un voleur! Oh! ayez pitié de moi! Renvoyez les livres et l'argent!

Ayant dit ces paroles avec l'accent du plus violent désespoir, Olivier se jeta aux pieds du juif en joignant les mains d'un air suppliant.

— L'enfant a raison, dit Fagin jetant un regard furtif autour de lui et fronçant ses sourcils rouges. Tu as raison, Olivier, tu as parfaitement raison. Ils penseront que tu as volé l'argent et les livres. Ah! ah! poursuivit-il en ricanant et en se frottant les mains, ça n' pouvait pas mieux s' trouver, quand même nous aurions pris nos mesures pour ça.

— Sans doute que ça n' pouvait pas mieux s' trouver, répliqua Sikes. C'est ce qui m'est venu tout de suite à l'idée, quand je l'ai vu traverser Clerkenwell avec ses livres sous le bras. Ce sont des gens pieux, sans quoi ils n' l'auraient pas reçu chez eux; et ils ne le réclameront pas, de peur d'être obligés de le poursuivre devant les tribunaux et de l' faire enfermer. Il est assez en sûreté comme ça.

Jusque-là Olivier les avait regardés l'un et l'autre alternativement d'un air égaré, sans trop comprendre ce qu'ils voulaient dire; mais quand Sikes eut fini de parler, il se releva tout à coup, s'échappa de la chambre, sans savoir où il allait, appelant à son secours et faisant retentir toute la maison de ses cris.

— Appelle ton chien, Guillaume! s'écria Nancy, courant se placer devant la porte, et la refermant sur le juif et ses deux élèves qui s'étaient élancés à la poursuite d'Olivier, appelle ton chien! il va dévorer ce garçon!

— Il le mérite bien! cria Sikes, faisant tous ses efforts pour se dégager des mains de la fille. Ote-toi de là, toi! Lâche-moi, j' te dis, ou j' te vas briser le crâne contre la muraille!

— Ça m'est égal, Guillaume! ça m'est bien égal! dit celle-ci se débattant pour conserver son poste. Cet enfant ne sera pas déchiré par le chien, que tu ne m'aies tuée auparavant!

— Ah! c'est comme ça! dit Sikes, grinçant des dents. Ça n' va pas tarder, si tu n' te r'tires pas!

Disant cela, le brigand jeta la fille de toute sa force à l'autre bout de la chambre, juste au moment où le juif et les deux garçons rentrèrent ramenant Olivier.

— Qu'est-ce qu'il y a donc? demanda Fagin.

— Elle est devenue folle, je pense, dit Sikes d'un air farouche.

— Non, elle ne l'est pas, dit Nancy pâle de colère et tout essoufflée par la lutte qu'elle venait de soutenir. Non, ne croyez pas qu'elle le soit, Fagin.

— Alors, tais-toi, veux-tu, dit le juif d'un air menaçant.

— Non, je ne me tairai pas, reprit Nancy parlant très-haut. Qu'est-ce que vous avez à dire à cela?

Le vieux Fagin connaissait trop bien Nancy, pour ne pas juger prudent de laisser là la jeune fille. C'est pourquoi, pour détourner l'attention de celle-ci, il s'adressa à Olivier.

— Vous vouliez donc vous sauver, vous, hein? dit-il prenant un gros gourdin, plein de nœuds, qui était dans un coin de la cheminée.

Olivier ne répondit rien; mais il épia les mouvements du juif et son cœur battit vivement.

— Oui, vous appeliez du secours! Vous vouliez faire venir la garde, n'est-ce pas? poursuivit l'autre ricanant et saisissant l'enfant par le bras. Nous vous guérirons de cette manie-là, jeune homme!

Disant cela, le juif lui appliqua un bon coup de son gourdin sur les épaules; et il avait la main levée pour lui en donner un second, quand la jeune fille, s'élançant avec la rapidité de l'éclair, lui arracha le bâton des mains et le jeta dans le feu avec une telle force, qu'elle fit voltiger des charbons ardents au milieu de la chambre.

— Je ne le souffrirai pas, tant que je serai là, Fagin! s'écria-t-elle. Vous avez retrouvé cet enfant; que voulez-vous de plus? Laissez-le tranquille, ou je vous donne ma parole que j' me porterai, envers l'un de vous, à des excès qui me conduiront à la potence avant le temps! (Et elle frappa du pied en faisant cette menace, tandis que, les lèvres serrées, les poings fermés et le visage pâle de colère, elle regardait Fagin et Sikes alternativement.)

— Comment donc, Nancy, dit le juif d'un air doucereux, après un moment de silence pendant lequel Sikes et lui échangèrent un regard où il était facile de deviner le trouble de leur âme, tu es plus sentimentale que jamais, ce soir! Ah! ah! ma chère, tu agis noblement!

— Vraiment, dit celle-ci. Prenez garde que je ne me surpasse! Vous n'en seriez pas le bon marchand, Fagin. Ainsi je vous préviens pour la dernière fois; laissez-moi en repos!

Il y a chez une femme irritée (surtout lorsqu'elle est poussée à bout) un certain sentiment que les hommes n'aiment pas provoquer. Le juif vit bien qu'il serait inutile de feindre de se méprendre au sujet de la colère de Nancy; c'est pourquoi, se retirant prudemment en arrière, il regarda Sikes d'un air lâche et suppliant tout à la fois, comme pour lui donner à entendre qu'il était plus capable que lui de poursuivre l'entretien.

Sikes, ainsi interpellé, et pensant peut-être aussi qu'il y allait de son amour-propre à prouver l'ascendant qu'il avait sur Nancy en ramenant celle-ci à la raison, proféra cinq ou six menaces avec une facilité d'élocution qui fit honneur à sa fertilité d'invention. Mais comme cela ne parut produire aucun effet visible sur la personne qui en était l'objet, il eut recours à de plus solides arguments.

— Que veux-tu dire par là? s'écria-t-il. Voyons, dis! Qu'entends-tu par là? Sais-tu qui tu es et ce que tu es?

— Oh! que oui, je sais tout cela, dit la fille avec un rire convulsif et en secouant la tête d'un air d'indifférence.

— Eh bien! donc, tiens-toi tranquille, reprit l'autre aussi brutalement que s'il parlait à son chien; sans quoi je t'imposerais silence pour un bon bout de temps!

Celle-ci rit encore avec moins de retenue qu'auparavant; et lançant à Sikes un regard furtif, elle détourna la tête et se mordit la lèvre jusqu'au sang.

— Ah! oui, tu es une bonne fille, c' n'est pas là l'embarras, ajouta Sikes la regardant avec un air de mépris, de te donner ainsi des airs de beaux sentiments. C'est un bien beau sujet pour *cet enfant* (comme tu l'appelles) de se faire de toi *une amie!*

— Sans compter que je l' suis, s'écria Nancy avec colère; et que j' voudrais être à la place de ceux auprès de qui nous avons passé si près ce soir, plutôt que d' vous avoir aidé à retrouver ce pauvre petit malheureux! A partir d'aujourd'hui, c'est un menteur, un voleur, un escroc; que sais-je, tout ce qu'il y a de plus abominable! N'est-ce pas assez pour ce vieux brigand, sans qu'il lui donne encore des coups?

— Allons, allons, dit le juif s'adressant à Sikes, et lui faisant remarquer avec quelle attention ses jeunes élèves prêtaient l'oreille à tout ce qui se passait; il faut en venir à des paroles de paix, Guillaume, à des paroles de réconciliation.

— Des paroles de paix, s'écria la fille, affreuse à voir en ce moment, défigurée qu'elle était par la colère, des paroles de paix, vous, vieux scélérat! Oui, vous les méritez bien! J'ai volé pour vous, que je n'avais guère que la moitié de l'âge de cet enfant (dit-elle en montrant Olivier); j'ai toujours fait le même commerce, et toujours pour la même personne, depuis douze ans. N'est-ce pas vrai? dites! Pouvez-vous dire le contraire?

— Eh bien! eh bien! répliqua le juif cherchant à la calmer, si tu l'as fait, c'est pour exister.

— Oui, s'écria celle-ci de toute la force de ses poumons, c'est mon existence, comme la gelée, le brouillard et la boue des rues sont mon logis. Et vous êtes le vieux scélérat qui m'y avez exposée depuis mon enfance, et qui m'y exposerez jour et nuit, jusqu'à ce que je meure.

— Il t'arrivera malheur, reprit le juif excité par ces reproches. Quelque chose pire que cela, si tu dis un mot de plus.

La fille ne dit rien de plus; mais, s'arrachant les cheveux et déchirant ses habits dans un accès de rage, elle se précipita sur Fagin et lui aurait probablement laissé des marques de sa vengeance, si Sikes ne se fût interposé à temps en lui prenant les poignets. Elle fit quelques efforts inutiles pour se dégager et s'évanouit.

— La voilà bien, maintenant, dit Sikes la posant par terre dans un coin de la chambre. Elle a une force étonnante dans les bras quand elle est irritée à ce point!

Le juif s'essuya le front et sourit de contentement de se voir délivré de cette scène tragique; cependant ni lui, ni Sikes, ni les garçons, ni le chien lui-même, ne parurent la considérer sous un autre point de vue que comme une chose inséparable des affaires.

— Je ne connais rien de pire que d'avoir à démêler avec les femmes, dit le juif remettant le gourdin à sa place. Elles ont bien des qualités aussi cependant, et elles nous sont bien utiles dans notre *profession*. Charlot, conduis Olivier se coucher.

— Je pense qu'il fera bien de ne pas mettre ses beaux habits demain, n'est-ce pas, Fagin? demanda Charlot tirant la langue avec malice.

— Comme de raison, repartit celui-ci faisant une grimace à son élève en signe d'intelligence.

Maître Bates, grandement satisfait en apparence de la mission dont il était chargé, prit le bâton fendu qui servait de chandelier, et conduisit Olivier dans une pièce voisine, où étaient deux ou trois lits sur lesquels le pauvre enfant avait déjà dormi. Là, avec des éclats de rire irrésistibles, il fit voir au jeune Twist les mêmes guenilles que celui-ci s'était flatté de ne plus jamais remettre; et il lui expliqua en même temps comment, par le juif qui les avait achetées, le vieux Fagin avait découvert le lieu de sa retraite.

— Ote ceux-ci, dit Charlot, que je les donne à Fagin pour qu'il en prenne soin. Dieu! c'te bonne farce!

Le malheureux orphelin se soumit de mauvaise grâce, et maître Bates, ayant roulé et mis sous son bras l'habillement neuf de ce dernier, s'en alla, emportant la chandelle et fermant la porte à clef.

Le bruit des éclats de rire de Charlot et la voix de Betsy, qui arriva fort à propos pour délacer son amie et lui jeter de l'eau sur les tempes, afin de la faire revenir à elle, auraient pu tenir éveillés bien des gens dans une position plus heureuse que celle dans laquelle se trouvait Olivier; mais il était malade et accablé de lassitude, et il s'endormit bientôt profondément.

XVII. — Arrivée à Londres d'un personnage illustre qui perd Olivier de réputation.

Un matin de très-bonne heure, M. Bumble sortit du dépôt de mendicité, et monta la Grande-Rue d'un pas ferme et assuré. Il était dans toute la gloire et l'orgueil de sa dignité de bedeau : les galons de son tricorne et de son habit brillaient au soleil, et il serrait sa canne dans sa main avec toute la force de la santé et du pouvoir. M. Bumble portait toujours la tête haute, mais ce jour-là il la portait encore plus haut que de coutume. Il y avait une distraction dans son regard et une noblesse dans son maintien qui auraient pu faire présumer à l'observateur intelligent que des pensées d'une nature peu commune occupaient l'esprit du bedeau. Il ne daigna pas s'arrêter pour converser avec les petits boutiquiers et les autres personnes qui lui adressèrent la parole ; il se contenta de répondre à leurs salutations par un signe de la main, et ne ralentit sa marche que quand il fut arrivé à la *ferme*, où madame Mann gardait les jeunes enfants du dépôt avec un soin *paroissial*.

— *Satané* bedeau ! n'est-ce pas lui qui nous arrive si matin, dit celle-ci entendant secouer avec impatience la porte du jardin. Eh ! monsieur Bumble, je pensais bien que ce ne pouvait être que vous ! C'est un vrai plaisir et une surprise agréable de vous voir si matin ! Donnez-vous donc la peine d'entrer, je vous prie !

Les premiers mots furent adressés à Suzanne, et les derniers à M. Bumble, tout en lui ouvrant la porte et en l'introduisant dans la maison avec les plus grandes marques d'attention et de respect.

— Madame Mann ! dit M. Bumble se laissant aller graduellement et lentement sur une chaise, au lieu de s'asseoir brusquement, comme le ferait un malotru ; madame Mann, je vous souhaite le bonjour.

— Bien l' bonjour, monsieur Bumble, reprit celle-ci avec maints sourires gracieux. Comment va cette précieuse santé ?

— Couci, couci, madame Mann, répliqua le bedeau. Une vie *paroissiale* n'est pas un lit de roses, madame Mann !

— Bien sûr que non, poursuivit la dame. (Tous les enfants confiés à ses soins auraient pu répondre en chœur, s'ils l'eussent entendue.)

— Une vie *paroissiale*, madame Mann, continua le bedeau frappant la table avec sa canne, est une vie de travail, de vexations et de tourments ! Mais tous les *personnages publics*, si je puis m'exprimer ainsi, doivent s'attendre à souffrir la persécution.

Madame Mann, ne devinant pas trop ce que le bedeau voulait dire, leva les mains au ciel avec un air de sympathie, et soupira.

— Ah ! vous pouvez bien soupirer, madame Mann ! dit Bumble.

Voyant qu'elle avait bien fait, celle-ci soupira de nouveau, à la grande satisfaction du *fonctionnaire public*, qui réprima un gracieux sourire en regardant fixement son tricorne.

— Je vais à Londres, madame Mann, dit-il.

— Vraiment, monsieur Bumble, reprit celle-ci, joignant les mains et faisant trois pas en arrière en signe d'étonnement.

— Oui, Madame, répliqua l'imperturbable bedeau, je vais à Londres par la diligence, madame Mann... moi et deux pauvres du dépôt. Nous avions un procès au sujet de ces deux pauvres, qui ne sont pas de notre paroisse, et que nous ne voulons pas garder, comme de raison... et c'est moi, madame Mann, que le conseil d'administration a choisi pour son représentant, et qui dois répondre en son nom, aux prochaines sessions de Clerkenwell (1)... Et je me demande à moi-même, continua-t-il en se redressant de toute sa hauteur, si les sessions de *Clerkenwell* n'auront pas du fil à retordre, avant d'en avoir fini avec moi.

— Oh! n'allez pas les traiter trop sévèrement, dit madame Mann d'un air flatteur.

— Les *sessions de Clerkenwell* m'y auront contraint, madame Mann, reprit M. Bumble; et si les sessions de Clerkenwell ne s'en retirent pas aussi bien qu'elles le pensent, elles ne devront s'en prendre qu'à elles-mêmes.

Ces paroles furent dites avec une expression si chaleureuse et d'un air si menaçant, que madame Mann en fut effrayée.

— Vous allez donc par la diligence? dit-elle enfin. Je croyais que c'était l'habitude d'envoyer ces pauvres dans des charrettes?

— C'est lorsqu'ils sont malades, madame Mann, reprit l'autre. Nous les mettons dans des charrettes découvertes pour prévenir les vents coulis... dans la crainte qu'ils ne s'enrhument.

— Ah! c'est autre chose, reprit madame Mann.

— La concurrence se charge de ceux-là pour peu de chose, continua le bedeau. Ils sont tous deux dans un bien triste état;... et nous trouvons qu'à les changer il nous en coûtera deux livres sterling moins cher qu'à les enterrer; c'est-à-dire si nous parvenons à les faire recevoir dans une autre paroisse, ce qui ne nous sera pas difficile, je pense, à moins qu'en dépit de nous ils ne viennent à mourir en route; ah! ah! ah!

(1) Assises qui se tiennent quatre fois l'année pour juger certaines causes civiles ou criminelles. (*Note du Traducteur.*)

Quand M. Bumble eut bien ri, ses yeux rencontrèrent son tricorne, et il reprit sa gravité.

— Ah! ça, mais tout en causant nous oublions les affaires, dit-il. Madame Mann, voici votre *salaire paroissial* du mois.

Disant cela, il tira de son portefeuille quelques pièces d'argent roulées dans du papier, et demanda un reçu que madame Mann écrivit aussitôt.

— C'est bien griffonné, dit celle-ci, mais ça passera tout d' même. Bien obligée, monsieur Bumble.

— C'est moi qui vous remercie.

Le bedeau fit un léger signe de tête en réponse à la courtoisie de la dame, et s'informa de la santé des enfants.

— Pauv' p'tits trésors, dit-elle avec émotion... ils sont aussi bien qu'on peut l'être. Ces chers enfants!... excepté pourtant les deux qui sont morts la semaine dernière... et puis l' petit Richard, qui jette un mauvais coton.

— Est-ce qu'il ne va pas mieux? demanda le bedeau.

Madame Mann secoua la tête.

Le lendemain matin, à six heures, M. Bumble, ayant changé son tricorne contre un chapeau rond, et empaqueté son individu dans une redingote bleue, prit place à l'extérieur de la diligence en compagnie des deux *criminels* dont l'administration cherchait à se défaire, et qui étaient la cause bien innocente du procès qui appelait le bedeau à Londres. Celui-ci arriva à la capitale sans avoir éprouvé en route d'autre inconvénient que celui causé par la conduite *inconvenante* des deux pauvres, qui persistèrent à se plaindre du froid, et à grelotter tout le temps que dura le voyage, d'une telle manière (à ce que dit M. Bumble) que les dents lui en claquèrent dans la tête, et qu'il se sentit tout à fait mal à son aise, quoiqu'il eût sa grosse redingote sur le corps.

S'étant débarrassé de ces gens *incommodes* pour la nuit, le bedeau s'installa à l'hôtel où s'était arrêtée la diligence, et s'y fit servir un dîner copieux, composé de tranches de bœuf à la sauce aux huîtres avec une bouteille d'excellent *porter*. Lorsqu'il eut fini, il se versa un verre de *grog* qu'il mit sur la cheminée, approcha sa chaise du feu, et, après quelques réflexions morales sur le désagrément de voyager avec des gens qui grelottent et qui se plaignent, il se disposa à lire le journal.

Le premier article sur lequel ses yeux se portèrent fut l'insertion suivante :

CINQ GUINÉES DE RÉCOMPENSE.

« Un jeune garçon de Pentonville, nommé Olivier Twist, que l'on
» retient caché ou qui a été attiré hors de chez lui, a quitté sa de-
» meure jeudi dernier, dans la soirée, et n'a pas reparu depuis.
» La récompense ci-dessus sera accordée à quiconque donnera des
» renseignements qui puissent amener à la découverte dudit Olivier
» Twist, ou qui tendent à jeter un certain jour sur les particularités
» de son histoire, que la personne qui fait paraître cet avis a le plus
» grand intérêt à connaître. »

Venait ensuite le détail exact de l'âge, du costume, de l'extérieur et de toute la personne d'Olivier ; la manière dont il avait disparu, ainsi que le nom et l'adresse de M. Brownlow.

M. Bumble ouvrit les yeux, lut l'article doucement et avec la plus scrupuleuse attention à trois reprises différentes, et, cinq minutes après, il était sur le chemin de Pentonville, ayant oublié, dans sa précipitation, le verre de grog qu'il avait posé sur la cheminée.

— M. Brownlow est-il à la maison? demanda-t-il à la fille qui lui ouvrit la porte.

A cette question, celle-ci fit la réponse aussi ordinaire qu'évasive :

— Je ne sais pas. De quelle part venez-vous?

M. Bumble n'eut pas plus tôt prononcé le nom d'Olivier, et expliqué le motif de sa visite, que madame Bedwin, qui écoutait à la porte de la salle, se précipita hors d'haleine dans le couloir.

— Entrez, entrez, dit la vieille dame. Je savais bien que nous aurions de ses nouvelles! Pauvre petit! Je savais bien que nous en aurions!... J'en étais sûre! Cher enfant!... Je l'ai toujours dit!

Disant cela, la bonne dame retourna dans la salle en toute hâte, et, s'asseyant sur le sofa, elle fondit en larmes ; tandis que la domestique, qui n'avait pas tant de sensibilité, monta l'escalier quatre à quatre, et revint bientôt dire à M. Bumble de la suivre. Elle l'introduisit dans le cabinet d'étude, où M. Brownlow et son ami Grimwig étaient assis à une table, avec un carafon et des verres devant eux.

— Un bedeau! Un vrai bedeau de paroisse!... J'en mangerais ma tête que c'est un bedeau, s'écria ce dernier.

7

— Je vous en prie, mon cher ami, ne nous interrompez pas pour le moment, dit M. Brownlow.

Et s'adressant à Bumble :

— Donnez-vous la peine de vous asseoir, Monsieur.

M. Bumble s'assit, tout à fait interdit par l'originalité des manières de M. Grimwig. M. Brownlow plaça la lampe de manière à mieux voir le bedeau, et dit avec un peu d'impatience :

— C'est sans doute au sujet de l'article que j'ai fait insérer dans le journal que vous êtes venu?...

— Oui, Monsieur, répondit Bumble.

— Et vous êtes bedeau, n'est-ce pas? demanda M. Grimwig.

— Je suis bedeau *paroissial*, Messieurs, répliqua l'autre avec orgueil.

— Sans doute, reprit Grimwig à part à son ami; je savais bien que c'était un bedeau. La coupe de sa redingote est *paroissiale*, et il sent le bedeau à une lieue à la ronde.

M. Brownlow fit un signe de tête à son ami pour lui imposer silence, puis il reprit :

— Pouvez-vous nous dire où est ce pauvre enfant, maintenant?

— Pas le moins du monde, repartit Bumble.

— Eh bien! que savez-vous de lui? demanda M. Brownlow. Parlez, mon ami, si vous avez quelque chose à dire... Que savez-vous de lui?

— Rien de bon sans doute? dit M. Grimwig après avoir examiné attentivement le bedeau.

Celui-ci prit cette question à la lettre, et hocha la tête d'un air capable.

— Vous voyez! dit M. Grimwig en fixant son ami d'un air triomphant.

M. Brownlow chercha à lire dans les traits du bedeau la réponse qu'il allait en recevoir, et le pressa de lui dire, aussi brièvement que possible, ce qu'il savait sur le compte d'Olivier. M. Bumble ôta son chapeau, déboutonna sa redingote, croisa les bras, pencha la tête un peu en avant, et, après quelques moments de réflexion, il commença son récit.

Il serait ennuyeux de rapporter ici les paroles du bedeau, qui discourut pendant près de vingt minutes. Il suffira de savoir qu'au résumé il raconta qu'Olivier était un enfant trouvé, d'une basse extraction, qui n'avait déployé d'autres qualités depuis sa naissance que la *perfidie*, *l'ingratitude* et la *méchanceté;* et qu'il avait terminé sa courte carrière, dans le lieu de sa naissance, par un acte lâche et *sanguinaire* sur la personne d'un garçon de charité; après quoi il s'était sauvé de chez son maître au milieu de la nuit. Puis, pour prouver qu'il était réellement la personne pour laquelle il s'était donné dès l'abord, il étala sur la table les papiers qu'il avait apportés du dépôt de mendicité, et, croisant les bras de nouveau, il attendit les observations de M. Brownlow.

— Je crains bien que ce ne soit que trop vrai, dit tristement celui-ci après avoir jeté un coup d'œil rapide sur les papiers. Cette somme est bien minime pour les renseignements que vous venez de me donner; mais je vous aurais volontiers donné le triple et même le quadruple s'ils eussent été favorables à l'enfant.

Il est bien probable que, si M. Bumble eût su cela un peu plus tôt, il aurait donné une tout autre tournure à son récit; mais il n'était plus temps : c'est pourquoi, secouant la tête gravement, il empocha les cinq guinées et se retira.

M. Brownlow se promena de long en large dans la chambre, tellement troublé par le récit du bedeau, que M. Grimwig lui-même se garda bien de le contrarier plus longtemps. Enfin il s'arrêta et tira le cordon de la sonnette avec force.

— Madame Bedwin, dit-il à la femme de charge qui vint pour recevoir ses ordres, ce petit garçon... Olivier... est un imposteur!

— Cela ne peut pas être, Monsieur, j'en suis sûre! dit énergiquement la bonne dame.

— Je vous dis qu'il l'est! reprit sèchement M. Brownlow. Que voulez-vous dire par : *cela ne peut pas être?* Nous venons d'en apprendre de belles sur son compte! Il paraît que depuis sa naissance il n'a été jusqu'à présent qu'un petit vaurien.

— Je ne croirai jamais cela, Monsieur, répliqua la bonne dame avec fermeté.

— Vous autres, vieilles femmes, vous n'avez foi qu'aux charlatans et aux contes de fées, reprit brusquement M. Grimwig. Pourquoi n'avez-vous pas suivi mes conseils dès le commencement? Vous l'auriez fait s'il n'avait pas eu la fièvre, hein? Mais cela le rendait intéressant, n'est-ce pas? Intéressant! c'te bêtise! Et en disant cela, il attisait le feu en brandissant le fourgon.

— Cet enfant est doux, aimable, reconnaissant, reprit madame Bedwin avec indignation. Je sais bien ce que sont les enfants, peut-être... Il y a plus de vingt ans que j' les connais... et les gens qui ne peuvent pas en dire autant ne devraient rien dire; c'est du moins mon opinion.

C'était une atteinte directe portée à Grimwig, qui était célibataire; mais, comme cela ne fit qu'exciter le sourire du vieux garçon, la bonne dame secoua la tête, et roulant machinalement entre ses doigts le coin de son tablier, elle allait sans doute en dire davantage.

— Silence! dit M. Brownlow feignant une colère qu'il était loin de ressentir. Ne prononcez jamais devant moi le nom de cet enfant! C'était pour vous dire cela que je vous ai sonnée... Jamais, jamais!... sous quelque prétexte que ce soit. Songez-y bien! C'est tout ce que j'avais à vous dire, madame Bedwin. Rappelez-vous bien que je parle sérieusement.

. . . .

. . . .

XVIII. — Comment Olivier passe le temps en la société de ses estimables amis.

Le lendemain de ce jour, dans l'après-midi, Fagin, profitant de l'absence du Matois et de maître Bates, qui étaient allés à leurs *occupations* ordinaires, fit une longue morale à Olivier sur l'affreux péché de l'ingratitude, dont ce dernier s'était rendu grandement coupable en s'éloignant volontairement de ses amis, inquiets de son absence; et, ce qui est bien pis, en cherchant à s'échapper, après toute la peine qu'on s'était donnée et tous les frais qu'on avait faits pour le retrouver. Il fit sentir à l'enfant qu'il l'avait reçu et choyé chez lui dans un moment où, sans ce secours aussi à propos qu'inopiné, lui, Olivier, serait mort de faim sans aucun doute.

Olivier resta ce jour-là et la plupart des jours suivants sans voir âme qui vive. Depuis le matin de très-bonne heure jusqu'à minuit, seul à lui-même, il pensa à ses dignes amis, et la crainte qu'ils n'eussent de lui une opinion défavorable le rendit triste jusqu'à la mort. Huit jours après, environ, le juif ne trouva plus nécessaire d'enfermer Olivier dans la chambre, et celui-ci put aller en liberté par toute la maison.

Un jour que le Matois et maître Bates devaient passer la soirée dehors, celui-là se mit alors en tête d'être plus recherché dans sa toilette que de coutume (faiblesse qui, à lui rendre justice, n'était pas habituelle chez lui, tant s'en fallait). Il commanda *très-poliment* à Olivier de l'aider à cet effet. Celui-ci était trop content d'avoir une occasion de se rendre utile, il était trop heureux d'avoir de la société, quelque mauvaise qu'elle fût d'ailleurs, et il avait un trop grand désir de se concilier l'affection de tous ceux qui l'entouraient, pour ne pas se prêter de bonne grâce à ce qu'on exigeait de lui. Il mit donc un genou en terre de manière que le pied du Matois, qui était assis sur la table, pût reposer sur l'autre, et il se mit en devoir de *polir les trottins* de ce dernier, ce qui veut dire en bon français qu'il cira ses bottes.

Soit que le Matois fût excité par ce sentiment de liberté et d'indépendance qu'éprouve nécessairement tout être pensant quand il est assis nonchalamment sur une table, fumant sa pipe tout à son aise, balançant mollement une jambe et faisant en même temps nettoyer ses bottes, qu'il n'a pas même la peine d'ôter et qu'il n'aura pas besoin de remettre ; soit que la bonté du tabac éveillât sa sensibilité, ou que la qualité de la bière adoucît ses pensées, il se sentit, pour le moment, porté au romantique et à l'enthousiasme (deux choses si contraires à sa manière d'être). Il regarda Olivier d'un air pensif pendant quelques instants, puis, avec un soupir et un balancement de tête, il dit moitié à part lui, et moitié à Charlot :

— Quel dommage qu'y n' soit pas *grinche!*

— Ah! y n' sait pas ce qui lui convient, reprit celui-ci.

Le Matois soupira de nouveau et reprit sa pipe. Charlot en fit autant, et tous deux fumèrent quelque temps en silence.

— J' pense bien qu' tu n' sais même pas c' que c'est qu'un *grinche?* dit le Matois d'un air de pitié.

— Je crois que si, répondit Olivier en levant la tête. C'est un vol... c'est ce que vous êtes, n'est-ce pas? dit-il en se reprenant.

— Je le suis, et j' m'en fais gloire, répliqua le Matois... Je m'en voudrais d'être autre chose! (Disant cela, il mit son chapeau sur l'oreille, et lança un coup d'œil à maître Bates pour lui faire comprendre qu'il lui serait obligé de dire le contraire.) Oui, je l' suis, poursuivit-il, et Charlot aussi, et puis Fagin, et puis Sikes, et puis Nancy, et puis Betsy ; nous le sommes tous, tous jusqu'au chien !... sans compter qu' c'est lui qu'a l' plus d' cœur à la *besogne.*

— Et qu'est l' moins porté à *trahir*, ajouta Charlot.

— C' n'est pas lui qu'aboierait jamais dans l' banc des témoins pour se compromettre!... ah! ben oui, n'y a pas d' danger! encore bien même qu'on l'y attacherait et qu'on l' laisserait là quinze jours sans manger, dit le Matois.

— Y s' respecte trop pour ça, répliqua Charlot.

— C'est bon! c'est bon! dit le Matois reprenant le sujet dont ils s'étaient écartés, et auquel le ramena le souvenir de sa *profession*, qui influait sur toutes ses actions. Ceci n'a rien à faire avec ce jeune *lophyte* (néophyte).

— C'est vrai, reprit Charlot. Que ne prends-tu du service sous Fagin, Olivier?

— Tu f'rais ta fortune tout d'un coup, répliqua le Matois en tirant la langue.

— Tu vivrais d' tes rentes et tu f'rais l' monsieur comme c'est bien mon intention, vienne la Saint-Jamais ou le quarante-deuxième jeudi de la Trinité.

— Non, je ne veux pas, reprit timidement Olivier. Je voudrais qu'on me laisse en aller. J'ai... me... rais mieux m'en aller.

— Et Fagin préfère que tu restes, repartit Charlot.

Olivier ne le savait que trop bien; mais, pensant qu'il serait peut-être dangereux de s'exprimer trop franchement, il poussa un soupir et se remit à frotter les bottes du Matois.

— Allons donc! s'écria ce dernier, où est ton courage? N'y a-t-il pas c'te fierté au-dedans de toi-même? Voudrais-tu vivre aux dépens des amis, hein?

— Fi donc! dit maître Bates tirant deux ou trois foulards de sa poche et les jetant pêle-mêle dans une armoire. C'est trop vil! c'est trop mesquin!

— Je ne pourrais jamais faire ça! dit le Matois feignant la plus grande aversion.

— Ça n'empêche pas que vous abandonnez vos amis, et que vous les laissez punir pour ce que vous avez fait vous-même, reprit Olivier en souriant.

— Ça c'est autre chose, répliqua le Matois ôtant sa pipe de sa bouche, c'est par pure considération pour Fagin... parce que les mouchards savent que nous *travaillons* ensemble, et il aurait pu lui arriver des *désagréments* si nous n'avions *joué des jambes*... Et voilà le pourquoi... n'est-ce pas, Charlot?

Maître Bates fit un signe de tête affirmatif. Il allait parler, mais le souvenir de la fuite d'Olivier se présenta si vivement à son imagination que la fumée de sa pipe, qui se mêla avec un éclat de rire, lui sortit par le nez, par les yeux, et lui revint à la gorge, ce qui le fit tousser et frapper du pied pendant plus de cinq minutes.

— Vois donc un peu, dit le Matois, montrant une poignée de *shillings* et de sous; c'est ça une vie joyeuse! Tiens, attrape!... Y en a bien d'autres dans la tirelire de celui à qui j' les ai *soufflés!*... Tu n'en veux pas, n'est-ce pas?... Imbécile, va!

— C'est bien vilain, n'est-ce pas, Olivier, dit Charlot... y s' f'ra *soulever* un d' ces quatre matins, pas vrai?

— Je ne sais pas ce que ça veut dire, répondit Olivier tournant la tête.

— Tiens, mon vieux!... quéqu' chose dans c' genre-là, reprit Charlot. Disant cela, maître Bates prit un des bouts de sa cravate, et le tenant en l'air, il laissa tomber sa tête sur son épaule et fit un certain bruit avec ses dents, indiquant par cette joyeuse pantomime que *soulever* et pendre n'étaient qu'une seule et même chose.

— Voilà c' que ça veut dire, poursuivit-il... Mais vois donc, Jacques, comme y me r'garde!... Non, jamais d' ma vie j' n'ai vu un garçon comme celui-là... c'est d' l'*innocence* numéro 1, parole d'honneur! Y m' f'ra mourir de rire d'abord... J' te dis, encore une fois, qu' j'aurai ma mort à lui reprocher! Et maître Bates, ayant ri de si bon cœur que des larmes lui en vinrent aux yeux, se remit à fumer.

— Tu n'as pas été bien élevé, dit le Matois examinant ses bottes après qu'Olivier eut fini de les cirer. Fagin fera quelque chose de toi, cependant... ou bien alors tu s'ras l' premier qui n'aurait pas profité entre ses mains... Tu f'rais bien mieux d' commencer tout d' suite, car tu en viendras toujours là sans que tu t'en doutes, et tu n' fais seulement qu' r'culer pour mieux sauter.

Maître Bates appuya cet avis de plusieurs réflexions morales de son cru, après quoi Dawkins et lui s'étendirent au long sur les plaisirs nombreux qui accompagnent ordinairement la vie qu'ils menaient, donnant à entendre à Olivier que ce qu'il avait de mieux à faire était de chercher à gagner les bonnes grâces et l'amitié de Fagin en employant les moyens qu'ils avaient mis eux-mêmes en usage pour les mériter.

— Et mets-toi bien ça dans l' toupet, dit le Matois entendant le juif ouvrir la porte, si tu *n' t'attaches* pas aux *toquantes* et aux *blavins*...

— C'est comme si tu chantais de lui dire ça! observa Charlot; est-ce qu'y t' comprend?

— Si tu *n' t'attaches* pas aux montres et aux mouchoirs, poursuivit le Matois réduisant son langage à la portée d'Olivier, d'autres le feront... De sorte que ceux qui s' les laissent prendre, tant pis pour eux et tant pis pour toi aussi... et personne ne s'en trouvera mieux pour ça... excepté ceux qui posent *cinq* et qui relèvent *six*, et tu as autant de droit que les autres à la *profession*.

— Sans doute, sans doute, dit le juif, qui était entré sans qu'Olivier s'en fût aperçu. Tout cela est clair comme le jour, mon cher!... rapporte-t'en à la parole du Matois... il entend le catéchisme de *sa profession*, celui-là!

Continuant en ces termes l'argument du Matois, le vieillard se frotta les mains en signe de satisfaction et applaudit par un éclat de rire aux talents de ce dernier. La conversation en resta là pour cette fois, car le juif avait amené avec lui mademoiselle Betsy et un *jeune homme* qu'Olivier n'avait pas encore vu, mais qui fut accosté par le Matois sous le nom de Tom Chitling, et qui, s'étant amusé à folâtrer dans l'escalier, entra en ce moment.

M. Chitling avait quelques années de plus que le Matois (ayant déjà compté peut-être dix-huit printemps), cependant il y avait dans sa manière d'agir envers ce dernier une certaine déférence qui indiquait assez clairement qu'il se reconnaissait inférieur à lui sous le rapport du *génie* aussi bien que des ruses de leur *profession*. Il avait de petits yeux qu'il faisait aller dans tous les sens et il était, en outre, criblé de petite vérole.

Son costume était dans un assez piteux état, mais ainsi qu'il le dit, il venait de *finir son temps;* depuis vingt-deux *mortels* jours il n'avait vu âme qui vive et ne s'était rafraîchi le *cornet* d'une goutte de quoi *que ce soit*. Olivier était fort étonné de cette conversation, dont il comprenait à peine quelques bribes. Ces *messieurs* riaient de tout cœur de la candide ignorance de l'enfant, et la conversation devint générale. Fagin était en belle humeur; il conta quelques petites farces de sa jeunesse d'une si drôle de manière, qu'en dépit de ses bons sentiments Olivier riait de si bon cœur que les larmes lui en venaient aux yeux.

Enfin le vieux scélérat tenait l'enfant dans ses filets. Il l'avait amené par la solitude et par la tristesse à préférer la société de quelqu'un à celle de ses tristes pensées dans un chenil, et il distillait dans son jeune cœur le poison qui devait le noircir et en changer la bonté pour toujours.

XIX. — Un grand projet est discuté, et l'on en détermine l'exécution.

Par une nuit froide et sombre, le juif congédia tous ses élèves, et, après s'être enveloppé d'une longue redingote et avoir pris toutes les précautions nécessaires, il s'engagea dans un labyrinthe de petites rues sales qui abondent dans le quartier populeux de Bethnal-Green. Après une heure de marche à travers le brouillard sur un pavé couvert d'une boue épaisse, il frappa à une porte où, ayant échangé quelques mots à voix basse avec la personne qui lui ouvrit, il monta l'escalier.

Un chien se mit à gronder comme il toucha le loquet de la porte, et une voix d'homme demanda :

— Qui va là?

— C'est moi, Guillaume, c'est moi, dit le juif jetant un coup d'œil dans la chambre.

— Montrez votre carcasse! dit Sikes. Couchez là, vilaine bête! Ne connaissez-vous pas le diable quand il a sa grande redingote?

Apparemment l'animal avait été trompé par le costume de Fagin; car lorsque celui-ci se fut déboutonné et qu'il eut posé sa longue redingote sur le dos d'une chaise, il retourna dans son coin en remuant la queue pour montrer qu'il était aussi content qu'il pouvait l'être.

— Eh bien? dit Sikes.

— Eh bien! mon cher? répliqua le juif... Ah! Nancy.

Ces derniers mots furent prononcés avec quelque hésitation; car c'était la première fois que Fagin et Nancy se rencontraient depuis le jour où celle-ci avait pris si chaudement la défense d'Olivier. Tous ses doutes à ce sujet, cependant (si toutefois il en avait), furent bientôt dissipés par la conduite de la jeune fille envers lui. Elle retira ses pieds du garde-cendres, recula sa chaise et pria le juif d'approcher la sienne sans en dire davantage, car il faisait un froid excessif.

— Il fait froid, Nancy, dit le juif approchant du feu ses mains décharnées. Ça vous pénètre jusqu'aux os, ajouta-t-il en portant la main à son côté gauche.

— Faudrait un fameux froid, hein, pour que ça vous *aille* jusqu'au cœur? dit Sikes. Donne-lui quéqu' chose à boire, Nancy. Dépêche-toi! De voir sa vieille carcasse trembler comme celle d'un spectre hideux qui sort de la tombe, y a d' quoi vous rendre malade!

Nancy apporta aussitôt une bouteille qu'elle prit d'un buffet où il y en avait beaucoup d'autres qui paraissaient contenir différentes sortes de liqueurs; et Sikes ayant versé un verre d'eau-de-vie, dit au juif de le boire tout d'un trait.

— Non, merci, Sikes, j'en ai bien assez! répliqua Fagin remettant le verre sur la table après y avoir posé seulement le bord de ses lèvres.

— Avez-vous peur que ça vous rende meilleur que vous n'êtes? demanda Sikes fixant le juif d'un air de mépris.

Ayant jeté en même temps dans les cendres la liqueur qui restait dans le verre de ce dernier, il le remplit aussitôt pour lui-même.

Tandis qu'il avalait son eau-de-vie, le juif jeta un coup d'œil autour de la chambre (non pas que ce fût par curiosité, car il connaissait l'appartement, mais par un sentiment de crainte qui lui était naturel). L'ameublement en était grossier et les seuls objets entassés dans l'armoire eussent pu donner à penser que le maître du logis n'était rien moins qu'un artisan. Deux ou trois *assommoirs* placés dans un coin, et un fléau accroché au-dessus du manteau de la cheminée étaient du reste les seuls objets qui pussent inspirer du soupçon.

— Eh bien! dit Sikes en faisant claquer ses lèvres, maintenant je suis prêt.

— Pour la *besogne*, hein? demanda le juif.

— Pour la *besogne*, répondit Sikes. Ainsi dites ce que vous avez à dire.

— Au sujet de cette maison à Chertsey, Guillaume? dit l'autre rapprochant sa chaise et parlant très-bas.

— Oui, après? demanda Sikes.

— Ah! vous savez bien ce que je veux dire, mon cher? dit le juif. Il sait bien ce que je veux dire, n'est-ce pas, Nancy?

— Non, y n' sait pas! dit en ricanant Sikes. Ou bien y n' veut pas, c' qu'est à peu près la même chose. Parlez franchement. Nommez les choses par leur nom! Quand vous serez là à cligner de l'œil et à tourner autour du pot, comme si vous n'étiez pas le premier qui a eu l'idée de ce vol? Expliquez-vous!

— Chut, Guillaume, parlez plus bas! dit le juif essayant en vain de calmer son ami, on va nous entendre.

— Eh bien! qu'on nous entende, reprit Sikes, j' m'en moque pas mal!

Il paraît cependant qu'après réflexion il ne s'en *moquait plus*, car il devint plus calme et parla bien moins haut.

— Là là, dit Fagin, c'était seulement par prudence, et rien de plus, mon cher. Maintenant, au sujet de cette maison à Chertsey, quand doit-on se mettre à la *besogne*, hein, Guillaume? Quand doit-on s'y mettre? Tant d'argenterie, mes enfants! tant d'argenterie! poursuivit-il se frottant les mains et levant les yeux au plafond, transporté de joie à l'avance, à l'idée du butin.

— N' faut plus y penser, répondit froidement Sikes.

— N' faut plus y penser! répéta le juif se laissant aller sur le dos de sa chaise.

— Non, n' faut plus y penser, reprit Sikes. Du moins ça n'est pas chose facile que nous l'espérions.

— Alors, on ne s'y est pas bien pris! répliqua le juif pâle de colère. Ne nous dites pas...

— Et moi, j' veux justement vous dire! s'écria l'autre. Qui êtes-vous donc, qu'on n' puisse pas vous parler? J' vous dis qu'il y a quinze jours que Toby Crackit *traîne ses guêtres* autour de la place, et il ne peut parvenir à mettre un des domestiques dans nos intérêts.

— Voulez-vous dire, Guillaume, reprit le juif s'adoucissant à mesure que l'autre s'échauffait, qu'aucun des deux domestiques ne puisse être *persuadé*?

— Sans doute que c'est c' que je veux dire, et c'est comme je l' dis, repartit Sikes. Il y a vingt ans qu'y sont au service de la vieille, et on leur donnerait cinq cents livres sterling qu'y r'fuseraient d'entrer dans le complot.

— Oui, mais voulez-vous dire aussi, Guillaume, qu'il n'y a pas moyen de faire en sorte que les femmes soient des nôtres? demanda le juif.

— Pas le moins du monde, répondit Sikes.

— Pas même par le moyen du *flambant* Toby Crackit? dit le juif d'un air de doute. Vous n'ignorez pas ce que sont les femmes, Guillaume!

— Eh bien! non; pas même par le moyen du *flambant* Toby Crackit, repartit Sikes.

— Il dit qu'il a porté de faux favoris, qu'il a mis un gilet et des gants *serin Canarie*, tout l' temps qu'il a été là, et qu' ça n'a servi de rien.

— Il aurait dû essayer de porter le costume militaire et des moustaches, mon cher, répliqua le juif après un peu de réflexion.

— C'est bien aussi ce qu'il a fait, reprit Sikes. Mais il paraît que ce moyen n'a pas mieux pris que l'autre.

Le juif parut déconcerté à cette nouvelle, et ayant réfléchi quelques minutes, la tête penchée sur sa poitrine, il dit avec un soupir :

— Que si le *flambant* Toby Crackit accusait vrai, il craignait bien qu'il ne fallût y renoncer. Et cependant, ajouta-t-il laissant tomber ses mains sur ses genoux, c'est bien dur, mon cher, de perdre ainsi une chose sur laquelle nous avions fondé nos plus chères espérances et que nous regardions déjà comme à nous!

— C'est vrai, dit Sikes, c'est là le pis.

Un long silence s'ensuivit pendant lequel le juif, le visage livide et l'œil hagard, fut enseveli dans ses pensées. Sikes le regardait de temps à autre; et Nancy, craignant sans doute d'irriter le brigand, resta assise devant la cheminée, les yeux fixés sur le feu, avec l'indifférence d'une sourde pour tout ce qui se disait devant elle.

— Fagin, dit Sikes rompant tout à coup le silence, me reviendra-t-il cinquante guinées en plus du partage si nous réussissons du dehors?

— Oui, dit le juif s'éveillant aussitôt comme d'un rêve.

— Est-ce convenu? demanda Sikes.

— Oui, mon cher, oui, c'est bien entendu! répliqua le juif saisissant la main de l'autre.

Disant cela, ses yeux étincelaient et tous les muscles de son visage rendaient l'impression que la question de Sikes avait produite en lui.

— Alors, reprit celui-ci repoussant la main du juif avec un certain air de dédain, ça s' fera quand vous voudrez. Nous étions, Toby et moi, l'avant-dernière nuit, sur le mur du jardin, à sonder les volets et les panneaux de la porte. La maison est fermée, la nuit, comme une prison; mais il y a un endroit que nous pouvons briser avec assurance, sans faire de bruit.

— Lequel? demanda le juif avec empressement.

— Vous savez bien, dit l'autre à voix basse, quand on a traversé la pelouse?

— Oui, oui, dit le juif penchant la tête pour mieux entendre et ouvrant les yeux si grands qu'ils semblaient sortir de leurs orbites.

— N'importe! dit Sikes s'arrêtant tout court à un signe de tête de la jeune fille, qui lui faisait remarquer la figure du juif. Peu importe l'endroit; vous ne pouvez rien faire sans moi, je l' sais bien; mais il vaut mieux se mettre sur ses gardes, quand on a affaire à vous.

— Comme vous voudrez, mon cher, comme vous voudrez, reprit le juif se mordant les lèvres. Croyez-vous que Toby Crackit et vous puissiez en venir à bout sans le secours de personne?

— Certainement, dit Sikes. Il ne nous faut qu'un vilebrequin et un enfant. Le premier, nous l'avons déjà; quant à l'autre, il nous faudra le trouver.

— Un enfant! s'écria le juif. Oh! alors c'est pour un panneau, hein?

— Peu vous importe, reprit l'autre. Il me faut un enfant, et n' faut pas qu'il soit trop gros. Ah! si j'avais seulement le petit garçon de Ned, le ramoneur de cheminées, ça f'rait bien mon affaire! Il l'empêchait de grandir exprès pour ça, et il le louait à l'occasion; mais le père s'est fait *pincer*, et alors v'là la *société des jeunes délinquants* qui s'en mêle, et qui, r'tirant cet enfant d'un *état* où il gagnait de l'argent, lui fait apprendre à lire et à écrire, et, par suite, le met en apprentissage. Et c'est ainsi *qu'y* conduisent le monde! continua-t-il avec indignation; c'est ainsi qu'y conduisent le monde! Et s'ils avaient aussi bien assez d'argent comme ils n'en ont pas (grâce à Dieu), il ne nous resterait pas, l'année prochaine, six enfants dans le *commerce* à notre disposition.

— Ce n'est que trop vrai! répliqua le juif, qui, absorbé dans ses réflexions tout le temps que parla Sikes, n'avait saisi que les derniers mots de son discours. Guillaume!

— Eh bien? demanda celui-ci.

Le juif fit un signe de tête vers la jeune fille, qui avait les yeux toujours fixés sur le feu pour donner à entendre à Sikes qu'elle devait quitter la chambre. Celui-ci haussa les épaules d'un air d'impatience, pensant que la précaution était inutile, et finit cependant par dire à Nancy d'aller lui chercher un pot de bière.

— Tu n' veux pas d' bière, dit Nancy croisant les bras et restant bien tranquillement sur sa chaise.

— J' te dis qu' j'en veux! reprit Sikes.

— C'est d' la farce, répliqua froidement celle-ci : allez toujours, Fagin. J' sais bien c' qu'y va dire, Guillaume; il n'a pas besoin de faire attention à moi.

Le juif hésita encore, et Sikes les regarda tous les deux avec étonnement.

— Je pense bien que Nancy ne doit pas vous faire peur? dit à la fin celui-ci; vous la connaissez depuis assez de temps pour avoir confiance en elle. Ce n'est pas une fille à *manger l' morceau;* n'est-ce pas, Nancy!

— J' pense bien que non, reprit la fille s'approchant de la table et posant ses deux coudes dessus.

— Non, non, ma chère, je sais bien que tu en es incapable, dit le juif, mais... Et le vieillard hésita de nouveau.

— Mais quoi? demanda Sikes.

— C'est que j'ignorais si elle n'était pas aussi mal disposée que l'autre soir, vous savez, Guillaume? répondit le juif.

Nancy partit d'un éclat de rire, et, avalant un verre d'eau-de-vie, elle secoua la tête comme si elle eût voulu narguer Fagin; puis elle se mit à crier à tue-tête : « *Allez toujours vot' p'tit bonhomme de chemin! N' parlez jamais d' vous rendre!* » et autres choses semblables, qui parurent tout à fait rassurer les deux hommes.

— Maintenant, Fagin, dit Nancy en riant, faites-nous donc part de vos intentions au sujet d'Olivier.

— Ah! tu es une fine mouche, ma chère!... tu es la fille la plus *subtile* que je connaisse! dit le juif lui donnant de petites tapes sur le cou. C'est en effet d'Olivier que je veux parler. Ah! ah! ah!

— Que voulez-vous dire? demanda Sikes.

— C'est l'enfant qu'il vous faut, mon cher! dit le juif d'un air de mystère en posant son doigt sur son nez et faisant une affreuse grimace.

— Lui! s'écria Sikes.

— Prends-le, Guillaume, dit Nancy. Je le prendrais, moi, si j'étais que d' toi. Il peut bien ne pas être aussi *espiègle* que les autres; mais qu'est-ce que ça t' fait, si ce n'est que pour t'ouvrir une porte? C'est un enfant sur lequel tu peux compter, va, sois-en sûr, Guillaume.

— Elle a raison, reprit Fagin, il est en bon chemin depuis quelques semaines; et il est grandement temps qu'il commence à se rendre utile, ne gagnerait-il que son pain. D'ailleurs, les autres sont trop gros.

— Au fait, il est justement de la taille qu'il me le faut, dit Sikes après un instant de réflexion.

— Et il fera tout ce que vous voudrez, mon cher, répliqua le juif... Il ne pourra pas faire autrement, c'est-à-dire si vous l'effrayez quelque peu.

— L'effrayer, s'écria Sikes, ce ne sera pas une fausse peur, croyez-le bien ! S'il a l' malheur de m' faire des farces, une fois qu'y s'ra à la *besogne*, vous n' le r'verrez pas vivant, Fagin. Pensez-y sérieusement avant de me l'envoyer, d'abord ! ajouta le brigand soulevant une énorme pince qu'il tira de dessous le lit.

— J'ai pensé à tout cela, dit l'autre avec force... je l'ai surveillé de près, mes amis... de bien près. Qu'il comprenne une bonne fois qu'il est un des nôtres, — qu'il ait la certitude d'*avoir été voleur*, et il est à nous, — à nous pour la vie ! Ah ! ah ! ça ne pouvait pas mieux se trouver ! Disant cela, le vieillard croisa ses bras sur sa poitrine, renfonça sa tête dans ses épaules, et poussa un cri de joie.

— A nous? dit Sikes. A vous, vous voulez dire ?

— Peut-être bien, mon cher ! reprit le juif avec un affreux ricanement. A moi, si vous voulez, Guillaume.

— Et pourquoi, dit l'autre d'un ton rechigné, pourquoi ce méchant petit blanc-bec vous occupe-t-il tant à lui tout seul ?... quand vous n'ignorez pas qu'il y en a cinquante pour un qui flânent chaque soir autour de *Covent-Garden* (1) et que vous pourriez choisir parmi eux ?

— Parce qu'ils ne me sont d'aucune utilité, repartit Fagin un peu embarrassé. Ils ne valent pas la peine qu'on s'en occupe... Leur physionomie parle contre eux, lorsqu'ils se font *pincer*, et je les perds tous. Avec cet enfant, s'il était bien dirigé, mes enfants, je ferais ce que je ne pourrais jamais faire avec vingt de ceux-là. Et puis, continua-t-il se remettant un peu de son trouble, il nous tient, s'il venait encore une fois à *nous brûler la politesse;* et il faut qu'il soit absolument des nôtres, peu importe de quelle manière il s'y trouve. Tout ce que je demande, c'est de l'amener à *pêcher avec les grinches*... Et vaut mieux que ça tourne comme ça que d'être obligés de nous en *défaire*, ce qui ne laisserait pas que d'être dangereux pour nous... sans compter que nous y perdrions.

— Quand cela se fera-t-il? demanda Nancy arrêtant une exclamation prête à échapper à Sikes, sur qui cette prétention d'humanité, de la part de Fagin, avait produit le plus grand dégoût.

— En effet, dit le juif, quand cela se fera-t-il, Guillaume ?

(1) Un des principaux marchés de Londres. (*Note du Traducteur.*)

— Je suis convenu avec Toby pour après-demain, si d'ici là je ne lui donnais point contre-ordre, reprit Sikes d'une voix sombre.

— Bon, dit le juif; il n'y aura pas de lune.

— Non, repartit Sikes.

— Et vous avez pris vos mesures pour emporter le *magot*, n'est-ce pas?

Sikes fit un signe de tête affirmatif.

— Au sujet de?...

— Oui, oui, tout cela est arrangé, reprit Sikes sans lui donner le temps de finir sa phrase. Ne vous inquiétez pas des détails. Vous ferez bien d'amener l'enfant ici demain soir... Je quitterai Londres une heure avant le jour... Quant à vous, ne dites rien et tenez le creuset tout prêt; c'est tout ce que vous avez à faire.

Après une discussion il fut convenu que Nancy, qui avait pris tout récemment le parti d'Olivier, serait chargée de conduire l'enfant auprès de Sikes, et que celui-ci, dès l'entreprise commencée, aurait tout pouvoir sur le pauvre Olivier. Sauf réserve à Toby Crackit d'appuyer les résolutions dudit Sikes.

Ces préliminaires ainsi réglés, Sikes avala quelques verres d'eau-de-vie; et s'étant mis à brandir la pince de fer d'une manière effrayante, il chanta ou plutôt il beugla quelques refrains. Ensuite, dans un accès d'enthousiasme pour son *état*, il alla chercher sa boîte à *outils*, qu'il posa sur la table, et qu'il ouvrit pour expliquer la nature et l'usage de chacun des objets qui y étaient renfermés. Il en avait à peine levé le couvercle, qu'il tomba lourdement avec elle sur le plancher, où il s'endormit presque aussitôt.

— Bonne nuit, Nancy! dit le juif endossant sa redingote.

— Bonne nuit!

Le vieillard, ayant donné en passant un coup de pied à l'ivrogne, tandis que la fille avait le dos tourné, descendit l'escalier à tâtons.

— C'est toujours comme ça, marmotta le juif entre ses dents quand il fut seul dans la rue. Ce qu'il y a de mal chez ces femmes, c'est qu'un rien suffit pour rappeler en elles des souvenirs du passé; et ce qu'il y a de bon, c'est qu'ils ne durent pas. Ha! ha! L'homme contre l'enfant pour un sac d'or!

Avec ces agréables réflexions, Fagin regagna sa sombre demeure, où le Matois veillait en attendant son retour avec impatience.

— Olivier est-il couché?... J'ai besoin de lui parler, dit-il en descendant l'escalier.

— Il y a déjà longtemps, répondit le Matois ouvrant la porte d'une chambre : le voilà!

L'enfant était couché sur un mauvais matelas étendu par terre, et dormait d'un profond sommeil. L'accablement, l'inquiétude et la tristesse de sa prison l'avaient rendu si pâle qu'il ressemblait à la mort.

— Pas maintenant, dit le juif en s'éloignant doucement. A demain, à demain!

XX. — Olivier est remis entre les mains de Guillaume Sikes.

Le lendemain matin, à son réveil, Olivier fut bien surpris de trouver au pied de son lit une paire de souliers neufs à fortes semelles, en place des siens qui étaient tout usés. D'abord il fut charmé de la découverte, pensant que ce pouvait bien être le précurseur de sa délivrance; mais il eut bientôt acquis la certitude du contraire, lorsqu'en déjeunant tête à tête avec le juif ce dernier lui eut annoncé d'une manière à redoubler ses alarmes qu'on devait le conduire le soir même chez Guillaume Sikes.

— Pour... y... res...ter, Monsieur? demanda l'enfant d'un air inquiet.

— Non, non, mon ami, pas pour y rester, reprit le juif. Nous ne voudrions pas te perdre, ne crains pas cela, Olivier! Tu reviendras au milieu de nous : ah! ah! ah! nous ne sommes pas assez cruels pour te renvoyer, mon ami... certainement non!

Disant cela, le facétieux vieillard, qui était accroupi devant le feu, occupé à faire griller une tranche de pain, se mit à rire aux éclats, comme pour donner à entendre qu'il n'ignorait pas qu'Olivier serait bien content de se sauver s'il le pouvait.

— Je pense bien, dit-il en le regardant fixement, que tu es curieux de savoir ce que tu vas faire chez Guillaume, eh! mon ami!

Olivier rougit involontairement à l'idée que le vieux recéleur avait deviné sa pensée. Il répondit pourtant avec assez d'assurance que *oui*.

— Que penses-tu que tu vas y faire? demanda l'autre prévenant la question.

— Je ne sais pas trop, en vérité, Monsieur, répondit Olivier.

— Bah! fit l'autre se détournant pour cacher son désappointement. Attends alors que Guillaume te le dise.

Le juif parut très-contrarié de ce que l'enfant ne témoignait pas un plus grand désir d'en savoir davantage. Le fait est que celui-ci aurait bien voulu savoir à quoi on le destinait; mais, troublé qu'il était par le regard scrutateur du juif et par ses propres pensées à lui, il lui fut impossible de faire aucune question à ce sujet. L'occasion d'ailleurs ne s'en présenta plus, car le juif resta sombre et silencieux jusqu'au soir, qu'il se disposa à sortir.

— Tu pourras allumer cette chandelle, dit Fagin en en posant une sur la table. Et voici un livre pour t'amuser à lire, jusqu'à ce qu'on vienne te chercher. Allons, bonsoir!

— Bonsoir, Monsieur! repartit doucement Olivier.

Tout en se dirigeant vers la porte, le juif se retourna de temps en temps pour regarder le jeune Twist; et, s'arrêtant tout à coup, il l'appela par son nom.

Olivier leva la tête; et, sur un signe de celui-là, il alluma la chandelle. Comme il posait le chandelier sur la table, il s'aperçut que, de l'extrémité obscure de la chambre, le vieillard le regardait fixement en fronçant le sourcil.

— Prends garde, Olivier! prends bien garde! dit-il en agitant la main d'un air sentencieux... C'est un mauvais *gas* qui ne se gêne guère quand il est poussé à bout. Quoi qu'il arrive, ne dis rien, et fais tout ce qu'il te dira. Fais-y bien attention d'abord!

Ayant appuyé sur ces derniers mots avec beaucoup d'emphase, il sourit d'une manière horrible, fit un signe de tête et sortit.

Olivier, resté seul, repassa dans son esprit ce qu'il venait d'entendre. Après avoir longtemps réfléchi, il conclut que le brigand le faisait venir pour l'utiliser dans sa maison, jusqu'à ce qu'il eût trouvé quelque autre garçon plus convenable à ses vues. Il était d'ailleurs trop habitué à la souffrance pour regretter un changement quel qu'il fût. Il resta enseveli dans ses pensées; puis ayant pris le livre, il le parcourut. Ce livre avait pour titre : *Vie, jugement, condamnation et exécution des grands criminels*. Les pages en étaient souillées à force d'avoir été lues. C'étaient des crimes, d'horribles assassinats, des cadavres longtemps cachés qui apparaissaient à leurs meurtriers, et ceux-ci, saisis de frayeur, venaient eux-mêmes réclamer l'échafaud qui devait terminer leurs tourments.

Il y avait tant de vérité dans la description de ces crimes et le tableau en était si frappant, qu'Olivier crut voir les pages crasseuses du livre se changer en sang caillé, et que les mots qu'il lisait lui semblèrent sortir en sourds gémissements de la bouche même des malheureuses victimes. Dans un accès de terreur, il ferma le livre et le repoussa loin de lui ; et se laissant tomber sur ses genoux, il pria Dieu de lui épargner de pareilles pensées, et de le rappeler à lui plutôt que de permettre qu'il se souillât jamais de crimes aussi affreux.

Il avait fini sa prière, mais il était encore agenouillé, la tête appuyée sur ses deux mains, lorsqu'un bruissement le fit sortir de sa méditation.

— Qu'est-ce que cela? s'écria-t-il en se relevant... Et apercevant une forme humaine debout près de la porte : Qui est là? reprit-il.

— C'est moi... c'est moi! répondit une voix tremblante.

Olivier leva la chandelle au-dessus de sa tête pour mieux voir : c'était Nancy.

— Mets cette chandelle de côté, dit la jeune fille en tournant la tête, elle me fait mal aux yeux.

Il s'aperçut qu'elle était très-pâle, et lui demanda avec bonté si elle était malade. Pour toute réponse elle lui tourna le dos, se jeta sur une chaise et se tordit les mains.

— Dieu! Dieu! s'écria-t-elle enfin, je n'avais pas songé à tout cela!

— Vous est-il arrivé quelque chose? demanda Olivier. Puis-je vous être de quelque secours?... Parlez... tout ce qui est en mon pouvoir, je le ferai avec le plus grand plaisir.

Elle s'agita sur sa chaise, porta ses mains à son cou, poussa un cri à moitié étouffé par le râle et ouvrit la bouche toute grande pour respirer.

— Nancy, s'écria l'enfant effrayé, qu'avez-vous, dites?

Celle-ci frappa des mains sur ses genoux et des pieds sur le parquet; puis, s'arrêtant tout à coup, elle rajusta son châle sur ses épaules en grelottant.

Olivier attisa le feu. La jeune fille approcha sa chaise du foyer, y resta assise quelque temps sans dire un mot, et, levant enfin la tête, elle jeta un regard effaré autour d'elle.

— Je ne sais pas ce qui me prend quelquefois, dit-elle affectant de réparer le désordre de sa toilette. C'est cette chambre sale et humide, je crois. Maintenant, Olivier, es-tu prêt?

— Est-ce que je vais avec vous? demanda l'enfant.

— Oui, je viens de la part de Guillaume, répondit la jeune fille, c'est pour te chercher.

— Pourquoi faire? dit-il, faisant deux ou trois pas en arrière.

— Pourquoi? reprit l'autre levant les yeux au plafond et les ramenant aussitôt vers la terre à l'instant où son regard rencontra celui de l'enfant; oh! pour rien de mal.

— Je ne le pense pas, reprit Olivier, qui l'avait examinée avec attention.

— Eh bien! pense comme tu voudras, dit-elle avec un rire affecté; pour rien de bon, alors.

Olivier put bien s'apercevoir qu'il avait quelque pouvoir sur la sensibilité de la jeune fille, et, dans sa détresse, il lui vint à l'idée de faire un appel à sa compassion; mais, ayant réfléchi tout à coup qu'il était à peine onze heures, et qu'il devait y avoir encore dans les rues quelques personnes qui ajouteraient foi à ses paroles, il se hâta de dire qu'il était prêt, et se disposa avec un tant soit peu d'empressement à sortir.

Ni cette réflexion, ni le dessein qui l'accompagnait n'échappèrent à Nancy. Elle le considéra attentivement, tandis qu'il parlait, et lui lança un coup d'œil qui lui fit comprendre assez clairement qu'elle avait deviné ce qui se passait en lui.

— Chut! dit-elle se penchant sur son épaule et lui montrant du doigt la porte, tandis qu'elle regardait avec précaution autour d'elle. N'y a pas moyen. J'ai fait tout ce que j'ai pu pour toi, mais inutilement. Tu es entouré de tous côtés, et, si tu es jamais pour t'échapper, ce n'est pas ici le moment.

Frappé de la manière avec laquelle elle disait cela, Olivier la regarda avec étonnement. Elle parlait sérieusement, il n'y avait point à en douter : elle était pâle à faire peur, les muscles de son visage étaient contractés et un tremblement convulsif agitait tout son être.

— Je t'ai sauvé bien des mauvais traitements déjà, et je le ferai encore, continua-t-elle en élevant la voix; car ceux qui seraient venus te chercher, si ce n'avait pas été moi, t'auraient mené bien plus durement. J'ai promis que tu serais tranquille; et, si tu ne l'étais pas, tu te ferais du tort à toi-même, ainsi qu'à moi, et peut-être serais-tu la cause de ma mort! Tiens, regarde! j'ai déjà supporté tout cela pour toi, aussi vrai que Dieu nous voit.

En même temps elle montra à Olivier les meurtrissures toutes noires dont ses bras et son cou étaient couverts.

— Rappelle-toi bien ceci, continua-t-elle avec une grande volubilité, et fais en sorte maintenant que je n'en souffre pas d'autres à cause de toi... Si je pouvais te rendre service, je le ferais bien volontiers; mais je n'en ai pas le pouvoir... Ils n'ont pas l'intention de te faire du mal, d'ailleurs. Eh! qu'importe ce qu'ils te feront faire, tu n'en es pas responsable devant Dieu... Tais-toi! chacune de tes paroles est un coup pour moi... Donne-moi ta main! allons, dépêche-toi; ta main!

Elle saisit la main qu'Olivier lui tendit machinalement, et, ayant soufflé la chandelle, elle entraîna l'enfant en haut de l'escalier. La porte fut ouverte promptement par quelqu'un caché dans l'obscurité, et elle fut refermée de même lorsqu'ils eurent franchi le seuil de la porte.

Nancy monta lestement, avec son jeune protégé, dans un cabriolet de place qui les attendait. Elle en tira soigneusement les rideaux; et le cocher, sans attendre qu'on lui donnât une direction quelconque, fouetta son cheval, qui en moins de rien partit au grand galop.

La jeune fille tenait la main d'Olivier étroitement serrée dans les siennes, et lui répétait à l'oreille les mêmes assurances et les mêmes avis qu'elle lui avait déjà donnés. Tout cela fut l'affaire de si peu de temps, qu'il avait à peine eu le loisir de se rappeler où il était et comment il y était venu, quand le cabriolet s'arrêta devant la maison vers laquelle le juif avait dirigé ses pas, la veille.

Pendant une seconde tout au plus, Olivier jeta un coup d'œil rapide le long de la rue déserte, et il allait crier au secours; mais la voix tremblante de la jeune fille était dans son oreille, le suppliant avec tant d'instance d'avoir pitié d'elle, qu'il retint le cri qui allait lui échapper. Tandis qu'il hésitait encore, il n'était déjà plus temps : il se trouvait dans la maison et la porte s'était refermée sur lui.

— Par ici! dit la fille lâchant enfin la main d'Olivier. Guillaume!

— Voilà! voilà! reprit Sikes paraissant au haut de l'escalier avec une chandelle. Voilà qui va bien! Allons, montez!

Pour un homme du caractère de Sikes, c'était un bon accueil qu'il faisait à nos deux jeunes gens. Nancy lui en sut gré, car elle le salua cordialement.

— Le chien est sorti avec Tom, dit Sikes avançant la chandelle pour les éclairer. Nous n'avions pas besoin d'eux ici pour entendre ce que nous avons à dire.

— C'est bien, reprit Nancy.

— De sorte, dit l'autre en fermant la porte de la chambre quand ils furent tous entrés, que tu as amené le jeune *chevreau?*

— Comme tu vois, répondit la fille.

— A-t-il été tranquille? demanda Sikes.

— Comme un agneau, reprit Nancy.

— A la bonne heure! dit Sikes regardant malignement Olivier; autrement sa jeune carcasse en aurait souffert. Avance ici, toi, petit, que je te fasse ta leçon!!... Autant maintenant que plus tard.

Disant cela, il ôta la casquette de son jeune protégé, la jeta dans un coin de la chambre, et, s'asseyant à une table, il le prit par l'épaule et le plaça en face de lui.

— Primo, d'abord, connais-tu cela? dit-il prenant un pistolet de poche qui était sur la table.

L'enfant répondit affirmativement.

— Bien! regarde ici maintenant! Voici de la poudre... Ça c'est une balle... et voilà un morceau de vieux chapeau pour bourrer.

Olivier fit signe qu'il comprenait l'usage de chacune de ces choses, et Sikes se mit à charger le pistolet avec une dextérité surprenante. Maintenant le voilà chargé, dit ce dernier quand il eut fini.

— Je vois bien, Monsieur, dit l'enfant tremblant de tous ses membres.

— Tu vois bien, dit le brigand serrant fortement le bras d'Olivier et lui mettant le canon du pistolet si près de la tempe que ce dernier ne put retenir un cri perçant, si tu as le malheur de dire un seul mot quand nous serons dehors, à moins que je ne t'adresse la parole, je t'envoie cette décharge dans la tête sans te prévenir. Ainsi, dans le cas où tu serais tenté de parler sans permission, tu peux dire tes prières d'avance.

Ayant accompagné cette menace d'un jurement affreux (pour en augmenter l'effet, sans doute), il ajouta :

— Comme, autant que je puis savoir, il n'y a personne qui s'enquêtera beaucoup de toi après ta mort, je ne sache pas qu'il soit nécessaire de me casser la tête à t'expliquer un tas de choses comme je le fais, si ce n'était pour ton bien. Tu comprends?

— Le court et le long de ce que tu veux dire (dit Nancy avec emphase pour réclamer l'attention d'Olivier) est que, si, dans cette affaire qui t'occupe maintenant, tu es le moins du monde retardé ou contrarié par ce garçon, tu sauras bien l'empêcher de *jaser* à l'avenir en lui cassant la tête, et exposant ainsi la tienne comme tu le fais chaque jour de ta vie.

— C'est cela, dit Sikes d'un air approbateur. Les femmes ont le tact pour raconter les choses en peu de mots... excepté pourtant quand elles ont la tête montée... alors elles n'en finissent plus. Maintenant qu'il sait ce que parler veut dire, si tu nous donnais quelque chose à souper, que nous ayons le temps de faire un somme avant de partir?

En conséquence de cette remarque, Nancy mit promptement la nappe; et, s'étant absentée quelques instants, elle rentra avec un pot plein de bière et un plat de tête de mouton, lequel donna lieu à quelques réflexions plaisantes de la part de Sikes, qui, stimulé sans doute par la riante perspective d'une *expédition* nouvelle, avala toute la bière d'un seul trait (histoire de rire, bien entendu).

Le souper fini (on comprendra facilement qu'Olivier n'avait pas grand appétit), Sikes avala deux verres de *grog* et se jeta sur son lit, ayant recommandé à Nancy de l'éveiller à cinq heures précises, dans le cas où il dormirait encore. Olivier, d'après un ordre émané du même chef, se jeta tout habillé sur un matelas étendu par terre; et la jeune fille, ayant attisé le feu, s'assit devant la cheminée jusqu'à ce qu'il fût temps de les éveiller.

L'enfant resta longtemps les yeux tout grands ouverts, pensant qu'il ne serait pas impossible que celle-ci cherchât l'occasion de lui parler tout bas; mais elle resta immobile sur sa chaise, et ne se tourna parfois que pour moucher la chandelle. A la fin, épuisé de fatigue, il s'endormit profondément.

Lorsqu'il s'éveilla, la théière et les tasses étaient sur la table, et Sikes était occupé à fourrer divers objets dans les poches de sa redingote accrochée au dos d'une chaise, tandis que Nancy préparait le déjeuner. Il ne faisait pas jour, car la chandelle brûlait encore. Une pluie perçante battait contre les vitres, et le ciel était couvert de nuages noirs et épais.

— Allons donc! gronda Sikes, tandis qu'Olivier se levait, voilà qu'il est cinq heures et demie! Dépêche-toi, si tu veux déjeuner. Nous sommes en retard, sans qu' ça paraisse!

Olivier ne fut pas longtemps à faire sa toilette, et, ayant déjeuné quelque peu, il dit qu'il était prêt. Nancy, sans le regarder à peine, lui mit un mouchoir autour du cou, et Sikes lui donna un vieux collet pour lui tenir chaud aux épaules.

L'enfant se retourna quand ils furent sur le seuil de la porte, dans l'espoir de rencontrer le regard de la jeune fille; mais elle avait repris sa place auprès du feu, où elle était assise dans un état d'immobilité complète.

XXI. — Expédition.

C'était par une sombre et froide matinée qu'ils sortirent. La pluie tombait par torrents, il y avait de grandes flaques d'eau au milieu du chemin. Il n'y avait personne de levé, les fenêtres étaient fermées, et les rues étaient tristes et silencieuses. Quelques chariots de loin en loin s'avançaient vers la ville. A mesure qu'ils approchaient de la cité, le bruit augmenta. Et quand ils arrivèrent à Smithfield, c'était un tumulte à ne plus s'y reconnaître ; il faisait grand jour alors, et la moitié de Londres était sur pied. C'était jour de marché, la place était couverte de boue. Et la fumée qui s'élevait du corps des bestiaux, se mélant avec le brouillard, restait lourdement suspendue en l'air. Paysans, bouchers, bouviers, enfants, voleurs, fainéants confondus dans la presse offraient une scène capable de vous faire perdre la raison.

Sikes, traînant Olivier après lui, se frayait un chemin à travers la foule, faisant fort peu d'attention à tout ce qui étonnait si fort celui-ci. Il se contenta de faire un signe de tête en passant à maint et maint ami, refusant de boire la goutte chaque fois que l'offre lui en fut faite, et il s'avança rapidement jusqu'à ce qu'ils fussent hors du tumulte et qu'ils eussent gagné *Holborn* par *Hosier-Lane*.

— Maintenant, mon jeune homme, dit-il d'un air bourru en regardant le cadran de l'église Saint-André, voilà qu'il est près de sept heures! Faut trotter un peu plus vite que ça! Ne va pas commencer par rester en arrière, toi, méchant clampin!

Disant cela il secouait le bras de l'enfant, qui, doublant le pas, régla sa marche autant qu'il put sur les longues enjambées du brigand.

Ils allèrent de ce train jusqu'à ce qu'ils eurent passé *Hyde-Park* sur la route de *Kensington*. Alors Sikes, ralentissant le pas pour donner le temps à une charrette vide qui venait derrière eux de les rattraper, et ayant vu sur la plaque *Hounslow*, demanda au charretier, avec autant de politesse qu'il en était susceptible, s'il voulait leur permettre de monter jusqu'à *Isleworth*.

— Montez! dit l'homme. Est-ce là votre petit?

— Oui... c'est mon garçon, répondit Sikes jetant un coup d'œil menaçant à l'enfant et mettant la main par distraction dans la poche où était le pistolet.

— Ton père marche un peu trop vite pour toi, n'est-ce pas, mon petit? dit le charretier, s'apercevant qu'Olivier était tout hors d'haleine.

— Pas le moins du monde, reprit Sikes. Il y est accoutumé. Voyons! donne-moi la main, Edouard!... monte vite!

En parlant ainsi, il aida l'enfant à monter; et le charretier lui ayant montré une pile de sacs, lui dit de se coucher dessus pour se reposer.

Chaque fois qu'ils passaient devant une borne milliaire, Olivier s'étonnait de plus en plus où son compagnon pouvait le mener. *Kinsington, Hammersmith, Chiswick, Kewbridge, Brentford* étaient déjà bien loin derrière eux, et ils allaient toujours comme s'ils n'eussent fait que se mettre en route.

Ils arrivèrent enfin à une auberge ayant pour enseigne : *La diligence et les chevaux*, au-delà de laquelle une autre route prenait son embranchement; alors la charrette s'arrêta. Sikes en descendit précipitamment, tenant la main d'Olivier pendant tout le temps; et l'ayant fait descendre lui-même, il lui lança un regard furieux en portant la main à sa poche de côté d'une manière très-expressive.

— Au revoir, mon garçon! dit l'homme.

— Il est de mauvaise humeur, reprit Sikes rudoyant l'enfant. Il est de mauvaise humeur, ce petit maussade! N'y faites pas attention, allez!

— Oh! certainement non! dit l'autre montant dans sa voiture. Voilà le temps qui se remet, ajouta-t-il en s'éloignant.

Sikes attendit qu'il fût loin, et ils tournèrent à gauche, ils marchèrent longtemps, passant devant un grand nombre de jardins, jusqu'à ce qu'enfin ils furent arrivés à *Hampton*, qu'ils traversèrent, et entrèrent dans un cabaret de chétive apparence, où ils se firent servir à dîner devant le feu dans la cuisine.

Il y avait devant le foyer quelques bancs à dossier, sur lesquels étaient assis des hommes en blouse, occupés à boire et à fumer. Ils firent peu d'attention à Sikes et encore moins à Olivier; et comme celui-là ne fit guère plus d'attention à eux, il s'assit avec son jeune camarade, dans un coin à part, sans être trop importuné par la compagnie.

On leur servit un plat de viande froide, et ils restèrent si longtemps après avoir fini de manger, qu'Olivier, voyant que Sikes allait fumer sa quatrième pipe, commença à croire qu'ils n'iraient probablement pas plus loin. Fatigué d'avoir marché et de s'être levé si matin, il roupilla d'abord; puis, accablé de fatigue, étourdi par la fumée du tabac, il s'endormit profondément.

Il faisait tout à fait nuit quand il fut éveillé par un coup de coude de Sikes. Se frottant les yeux et regardant autour de lui, il vit ce digne personnage en conférence intime avec un paysan en société duquel il buvait une pinte de bière.

— De sorte que vous allez au bas *Halliford?* demanda Sikes.

— Oui, répondit l'homme... Sans compter que je n' s'rai pas vingt ans en route. Mon cheval n'a pas la charge qu'il avait à ce matin, et il aura bientôt arpenté la distance... Et qu'y n'en s'ra pas fâché!... Ah! dame! c'est qu' c'est un' bonne bête!

— Pouvez-vous nous prendre dans votre charrette, mon p'tit et moi? demanda Sikes passant le pot de bière à sa nouvelle connaissance.

— Oui, si vous partez de suite, reprit l'autre ôtant de ses lèvres la pinte, qu'il posa sur la table, est-ce que vous allez à *Halliford?*

— Je vais jusqu'à *Shepperton*, dit Sikes.

— Je suis votre homme jusqu'aussi loin que je vais moi-même, repartit le paysan. Tout est payé, Rebecca?

— Oui, répondit la fille, c'est Monsieur qui a payé.

— Dites donc! poursuivit-il avec une gravité ridicule, ça n' peut pas aller comme ça, savez-vous?

— Pourquoi pas? reprit Sikes. Vous nous faites une honnêteté, je ne vois pas ce qui m'empêcherait de vous régaler d'une ou deux pintes de bière.

L'homme parut réfléchir profondément; après quoi, prenant ce dernier par la main, il lui déclara qu'il était un *bon enfant;* ce à quoi Sikes lui dit qu'il plaisantait, sans doute (ce que chacun aurait été tenté de croire, pour peu que l'homme eût été de sang-froid).

Après quelques paroles civiles de part et d'autre, ils prirent congé de la compagnie; et la servante ayant ramassé les pots et les verres qui étaient sur la table, s'en vint, les mains pleines, sur le seuil de la porte pour les voir partir.

Le cheval, à la santé duquel on avait bu il n'y avait qu'un instant, attendait patiemment à la porte. Olivier et Sikes, sans plus de cérémonie, montèrent dans la charrette à laquelle il était attelé; et l'homme, après avoir arrangé les guides et défié tous les assistants de trouver une pareille bête dans le monde entier, monta à son tour.

Alors le garçon de l'auberge ayant conduit le cheval au milieu de la route et ayant lâché la bride, celui-ci commença à faire un mauvais usage de la liberté qu'on lui donnait, en courant à travers la rue et en dansant sur ses pieds de derrière. A la fin cependant il partit au galop.

La nuit était venue, un brouillard humide s'élevait des marais d'alentour et de la rivière, il faisait un froid glacial, tout était morne et silencieux. Olivier, accroupi dans un coin, était travaillé par la peur. Enfin ils quittèrent la charrette, et, ayant pris à travers champs, ils se trouvèrent sur les bords de la rivière.

— La rivière! (pensa Olivier malade de frayeur.) Il m'a sans doute amené dans cet endroit écarté pour m'assassiner!

Il allait se rouler par terre et faire un dernier effort pour défendre ses jours, lorsqu'il s'aperçut qu'ils étaient devant une maison en ruines. Il y avait une fenêtre de chaque côté de la porte, elle n'avait qu'un seul étage; et, selon toute apparence, elle était inhabitée, car on n'y voyait point de lumière.

Sikes, tenant toujours Olivier par la main, s'avança doucement vers la masure et porta la main au loquet, qui céda à la pression. La porte s'ouvrit et ils entrèrent tous deux.

XXII. — Le vol de nuit avec effraction.

— Qui va là? s'écria une voix rauque aussitôt qu'ils eurent mis le pied dans le couloir.

— Ne fais pas tant de bruit! dit Sikes fermant la porte aux verrous. Eclaire-moi, Toby!

— Ah! c'est toi, vieux? reprit la même voix. Barney, allume donc la chandelle! Entends-tu, Barney? Introduis donc monsieur, et éveille-toi auparavant, s'il y a moyen!

L'individu qui parlait ainsi jeta sans doute un tire-bottes à la tête de celui à qui il s'adressait; car on entendit le bruit de quelque chose en bois qui tomba lourdement sur le plancher, lequel bruit fut suivi d'un grognement comme celui d'un homme à moitié endormi.

— M'entends-tu? cria la même voix. Guillaume Sikes est là dans le passage, et il n'y a personne pour le recevoir; tandis que tu es là à dormir comme si tu avais pris du *laudanum* à ton repas et rien de plus fort! Te trouves-tu mieux maintenant, ou faut-il que je te lance le chandelier de fer aux oreilles pour t'éveiller entièrement?

A peine ces mots furent-ils prononcés, qu'un frottement de savates sur le parquet se fit entendre, et qu'on aperçut d'abord une faible lueur provenant d'une porte à droite, puis le même individu qui nous a été décrit auparavant, comme parlant du nez et remplissant l'emploi de garçon, au cabaret de *Saffron-Hill*.

— Bosieur Sikes, s'écria Barney avec une joie feinte ou réelle, dodez-vous la peide d'endrer.

— Allons, passe le premier! dit Sikes poussant Olivier devant lui. Plus vite que ça, ou j'vas t'marcher sur les talons!

Ayant murmuré contre la lenteur de l'enfant, il le poussa rudement, et ils entrèrent dans une petite salle obscure et pleine de fumée, dont l'ameublement consistait en deux ou trois chaises cassées, une mauvaise table et un vieux sofa sur lequel, les pieds beaucoup plus haut que la tête, un homme, ayant une pipe de terre à la bouche, était étendu de son long. Il avait un habit couleur de tabac à priser, taillé dans le dernier genre, avec de larges boutons de cuivre, un gilet à fleurs d'une couleur vive, un pantalon de drap brun et une cravate jaune-orange.

Le sieur Crackit (car c'était lui) n'avait pas une grande quantité de cheveux; mais ce qu'il en avait était d'une teinte rousse et frisé en longs tire-bouchons dans lesquels il passait de temps en temps ses doigts malpropres ornés de grosses bagues communes. Il était au-dessus de la taille moyenne et avait les jambes un peu faibles; mais cette circonstance ne diminuait en rien son admiration pour ses bottes, qu'il contemplait avec une vive satisfaction.

— Eh bien! mon vieux! dit-il, tournant la tête vers la porte, je suis content de te voir... Je commençais à craindre que tu n'eusses renoncé à l'entreprise, et alors je me serais aventuré tout seul.

— Eh bien! s'écria-t-il avec surprise en se remettant sur son séant à la vue d'Olivier, qu'est-ce que c'est que ça?

— C'est le petit, répliqua Sikes approchant sa chaise du feu.

— Un des b'dits abbrendis de bosieur Fagin, s'écria Barney en ricanant.

— De Fagin, eh? repartit Toby regardant Olivier. Quel crâne jeune homme ça fera pour les poches des vieilles dames dans les églises. Il a une *balle* à faire fortune.

— En v'là assez! en v'là assez! reprit Sikes avec impatience. Et se penchant à l'oreille de son ami, il lui dit tout bas quelques mots qui excitèrent l'hilarité de celui-ci, et lui firent regarder Olivier avec une attention mêlée de curiosité.

— Maintenant, dit Sikes en se rasseyant, si vous aviez quelque chose à nous donner à manger et à boire en attendant, ça nous donnerait un peu d' courage, — à moi du moins. — Assis-toi là près du feu, petit, et r'pose-toi... car tu as encore à sortir avec nous cette nuit... quoique ce n' soit pas bien loin !

Olivier jeta sur Sikes un regard craintif; et, approchant un tabouret du feu, il s'assit, sa tête brûlante soutenue dans ses deux mains, sachant à peine où il était et ce qui se passait autour de lui.

Après un repas assez modeste, mais où l'on but beaucoup au succès de l'entreprise, les brigands s'endormirent. Olivier, assoupi au coin de la cheminée, croyait être encore rôdant dans les ruelles, lorsqu'il fut réveillé par Toby Crackit, qui se leva en s'écriant qu'il était une heure et demie.

En un instant les deux autres furent debout, et chacun s'occupa des préparatifs du départ. Sikes et son compagnon mirent chacun un grand mouchoir autour de leur cou, et endossèrent leurs redingotes, tandis que Barney, ouvrant une armoire, en tira plusieurs objets dont il emplit leurs poches à la hâte.

— Des *bavards* pour moi, Barney! dit Toby Crackit.

— Les voici! dit Barney montrant une paire de pistolets. Vous les avez chargés vous-même.

— C'est bon! poursuivit l'autre en les posant sur la table. Les *persuadeurs?*

— Je les ai, reprit Sikes.

— Rossignols, ciseaux à froid, lanternes sourdes, masques, rien n'est oublié? demanda Toby attachant, au moyen d'un crampon, une petite pince de fer en-dedans des basques de son habit.

— Nous avons tout ce qu'il nous faut, répliqua son compagnon. Prends ces petites badines qui sont là, Barney!... Nous voilà maintenant à notre affaire.

Disant cela, il prit un énorme gourdin des mains de ce dernier, qui, ayant donné l'autre à Toby, se mit à boutonner le collet d'Olivier.

— Maintenant, dit Sikes, donne-moi la main!

Olivier, étourdi tout à la fois par une marche inaccoutumée, par le grand air et par la liqueur qu'on l'avait forcé de boire, donna machinalement sa main à Sikes.

— Prends-lui l'autre main, Toby! dit Sikes. Toi, Barney, aie un peu l'œil au guet!

Ce dernier alla entr'ouvrir la porte et revint dire que tout était tranquille au-dehors. Les deux brigands sortirent avec Olivier au milieu d'eux; et Barney, ayant refermé la porte aux verrous, s'enveloppa comme auparavant et se rendormit bientôt.

Il faisait très-sombre; le brouillard était beaucoup plus épais qu'il ne l'avait été au commencement de la nuit, et l'atmosphère était si humide que, bien qu'il ne tombât pas de pluie, les cheveux et les sourcils d'Olivier furent trempés en moins de rien. Ils passèrent le pont et parurent se diriger vers les lumières qu'il avait aperçues auparavant. Ils n'en étaient pas bien loin; et, comme ils marchaient assez vite, ils arrivèrent bientôt à Chertsey.

— Traversons le pays! dit tout bas Sikes. N'y a personne dans les rues à c'te heure-ci.

Toby y consentit et ils enfilèrent la Grande-Rue, qui, à cette heure avancée de la nuit, était tout à fait déserte. Une faible lumière se montrait bien par-ci par-là à quelques fenêtres, et l'aboiement des chiens rompait parfois le profond silence de la nuit; mais il n'y avait personne dehors, et ils avaient passé les dernières maisons, quand deux heures sonnèrent à l'horloge de l'église. Alors, doublant le pas, ils prirent un chemin à droite, et, après cinq minutes de marche environ, il s'arrêtèrent devant une maison isolée, entourée d'un mur, au haut duquel, sans se donner le temps de reprendre haleine, Toby Crackit grimpa en un clin d'œil.

— L'enfant ensuite! dit celui-ci. Hisse-le-moi, je le recevrai!

Avant qu'Olivier eût le loisir de se reconnaître, Sikes l'avait pris sous le bras, et au même instant Toby et lui étaient sur la pelouse de l'autre côté. Sikes ne tarda pas à les suivre, et ils s'acheminèrent vers la maison.

Et maintenant, pour la première fois, Olivier, presque fou de chagrin et de frayeur, devina que le vol et l'effraction (sinon le meurtre) étaient le but de l'expédition. Il joignit les mains involontairement et jeta un cri d'horreur; ses yeux se couvrirent d'un nuage, une sueur froide parcourut tout son être, les jambes lui manquèrent et il tomba sur ses genoux.

— Lève-toi! gronda Sikes tremblant de colère et tirant le pistolet de sa poche, lève-toi, ou j' te fais sauter la cervelle!

— Oh! pour l'amour de Dieu, laissez-moi aller! s'écria Olivier. Laissez-moi me sauver et mourir dans les champs! Je n'approcherai jamais de Londres; jamais, jamais! Oh! je vous en prie, ayez pitié de moi, et ne me forcez pas à voler! Pour l'amour de tous les saints qui sont au ciel, ayez pitié de moi!

L'homme à qui cet appel fut fait murmura un affreux jurement et il avait armé son pistolet, quand Toby, le lui arrachant, mit sa main sur la bouche de l'enfant et l'entraîna vers la maison.

— Tais-toi! dit celui-ci, ça n' servirait de rien ici! Dis encore un seul mot, et j' te ferai ton affaire moi-même avec un bon coup de ce gourdin sur la tête! Ça n' fait pas d' bruit et ça a l'avantage d'être aussi sûr et bien plus gentil. Allons, Guillaume, enfonce le volet... Il en a assez de ça, j'en réponds. J'en ai vu de plus hardis que lui, de son âge, faire la même chose, pendant une minute ou deux, par un froid comme celui-ci.

Sikes, maudissant Fagin d'avoir envoyé Olivier en une telle rencontre, fit usage du levier avec toute la force dont il était susceptible, sans pourtant faire trop de bruit : quelques secondes et un peu d'aide de la part de Toby suffirent pour que le volet tournât sur ses gonds.

C'était une petite fenêtre à cinq ou six pieds au-dessus du sol, éclairant une espèce de cellier situé sur le derrière de la maison et faisant face au passage d'entrée. L'ouverture en était si petite, que les commensaux de la maison n'avaient pas jugé nécessaire de la défendre plus sûrement; et pourtout le corps d'un enfant y pouvait bien passer. Un peu d'adresse et de pratique dans la *profession* du sieur Sikes mirent ce dernier à même de forcer le volet, qui fut ouvert en moins de rien.

— Maintenant, écoute bien ce que je m'en vais te dire, murmura Sikes tirant de sa poche une lanterne sourde et en dirigeant la lumière vers le visage d'Olivier, je m'en vais te passer de l'autre côté... Prends cette lanterne, monte les marches qui sont là devant toi... Tu traverseras le vestibule et tu nous ouvriras la porte de la rue.

— Il y a les verrous du haut, que tu ne pourras pas atteindre, répliqua Toby, tu monteras sur une des chaises du vestibule. Il y en a trois, Guillaume. avec les armes de la vieille, au dos de chacune (une superbe licorne bleue avec une fourche d'or.)

— Tais ta langue, veux-tu! repartit Sikes d'un ton menaçant. La porte de l'appartement est ouverte, n'est-ce pas?

— Toute grande, reprit Toby après avoir regardé par la fenêtre pour s'en assurer. Le plus beau de tout cela, c'est qu'on la laisse toujours entr'ouverte, au moyen d'un crochet, pour que le chien, qui a son chenil ici quelque part, puisse aller et venir quand il ne dort pas. — Ah! ah! Barney vous l'a si joliment enjôlé cette nuit!

Quoique M. Crackit eût fait cette remarque à voix basse, Sikes lui ordonna impérieusement de se taire et de se mettre à la besogne. Celui-ci commença par poser la lanterne à terre, s'appuya la tête contre le mur au-dessous de la fenêtre, mit ses mains sur ses genoux; et Sikes, montant aussitôt sur ses épaules, passa Olivier les pieds en premier par la fenêtre, et le posa doucement à terre, sans cependant lâcher le collet de sa veste.

— Prends cette lanterne! dit Sikes mettant la tête à la fenêtre. Tu vois cet escalier devant toi?

Olivier, plus mort que vif, fit signe que oui, et Sikes, lui indiquant la porte de la rue avec le canon du pistolet, l'avertit froidement qu'il serait tout le temps à portée du coup, et que, s'il avait le malheur de broncher, il était mort.

— C'est l'affaire d'une seconde, poursuivit le brigand à voix basse. Aussitôt que je t'aurai lâché, fais ton devoir. Ecoutez!

— Qu'est-ce que c'est? demanda Toby.

Ils prêtèrent l'oreille avec la plus grande attention.

— Ce n'est rien, dit Sikes en lâchant Olivier. Allons, va!

Pendant le court espace de temps qu'il avait eu pour se reconnaître, l'enfant avait pris la ferme résolution (dût-il lui en coûter la vie) de courir en haut de l'escalier pour éveiller les gens de la maison et donner l'alarme. Plein de cette idée, il avança aussitôt, mais avec précaution.

— Viens ici! s'écria tout à coup Sikes, vite! vite!

Effrayé par cette exclamation soudaine de Sikes, au milieu du silence profond de la nuit, et par un cri perçant parti de l'intérieur, Olivier laissa tomber sa lanterne et ne sut s'il devait avancer ou reculer.

Le cri fut répété. Une lumière brilla sur le palier du vestibule. L'apparition sur l'escalier de deux hommes à moitié habillés et pâles de frayeur flotta devant ses yeux. Un éclair, une explosion, une fumée épaisse, un craquement quelque part, dont il ne put se rendre compte, et il chancela en arrière...

Sikes, qui avait disparu un instant, remit la tête à la fenêtre et reprit Olivier par le collet avant que la fumée ne se fût dissipée. Il tira un coup de pistolet aux deux hommes, qui commençaient déjà à battre en retraite, et enleva l'enfant.

— Tiens-moi donc mieux que ça! dit-il en le tirant par la fenêtre... Donne-moi un mouchoir, Toby! Ils l'ont atteint! Vite donc! Damnation! Comme cet enfant saigne!

Le carillon d'une sonnette se mêla au bruit des armes à feu et aux cris des gens de la maison, et Olivier se sentit emporté rapidement à travers la plaine. Alors les voix se perdirent dans le lointain. Un froid mortel s'empara de ses sens et il s'évanouit.

XXIII. — Entretien entre M. Bumble et madame Corney.

Il faisait un froid piquant; une couche épaisse de neige couvrait la terre et résistait au vent qui soufflait avec force, et qui, comme pour se dédommager de l'obstacle qu'il rencontrait, en balayait les monceaux qui s'étaient formés le long des murs et dans les coins, et, les éparpillant dans l'air, les laissait retomber en des milliers de papillotes.

Tel était l'aspect des affaires du dehors quand madame Corney (la matrone du dépôt de mendicité que nous avons fait connaître au lecteur comme le lieu de naissance d'Olivier), assise auprès du feu dans sa *petite* chambre, jeta les yeux avec un certain air de contentement sur une *petite* table ronde supportant un *petit* plateau garni de tous les *petits* objets nécessaires à la plus agréable collation que puisse faire une matrone : en effet, madame Corney allait se régaler d'une tasse de thé. Et comme, du coin de son feu (où la plus *petite* des bouilloires possibles chantait d'une *petite* voix flûtée une toute *petite* chanson,) la bonne dame regardait sur la table, sa satisfaction intérieure s'accrut visiblement : car elle sourit.

Elle venait de prendre sa première tasse, lorsqu'elle fut interrompue par quelqu'un qui frappa doucement à la porte de sa chambre.

— Entrez! dit-elle sèchement. Quelque vieille femme qui se meurt, sans doute? Elles choisissent toujours le moment où je suis à table, pour mourir, et jamais d'autre. Entrez! voulez-vous? et ne restez pas là une heure, la porte ouverte, pour me faire geler de froid! Voyons, qu'est-ce qu'il y a, maintenant?

— Rien, Madame, rien du tout, répliqua une voix d'homme.

— Dieu! s'écria la matrone d'un ton plus doux, est-ce vous, monsieur Bumble?

— A votre service, Madame! reprit le bedeau, qui, s'étant arrêté à la porte pour essuyer ses pieds et secouer la neige de dessus sa redingote, entra, son chapeau d'une main et un petit paquet de l'autre.

— Il fait bien froid, monsieur Bumble! dit la matrone.

— C'est vrai, Madame, répliqua le bedeau, c'est ce que j'appelle un temps *antiparoissial*. Nous avons distribué aujourd'hui, madame Corney, nous avons distribué, cette bienheureuse journée, environ vingt pains de quatre livres et un fromage et demi... et cependant ces *gueux* de pauvres ne sont pas encore contents!

— Oh! sans doute, reprit la dame humant son thé. Qu'est-ce donc qu'il faudrait pour les contenter?

— Madame Corney, dit le bedeau souriant d'un air capable, comme un homme qui a le sentiment de sa supériorité, les secours en-dehors du dépôt, — *convenablement administrés*, — vous comprenez, Madame, *convenablement administrés*, sont la sauvegarde des paroisses. Le grand principe de ce système que vous paraissez condamner est justement d'accorder aux pauvres ce dont ils n'ont pas besoin, afin de leur ôter l'envie de revenir à la charge.

— C'est assez bien vu, s'écria madame Corney. La farce n'est pas mauvaise, savez-vous!

— C'est comme je vous l'assure, Madame, reprit M. Bumble. Entre nous soit dit, voilà le grand principe... et c'est la raison pour laquelle vous voyez quelquefois dans ces *bavards* de journaux que des malades ont reçu pour tout secours quelques tranches de fromage. C'est une règle généralement adoptée par toute l'Angleterre au jour d'aujourd'hui. Cependant (poursuivit-il en défaisant son paquet) ce sont des secrets du métier qui ne sont connus que de nous autres *fonctionnaires paroissiaux*. Voici deux bouteilles d'oporto, Madame, que l'administration envoie pour l'infirmerie : c'est une bonne qualité de vin naturel, pur et sans mélange, qui n'est en bouteille que d'aujourd'hui, clair comme le son d'une cloche, et qui ne déposera pas, je vous l'assure.

Disant cela, il en prit une bouteille, qu'il présenta à la lumière, et qu'il secoua en même temps pour en prouver la bonté ; et, les ayant posées toutes deux sur la commode, il plia le mouchoir qui les enveloppait, le mit soigneusement dans sa poche, et prit son chapeau comme pour s'en aller.

— Vous n'allez pas avoir trop chaud pour vous en retourner, monsieur Bumble! dit la matrone.

— C'est vrai, Madame, répliqua celui-ci relevant le collet de sa redingote, il fait un vent qui vous coupe les oreilles!

Madame Corney, jetant les yeux sur la bouilloire, les reporta ensuite sur le bedeau, qui se dirigeait vers la porte ; et ce dernier s'étant mis à tousser, comme pour se préparer à lui souhaiter le bonsoir, elle lui demanda d'un air timide s'il ne voulait pas accepter une tasse de thé.

M. Bumble rebattit aussitôt le collet de sa redingote, posa sa canne et son chapeau sur une chaise, et approcha un siége de la table. En s'asseyant, son regard rencontra celui de la dame, qui baissa aussitôt les yeux. Il toussa de nouveau et sourit.

Madame Corney se leva pour prendre une autre tasse et une soucoupe dans le buffet, revint à sa place, et ce ne fut pas sans quelque émotion qu'elle versa une tasse de thé à son convive. M. Bumble toussa derechef, mais plus fort cette fois qu'il ne l'avait fait jusqu'alors.

— L'aimez-vous sucré, monsieur Bumble? demanda la matrone en prenant le sucrier.

— Vous avez un chat, Madame, à ce que je vois, dit M. Bumble apercevant un de ces animaux qui prenait ses ébats devant le feu ;... et des petits aussi, si je ne me trompe?

— Je les aime tant, monsieur Bumble! Vous ne pouvez vous imaginer, repartit la matrone, ils sont si gais, si heureux, si drôles, que c'est tout à fait une société pour moi.

— Ce sont des animaux bien doux, Madame, répliqua le bedeau d'un air approbatif, si casaniers aussi!

— C'est bien vrai! poursuivit la dame avec enthousiasme. Ils sont si attachés à la maison, que c'est un plaisir en vérité!

— Madame Corney, dit M. Bumble d'un ton doctoral en marquant la mesure avec sa cuiller, remarquez bien ceci, Madame, qu'un animal, quel qu'il soit, qui vivrait avec vous, Madame, et qui ne serait pas attaché à la maison, serait nécessairement un âne, Madame.

Et là-dessus, il lui faisait une proposition de mariage, lorsqu'on frappa vivement à la porte de la chambre :

— Qui est là?

Une chose digne de remarque, comme pouvant servir d'exemple du pouvoir physique de la surprise sur la peur, c'est que la voix de madame Corney retrouva tout à coup son aspérité ordinaire.

— S'cusez, not' maîtresse, dit une vieille pauvresse entr'ouvrant la porte et montrant sa tête hideuse : la vieille Sally se meurt.

— Qu'est-ce que ça peut me faire, à moi! demanda brusquement la matrone. Est-ce que j'y peux quelque chose?

— Oh! non, not' maîtresse! bien sûr que non! répliqua la pauvresse; personne n'y peut. N'y a plus d'espoir d'ailleurs. J'en ai tant vu mourir (des petits et des grands), que je sais bien quand n'y a plus de remède... Mais elle a quelque chose qui la tourmente; et, dans ses moments de raison, qui sont bien rares (car elle finit comme une chandelle), elle dit qu'elle a queuqu' chose à vous communiquer, et qu'il faut nécessairement que vous sachiez. Elle ne mourra jamais tranquille que vous ne soyez venue, not' maîtresse.

A cette nouvelle, la digne matrone murmura une foule d'invectives contre ces vieilles pauvresses qui ne pouvaient même pas mourir sans déranger, *à dessein*, leurs *supérieures*, et, s'eveloppant d'un châle épais, qu'elle jeta à la hâte sur ses épaules, elle pria M. Bumble d'attendre qu'elle fût de retour, en cas qu'il arrivât quelque chose d'extraordinaire. Alors, ayant dit à la vieille de marcher devant et de ne pas lui faire passer la nuit dans les escaliers, elle la suivit d'assez mauvaise grâce et en grondant tout le long du chemin.

M. Bumble, livré seul à lui-même, se conduisit étrangement : il ouvrit le buffet, compta les cuillers à thé, pesa les pinces du sucrier, examina un petit pot au lait pour s'assurer s'il était bien en argent, et quand il eut satisfait sa curiosité sur ce point, il mit son chapeau, sens devant derrière, et fit quatre fois le tour de la table en dansant gravement sur la pointe des pieds.

Après s'être livré à un exercice aussi ridicule, il remit son tricorne sur la chaise, et, se prélassant devant la cheminée, le dos tourné vers le feu, il parut occupé mentalement à faire l'inventaire du mobilier.

XXIV. — Détails obscurs en apparence, mais qui ne laissent pas que d'être de quelque importance dans cette histoire.

C'était bien une vraie messagère de mort qui était venue troubler ce calme et cette paix intérieure qui régnaient dans la chambre de la matrone : son corps était courbé par l'âge, ses membres paralysés tremblaient continuellement, sa démarche était lente; et la fixité de ses yeux, l'horrible expression de ses traits et le mouvement convulsif de ses lèvres lui donnaient plutôt l'apparence d'un portrait grotesque que d'une œuvre de la création.

La vieille femme monta l'escalier en chancelant et trotta, du mieux qu'elle put, le long des corridors, marmottant quelques paroles inintelligibles en réponse aux réprimandes de sa compagne. A la fin, obligée de s'arrêter pour respirer, elle remit sa lumière à celle-ci et suivit clopin-clopant, tandis que la matrone, plus alerte, alla droit à la chambre de la mourante.

C'était un misérable galetas sous la mansarde, éclairé par la lueur blafarde d'une lampe. Une vieille femme du dépôt était assise au chevet de la malade, et l'apprenti du pharmacien de la paroisse, debout devant la cheminée, s'amusait, avec un tuyau de plume, à se faire un cure-dents.

— Il ne fait pas chaud, madame Corney! dit celui-ci voyant entrer la matrone.

— C'est vrai, Monsieur, qu'y n' fait pas chaud, répliqua la matrone du ton le plus gracieux, en faisant la révérence.

— Vos fournisseurs devraient bien vous envoyer de meilleur charbon, dit l'apprenti pharmacien attisant le feu avec le fourgon; celui-ci ne convient pas du tout pour un froid aussi rigoureux.

En ce moment la conversation fut interrompue par un gémissement de la malade.

— Oh! fit le carabin se tournant aussitôt vers le lit, comme s'il eût tout à fait oublié la patiente : N, I, ni, c'est fini, madame Corney.

— C'est fini, n'est-ce pas? demanda la matrone.

— Si elle avait encore deux heures à vivre, ça me surprendrait bien, dit le jeune homme, actionné à finir la pointe de son cure-dents.

Le système moral aussi bien que le physique est usé chez elle. Est-elle assoupie, ma bonne femme?

La garde, à qui cette question s'adressait, se pencha sur le lit pour s'en assurer, et répondit affirmativement par un signe de tête.

— Il est bien possible alors qu'elle s'en aille comme ça, si vous ne faites pas trop de bruit, dit le jeune homme... Posez la lumière à terre... Elle ne pourra pas la voir là, du moins.

La garde posa la lumière à terre en hochant la tête, donnant sans doute à entendre que la malade ne mourrait pas si aisément qu'on le pensait; et elle alla se rasseoir à côté de l'autre vieille, qui était rentrée sur ces entrefaites. La matrone s'enveloppa dans son châle avec un air d'impatience, et s'assit elle-même au pied du lit.

Le carabin, qui avait enfin achevé son cure-dents, le promena dans sa bouche pendant un bon quart d'heure qu'il resta planté devant le feu; après quoi, paraissant s'ennuyer, il souhaita à madame Corney *beaucoup de plaisir*, et s'en alla sur la pointe du pied.

Après être restée un quart d'heure dans cette position, madame Corney commença à s'ennuyer; et, voyant que la vieille s'obstinait à rester assoupie, elle allait sortir tout d'un bond, lorsque les deux femmes jetèrent un cri qui la fit se retourner. La malade s'était dressée sur son séant et leur tendait les bras.

— Qui est là? s'écria-t-elle d'une voix sourde.

— Chut! chut! dit l'une des deux vieilles en s'approchant du lit. Couchez-vous! couchez-vous!

— Je ne me recoucherai pas vivante! dit la malade en se débattant. Je veux qu'elle sache... Venez ici! plus près... que je vous dise tout bas à l'oreille.

Elle prit la matrone par le bras, et, l'attirant vers une chaise qui était à son chevet, elle l'y fit asseoir.

Elle allait parler, lorsque, jetant un regard autour d'elle, elle aperçut les deux vieilles, qui, le cou tendu et le corps en avant, prêtaient une oreille attentive à ce qu'elle allait dire.

— Faites-les sortir! continua-t-elle d'une voix léthargique. Vite! vite!

Les deux vieilles, s'écriant à qui mieux mieux et d'un commun accord, se plaignirent amèrement d'être méconnues par leur ancienne camarade, et protestèrent contre l'injustice qu'il y aurait à les en séparer à ses derniers moments; mais la matrone les poussa hors de la chambre, ferma la porte sur elles et vint se rasseoir au chevet de la malade.

— Maintenant, écoutez bien! dit la mourante d'une voix plus forte, comme pour exciter en elle une dernière lueur d'énergie. Dans cette chambre, — dans ce lit, — j'ai soigné, autrefois, une jeune créature qu'on avait amenée dans cette maison. Ses pieds, meurtris et déchirés par la marche, étaient couverts de sang et de poussière. Elle accoucha d'un garçon, et mourut. Attendez donc! En quelle année, déjà?

— Peu importe l'année! dit l'impatiente matrone. Eh bien! quoi, au sujet de cette jeune femme?

— Ah! murmura la malade retombant dans son premier assoupissement... Au sujet de la jeune femme, n'est-ce pas? A... à... son... sujet? — Ah! oui! (Elle pleura, jeta un cri perçant, et bondit sur son lit d'un air furieux; son visage devint pourpre et ses yeux lui sortaient de la tête.) — Je l'ai volée!... oui, c'est pourtant vrai... je l'ai volée!... Elle n'était pas encore froide!... Oui... je le répète... elle était encore tiède quand je l'ai volée!!!

— Volé quoi?... Pour l'amour de Dieu, parlez donc! s'écria la matrone faisant un mouvement, comme si elle eût voulu appeler du secours.

— M'y voici! répliqua la mourante mettant sa main sur la bouche de l'autre : la seule chose qu'elle avait. Elle manquait de tout... de vêtements pour se couvrir et de pain pour subsister;... mais elle avait conservé précieusement dans son sein... C'était de l'or, je vous dis!... de l'or magnifique qui aurait pu lui sauver la vie!

— De l'or! répéta la matrone se penchant avidement sur le lit de la moribonde, à mesure que celle-ci retombait sur l'oreiller. Eh bien! quoi, après? Qui était la mère? En quel temps? A quelle époque? Parlez! parlez!

— Elle m'avait priée de le garder, poursuivit l'autre en poussant un profond soupir. Elle me l'avait confié comme étant la seule personne qui fût auprès d'elle à l'heure de son agonie. Je l'ai convoité dans mon cœur... je l'ai volé en pensée, lorsque je le lui ai vu autour du cou pour la première fois. — Et, qui pis est, j'ai peut-être la mort de l'enfant à me reprocher. Ils l'auraient certainement mieux traité s'ils avaient su tout cela.

— Su quoi? demanda la matrone. Parlez!

— Il ressemblait tant à sa mère, à mesure qu'il grandissait, ce cher petit (continua l'autre, sans prendre garde à la question), que chaque fois que je le voyais, je ne pouvais m'empêcher de penser à elle! Pauvre jeune fille!... pauvre petite! Elle était si jeune aussi!... Un si beau petit agneau! Attendez!... Je n' vous ai pas tout dit, n'est-ce pas?... Il me semble que j'ai encore quelque chose à vous dire!

— Oui! oui! répliqua la matrone penchant l'oreille pour saisir les paroles qui sortaient plus lentement de la bouche de la mourante. Dites vite, ou bien il ne serait plus temps!

— La mère (dit la mourante faisant un dernier effort pour donner à sa voix un diapason plus élevé), la mère, sentant s'approcher l'instant de son trépas, me dit à l'oreille que *si son enfant venait au monde vivant, et qu'on pût l'élever, un jour viendrait où il pourrait, sans rougir, entendre prononcer le nom de sa pauvre jeune mère. Et vous, ô mon Dieu*, ajouta-t-elle en joignant ses mains si maigres et si délicates, *que ce soit un garçon ou une fille, suscitez-lui des amis sur cette terre de douleur et d'exil; et prenez pitié d'un pauvre petit orphelin abandonné à la merci des étrangers!*

— Le nom de l'enfant? demanda la matrone.

— On l'appelait Olivier, répondit la mourante d'une voix faible. L'or que j'ai volé était...

— Oh! oui, oui! qu'est-ce que c'était? s'écria vivement la matrone.

Comme elle se penchait avec empressement pour recevoir la réponse de la moribonde, celle-ci se remit lentement et avec roideur sur son séant, et empoignant à deux mains sa couverture, elle marmotta, d'une voix gutturale, quelques paroles inintelligibles et tomba sans vie sur l'oreiller.

— Roide morte! dit une des deux vieilles femmes, entrant précipitamment aussitôt que la porte fut ouverte.

— Et rien de rien, après tout! ajouta la matrone en s'en allant comme si de rien n'était.

XXV. — Encore Fagin et compagnie.

Tandis que toutes ces choses se passaient dans le dépôt de mendicité en question, M. Fagin était dans son vieux repaire (le même qu'Olivier venait de quitter en compagnie de Nancy,) assis devant la cheminée, et tenant sur ses genoux un soufflet avec lequel il avait essayé sans doute de donner au feu, dont la fumée se répandait par toute la chambre, une plus vive action. Ses coudes sur le soufflet et son menton appuyé sur ses pouces, il regardait le foyer d'un air distrait, et paraissait plongé dans une profonde rêverie.

A une table derrière lui, le fin Matois, Charlot Bates et M. Chitling faisaient une partie de *wist* : le Matois seul contre les deux autres. Sa physionomie, expressive en tout temps, devint encore plus intéressante par le sérieux avec lequel il étudiait la partie et par les coups d'œil qu'il lançait de temps en temps, selon que l'occasion s'en présentait, sur les cartes de M. Chitling, réglant sagement son jeu d'après les remarques qu'il avait faites sur celui de ce dernier. Comme il faisait froid, il avait (selon sa coutume) son chapeau sur la tête. Il avait entre les dents une pipe de terre, qu'il n'ôtait que lorsqu'il jugeait nécessaire d'avoir recours à une mesure d'étain placée sur la table, et qu'on avait remplie à l'avance de *grog*, pour le bien de la compagnie.

Maître Bates faisait aussi beaucoup d'attention à son jeu; mais, étant d'un caractère beaucoup plus gai que son incomparable ami, il eut plus souvent recours à la mesure d'étain, et il se permit en outre certaines plaisanteries et certaines remarques tout à fait hors de saison, et qui ne conviennent nullement à un bon joueur, surtout au jeu de *wist*, qui exige du silence et de l'attention. En vain le Matois, usant du droit que lui donnait son attachement pour ce dernier, lui fit remarquer plus d'une fois l'inconvenance de sa conduite; maître Bates n'en fit que rire, et (pour me servir de son expression) l'*envoya promener*; et par ses reparties aussi vives que spirituelles, il excita au plus haut point l'admiration de M. Chitling.

Ce qu'il y a d'étonnant, c'est que ce dernier et son partenaire perdaient toujours, et que cette circonstance, loin de fâcher maître Bates, paraissait l'amuser infiniment, puisqu'il riait aux éclats à la fin de chaque partie, assurant que, *de sa vie ni de ses jours*, il ne s'était autant diverti.

— Ça nous fait deux manches et la belle, dit Chitling d'un air piteux en tirant une demi-couronne de la poche de son gilet. Faut avouer que tu as un bonheur insolent... Tu nous gagnerais jusqu'à notre dernier sou... Même quand nous avions beau jeu, Charlot et moi, ça ne nous a pas empêchés de perdre.

Charlot Bates partit d'un tel éclat de rire à cette remarque, qui fut faite d'un ton lamentable, que le juif sortit de sa rêverie et demanda ce qu'il y avait.

— Monsieur Fagin! s'écria Charlot, j'voudrais que vous eussiez pu voir le jeu... Thomas Chitling n'a pas fait un seul point, et j'étais son partenaire contre le Matois.

— Ah! ah! dit le juif souriant d'une manière qui prouvait assez qu'il n'en ignorait pas la cause, prends ta revanche, Tom, prends ta revanche!

— Non, merci, Fagin, j'en ai assez comme ça, répliqua l'autre. Le Matois vous a une chance contre laquelle on ne peut tenir!

— Ah! ah! mon cher, repartit le juif, il faut se lever matin pour gagner le Matois.

— Se lever matin! s'écria Charlot Bates; y n' suffit pas de se lever matin. Y vous faut mettre vos bottes la veille, avoir un double télescope... et une lorgnette entre vos deux épaules si vous voulez *faire* celui-là.

M. Dawkins reçut cet éloge flatteur avec beaucoup de modestie, et offrit de dire au premier venu de la société, pour la simple bagatelle d'un shilling chaque fois, la carte que celui-ci aurait pensée. Comme personne n'acceptait le défi et que sa pipe était éteinte, il s'amusa avec le morceau de craie qui lui avait servi à compter le jeu à tracer le plan de la prison de Newgate, sifflant tout le temps d'une manière toute particulière.

— Tu m'as joliment l'air de t'amuser, Tom! dit le Matois rompant le silence qui durait depuis plus de cinq minutes. Je parie que vous ne devinez pas ce qui l'occupe, Fagin!

— Comment veux-tu que je sache... mon cher? répliqua le juif levant la tête et remettant le soufflet en place. Il pense peut-être à la perte de son argent ou bien encore à la *retraite* qu'il vient de faire à la campagne, hein? Ah! ah! n'est-ce pas, Tom?

— Vous n'y êtes pas, repartit le Matois au moment où Chitling allait répondre. Qu'en dis-tu, toi, Charlot?

— Moi, répondit celui-ci, je pense qu'il veut épouser Betsy. Voyez plutôt comme il rougit! En v'là un heureux mortel! Est-il possible!... Oh! Fagin, Fagin, c'te bonne farce!

— Ne fais pas attention à eux, Tom! dit le juif faisant un signe d'intelligence à Dawkins et donnant un petit coup à Charlot avec la douille du soufflet. Ne les écoute pas, va! Betsy est aimable... c'est une bien bonne fille! Attache-toi à elle, Tom. Va toujours ton petit bonhomme de chemin.

— Quand bien même encore, Fagin, répliqua Chitling rougissant encore plus; quand même encore que ça s'rait;... c'est une chose qui ne regarde personne.

Le juif, voyant que Chitling prenait la mouche, s'empressa de l'assurer que personne ne se moquait; et, pour preuve de ce qu'il avançait, il en appela à maître Bates, le principal offenseur. Malheureusement, en ouvrant la bouche pour répondre qu'il n'avait jamais été si sérieux de sa vie, Charlot partit d'un tel éclat de rire que Chitling, se voyant mystifié, s'élança aussitôt sur le rieur, et lui lança un coup de poing que ce dernier évita heureusement, et qui, tombant lourdement sur la poitrine du *facétieux* vieillard, envoya ce dernier à l'autre bout de la chambre, contre la muraille, où il ouvrit la bouche toute grande pour respirer, tandis que Tom le regardait d'un air consterné.

— Ecoutez! s'écria le Matois en ce moment; j'entends la *bavarde*.

Disant cela, il prit la lumière et monta doucement l'escalier.

La sonnette se fit entendre de nouveau avec quelque impatience, tandis que la compagnie était dans l'obscurité. Un instant après le Matois reparut et parla mystérieusement à l'oreille de Fagin.

— Est-ce qu'il est seul? s'écria celui-ci.

Le Matois fit un signe de tête affirmatif, et, mettant sa main devant la lumière, il donna à entendre à Charlot qu'il ferait bien, pour le quart d'heure, de réprimer sa folle gaieté; après quoi il fixa les yeux sur le juif comme pour attendre ses ordres.

Le vieillard porta ses doigts jaunes à sa bouche, et réfléchit un instant, les traits de son visage paraissant visiblement contractés tout le temps, comme s'il redoutait quelque malheur et qu'il craignît de l'apprendre. Enfin il leva la tête.

— Où est-il? demanda-t-il au Matois.

Celui-ci montra du doigt l'étage au-dessus, et se préparait à quitter la chambre.

— Oui, dit le juif devinant la question; fais-le descendre. Chut! tais-toi, Charlot!... Doucement, Tom! Passez de l'autre côté, mes amis! laissez-nous seuls!...

Charlot et Chitling se retirèrent sans faire le moindre bruit. Un profond silence régnait dans la chambre, quand le Matois descendit l'escalier, la lumière à la main, et suivi d'un homme en blouse, qui, ayant jeté un coup d'œil rapide autour de lui, détacha une grosse cravate de laine qui lui cachait le bas du visage, et laissa voir les traits du *flambant* Toby Crackit, pâle, hagard et horriblement fatigué.

— Comment ça va-t-il, Fagin? dit l'élégant jeune homme faisant un signe de tête au juif. Mets ce mouchoir dans mon castor, le Matois, afin que j' le r'trouve quand je m'en irai... Là... c'est ça! Tu feras un fameux *fameux* un jour et tu vaudras mieux que les anciens.

Disant cela, il releva sa blouse et la retroussa autour de sa ceinture; ensuite il approcha une chaise du feu et posa ses pieds sur le garde-cendres.

— Voyez donc, Fagin! dit-il d'un air piteux en montrant du doigt ses bottes toutes crottées, pas seulement une seule goutte de cirage depuis que vous savez! Mais ne me regardez pas comme ça, homme que vous êtes! Chaque chose a son temps. Je ne puis parler affaires que je n'aie bu et mangé quelque chose. Mettez donc la *pâtée* sur la table, que je me remplisse un peu... depuis trois jours qu'il ne m'est rien entré dans l' *cornet!*

Le juif fit signe au Matois d'apporter ce qu'il y avait de comestibles, et, s'asseyant en face du brigand, il attendit son bon plaisir.

A en juger par les apparences, Toby n'était nullement pressé d'entamer la conversation. D'abord le juif se contenta d'observer sa physionomie, pour tâcher d'y deviner la nouvelle qu'il apportait; mais ce fut inutilement.

Fagin épiait donc avec une anxiété indéfinissable chaque morceau que ce dernier portait à sa bouche, se promenant de long en large dans la chambre pour tuer le temps, qui lui paraissait si long; il n'en fut pas plus avancé. Toby avala toujours jusqu'à ce qu'il lui fut impossible de manger davantage; et alors, ayant dit au Matois de sortir, afin d'être seul avec le juif, il alla lui-même fermer la porte, puis se fit un verre de *grog* et se disposa à parler.

— Primo, d'abord, Fagin! dit-il.

— Ah! oui, oui, reprit l'autre approchant sa chaise de la table.

Le sieur Crackit s'arrêta pour avaler son verre de grog et pour déclarer que le genièvre était excellent; ensuite, passant ses pieds sur le manteau de la cheminée pour être plus à même de considérer ses bottes, il poursuivit tranquillement :

— Primo, d'abord, Fagin, comment va Guillaume?

— Quoi! s'écria le juif se levant précipitamment de sa chaise.

— Comment cela? dit Toby en pâlissant. Vous ne voulez pas dire?...

— Je ne veux pas dire! s'écria le juif frappant du pied avec fureur sur le plancher. Où sont-ils, Sikes et l'enfant? où sont-ils?... où ont-ils été? où se cachent-ils? pourquoi ne sont-ils pas venus ici?

— Le coup a manqué, dit Toby d'un air triste.

— Je sais cela! repartit le juif tirant un journal de sa poche et lui montrant du doigt l'article en question. Après?

— Ils ont tiré et ont atteint le *moutard*. Nous avons joué des jambes à travers les haies et les fossés avec le petit entre nous deux. Nous allions aussi vite que le vent. Ils nous ont fait la chasse. Damnation! tout le pays était sur pied et les chiens à nos trousses!...

— L'enfant? dit le juif d'un air effaré.

— Guillaume l'avait pris sur ses épaules et filait avec lui; nous nous sommes arrêtés pour le prendre entre nous deux, sa tête penchait sur sa poitrine et il était froid comme marbre. Ils étaient sur nos talons : chacun pour soi et sauve qui peut!... Nous avons été chacun de notre côté, et nous avons laissé là le *moutard* couché dans un fossé. Mort ou vivant, c'est tout ce que j'en sais.

Sans laisser à Toby le temps de se reconnaître, le juif jeta un cri perçant en s'arrachant les cheveux et s'élança de la chambre sur l'escalier et de l'escalier dans la rue.

XXVI. — Un mystérieux personnage paraît sur la scène. — Particularités inséparables de cette histoire.

Le vieillard avait gagné le coin de la rue, qu'il ne s'était point encore remis de l'impression qu'avait produite sur lui le récit de Toby Crackit. Contre son ordinaire, il marchait vite et sans paraître savoir où il allait, lorsque le frôlement soudain d'une voiture qui faillit le renverser et le cri des personnes qui virent le danger qu'il venait de courir le ramenèrent sur le trottoir. Evitant autant que possible les rues fréquentées et ne cherchant au contraire que les allées et les passages, il se trouva enfin dans *Snow-Hill*. Là il marcha encore plus vite, et ne ralentit sa marche que quand il fut entré dans une petite ruelle où, comme s'il eût eu la conviction qu'il était dans son propre élément, il reprit son pas ordinaire et sembla respirer plus librement.

Près de l'endroit où *Snow-Hill* et *Holborn-Hill* se joignent, vous voyez sur la droite, en venant de la Cité, une allée sombre et étroite qui conduit à *Saffron-Hill*, et dans les sales boutiques de laquelle sont exposés en vente d'énormes paquets de mouchoirs d'occasion de toutes grandeurs et de toutes couleurs; car c'est là que résident les marchands qui les achètent des filous.

C'est dans cet endroit que le juif venait d'entrer. Il était bien connu des pâles habitants du passage; car quelques-uns d'entre eux, qui étaient sur le pas de leur porte pour guetter les chalands, lui firent un signe de tête amical, auquel il répondit semblablement sans s'arrêter. Il alla ainsi jusqu'au bout du passage, où il adressa la parole à un fripier, homme de petite taille, assis dans une petite chaise d'enfant et fumant sa pipe devant la porte de sa boutique.

— Comment donc, monsieur Fagin! vous devenez si rare que votre présence suffirait pour guérir de l'ophthalmie! dit le respectable négociant en réponse à la question du juif sur l'état de sa santé.

— Il y faisait un peu trop chaud, dans votre quartier, Lively, repartit Fagin levant les yeux et croisant les mains sur ses épaules.

— C'est ce que je me suis laissé dire, répliqua l'autre, mais cela s'apaisera; ne pensez-vous pas comme moi?

Fagin fit un signe de tête affirmatif, et, montrant du doigt *Saffron-Hill*, il s'informa s'il n'y avait pas là quelqu'un ce soir.

— A l'enseigne des *Trois-Boiteux?* demanda le négociant.

Le juif fit signe que oui.

— Attendez donc! poursuivit le marchand cherchant à se rappeler; oui, il y en a quelques-uns, autant que je puis me rappeler. Je ne pense pas que votre ami y soit.

— Sikes n'y est pas, je pense? demanda le juif d'un air désappointé.

— *Non est ventus*, comme disent les hommes de loi, reprit le petit homme secouant la tête d'un air tout à fait capable. Avez-vous quelque chose qui puisse me convenir?

— Non, je n'ai rien aujourd'hui, dit le juif en s'en allant.

— Allez-vous à l'enseigne des *Trois-Boiteux*, dites donc, Fagin? cria le petit homme. Je ne me ferai pas tirer l'oreille pour aller avec vous, si vous vous sentez disposé à payer quelque chose.

Mais, comme le juif, en se retournant, fit un signe de la main qu'il préférait être seul, l'auberge des *Trois-Boiteux* fut privée pour cette fois de l'avantage de posséder M. Lively.

L'auberge des *Trois-Boiteux*, ou simplement des *Boiteux*, ainsi connue des habitués de l'établissement, était précisément celle où Sikes et son chien ont déjà figuré. Faisant seulement un signe à l'homme assis au comptoir, Fagin monta l'escalier, ouvrit la porte d'une chambre, s'y introduisit doucement et regarda d'un air inquiet autour de lui, mettant sa main au-dessus de ses yeux comme s'il eût cherché quelqu'un.

Cette chambre était éclairée par deux becs de gaz, dont l'éclatante lumière était garantie du dehors par des volets assujétis par une barre de fer et par des rideaux épais d'un rouge passé. L'endroit était si plein d'une épaisse fumée de tabac, qu'il était presque impossible de s'y voir. S'étant dissipée peu à peu cependant à travers la porte, qu'on avait laissée entr'ouverte, elle laissa voir un assemblage de têtes aussi confus que le bruit des voix, et, à mesure que l'œil s'accoutumait à la scène, le spectateur eût été à même de discerner une nombreuse société d'hommes et de femmes assis autour d'une longue table au bout de laquelle se tenait le président, son marteau d'office à la main, tandis qu'un artiste au nez bleuâtre, et ayant la figure entortillée d'un mouchoir à cause d'un mal de dents, était devant un mauvais piano placé dans le coin le plus retiré de la chambre.

Fagin, peu susceptible de fortes émotions, passa en revue toutes ces figures l'une après l'autre sans rencontrer celle qu'il cherchait. Étant parvenu enfin à attirer sur lui le regard de l'homme qui occupait le fauteuil, il lui fit un léger signe de tête et se retira aussi doucement qu'il était entré.

— Qu'y a-t-il pour votre service, monsieur Fagin? demanda l'homme qui l'avait suivi jusque sur le palier. Ne voulez-vous pas être des nôtres? Ils seront tous charmés de vous avoir.

Le juif secoua la tête d'un air d'impatience, et demanda tout bas :

— Est-il ici?

— Non, répondit l'homme.

— Et vous n'avez point de nouvelles de Barney? demanda Fagin.

— Du tout, répliqua le maître de la taverne des *Trois-Boiteux*, car c'était lui. Il ne bougera pas que tout ne soit bien tranquille. Soyez sûr que la police est sur leurs traces là-bas, et que, s'il avait le malheur de bouger, il se ferait *pincer* du premier coup. Barney est en sûreté où il est, il n'y a pas de doute, sans quoi j'aurais entendu parler de lui. Je parierais tout ce qu'on voudra qu'il s'en retirera *proprement* : vous pouvez bien y compter; je vous en donne mon billet.

— Viendra-t-il ici ce soir? demanda le juif appuyant sur le pronom avec la même emphase qu'auparavant.

— Monks, vous voulez dire? demanda le maître de la taverne.

— Chut! fit le juif; oui.

— Certainement! reprit l'autre tirant de son gousset une montre d'or. Il devrait déjà être arrivé. Si vous voulez attendre seulement dix minutes, vous allez le voir.

— Non, non, dit le juif d'un air qui laissait penser que, bien qu'il désirât voir la personne en question, il n'était cependant pas fâché de ne pas la rencontrer.

— Dites-lui que je suis venu pour le voir, et qu'il vienne chez moi cette nuit... Non... plutôt demain. Puisqu'il n'est pas ici, il sera toujours assez temps demain.

— C'est bien! dit l'homme. Il n'y a rien de plus à lui dire?

— Non, dit le juif en descendant l'escalier.

— Dites donc! fit l'autre à demi-voix en se penchant vers la rampe, quel bon moment pour une *vente?*... Si vous vouliez, nous avons là Philippe Barker... il est si soûl qu'un enfant pourrait le prendre.

— Ah! ah! fit le juif en levant la tête; mais ce n'est pas encore l'heure de Philippe Barker : il a encore quelque chose à faire avant que nous nous séparions de lui. Allez rejoindre les amis, mon cher; et dites-leur de bien s'amuser *tandis qu'ils sont de ce monde,* ah! ah! ah!

Le maître de la taverne rit bien fort de la réflexion du vieillard et alla rejoindre ses convives. Le juif ne fut pas plus tôt seul que ses traits reprirent l'expression de l'inquiétude et de la crainte. Après avoir réfléchi un instant, il monta dans un cabriolet de place et dit au cocher de se diriger vers Bethnal-Green. Il descendit à un quart de mille de la demeure de Sikes et fit le reste du chemin à pied.

— Maintenant, marmotta-t-il entre ses dents tout en frappant à la porte, s'il y a ici quelque anguille sous roche, je le saurai bien vite de vous, ma jeune fille, toute maligne que vous êtes!

La femme qui lui ouvrit lui ayant dit que Nancy était chez elle, il monta doucement l'escalier et ouvrit la porte de la chambre sans plus de cérémonie.

La jeune fille était seule, la tête appuyée sur la table et ses cheveux épars sur ses épaules.

— Il faut qu'elle ait bu, dit à part soi le juif, ou bien elle a du chagrin.

Disant cela, il revint sur ses pas pour fermer la porte; et le bruit qu'il fit ayant éveillé Nancy, elle s'informa s'il y avait du nouveau, regardant fixement le rusé vieillard pendant qu'il lui racontait le récit de Toby Crackit. Lorsqu'il eut fini elle reprit sa première attitude sans dire un seul mot. Elle poussait le chandelier avec impatience, frottait ses pieds sur le parquet chaque fois qu'elle changeait de position; mais ce fut tout.

Pendant tout ce temps le juif regardait autour de lui d'un air inquiet comme s'il eût voulu s'assurer que Sikes n'était point rentré.

Ayant satisfait sa curiosité sur ce point, il toussa deux ou trois fois et fit tout ce qu'il put pour entamer la conversation; mais la fille ne fit pas plus d'attention à lui et ne bougea non plus qu'une statue de pierre. Enfin il fit un nouvel effort, et, se frottant les mains, il dit du ton le plus affable:

— Et où crois-tu que Guillaume puisse être maintenant, hein?

Celle-ci répondit, d'une manière presque inintelligible et comme si elle pleurait, qu'elle ne savait pas.

— Et l'enfant? dit le juif regardant la fille entre les deux yeux pour voir l'expression de son visage. Pauvre petit! abandonné dans un fossé! vois donc un peu, Nancy!

— L'enfant, dit celle-ci en levant la tête, est mieux où il est qu'avec nous... Et, pourvu qu'il n'arrive rien à Sikes, je désire qu'il soit mort dans le fossé et que ses os y pourrissent.

— Quoi donc! s'écria le juif avec étonnement.

— Sans doute, reprit la fille le regardant fixement à son tour; je serais bien contente de ne plus l'avoir sous mes yeux, et de savoir qu'il est affranchi de tout ce qui pouvait lui arriver de plus fâcheux. C'était un fardeau que de l'avoir autour de moi... sa vue seule était un reproche contre moi et contre vous tous.

— Bah! fit le juif d'un ton de mépris, tu es soûle, ma fille.

— Ah! sans doute, s'écria amèrement celle-ci; ce ne serait pas votre faute si je ne l'étais pas. Vous n'aimeriez pas me voir autrement, pourvu que je fasse comme vous voulez; excepté maintenant que ça ne vous convient guère, n'est-ce pas?

— Non, répliqua le juif d'un air furieux, ça ne me convient pas du tout!

— Faut pourtant que ça vous convienne! reprit celle-ci partant d'un éclat de rire.

— Que ça me convienne! s'écria le juif, on ne peut plus irrité de l'opiniâtreté de la fille et du désappointement de la journée. Que ça me convienne! Ecoute-moi bien, toi, pécore! écoute-moi bien, moi qui, avec six mots, pourrais étrangler Sikes aussi sûrement que si je tenais maintenant sa tête de taureau entre mes doigts. S'il revient sans cet enfant... s'il a le bonheur de s'en retirer et qu'il ne le ramène pas mort ou vif, assassine-le toi-même, si tu ne veux pas que Jack Ketch (le bourreau) lui fasse son affaire... et expédie-le aussitôt qu'il aura mis le pied dans cette chambre, sans quoi il pourrait bien être trop tard.

— Qu'est-ce que tout cela? s'écria la fille involontairement.

— Ah! qu'est-ce que tout cela? poursuivit Fagin aveuglé par la colère, le voici : lorsque cet enfant est pour moi une valeur de plusieurs centaines de livres, dois-je perdre cela par la faute d'un tas d'ivrognes dont je pourrais aisément me défaire, et devrais-je me soumettre à un gueux à qui il ne manque que la volonté et qui a le pouvoir de...

Tout hors d'haleine, le vieillard ne put achever sa pensée, et, réprimant aussitôt son courroux, il devint un tout autre homme.

Après un silence de quelques minutes, il risqua un regard sur sa compagne, et se rassura bientôt en voyant qu'elle était dans le même état d'insensibilité dont il l'avait tirée d'abord.

— Nancy! ma chère! dit-il avec sa voix de corbeau, as-tu fait attention à ce que je t'ai dit?

— Ne me tourmentez pas, Fagin! répondit la fille levant nonchalamment la tête. Ce que Guillaume n'a pas fait cette fois-ci, il le fera une autre. Il a bien fait des choses pour vous, vous le savez bien; et il en fera encore bien d'autres lorsqu'il le pourra... Et quand il ne le fait pas, c'est qu'il ne le peut pas; ainsi, n'en parlons plus.

— Oui; mais quant à cet enfant, ma chère? dit le juif en se frottant les mains fortement.

— L'enfant doit courir la même chance que les autres, reprit brusquement Nancy. Et je le répète, j'espère qu'il est mort et qu'il est à l'abri de tout danger; surtout de celui auquel il était exposé avec vous.

— Et quant à ce que je disais il n'y a qu'un instant, ma chère? dit le juif fixant sur elle ses yeux de lynx.

— Vous n'avez qu'à le redire, reprit Nancy. Et si c'est quelque chose que vous désirez que je fasse pour vous, vous feriez mieux d'attendre jusqu'à demain. Je vous entends bien quand vous me parlez, et le moment d'après je ne sais plus ce que vous venez de me dire.

Le juif lui fit encore quelques questions, afin de s'assurer qu'elle n'avait point retenu ses paroles indiscrètes; mais elle répondit avec tant d'assurance, et elle soutint si bien le regard scrutateur du vieillard, qu'il en revint à sa première idée que la fille était *dans les vignes du Seigneur.*

En effet, Nancy n'était pas exempte d'un défaut malheureusement trop commun parmi les protégées du juif, et dans lequel dès leurs plus tendres années elles avaient été encouragées plutôt que retenues.

Rassuré par cette découverte, et ayant rempli le double but de communiquer à Nancy ce qu'il avait appris le soir même de Toby, et de s'assurer par ses propres yeux que Sikes n'était pas rentré, il s'en alla laissant sa jeune amie endormie sur la table.

Il était à peu près une heure du matin, et comme il faisait très-sombre et très-froid, il ne fut guère tenté de s'amuser en route.

Il avait atteint le coin de sa rue, et il fouillait dans sa poche pour prendre sa clef, lorsqu'un personnage sortit d'un vestibule, à l'ombre duquel il se tenait caché, et, traversant le ruisseau, se glissa auprès de lui sans en être aperçu.

— Fagin! dit une voix tout près de son oreille.

— Ah! fit le juif se retournant vivement, est-ce vous?

— Oui, répondit brusquement l'inconnu. Voilà deux heures que vous me faites droguer là! Où avez-vous donc été?

— A vos affaires, mon cher, dit le juif ralentissant le pas et regardant son compagnon d'un air embarrassé, j'ai trotté pour vous toute la nuit.

— Oh! sans doute, reprit l'inconnu d'un air moqueur. Eh bien! qu'y a-t-il de nouveau?

— Rien de bon, dit le juif.

— Rien de mauvais, j'espère? dit l'autre s'arrêtant tout court et regardant son compagnon d'un air surpris.

Fagin eût bien voulu se dispenser de recevoir un visiteur à une heure aussi indue, et s'excusa en disant qu'il n'y avait pas de feu chez lui; mais son compagnon réitérant sa question d'un ton d'autorité, il ouvrit la porte et pria celui-ci de la refermer doucement tandis qu'il irait chercher de la lumière.

— Il fait aussi noir que dans un four, dit l'inconnu faisant quelques pas à tâtons. Dépêchez-vous! Il n'y a rien que je déteste autant que de rester dans l'obscurité.

— Fermez la porte, murmura Fagin de l'extrémité du passage.

Au même instant elle se ferma avec un grand bruit.

— Ce n'est pas moi qui ai fait cela, dit l'homme en cherchant son chemin. Le vent l'a poussée, ou bien elle s'est fermée d'elle-même; c'est l'un ou l'autre... Dépêchez-vous d'apporter de la lumière, que je n'aille pas me casser la tête contre quelque chose dans cette maudite cassine!

Fagin descendit à la dérobée dans la cuisine et revint bientôt avec une chandelle allumée, après s'être assuré que Toby Crackit dormait au-dessous dans la pièce du fond, et que ses dignes élèves en faisaient autant dans celle de devant. Ayant fait signe à son compagnon de le suivre, il monta l'escalier devant lui.

— Nous pouvons dire ici le peu de mots que nous avons à nous communiquer, mon cher, dit le juif ouvrant une porte au premier étage. Et comme il y a des trous dans les volets, et que nous ne montrons jamais de lumière à nos voisins, nous laisserons la chandelle sur l'escalier... Là!

Disant cela, le juif posa la chandelle sur le palier vis-à-vis de la chambre dans laquelle ils entrèrent, et où il n'y avait pour tout ameublement qu'un fauteuil cassé et un vieux sofa sans couverture placé derrière la porte. L'étranger s'y jeta de l'air d'un homme épuisé de fatigue, et le juif, approchant le fauteuil, s'assit en face de lui.

Ils y voyaient un peu, car la porte était entr'ouverte, et la chandelle répandait une faible clarté sur la muraille en face d'eux.

Ils parlèrent pendant quelque temps à voix basse; et, quoique, à l'exception de quelques mots çà et là, il fût impossible d'entendre leur conversation, un tiers qui les eût écoutés aurait pu aisément deviner que Fagin se défendait contre les remarques de l'étranger, et que celui-ci était grandement irrité.

Il y avait bien un quart d'heure ou vingt minutes environ qu'ils s'entretenaient de la sorte, lorsque Monks (sous lequel nom Fagin désigna plusieurs fois l'étranger pendant le cours de leur colloque) dit en élevant un peu la voix :

— Je vous dis encore une fois que ça a été mal combiné! Pourquoi ne pas l'avoir gardé ici avec les autres, et en avoir fait tout de suite un voleur?

— S'il n'y a pas de quoi se fâcher! s'écria le juif haussant les épaules.

— N'allez-vous pas me faire croire que vous n'auriez pas pu en venir à bout si vous aviez voulu? demanda Monks avec colère. Ne l'avez-vous pas fait des centaines de fois avec d'autres enfants? Si vous aviez eu la patience d'attendre encore un an tout au plus, n'auriez-vous pas pu trouver moyen de le faire juger et condamner à la déportation, peut-être pour la vie?

— Et à qui ça aurait-il rendu service, mon cher? demanda humblement le juif.

— A moi, donc! répliqua Monks.

— Mais pas à moi, dit le juif d'un air soumis. Il eût pu m'être utile... Lorsqu'il y a deux parties intéressées à un marché, il est bien juste que l'intérêt commun soit consulté, n'est-il pas vrai, mon cher?

— Quoi donc? demanda Monks d'un air bourru.

— J'ai vu qu'il n'était pas facile de le former à notre *genre de commerce*, repartit le juif. Il n'était pas dans les mêmes circonstances que les autres enfants.

— Malheureusement non! murmura l'autre entre ses dents, sans quoi il y a déjà longtemps qu'il serait *voleur*.

— Je n'avais pas de prise sur lui pour le rendre pire, reprit le juif observant le visage de son compagnon. Il ne s'y prêtait nullement... Je n'avais pour l'effrayer aucun de ces moyens que nous employons toujours au commencement, et sans lesquels tous nos efforts sont inutiles... Que pouvais-je faire? L'envoyer avec le Matois et Charlot? Nous en avons eu assez de la première fois, mon cher. J'ai tremblé pour nous tous!

— Je n'y pouvais rien, observa Monks.

— Non, sans doute, mon cher, répliqua le juif;... aussi bien je ne vous en fais pas de reproche;... parce que, si cela n'était pas arrivé, vous auriez bien pu ne jamais le rencontrer, et par conséquent perdre la chance de découvrir que c'était lui que vous cherchiez. Je l'ai donc repris pour vous, comme vous savez, par l'entremise de Nancy; et voilà maintenant qu'elle le protége!

— Etranglez cette fille! dit Monks avec impatience.

— Nous ne pouvons guère faire cela maintenant, mon cher, reprit le juif en souriant... Et d'ailleurs ces sortes de choses ne sont pas de notre ressort, sans quoi je l'aurais fait un de ces jours avec le plus grand plaisir. Je sais fort bien ce que sont ces filles, voyez-vous,

Monks. Le petit garçon n'aura pas plus tôt commencé à s'endurcir, qu'elle ne s'occupera pas plus de lui que si c'était un morceau de bois. Vous voulez qu'il soit *voleur?* S'il est vivant, je puis le rendre tel à compter d'aujourd'hui. Et si... si... ce qui n'est pas probable, dit le juif se rapprochant de l'autre; mais, au pis aller, s'il était mort?

— Je n'y suis pour rien, d'abord, s'il en est ainsi! répliqua Monks frappé de terreur et saisissant en tremblant le bras du juif. Faites bien attention, Fagin, je m'en lave les mains. Je vous ai prévenu dès le commencement : *Tout ce que vous voudrez, excepté sa mort.* Je ne veux pas répandre de sang... ça se découvre toujours;... et d'ailleurs votre crime vous poursuit partout. S'ils l'ont tué, je n'en suis pas la cause, entendez-vous, Fagin? . . . .
Que le diable soit de cette infernale cassine! Qu'est-ce que cela?

— Quoi donc? s'écria le juif saisissant le poltron à bras-le-corps au moment où celui-ci se leva brusquement du sofa. Où?

— Là! dit Monks montrant du doigt la muraille. Une ombre! une ombre! J'ai vu l'ombre d'une femme en manteau et en chapeau passer le long de la boiserie aussi rapidement que l'éclair!

Le juif lâcha son compagnon, et ils s'élancèrent tous deux hors de la chambre.

La chandelle, presque entièrement usée par le courant d'air, était à la même place, et leur montra la solitude profonde de l'escalier ainsi que la pâleur affreuse de leurs visages. Ils prêtèrent une oreille attentive, mais le plus grand silence régnait dans toute la maison.

— C'est une idée, mon cher! Vous vous être trompé, il n'y a pas de doute! dit le juif prenant la chandelle et se tournant vers son compagnon.

— Je jurerais que je l'ai vue! répliqua Monks tremblant de tous ses membres. Elle était penchée quand je l'ai vue; et aussitôt que j'ai eu parlé, elle a disparu.

Le juif jeta un regard de mépris sur le visage pâle de son compagnon; et lui ayant dit qu'il pouvait le suivre s'il voulait, ils montèrent jusqu'au haut de l'escalier. Ils regardèrent dans toutes les chambres : elles étaient froides et vides. Ils descendirent dans le passage, et de là dans les caves : mais tout était tranquille comme la mort.

— Que pensez-vous, maintenant? dit le juif lorsqu'ils eurent regagné le passage. Excepté nous, il n'y a pas une seule âme dans la maison, si ce n'est Toby et les enfants... Et ils sont en sûreté... voyez plutôt !

Et, pour preuve de ce qu'il avançait, le juif tira de sa poche deux clefs, expliquant comment, lorsqu'il était descendu la première fois dans la cuisine, il avait enfermé ses jeunes pupilles pour empêcher qu'ils ne troublassent leur entretien.

Cette nouvelle preuve détruisit entièrement la conviction dans l'esprit de Monks : ses protestations avaient insensiblement perdu de leur énergie à mesure que leurs recherches devenaient de plus en plus infructueuses, et il finit par rire de lui-même et par convenir que ce n'avait pu être qu'un rêve de son imagination.

XXVII. — Amende honorable pour une impolitesse faite à une dame que nous avons quittée de la manière la plus incivile dans le chapitre précédent.

Comme il ne serait nullement convenable à un humble auteur de faire attendre, le dos au feu et les mains sous les pans de sa redingote, un personnage aussi distingué que l'est un bedeau, et qu'il serait en outre peu galant de sa part de comprendre dans cet oubli des convenances une dame sur qui ce bedeau avait jeté l'espoir d'un mariage, l'historien fidèle dont la plume retrace cette histoire, sachant à quoi son devoir l'engage et ayant la plus grande vénération pour les personnes élevées aux plus hautes dignités, se hâte de leur rendre les honneurs qui leur sont dus et de les traiter avec tous les égards que leur rang dans le monde, et par conséquent leurs *sublimes vertus* réclament de lui.

M. Bumble avait recompté les cuillers à thé, pesé de nouveau les pinces à sucre, examiné plus attentivement le pot au lait et fait l'inventaire exact du mobilier, jusqu'à s'assurer de la qualité du crin qui recouvrait les chaises ; et il avait recommencé ce manége jusqu'à cinq ou six fois avant de songer qu'il était temps que madame Corney rentrât. Une pensée en amène une autre ; et comme on n'entendait pas le moindre bruit qui annonçât le retour de madame Corney, il vint à l'esprit de M. Bumble qu'il pourrait bien sans scrupule, et seulement pour passer le temps, satisfaire amplement sa curiosité en jetant un coup d'œil rapide dans la commode de la matrone.

Ayant mis l'oreille au trou de la serrure pour écouter si personne n'approchait, M. Bumble, commençant par le bas, prit connaissance des objets contenus dans trois grands tiroirs remplis de linge et de vêtements du dernier goût serrés bien précieusement entre deux couches de journaux parsemés de fleur de lavande sèche; ce qui parut lui causer une grande satisfaction.

Arrivé au petit tiroir de droite du haut, sur lequel était la clef, et ayant vu une petite boîte fermée au cadenas, il la secoua; et comme il en sortit un son agréable, comme celui d'argent monnayé, M. Bumble retourna gravement autour du feu, où, ayant repris sa première attitude, il se dit, à part lui, d'un air déterminé :

— Allons! c'en est fait, je lui demanderai d'être mon épouse.

A ce moment, madame Corney rentra précipitamment dans la chambre, se jeta sur une chaise auprès du feu et parut respirer à peine.

— Madame Corney! dit M. Bumble se penchant sur l'épaule de la matrone. Qu'avez-vous, Madame!... Vous est-il arrivé quelque chose, Madame? répondez-moi, je vous prie!... Je suis sur... sur... Et comme dans son trouble il ne put trouver sur-le-champ le mot *épines* : sur des *bouteilles cassées*, ajouta-t-il.

— Oh! monsieur Bumble! s'écria la dame; j'ai été horriblement bouleversée!

— Bouleversée, Madame! s'écria à son tour M. Bumble. Et... qui a été assez hardi pour?... Je m'en doute, dit-il se reprenant avec dignité. C'est sans doute ces *audacieuses pauvresses?*

— C'est affreux d'y penser! dit la dame frissonnant d'horreur.

— Alors, n'y pensez plus, Madame! reprit M. Bumble.

— Je ne puis pas m'en empêcher, dit celle-ci d'une voix entrecoupée par les sanglots.

— Prenez quelque chose, Madame, dit le bedeau, un peu de ce vin!

— Je n'en prendrais pas pour tout l'or du monde! répliqua madame Corney. O Dieu! Dieu! La tablette du haut... dans le coin à droite. O Dieu! (En même temps la bonne dame montrant du doigt le buffet d'un air distrait paraissait en proie à des convulsions intérieures.)

M. Bumble courut au buffet; et saisissant sur la tablette en question la bouteille qui lui avait été indiquée d'une manière si vague, il remplit une tasse à thé de la liqueur qu'elle contenait et la porta aux lèvres de la matrone.

— Je me sens mieux, maintenant, dit celle-ci se laissant aller sur le dos de sa chaise après avoir vidé la tasse à moitié.

— C'est de la menthe, dit madame Corney d'une voix languissante, en souriant agréablement au bedeau. Goûtez-y. Il n'y a pas que de la menthe, il y a encore autre chose avec.

M. Bumble goûta le breuvage d'un air douteux, fit claquer ses lèvres, le porta de nouveau à sa bouche et vida entièrement la tasse.

— C'est très-fortifiant, dit madame Corney.

— C'est très-bon, Madame! reprit le bedeau. (Disant cela, il s'assit auprès de la matrone et lui demanda avec un air d'intérêt ce qui lui était arrivé.)

— Rien du tout, répondit madame Corney. Je suis une simple et faible créature!

— Vous n'êtes pas faible, Madame! reprit M. Bumble approchant sa chaise de celle de la matrone. Etes-vous une *faible créature*, madame Corney?

— Nous sommes tous, tant que nous sommes, de *faibles créatures!* dit madame Corney avançant une maxime générale.

— C'est vrai, dit le bedeau.

Cette réponse fut suivie d'un silence de quelques minutes.

— Cette chambre est très-*confortable*, Madame! dit M. Bumble jetant un regard autour de lui. Une seule autre pièce avec celle-ci ferait un joli petit logement!

— Ce serait trop pour une personne seule, répliqua la dame.

— Oui, mais pas pour deux, repartit M. Bumble. Hein! madame Corney?

A ces paroles du bedeau, madame Corney baissa la tête, et M. Bumble en fit autant pour voir le visage de la matrone.

— L'administration vous alloue le charbon, n'est-ce pas, madame Corney? demanda M. Bumble.

— Ainsi que la chandelle, reprit madame Corney.

— Le charbon, la chandelle et le loyer, qui plus est? dit M. Bumble. Oh! madame Corney, quel ange vous êtes!

Celle-ci ne put résister à un transport si doux.

— Une perfection si *paroissiale!* s'écria M. Bumble avec ravissement. Vous savez, que M. Slout est plus mal ce soir?

— Je sais cela, répondit la dame d'un air timide.

— Le médecin dit qu'il ne passera pas la semaine, poursuivit M. Bumble. Il est le maître de cet établissement... Sa mort va laisser une place vacante... cette place doit être remplie... Oh! madame Corney, quelle brillante perspective!... Quelle occasion favorable d'unir deux cœurs qui s'aiment et de se mettre en ménage!

Madame Corney sanglota.

— Le petit mot, voyons! dit M. Bumble.

— Ou... ou... oui! dit en soupirant la matrone.

— Encore un autre mot! poursuivit le bedeau. Remettez-vous de vos douces émotions pour un seul mot de plus! A quand le mariage?

Madame Corney essaya deux fois de parler, et deux fois la parole expira sur ses lèvres. Enfin, s'armant de courage, elle dit que ce serait aussitôt qu'il le voudrait, et qu'il était un *être irrésistible*.

Les choses ainsi arrangées à l'amiable et à la satisfaction des deux parties, l'accord fut solennellement ratifié dans une autre tasse de menthe, que l'agitation et le trouble de la dame avaient rendue nécessaire. Pendant ce temps-là, celle-ci apprit à M. Bumble la mort de la vieille femme.

— Fort bien! dit le bedeau humant sa liqueur. Je vais aller chez Sowerberry en m'en retournant, et je lui dirai de passer ici demain matin. Est-ce là ce qui vous a effrayée?

— Ce n'était rien d'extraordinaire, cher ami, dit la dame d'un air évasif.

— Il faut pourtant bien qu'il y ait eu quelque chose, ma bonne, répliqua le bedeau. Ne voulez-vous pas le dire à votre Bumble?

— Pas maintenant, reprit la dame; un de ces jours... quand nous serons mariés.

— Quand nous serons mariés! s'écria M. Bumble. Serait-ce quelque impudence de la part d'un de ces *audacieux* pauvres?

— Non, non, repartit aussitôt la matrone.

Alors M. Bumble retroussa le collet de son habit, il brava de nouveau le vent froid de la nuit, non pas toutefois sans s'être arrêté quelques instants dans la cour des pauvres (celle des hommes, bien entendu), pour les brutaliser un peu, dans le but seulement d'essayer s'il pourrait remplir, avec toute la sévérité voulue, la place de maître du dépôt de mendicité.

Ayant acquis la certitude qu'il en avait toutes les qualités requises, il quitta l'établissement le cœur joyeux et plein d'espoir; et la brillante perspective de sa future promotion occupa son esprit jusqu'à ce qu'il fut arrivé devant la boutique de l'entrepreneur des funérailles.

Comme M. et madame Sowerberry étaient allés passer la soirée quelque part, Noé Claypole, qui n'était jamais disposé à se donner plus d'exercice qu'il n'en faut pour boire et pour manger, n'avait pas encore fermé la boutique quoique l'heure à laquelle on la fermait ordinairement fût passée depuis longtemps. M. Bumble frappa sur le comptoir avec sa canne à plusieurs reprises ; mais, n'obtenant point de réponse et apercevant de la lumière à travers la croisée de la petite salle, il prit la liberté de regarder pour *voir ce qui se passait*, et quand il eut vu *ce qui se passait* il ne fut pas peu surpris.

La nappe était mise pour le souper, et la table était couverte de pain, de beurre, d'assiettes, de verres, d'un pot rempli de *porter* et d'une bouteille de vin. A un bout de la table, Noé Claypole se prélassait dans un fauteuil. A son côté était Charlotte prenant d'un petit baril des huîtres qu'elle ouvrait et que le susdit jeune homme avalait avec une avidité remarquable. Une rougeur un peu plus qu'ordinaire dans la région de son nez, et une sorte de clignotement dans son œil droit annonçaient assez clairement qu'il était un tant soit peu *loriole*.

— En voici une bien grasse et qui paraît bien délicieuse, dit Charlotte. Goûtez-y, Noé!... Allons, plus que celle-ci!

— Quelle chose délicieuse qu'une huître! dit le sieur Claypole après l'avoir avalée. Quel dommage que d'en manger trop, ça pourrait faire du mal!... n'est-ce pas, Charlotte?

— C'est une *chose inouïe!* dit celle-ci.

— Sans doute; c'est une *vraie cruauté!* reprit M. Claypole. Est-ce que vous n'aimez pas les huîtres, vous, Charlotte?

— Je n'en suis pas folle, répondit Charlotte; j'aime mieux vous les voir manger, Noé, que de les manger moi-même, mon cher.

— Que c'est drôle! reprit Noé d'un air pensif.

— Encore une? dit Charlotte. Celle-ci a une si belle barbe!

— Je n'en prendrai pas davantage!... Ça m' s'rait impossible d'ailleurs!... dit Noé. J'en suis vraiment fâché.

— Eh bien! dit M. Bumble entrant brusquement dans la salle.

Charlotte jeta un cri et se cacha le visage dans son tablier, tandis que le sieur Claypole, se contentant seulement de retirer ses jambes de dessus les bras du fauteuil, regarda le bedeau avec une terreur bachique.

— Silence! cria le bedeau d'un air sévère. Descendez à votre cuisine, Mademoiselle!... et vous, Noé, fermez la boutique et ne soufflez mot jusqu'à ce que votre maître revienne!... Et lorsqu'il sera de retour, dites-lui d'envoyer demain matin une bière pour une vieille femme du dépôt! Vous comprenez, Monsieur?

Disant cela, le bedeau sortit gravement de la boutique de l'entrepreneur.

XXVIII. — Suite des aventures d'Olivier.

— Que les cinq cent millions de loups vous déchirent le gosier! murmura Sikes grinçant des dents. Si j'en tenais quelques-uns d'entre vous, vous n'en hurleriez que plus fort!

En faisant cette imprécation avec toute la fureur dont il était susceptible, il s'arrêta un instant pour poser le pauvre blessé sur son genou, et il tourna en même temps la tête pour voir à quelle distance il était de ceux qui le poursuivaient.

C'était chose assez difficile au milieu de la nuit et d'un épais brouillard; mais les cris confus des hommes qui étaient à sa poursuite et l'aboiement des chiens du voisinage, éveillés par le tocsin, retentissaient de tous côtés.

— Arrête-toi, vil poltron! cria le brigand à Toby Crackit, qui, faisant le meilleur usage qu'il pouvait de ses jambes, avait déjà beaucoup d'avance sur lui : arrête!

Toby ne se le fit pas répéter une troisième fois. Peu certain d'être hors de la portée du coup de pistolet, et sachant d'ailleurs que Sikes n'était pas d'humeur à plaisanter, il s'arrêta tout court.

— Viens donner la main à cet enfant! gronda-t-il d'un air furieux à son acolyte. Allons donc!

Toby fit mine de revenir sur ses pas, tout en témoignant d'une voix basse et étouffée par la peur l'extrême répugnance avec laquelle il se rendait à l'injonction de son ami.

— Plus vite que ça! murmura Sikes déposant l'enfant sur le bord d'un fossé qui était à ses pieds et dans lequel il n'y avait point d'eau. Ne va pas t'amuser à faire le *nigaud* avec moi!

Au même instant le bruit s'accrut; et Sikes, regardant de nouveau autour de lui, s'aperçut que les hommes qui s'étaient mis à leur poursuite escaladaient la barrière du champ dans lequel il était lui-même, et qu'une couple de chiens les devançait.

— Nous sommes flambés, Guillaume! s'écria Toby. Laisse là le *moutard* et montrons-leur nos talons!

Ayant dit cela, le sieur Crackit, préférant courir la chance d'être tué par son ami à la certitude d'être pris par l'ennemi, partit tout d'un trait et courut à toutes jambes.

Sikes frappa du pied de colère, jeta un coup d'œil rapide autour de lui, étendit sur Olivier le collet dont il l'avait affublé à la hâte, et, courant le long du fossé pour donner le change à ceux qui le poursuivaient en détournant leur attention de l'endroit où était Olivier, il s'arrêta au coin de la haie, déchargea son pistolet en l'air et s'enfuit.

— Ohé! ohé! cria une voix tremblante dans le lointain. *Pincher! Neptune!* ici! ici!

Les chiens, qui avaient cela de commun avec leurs maîtres, qu'ils ne semblaient avoir aucun goût pour le genre d'amusement auquel ils se livraient, obéirent volontiers à la voix qui les rappelait, et trois hommes qui, pendant ce temps, avaient fait quelques pas dans la prairie, s'arrêtèrent pour tenir conseil entre eux.

— Mon avis, ou pour mieux dire mon ordre, est (dit le plus gros des trois) que nous retournions tout de suite à la maison.

— Je me conforme volontiers à tout ce qui peut faire plaisir à M. Giles, dit un autre plus petit et encore plus joufflu que le premier, et qui était tout à la fois très-pâle et très-poli (comme le sont ordinairement les gens qui ont peur).

— Je ne voudrais pas passer pour être incivil, Messieurs, dit le troisième (celui-là même qui avait appelé les chiens). M. Giles doit savoir que...

— Certainement, reprit le gros joufflu; et, quoi que puisse dire M. Giles, ce n'est pas à nous à le contredire. Non, sans doute, je connais ma *position*, Dieu merci, je connais ma *position*.

A dire le vrai, le petit joufflu semblait connaître sa *position*, et savait fort bien qu'elle n'était nullement à envier, car les dents lui claquaient en parlant.

— Vous avez peur, Brittles? dit M. Giles.

— Bien sûr que non! répondit l'autre.

— Je vous dis que vous avez peur! reprit Giles.

— Ça n'est pas vrai, monsieur Giles! répliqua Brittles.

— Vous en avez menti, Brittles, dit à son tour M. Giles.

Les compagnons s'arrêtèrent et se mirent à discuter; ils sentaient qu'ils avaient peur; ils s'accusaient mutuellement de poltronnerie; mais personne ne voulait avouer ce qu'il éprouvait. Ils se regardèrent, et, d'un commun accord, sans se rien dire, ils coururent en toute hâte vers la maison, jusqu'à ce que M. Giles, qui était le plus poussif et qui s'était armé d'une fourche, eut insisté sur la nécessité de s'arrêter.

— C'est étonnant, dit-il, lorsqu'il se fut justifié à leurs yeux, tout ce qu'un homme peut faire quand il a la tête montée!... J'aurais commis un meurtre, j'en suis sûr, si j'avais tenu un de ces brigands!...

Comme les deux autres pensaient de même, et qu'à son instar ils s'étaient apaisés tout à coup, ils firent des réflexions philosophiques sur la cause de ce changement soudain dans leur caractère.

— Je sais bien ce que c'est! dit M. Giles, c'est la barrière!

— Cela pourrait bien être! s'écria Brittles saisissant l'idée.

— Vous pouvez en être sûrs, reprit Giles, que c'est la barrière qui a produit ce changement en nous. J'ai senti tout mon courage s'en aller, tandis que je l'escaladais.

Par une de ces coïncidences extraordinaires, il se trouva que les deux autres avaient éprouvé la même sensation dans le même moment; de sorte qu'il n'y eut plus à douter que c'était la barrière, surtout lorsqu'ils se furent rappelé que ce fut au moment de l'escalader qu'ils aperçurent les voleurs.

Le colloque avait lieu entre les deux hommes qui avaient surpris les brigands, et un chaudronnier ambulant qui avait couché sous un hangar, et qui, éveillé par le bruit, s'était joint, de concert avec ses deux chiens, au nombre des poursuivants. M. Giles était à la maison en la double qualité de sommelier et de maître d'hôtel; et Brittles était un homme de peine qui, entré tout jeune au service de la vieille dame, était traité comme un enfant qui promet beaucoup, bien qu'il eût passé la trentaine.

S'encourageant ainsi réciproquement par leurs paroles, tout en se serrant cependant le plus près possible l'un de l'autre, tremblant de tous leurs membres et jetant un regard effrayé autour d'eux chaque fois qu'une bouffée de vent agitait le feuillage, nos trois hommes coururent chercher leur lanterne, qu'ils avaient laissée au pied d'un arbre dans la crainte qu'elle n'indiquât aux voleurs la direction dans laquelle ils devaient tirer, et ils regagnèrent la maison au pas de course. Ils étaient déjà bien loin qu'on eût pu voir encore leurs ombres vacillantes se projeter dans la distance et se balancer légèrement, de même qu'une vapeur qui s'exhale d'un terrain humide.

Enfin un léger cri de douleur rompit le silence qui durait depuis si longtemps, et en même temps l'enfant s'éveilla. Son bras gauche pendait nonchalamment à son côté, et le mouchoir qui l'enveloppait était teint de sang. Il était si faible qu'il eut beaucoup de peine à se mettre sur son séant; et lorsqu'il en fut venu à bout, il jeta autour de lui un regard languissant, comme pour implorer du secours, et il sanglota amèrement. Transi de froid et épuisé de fatigue, il essaya de se lever; mais il retomba sur le gazon.

Lorsqu'il fut revenu de l'état de stupeur dans lequel il avait été si longtemps plongé, Olivier, sentant une faiblesse mortelle le gagner jusqu'au cœur, comprit qu'il mourrait indubitablement là s'il ne cherchait les moyens d'en sortir; en conséquence, il fit un nouvel effort pour se remettre sur pied et essaya de marcher. D'abord il chancela comme un homme pris de vin; puis, rassemblant le peu de forces qui lui restaient, il avança machinalement, sa tête penchée sur sa poitrine et ses jambes fléchissant sous le poids de son corps.

Alors une foule d'idées confuses et bizarres vint assiéger son esprit. Il lui sembla être encore entre Sikes et Crackit, qui se disputaient à son sujet; leurs propres paroles résonnaient à ses oreilles, et les efforts qu'il fit pour ne pas tomber ayant forcé son attention, il se surprit à leur parler.

Il avança ainsi clopin-clopant, se traînant du mieux qu'il put et comme par instinct entre les barreaux des barrières et à travers les trouées des haies, jusqu'à ce qu'il eût rejoint la grande route, et alors la pluie commença à tomber si fort qu'elle le fit sortir de sa rêverie.

Il regarda autour de lui, et vit qu'à peu de distance il y avait une maison qu'il pourrait peut-être atteindre. L'état déplorable dans lequel il était exciterait sans doute la compassion; et quand bien même il en serait autrement (pensait-il en lui-même), il vaut mieux mourir tout près d'êtres humains qu'au milieu des champs. Il réveilla tout son courage et dirigea ses pas chancelants vers la maison.

A mesure qu'il en approchait, il eut un pressentiment qu'il l'avait déjà vue auparavant : il ne s'en rappelait aucunement les détails; mais la forme et l'ensemble ne lui étaient pas inconnus.

Ce mur de clôture!... sur le gazon, de l'autre côté, dans le jardin, il s'était jeté à genoux pour implorer la pitié des deux brigands!... C'était bien la même maison qu'ils avaient tenté de piller!

Olivier fut si effrayé lorsqu'il eut reconnu l'endroit, qu'oubliant un instant la douleur que lui causait sa blessure, il ne songea plus qu'à fuir. Fuir, il pouvait à peine se soutenir sur ses jambes; et eût-il joui d'ailleurs de toute la vigueur et de la légèreté qu'on a ordinairement à son âge, où aurait-il pu fuir? Il poussa la porte du jardin, qui tourna sur ses gonds, marcha sur la pelouse, monta les marches du perron, frappa doucement à la porte, et, ses forces l'abandonnant tout à coup, il tomba contre un des piliers du portique.

Il se trouva que, dans le même temps, M. Giles, Brittles et le chaudronnier, après toutes les fatigues et les terreurs de la nuit, se restauraient dans la cuisine avec une tasse de thé et quelques friandises. Non pas qu'il fût dans l'habitude de M. Giles de souffrir une trop grande familiarité chez ses inférieurs, envers lesquels, au contraire, il se comportait ordinairement avec une fierté bienveillante qui ne pouvait manquer de leur rappeler sa supériorité sur eux dans le monde; mais les voleurs, les coups de pistolet et la crainte de la mort rapprochent les distances et rendent tous les hommes égaux : aussi M. Giles, assis devant le feu, les pieds posés sur le cendrier et le bras gauche appuyé sur la table, racontait minutieusement toutes les circonstances de l'attentat, tandis que ses auditeurs (et principalement la servante et la cuisinière) écoutaient avec le plus vif intérêt.

— Je disais donc que je crus entendre du bruit, poursuivit Giles. Je me dis comme ça, d'abord : *C'est une illusion;* et je me disposais à me rendormir, quand j'entendis de nouveau le même bruit, mais plus distinctement.

— Quelle sorte de bruit? demanda la cuisinière.

— Comme qui dirait une espèce de bruit sourd, dit M. Giles regardant autour de lui d'un air effaré; comme quelque chose que l'on brise.

— Ou plutôt comme une barre de fer qu'on limerait avec une râpe à noix muscade, dit Brittles.

— Je ne dis pas, peut-être bien quand vous avez entendu; mais au moment que je veux dire, moi, c'était un bruit de quelque chose que l'on brise, reprit M. Giles. Je soulève ma couverture (continuat-il en repoussant la nappe), je me mets sur mon séant et je prête l'oreille.

— Dieu! s'écrièrent simultanément la cuisinière et la servante se rapprochant l'une de l'autre.

— J'entends le même bruit, mieux que jamais, reprit M. Giles, et je me dis comme ça en moi-même : Bien sûr qu'on force une porte ou une fenêtre. Que faire? Je m'en vais appeler Brittles et empêcher ce pauvre garçon d'être assassiné dans son lit ; sans quoi (que j' me dis en moi-même) il serait bien dans le cas de se laisser couper la gorge, d'une oreille à l'autre, sans seulement s'en apercevoir.

Tous les yeux se tournèrent vers Brittles qui, la bouche béante, fixa les siens sur Giles avec une expression de terreur.

— Je rabaisse ma couverture, dit ce dernier rejetant la nappe, et regardant fixement la cuisinière et la servante, je sors doucement du lit, j'enfile mes pantoufles, je m'empare du pistolet chargé que je monte tous les soirs avec moi dans le panier à l'argenterie, et je vais tout doucement sur la pointe du pied à la chambre de ce pauvre Brittles. Brittles ! que je lui dis en l'éveillant, n'ayez pas peur !

Et M. Giles, joignant l'action à la parole, s'était levé de sa chaise et avait déjà fait deux ou trois pas les yeux fermés, quand, tressaillant tout à coup, aussi bien que toute la compagnie, il revint bien vite à sa place. La cuisinière et la servante jetèrent un cri perçant.

— On a frappé, dit Giles prenant un air tout à fait calme... Allez ouvrir, quelqu'un de vous !

Personne ne bougea.

— Il me semble bien étonnant qu'on frappe à la porte à une telle heure, dit M. Giles observant l'extrême pâleur qui régnait sur tous les visages et paraissant lui-même en butte aux effets d'une frayeur peu commune ; mais il faut ouvrir cependant quelqu'un de vous !... Vous m'entendez ?

En parlant ainsi, M. Giles regardait Brittles ; mais ce jeune homme, naturellement modeste, ne se considérant pas comme quelqu'un, pensa avec raison que la remarque de son supérieur ne pouvait s'adresser à lui, et il garda le silence. M. Giles voulut faire un appel au chaudronnier ; mais celui-ci s'était soudainement endormi. Quant aux deux femmes, il ne fallait pas y penser.

— Si Brittles voulait seulement entr'ouvrir la porte en présence de témoins, dit M. Giles après un moment de silence, j'en serais un, pour ma part.

— Et moi aussi, dit le chaudronnier s'éveillant aussi subitement qu'il s'était endormi.

Brittles se rendit à ces conditions ; et nos trois amis, après que les volets furent ouverts, s'étant un peu rassurés en voyant qu'il faisait grand jour, s'acheminèrent vers la porte d'entrée, précédés des deux chiens et accompagnés des deux femmes, qui, n'osant pas rester seules dans la cuisine, formaient l'arrière-garde.

Ces précautions une fois prises, M. Giles s'empara du bras du chaudronnier, *afin de l'empêcher de se sauver* (à ce qu'il dit, du moins en plaisantant), et donna ordre d'ouvrir la porte. Brittles obéit; et nos gens, se pressant les uns contre les autres et regardant avec une avide curiosité chacun par-dessus l'épaule de son voisin, ne virent d'autre objet plus formidable que le pauvre petit Olivier, qui, épuisé de fatigue et interdit à la vue de tant de personnes, leva les yeux langoureusement et implora du regard leur compassion.

— Un petit garçon! s'écria M. Giles repoussant vaillamment le chaudronnier au fond du vestibule. Qu'est-ce que tu veux, toi, hein? Regarde donc un peu, Brittles!... ne vois-tu pas?

Brittles, qui s'était tenu derrière la porte pour l'ouvrir, n'eut pas plus tôt aperçu Olivier, qu'il poussa un grand cri. M. Giles, saisissant l'enfant par une jambe et par un bras (fort heureusement celui qui n'était pas fracassé), l'entraîna dans le vestibule et le coucha tout de son long sur le parquet.

— Le voici! cria Giles de toutes ses forces en se penchant sur la rampe de l'escalier. Voici un des voleurs, Madame!

Les deux servantes montèrent l'escalier quatre à quatre pour porter cette heureuse nouvelle à leurs maîtresses; et le chaudronnier fit tous ses efforts pour rappeler Olivier à la vie, de peur qu'il ne vînt à mourir avant d'être pendu. Au milieu de tout ce remue-ménage, on entendit une douce voix de femme qui apaisa le bruit en un instant.

— Giles! murmura la voix du haut de l'escalier.

— Me voici, Mademoiselle, répliqua celui-ci; ne craignez rien, Mademoiselle, je n'ai pas beaucoup de mal!...

— Chut! reprit la jeune demoiselle, vous effrayez ma tante autant que les voleurs eux-mêmes. Le pauvre homme est-il dangereusement blessé?

— Furieusement, Mademoiselle, repartit Giles avec un air de complaisance et de satisfaction intérieure.

— On dirait qu'il se meurt, Mademoiselle, cria Brittles de la même manière qu'auparavant. Ne voulez-vous pas le voir, Mademoiselle, avant qu'il ne?...

— Chut! ne faites pas de bruit, mon ami, dit la demoiselle. Attendez un instant, que je parle à ma tante.

D'un pas aussi doux que sa voix, la jeune fille s'éloigna légèrement, et revint bientôt donner l'ordre de transporter le blessé dans la chambre de M. Giles, avec tous les soins possibles. Elle dit en même temps à Brittles de seller le bidet et de se rendre sur-le-champ à Chertsey, d'où il devait envoyer en toute hâte un constable et un médecin.

— Mais ne voulez-vous pas le voir auparavant, Mademoiselle? demanda M. Giles avec autant d'orgueil que si Olivier eût été quelque oiseau d'un rare plumage qu'il aurait abattu adroitement. Ne désirez-vous pas seulement l'entrevoir?

— Non, pas maintenant, pour tout au monde, répondit la jeune fille. Pauvre malheureux! Oh! traitez-le avec bonté, Giles... ne fût-ce que pour l'amour de moi!

Comme la demoiselle se retira après avoir dit ces mots, le vieux serviteur leva les yeux sur elle avec autant d'orgueil et d'admiration que si c'eût été sa propre fille; et se penchant sur Olivier, il l'aida à se relever, et le porta à sa chambre avec tout le soin et la sollicitude d'une femme.

XXIX. — Caractère des commensaux de la maison où se trouve Olivier. — Ce qu'ils pensent de lui.

Dans une jolie salle, dont l'ameublement toutefois annonçait la mode et le confort du bon vieux temps, plutôt que le luxe et l'élégance de nos jours, deux dames, assises à une table, prenaient leur déjeuner. M. Giles, habillé tout en noir, les servait, et s'était placé à une distance à peu près égale de la table et du buffet, le corps droit, la tête haute et penchée un tant soit peu sur une épaule. La jambe gauche en avant et la main droite dans la poche de son gilet, tandis que la gauche tenant un plateau pendait à son côté, il avait l'air d'un homme confiant en son propre mérite, et ayant le sentiment intérieur de son importance.

L'une des deux dames était déjà fort avancée en âge, et pourtant elle était aussi droite que le dossier élevé de sa chaise de chêne. Un air de bienveillante dignité régnait dans sa personne. Les mains jointes et posées sur le bord de la table, elle fixa sur sa jeune compagne des yeux qui conservaient encore toute la vivacité du jeune âge.

L'autre (la plus jeune) était à la fleur du printemps de la vie. Elle n'avait pas plus de dix-sept ans.

Levant les yeux par hasard, au moment où la vieille dame la contemplait en silence, elle rejeta en arrière ses cheveux, qui étaient simplement tressés sur son front, et il y avait dans son regard tant de douceur et d'affection qu'on n'eût pu s'empêcher de l'aimer en la voyant.

La vieille dame sourit; mais son cœur était plein, et elle essuya une larme en même temps.

— Il y a plus d'une heure que Brittles est parti, n'est-ce pas? demanda-t-elle après un moment de silence.

— Une heure et douze minutes, Madame, répondit Giles tirant de son gousset une montre d'argent assujétie par un ruban noir passé autour du cou.

— Il va toujours si lentement! observa la vieille dame.

— Brittles a toujours été un garçon très-lent, Madame, répliqua le serviteur, comme s'il eût voulu faire observer que, puisqu'il y avait plus de trente ans que Brittles était ainsi, il n'y avait pas de raison pour qu'il devînt jamais vif.

— Il va de pis en pis, je pense, dit la dame.

— Il n'est pas du tout excusable, s'il s'arrête pour jouer avec d'autres garçons, dit en riant la jeune demoiselle.

M. Giles réfléchissait s'il devait se permettre un sourire approbateur, lorsqu'un *gig* s'arrêta devant la porte du jardin, et il en descendit un gros monsieur qui, entrant tout droit sans se faire annoncer, faillit, dans sa précipitation, culbuter M. Giles et la table du déjeuner.

— A-t-on jamais vu! s'écria le gros monsieur. Ma chère madame Maylie! Est-il possible! Et au milieu de la nuit, encore!... Je n'ai jamais vu chose pareille!

Disant cela, il tendit affectueusement sa main aux deux dames; et s'étant assis auprès d'elles, il s'informa de leur santé.

— Je suis étonné que vous ne soyez pas mortes de frayeur, poursuivit-il. Pourquoi n'avez-vous pas envoyé me prévenir? Mon domestique fût venu aussitôt... et moi-même avec mon jeune homme ou toute autre personne, nous nous serions fait un plaisir en pareille circonstance... Quand j'y pense!... chose si imprévue! Et au milieu de la nuit, qui pis est?

Ce qui surprenait le plus le docteur, c'est que l'attentat eût été imprévu, et que les voleurs eussent choisi la nuit pour le mettre à exécution; comme si ces messieurs avaient l'habitude de travailler en plein midi, et d'écrire par la petite poste trois jours d'avance pour annoncer leur arrivée!

— Et vous, mademoiselle Rose? dit le docteur s'adressant à la jeune fille. Je...

— Oh! certainement, dit celle-ci en l'interrompant : mais il y a ici, en haut, un pauvre malheureux que ma tante désire bien que vous voyiez.

— Bien volontiers! reprit le docteur. C'est un de vos coups de main, Giles, d'après ce qu'on m'a dit?

M. Giles, qui rangeait en ce moment les tasses à thé, rougit jusqu'au blanc des yeux, et répondit qu'il avait eu cet honneur.

— Vous appelez cela de l'honneur, repartit le gros monsieur. Je ne sais pas trop! Peut-être est-il aussi honorable de tirer à bout portant sur un voleur, dans un cellier, que de blesser votre homme à douze pas de distance... Imaginez-vous qu'il a tiré en l'air, et que vous vous êtes battu en duel.

M. Giles, peu satisfait de voir qu'en traitant si légèrement cette matière on diminuait de beaucoup le mérite de son action, répondit avec respect qu'il ne se croyait pas en droit de juger de cela, mais qu'il avait tout lieu de croire que ce n'était pas une plaisanterie pour son adversaire.

— C'est vrai! dit le docteur. Où est-il?... Montrez-moi le chemin!... Je vous reverrai en descendant, madame Maylie. C'est là la petite fenêtre par laquelle il s'est introduit, hé!... En vérité, je n'aurais jamais pu croire cela! Et en parlant ainsi, il suivit M. Giles en haut de l'escalier.

M. Losberne, chirurgien du voisinage, connu à dix milles à la ronde sous le nom de docteur, était le plus gai, le plus franc des célibataires des environs. Il fut longtemps auprès du malade, on sortit du coffre de sa voiture une grande boîte plate, les domestiques furent continuellement en mouvement; ce qui fit présumer qu'il se passait quelque chose d'extraordinaire.

A la fin cependant il descendit; et pour toute réponse aux questions empressées de madame Maylie, il ferma la porte avec un air de mystère et s'y adossa comme pour empêcher d'entrer.

— Voilà qui est bien surprenant, madame Maylie! dit le docteur.

— Il n'est pas en danger, j'espère? dit la vieille dame.

— Il n'y aurait rien d'étonnant, répondit-il, au point où en sont les choses. Cependant je ne pense pas qu'il le soit. Avez-vous vu ce voleur?

— Non, répliqua la vieille dame.

— Et vous ne savez rien de lui?

— Du tout.

— Pardon, Madame, dit M. Giles, mais j'allais vous en parler quand le docteur Losberne est entré.

Le fait est que M. Giles n'avait pu se décider, dès l'abord, à avouer que c'était sur un enfant qu'il avait tiré. On avait tant vanté sa bravoure, qu'il voulait jouir le plus longtemps possible de la réputation colossale qu'il s'était récemment acquise.

— Rose désirait voir cet homme, dit madame Maylie; mais je n'ai pas voulu.

— Son aspect n'a rien de bien effrayant, je vous assure, repartit le docteur. Consentiriez-vous à le voir en ma présence?

— Oui, si vous pensez que ce soit nécessaire, répondit la dame.

— C'est parce que je crois que c'est nécessaire que je vous fais cette question, répliqua le docteur. En tout cas, je sais surtout que vous regretteriez vivement de ne pas l'avoir vu, si vous différiez davantage. Il est mieux maintenant... Mademoiselle Rose, voulez-vous me permettre? Il n'y a pas la moindre crainte à avoir, je vous le jure.

Tout en assurant ces dames qu'elles seraient agréablement surprises à la vue du criminel, M. Losberne prit le bras de la jeune demoiselle, et présentant la main à madame Maylie, il les conduisit avec beaucoup de cérémonie à la chambre du malade.

— Maintenant, dit-il à voix basse en ouvrant doucement la porte de la chambre, voyons un peu ce que vous allez en penser... Quoique sa barbe ne soit pas fraîchement faite, il n'en a pas pour cela l'air plus farouche... Attendez cependant!.... que je sache s'il est visible.

Le docteur entra le premier, et, après avoir jeté un coup d'œil dans la chambre, il fit signe aux deux dames d'approcher. Ensuite il ferma la porte derrière elles; et ayant fait quelques pas vers le lit, il en écarta les rideaux avec précaution.

Au lieu d'un bandit à la mine rébarbative qu'elles s'attendaient à voir, ce fut un pauvre enfant épuisé de douleur et de fatigue et dormant d'un profond sommeil, un bras en écharpe, posé sur sa poitrine, tandis que l'autre soutenait sa tête cachée en partie par ses cheveux épars.

Comme le bon docteur observait ainsi son malade, la jeune demoiselle se glissa légèrement auprès de lui, et, s'étant assise au chevet du lit, elle sépara les cheveux d'Olivier et quelques larmes, s'échappant de ses yeux, tombèrent sur le front de l'enfant.

Celui-ci se remua un peu et sourit dans son sommeil, comme si ces marques de compassion eussent produit en lui un rêve agréable d'amour et d'affection qu'il n'avait jamais connu.

— Que veut dire ceci? s'écria la vieille dame. Cet enfant n'a jamais pu être le complice des voleurs!

— Le vice, dit le chirurgien avec un soupir en laissant retomber le rideau, le vice fait sa demeure dans bien des temples!... Eh! qui peut dire qu'un bel extérieur ne le renferme pas?

— Mais à un âge si tendre! observa Rose.

— Ma chère demoiselle, répliqua gravement le chirurgien, le crime, de même que la mort, ne s'attache pas seulement aux vieillards et aux gens difformes; les plus jeunes et les plus beaux ne sont que trop souvent ses victimes de prédilection.

— Mais pouvez-vous penser, monsieur Losberne, dit Rose, pouvez-vous réellement penser que cet enfant, si délicat, ait été l'associé volontaire de ces brigands?

Le chirurgien branla la tête de manière à donner à entendre qu'il craignait bien que cela ne fût possible; et observant qu'ils pouvaient troubler le repos du malade, ils passèrent tous trois dans une chambre voisine.

— Mais quand même il serait ce que vous pensez, poursuivit Rose, songez qu'il est si jeune!... que peut-être il n'a jamais connu ce que c'est que l'amour ou les soins d'une mère... que les coups, les mauvais traitements et le manque de pain l'auront réduit à s'associer avec les hommes qui l'ont forcé au crime!... Ma tante! ma bonne tante!... pour l'amour de Dieu, réfléchissez bien à tout ceci avant de laisser emmener ce pauvre enfant dans une prison où, à coup sûr, il perdra la chance de devenir meilleur! Oh! par l'affection toute maternelle que vous me portez et sans laquelle, privée moi-même de parents, j'aurais pu être abandonnée, ainsi que ce pauvre enfant, ayez pitié de lui avant qu'il ne soit trop tard!

— Chère enfant, dit la vieille dame pressant Rose sur son cœur, crois-tu donc que je voudrais lui ôter un seul cheveu de la tête?

— Oh! non, repartit vivement Rose, non, bonne tante, vous en êtes incapable!

— Sans doute, répliqua madame Maylie. Mes jours touchent à leur fin... Puisse le ciel avoir pitié de moi, comme j'ai pitié des autres!... Que puis-je faire pour le sauver, monsieur Losberne?

— Attendez donc un peu, dit celui-ci, que je voie s'il y a moyen.

Le docteur alors, mettant ses mains dans ses poches, se promena de long en large dans la chambre, tantôt s'arrêtant et se balançant sur la pointe des pieds en s'écriant : *J'y suis!* tantôt en fronçant le sourcil d'une manière effroyable en disant : *Je n'y suis pas!* Enfin, après bien des allées et venues, il s'arrêta tout court et parla ainsi :

— Je pense que si vous m'accordez plein pouvoir de brusquer un peu Giles et ce gamin de Brittles, je puis en venir à bout... C'est un brave garçon et un fidèle serviteur, j'en conviens; mais vous avez mille moyens de le dédommager et de récompenser son adresse au pistolet. Vous n'avez aucune objection à faire?

— A moins qu'il n'y ait d'autre moyen de sauver cet enfant, répondit madame Maylie.

— Je n'en vois point d'autre, reprit le docteur; et il n'y en a réellement pas d'autre, vous pouvez m'en croire.

— Eh bien! ma tante vous donne liberté pleine et entière de faire comme vous voudrez, dit Rose souriant et pleurant tout à la fois d'attendrissement; pourvu que vous n'usiez de sévérité envers ces pauvres diables qu'autant qu'il sera nécessaire.

— Il semble, dit le docteur, que vous pensiez qu'excepté vous tout le monde aujourd'hui doive avoir le cœur dur. Mais, pour en revenir à notre malade, il me reste à vous dire le point principal de nos conventions. Il s'éveillera d'ici à une heure, je pense; et quoique j'aie dit à ce gros butor de constable qui est en bas dans la cuisine que cet enfant ne doit remuer ni parler, au péril de sa vie, je suis fondé à croire que nous pouvons sans danger nous entretenir un instant avec lui. J'y mets une condition : c'est que, si, après l'avoir questionné en votre présence, nous jugeons qu'il est vraiment mauvais sujet (ce qui est très-probable), nous l'abandonnerons à son malheureux sort, sans que je m'en mêle davantage, en tout cas?

— Oh! non, ma tante! dit Rose d'un ton suppliant.

— Oh! si, ma tante! dit le docteur. Est-ce convenu?

— Il ne peut être endurci dans le vice, dit Rose; c'est impossible!

— Tant mieux! repartit le docteur : raison de plus pour accéder à ma proposition.

Finalement le traité fut conclu, et nos amis s'assirent en attendant le réveil d'Olivier.

La patience des deux dames dut subir une plus longue épreuve qu'elles ne s'y attendaient, d'après ce que leur avait dit M. Losberne. Plusieurs heures s'écoulèrent successivement, et Olivier dormait toujours.

Il était déjà presque nuit quand le bon docteur annonça que l'enfant était assez éveillé pour qu'on pût lui parler. Il n'est pas bien du tout, et le sang qu'il a perdu a totalement épuisé ses forces, dit-il; mais il paraît éprouver un tel besoin de révéler quelque chose, qu'il vaut mieux lui en fournir l'occasion plutôt que de l'engager à rester tranquille jusqu'au lendemain.

L'entretien fut long, car Olivier raconta toute son histoire; mais la souffrance et la faiblesse l'obligèrent plusieurs fois de s'arrêter. Il y avait quelque chose de solennel à entendre, dans cette chambre sombre, la voix douce et languissante de ce pauvre enfant faisant l'énumération des malheurs que des méchants avaient attirés sur lui.

Comme Olivier avait fini de parler, et qu'il se disposait à se rendormir, le docteur, tout ému de ce qu'il venait d'apprendre, se retira en s'essuyant les yeux et chercha M. Giles pour commencer les hostilités avec lui. Ne trouvant personne en bas, ni dans le parloir, ni dans les salles, il poussa ses recherches jusqu'à la cuisine, dans l'espoir d'un meilleur succès. Il vit en effet, dans ce *salon de réception* de la *gent domestique*, une société nombreuse, composée des deux servantes, de M. Brittles, de M. Giles, du chaudronnier, qui (en considération de ses services) avait été invité à passer la journée à la maison, et du constable. Ce dernier avait un gros bâton, une grosse tête, de gros traits, et paraissait avoir bu autant de bière que son gros ventre pouvait en contenir.

— Ne vous dérangez pas, dit le docteur faisant un signe de la main.

— Vous êtes bien honnête, Monsieur, répliqua Giles. Madame m'a chargé de distribuer de la bière; et comme je ne me sentais pas du tout disposé à rester seul dans ma chambre, et que d'ailleurs je voulais jouir de l'avantage de la société, je bois mon *ale* en compagnie de ces messieurs et de ces dames, comme vous voyez.

Brittles marmotta quelques paroles flatteuses; et un murmure approbateur s'éleva dans l'assemblée, qui exprima tout le plaisir qu'elle ressentait d'une telle preuve de condescendance de la part de M. Giles.

— Comment va le malade ce soir, monsieur Losberne? demanda-t-il.

— Comme ci comme ça, répondit le docteur. Je crains bien que vous ne vous soyez mis dans l'embarras, monsieur Giles!

— Il n'est pas possible! s'écria celui-ci tout tremblant. Voulez-vous dire qu'il en mourra?... Si je le pensais, je ne serais plus jamais heureux de ma vie. Je ne voudrais pas pour tout l'or du monde être la cause de la mort d'un enfant.

— Ce n'est pas là ce que je veux dire, reprit le docteur d'un air mystérieux. Etes-vous protestant, monsieur Giles?

— Si je le suis, Monsieur! bégaya ce dernier, qui était pâle à faire peur, il n'y a pas à en douter.

— Et vous, jeune homme? demanda le docteur, se tournant brusquement vers Brittles.

— Mon Dieu! Monsieur, répondit celui-ci en tressaillant, je suis absolument de même que M. Giles.

— Dites-moi donc maintenant, chacun de vous, reprit le docteur d'un air furieux, pourriez-vous affirmer par serment que l'enfant qui est en haut est bien celui qu'on a introduit par la fenêtre la nuit dernière? Voyons, répondez! Nous sommes tout prêts à vous entendre.

Le docteur, qui était généralement connu pour l'homme le plus débonnaire qui fut jamais, fit cette question d'un ton si bref, que Giles et Brittles, étourdis par la bière et par l'agitation où les mettait cet examen, se regardèrent fixement l'un l'autre, dans un état complet de stupéfaction.

— Faites bien attention à ce qu'ils vont répondre, constable! poursuivit le docteur agitant l'index de sa main droite avec beaucoup de gravité, et s'en donnant de petits coups sur le nez pour forcer l'attention de ce fonctionnaire. Nous allons savoir avant peu de quoi il retourne.

Celui-ci, se donnant les airs d'un homme *capable*, prit son bâton l'office, qu'il avait posé dans un coin de la cheminée.

— Observez que c'est simplement une question d'identité, dit le docteur.

— Comme vous dites, Monsieur, repartit le constable mettant sa main devant sa bouche pour tousser (car, en vidant son verre à la hâte, il avait avalé de travers).

— Voici une maison que l'on force, continua le docteur. Dans l'obscurité la plus profonde... au milieu du tumulte et de la confusion...

à travers la fumée épaisse de la poudre... deux hommes croient avoir entrevu un enfant. Il se trouve par hasard que le lendemain matin un enfant vient frapper à la porte de cette même maison; et, parce qu'il a le bras enveloppé d'un mouchoir, ces deux hommes se saisissent de lui, l'entraînent dans le vestibule, et, non contents de mettre ainsi sa vie dans le plus grand danger, ils vont jusqu'à affirmer par serment que c'est le voleur... Maintenant il s'agit de savoir s'ils ont eu raison d'agir comme ils l'ont fait; et, si leurs soupçons ne sont pas fondés, dans quelle situation ils se trouvent placés.

Le constable fit un signe de tête respectueux, et dit que, si ce n'était pas là la loi, il serait bien curieux de savoir ce que c'était.

— Je vous le demande encore une fois, dit le docteur d'une voix de tonnerre, pouvez-vous jurer que ce soit le même enfant?

Brittles regardait Giles avec un air de doute, et Giles regardait Brittles de la même manière; le constable avait mis sa main à son oreille, pour mieux saisir leur réponse; les deux femmes et le chaudronnier se penchaient en avant pour écouter, et le docteur jetait un regard pénétrant autour de lui, quand un bruit de roues se fit entendre et en même temps on sonna à la porte du jardin.

— Ce sont les officiers de police! s'écria Brittles, qui ne s'en trouvait pas plus à son aise.

— Les quoi? demanda le docteur stupéfait à son tour.

— Les officiers de police de *Bow-Street*, répliqua Brittles en prenant une chandelle. Nous les avons fait prévenir ce matin, M. Giles et moi.

— Comment! s'écria le docteur.

— Sans doute, repartit Brittles. J'ai envoyé un mot par le conducteur de la diligence, et je m'étonne qu'ils ne soient pas arrivés plus tôt.

— Ah! vous avez envoyé un exprès, n'est-ce pas? Lambins de conducteurs! s'écria le docteur en s'en allant.

XXX. — Position critique.

— Qui est là? demanda Brittles entr'ouvrant la porte et mettant sa main devant la chandelle pour mieux voir.

— Ouvrez! répondit un homme. Ce sont les officiers de police qu'on a envoyé chercher ce matin.

Rassuré par ces paroles, Brittles ouvrit la porte toute grande et se trouva face à face avec un homme en redingote longue, qui entra majestueusement sans rien dire et essuya ses pieds sur le paillasson avec autant de sang-froid que s'il eût été chez lui.

— Envoyez quelqu'un donner un coup de main à mon camarade, voulez-vous, jeune homme, dit l'officier de police. Il est dans le *gig* pour garder le cheval. Avez-vous une remise où l'on pourrait mettre ce dernier à couvert pour quelques minutes?

Brittles répondit affirmativement en montrant du doigt un petit bâtiment destiné à cet usage.

— Voulez-vous prévenir votre maître que messieurs *Blathers* et *Duff* sont ici? dit le premier, passant la main dans ses cheveux et posant une paire de menottes sur la table. Ah! bonsoir, notr' bourgeois!... Puis-je vous dire deux mots en particulier, s'il vous plaît?

Ces paroles s'adressaient à M. Losberne, qui parut en ce moment, et qui, ayant fait signe à Brittles de se retirer, fit entrer les deux dames et ferma la porte.

— Voici la maîtresse du logis, dit-il en se tournant vers madame Maylie.

M. Blathers s'inclina respectueusement; et, ayant été invité à s'asseoir, il posa son chapeau à terre, prit un siége et fit signe à Duff de faire de même. Puis ils demandèrent les renseignements les plus minutieux sur l'événement. Le docteur, qui désirait gagner du temps, leur raconta les détails aussi longuement qu'il lui fut possible. Ils écoutaient avec l'air du plus vif intérêt, comme des gens qui s'y entendent.

— Mais qu'est-ce que c'est donc que ce petit garçon dont parlent les domestiques? demanda Blathers.

— Il est vrai qu'un des domestiques s'est mis dans la tête que cet enfant était pour quelque chose dans l'affaire... mais c'est une absurdité... il n'y a rien de tout cela.

— C'est bien facile à dire! remarqua Duff.

— Il a raison, dit Blathers faisant un signe de tête approbatif et jouant machinalement avec les menottes comme on le ferait avec des castagnettes. Qui est cet enfant?... Que dit-il de lui-même? D'où vient-il?... Il ne tombe pas des nues!... N'est-ce pas, notr' bourgeois?

— Sans doute, reprit le docteur jetant un coup d'œil significatif aux deux dames. Je connais toute son histoire. Mais nous parlerons de cela tout à l'heure... Peut-être ne serez-vous pas fâchés de voir auparavant la fenêtre que les voleurs ont brisée ?

— Certainement, répondit Blathers. Nous ferons mieux de visiter les lieux d'abord !... ensuite nous interrogerons les domestiques : c'est ainsi que nous avons l'habitude de procéder.

On apporta des lumières et MM. Blathers et Duff, accompagnés du constable du lieu, de Brittles, de Giles et de tous les commensaux de la maison, enfin, se rendirent dans le petit cellier, au bout du passage.

Après en avoir examiné la fenêtre, ils firent le tour par la pelouse, examinèrent de nouveau la fenêtre, puis le volet; et, à l'aide d'une lanterne, suivirent la trace des pas et battirent les buissons avec une fourche.

Ceci fait en présence de tous les assistants, qui observèrent tout le temps un religieux silence, on rentra dans la salle, où MM. Giles et Brittles furent requis de donner la représentation dramatique du rôle qu'ils avaient joué la nuit précédente; et il se trouva qu'après avoir répété cette scène jusqu'à six fois, ils ne s'étaient contredits que sur un seul fait important dans la première, et sur une douzaine, tout au plus, dans les autres.

Lorsque la volubilité de nos deux acteurs fut épuisée, Blathers et Duff se retirèrent dans la pièce voisine et tinrent conseil entre eux. La nature et l'importance de leur colloque furent telles, qu'une consultation des plus habiles docteurs de la faculté, sur le cas le plus épineux en matière de médecine, n'eût été qu'un jeu d'enfants en comparaison.

Pendant ce temps-là, le docteur, resté seul avec les deux dames, se promenait de long en large dans la salle, extrêmement agité, tandis que Rose et madame Maylie se regardaient d'un air inquiet.

— Ma parole, dit-il en s'arrêtant tout court, je ne sais vraiment que faire !

— Je suis sûre, dit Rose, que l'histoire de ce pauvre enfant racontée franchement à ces hommes suffirait pour le disculper à leurs yeux.

— J'en doute fort, ma chère demoiselle, dit le docteur en branlant la tête, je ne pense pas qu'elle doive produire un bon effet sur l'esprit de ces gens... pas plus que sur ceux d'un grade supérieur. Qu'est-il après tout (objecteront-ils) ? Un vagabond... rien autre chose... A en juger par les apparences et les considérations du monde, son histoire est bien douteuse.

— Vous y ajoutez foi, vous, n'est-ce pas? reprit vivement la jeune fille.

— Oui, sans doute, j'y ajoute foi, quelque étrange qu'elle soit, d'ailleurs, et je peux bien être un grand fou, à cause de cela, repartit le docteur. Mais je ne crois pas (comme je vous l'ai dit tout à l'heure) que ce soit là le genre d'histoire qui puisse intéresser un officier de police un tant soit peu exercé dans l'art de sa profession.

— Pourquoi non? demanda Rose.

— Pourquoi, ma belle enfant? répliqua le docteur. Parce que, considérée sous certains rapports et par ces gens-là surtout, il y a bien du louche. Cet enfant ne peut prouver que les circonstances qui sont contre lui et pas une de celles qui pourraient être en sa faveur. Les agents de police voudront avoir les *si* et les *pourquoi* et ne nous feront aucune concession, d'abord!... D'après ce qu'il nous a dit lui-même, vous voyez qu'il a été avec des voleurs depuis quelque temps déjà! Il a été conduit à un bureau de police comme ayant volé le mouchoir d'un monsieur; puis, en faisant une commission pour ce même monsieur, qui l'a traité avec tous les égards possibles, il est entraîné dans un endroit qu'il ne peut décrire et dont il n'a pas la moindre idée... Maintenant, voilà qu'il prend fantaisie à des hommes de l'emmener à Chertsey, malgré lui; on le fait passer par une fenêtre, dans l'intention de piller la maison, et, juste au moment où il veut donner l'alarme (la seule chose qui eût pu prouver en sa faveur s'il l'eût mise à exécution), le sommelier arrive et lui tire un coup de pistolet, comme pour l'empêcher d'agir dans son propre intérêt... A-t-on jamais vu chose pareille?

— Je ne dis pas non, reprit Rose souriant de la vivacité du docteur. Mais je ne vois en tout cela rien qui démontre que ce pauvre enfant soit coupable.

— Non, sans doute, repartit le docteur. Grâce à votre sexe, vous ne verrez jamais qu'un côté de la question, qu'il soit bien ou mal, et c'est toujours celui qui se présente le premier.

Disant cela, le docteur mit ses mains dans ses poches et se promena de nouveau de long en large avec plus d'agitation qu'auparavant.

— Plus j'y réfléchis, dit-il, et plus j'entrevois les obstacles et les difficultés sans nombre que nous aurons à surmonter. Si nous racontons à ces hommes la chose telle qu'elle est, je suis certain qu'ils n'y ajouteront pas foi;... et en supposant même qu'ils finissent plus tard par acquitter cet enfant, la publicité qu'ils donneront à cette affaire et le doute qui l'enveloppera détruiront tout l'effet de la bonne action que vous vous proposez en le tirant de ce mauvais pas.

— Comment faire, alors? s'écria Rose. Mon Dieu, mon Dieu! pourquoi a-t-on fait dire à ces hommes de venir?

— C'est vrai! dit madame Maylie. Je donnerais tout au monde pour qu'ils ne fussent pas venus!

— Tout ce qu'il y a de mieux à faire, selon moi, dit M. Losberne se laissant tomber sur une chaise de l'air d'un homme qui a perdu tout espoir, c'est de payer d'audace, je ne vois plus que ce moyen... Notre intention est louable, et c'est là une excuse... Cet enfant a de forts symptômes de fièvre, et n'est pas en état de pouvoir parler, voilà déjà une bonne chose. Nous ferons de notre mieux; et si nous ne réussissons pas, ce ne sera pas de notre faute!... Entrez!

— Eh bien! notr' bourgeois, dit Blathers entrant suivi de son compagnon et fermant la porte, ceci n'était pas un *coup monté*?

— Eh! qu'appelez-vous un *coup monté*? demanda le docteur avec impatience.

— Nous disons que c'est un *coup monté*, répondit Blathers (s'adressant de préférence aux dames, comme s'il eût eu pitié de leur ignorance, en même temps qu'il méprisait celle du docteur), quand les domestiques de la maison y sont pour quelque chose.

— Personne n'a eu le moindre soupçon sur eux en cette circonstance, dit madame Maylie.

— Je ne dis pas le contraire, répliqua Blathers. Il n'en est pas moins vrai qu'ils auraient bien pu en être, cependant.

— ...A plus forte raison, sachant qu'ils ont la confiance de leurs maîtres, reprit Duff.

— Nous avons lieu de croire que le coup a été fait par des *pègres de la haute*, poursuivit Blathers; nous reconnaissons cela tout de suite au genre de travail, qui est de main de maître.

— Et un peu soigné, que je dis, ajouta Duff à demi-voix.

— Ils étaient deux, continua Blathers; et il n'y a pas de doute qu'ils avaient un enfant avec eux... C'est bien facile à deviner en voyant la fenêtre... C'est tout ce que nous pouvons dire pour le présent... Il nous reste à voir ce petit garçon que vous avez en haut. Si vous voulez bien nous y conduire.

— Ils prendront bien auparavant un verre de quelque chose? dit le docteur enchanté d'avoir trouvé ce moyen de les retarder un peu.

— Certainement, dit Rose devinant l'intention de ce dernier. Tout de suite, si vous voulez!

— Volontiers, Mademoiselle, dit Blathers passant sa main sur ses lèvres. Cette sorte de besogne ne laisse pas que d'être fatigante. Ne vous dérangez pas pour nous, Mademoiselle. Donnez-nous ce que vous aurez sous la main.

— Que voulez-vous prendre? demanda le docteur se dirigeant avec Rose vers le buffet. Dites votre goût, Messieurs!

— Une petite goutte de liqueur, si cela vous est égal, notr' bourgeois, dit Blathers. Il ne faisait pas chaud, Madame, quand nous sommes partis de Londres, ce matin; et je trouve qu'il n'y a rien de tel qu'un petit verre de liqueur pour vous ranimer.

Profitant du moment où madame Maylie disait quelque chose de gracieux en réponse à la remarque de ce dernier, le docteur s'esquiva adroitement.

MM. Duff et Blathers se mirent à conter des tours de voleurs et à faire valoir leur adresse pour se relever aux yeux de ces dames, qui les écoutaient avec complaisance, afin de donner le temps au docteur de tout préparer. Enfin M. Losberne parut.

— Maintenant, Messieurs, si vous voulez venir avec moi?

— Certainement, dit Blathers. Et les deux officiers de police suivirent M. Losberne, qui les conduisit à la chambre d'Olivier, précédés de Giles, qui les éclairait.

Olivier avait dormi, mais il avait un redoublement de fièvre et paraissait plus mal. Le docteur l'aida à se mettre sur son séant; et quand il y fut il regarda les deux étrangers sans paraître savoir où il était, ni ce qui se passait autour de lui.

— Voici, dit M. Losberne parlant doucement, mais avec assurance cependant, voici le jeune garçon qui ayant été blessé par mégarde par un fusil à vent en passant sur la propriété de monsieur... (comment l'appelez-vous donc?... qui demeure ici derrière?) est venu frapper ici, ce matin, pour demander du secours, et a été indignement rudoyé et maltraité par cet individu que vous voyez qui tient la chandelle, et qui est cause que la vie de cet enfant est dans le plus grand danger, comme je puis l'affirmer en ma qualité de médecin.

MM. Blathers et Duff jetèrent les yeux sur M. Giles, qui, à son tour, regarda alternativement les deux officiers de police, le jeune malade et le docteur avec l'expression la plus comique d'inquiétude et de crainte.

— Vous ne pouvez pas dire le contraire, je pense? poursuivit le docteur recouchant doucement Olivier.

— Tout ce que j'ai fait a été pour... pour le mieux, répondit Giles. Je ne suis pas méchant par caractère, je vous assure... Et si je n'avais pas cru que c'était... l'enfant de... du... des... je me serais bien gardé de...

— L'enfant de qui croyez-vous que c'était? demanda M. Duff.

— L'enfant d'un des voleurs, répliqua Giles. Ils avaient cer...tai... ne...ment un enfant avec eux.

— Et maintenant pensez-vous que ce soit le même? demanda Blathers.

— Que ce soit le même, quoi? reprit Giles regardant Blathers d'un air effaré.

— Le même enfant, imbécile! dit Blathers perdant patience.

— Je ne saurais vous dire... Je ne sais vraiment pas, répondit Giles tout décontenancé... Je ne pourrais pas l'affirmer.

— Que pensez-vous? demanda Blathers.

— Je ne sais que penser, répliqua le pauvre Giles. Je ne pense pas que ce soit le même enfant, en vérité. Je suis presque certain que ce n'est pas lui... Vous savez bien vous-même que ça ne peut pas être lui.

— Est-ce que cet homme a bu? dit Blathers s'adressant au docteur.

— Quel fameux butor vous faites, allez! reprit Duff s'adressant à Giles de l'air du plus profond dédain.

M. Losberne, qui pendant ce dialogue avait tâté le pouls du malade, se leva de sa chaise et dit à ces messieurs de la police que, pour peu qu'ils eussent quelque doute à ce sujet, ils ne seraient peut-être pas fâchés de passer dans la chambre voisine pour questionner Brittles à son tour.

La proposition ayant été goûtée, on fit monter Brittles, qui, par ses contradictions sans nombre, ne fit qu'embrouiller davantage l'affaire au lieu de l'éclaircir, et qu'ajouter à sa propre mystification. Il dit entre autres choses qu'il lui serait impossible de reconnaître l'enfant, lors même qu'il serait devant lui en ce moment... qu'il avait pensé que c'était Olivier, parce que M. Giles l'avait cru lui-même; mais que ce dernier venait d'avouer dans la cuisine, il n'y avait pas

12

cinq minutes, qu'il commençait à craindre qu'il n'eût été trop prompt.

D'après cette déposition, la question fut de savoir si M. Giles avait réellement blessé quelqu'un ; et, après examen du second pistolet, il se trouva qu'il n'était chargé qu'à poudre avec un peu de bourre, ce qui surprit considérablement tout le monde : excepté le docteur, qui en avait extrait la balle dix minutes auparavant. Mais celui sur l'esprit de qui cette découverte fit le plus d'impression fut M. Giles, qui, après avoir été pendant quelques heures tourmenté par la crainte d'avoir mortellement blessé un de ses semblables, mordit le mieux du monde à la grappe.

Enfin, sans s'occuper davantage d'Olivier, les officiers de police laissèrent à la maison le constable de Chertsey et s'en allèrent coucher en ville, après avoir promis de revenir le lendemain matin.

Le lendemain matin le bruit courut qu'il y avait, dans la prison de Kingston, deux hommes et un petit garçon qu'on avait arrêtés la nuit précédente comme étant suspects. En conséquence, MM. Blathers et Duff firent route pour Kingston.

Le crime de ces hommes était d'avoir été trouvés endormis contre une meule de foin, crime qui, bien qu'il soit énorme sans doute, n'est seulement punissable que d'emprisonnement ; en ce qu'aux yeux de la loi anglaise (cette loi si douce et si bonne pour tous les sujets du roi) il n'y a point, dans cette action de *dormir à la belle étoile*, de preuve suffisante que ceux qui s'en sont rendus coupables aient pour cela commis un vol avec escalade et effraction, et aient, par là même, encouru la peine de mort. MM. Blathers et Duff revinrent donc chez madame Maylie aussi savants qu'ils en étaient partis.

Enfin, après une conférence assez longue au sujet d'Olivier, il fut convenu que madame Maylie et M. Losberne répondraient pour lui dans le cas où la justice reviendrait sur cette affaire, et un magistrat des environs fut appelé à cet effet pour recevoir leur caution.

Nos deux officiers de police, ayant reçu une couple de guinées pour la peine qu'ils s'étaient donnée, s'en retournèrent à Londres, chacun avec des opinions toutes différentes au sujet de leur expédition : l'un (Duff), après de mûres réflexions, soutenant que la bande de Pett était pour quelque chose dans la tentative de vol ; et l'autre (Blathers), en attribuant tout le mérite au fameux Conkey Chickweed.

Grâce aux soins de madame Maylie, de Rose et du bienveillant M. Losberne, Olivier se rétablit peu à peu.

XXXI. — **De la vie heureuse qu'Olivier mène avec ses amis.**

La maladie d'Olivier ayant été d'une nature sérieuse, sa convalescence fut longue. Les souffrances que lui causait sa blessure, jointes à une fièvre ardente qui dura plus d'un mois, l'avaient épuisé totalement. Pénétré des attentions délicates que ses deux hôtesses avaient pour lui, il leur en témoignait sa reconnaissance les larmes aux yeux, et il leur disait souvent combien il lui tardait d'être rétabli pour faire quelque chose pour elles, ne fût-ce que pour leur prouver que leurs bienfaits n'étaient point perdus, mais que le pauvre enfant qu'elles avaient sauvé de la misère, et peut-être bien de la mort, était tout dévoué à leur service.

Et cependant, malgré les bontés de madame Maylie et de Rose, Olivier était souvent inquiet. Il semblait éprouver un remords, c'est qu'il pensait à M. Brownlow et à cette vieille dame qui l'avaient si bien traité pendant sa maladie. Il craignait de passer pour un ingrat aux yeux de ses généreux protecteurs : aussi ne fut-il tranquille que lorsque M. Losberne lui eut formellement promis de le mener les voir aussitôt qu'il serait en état de supporter le voyage (1).

Olivier fut bientôt rétabli. Il partit en conséquence un beau matin, avec M. Losberne, dans la calèche de madame Maylie. Arrivés au pont de Chertsey, il devint pâle et jeta un cri perçant.

— Eh bien ! qu'est-ce qu'il a donc, cet enfant ? s'écria le docteur d'un ton brusque comme à son ordinaire. Que vois-tu ? Que ressens-tu ? Qu'entends-tu ? Voyons, parle !

— Cette maison, Monsieur ! dit Olivier.

— Eh bien ! après ? Arrêtez, cocher ! cria le docteur. Qu'est-ce qu'elle a, cette maison, hein ! mon garçon ?

— Les voleurs !... La maison où ils m'ont amené ! dit tout bas Olivier.

---

(1) Dickens omet toujours d'indiquer une condition première, pourtant un moyen indispensable pour arriver à la perfection d'Olivier. Que quoique né d'une mère coupable, cet enfant aime et pratique cependant la vertu dans un certain degré, cela se peut, cela se voit quelquefois. Mais que la nature seule produise cet effet sans l'aide d'aucune espèce de religion (Dickens est muet sur ce point), que ce fruit particulier et divin de la prière et de la grâce naisse et grandisse ainsi de lui-même, comme une production spontanée de la nature, c'est faux, c'est contraire à l'expérience de chaque jour. (*Note des Éditeurs.*)

Sans donner le temps au cocher de descendre de son siége, le docteur parvint (je ne sais comment) à sortir de la calèche, et courut droit à la masure, à la porte de laquelle il frappa à coups redoublés, comme un enragé.

— Allons! dit un vilain petit bossu ouvrant si brusquement la porte que le docteur, qui venait de donner son dernier coup de pied, perdit l'équilibre et faillit tomber tout de son long dans le passage, qu'est-ce qu'il y a donc?

— Ce qu'il y a! s'écria l'autre le prenant au collet sans lui donner le temps de se reconnaître; ce qu'il y a!.... c'est au sujet d'un vol avec escalade et effraction : voilà ce qu'il y a!...

— Alors il y aura un meurtre aussi si vous ne me lâchez pas, reprit froidement le petit bossu, entendez-vous.

— Oui, je vous entends! répliqua le docteur serrant celui-ci fortement. Où est... (allons, voilà le nom qui m'échappe maintenant!) où est ce coquin de Sikes, vous, voleur?

Le petit bossu regarda le docteur d'un air étonné et indigné tout à la fois; et se dégageant adroitement des mains de ce dernier, il se retira au fond de la maison en proférant une kyrielle de jurements affreux. M. Losberne le suivit jusque dans une petite salle obscure sans dire une seule parole. Il regarda autour de lui avec quelque inquiétude; aucun meuble, aucun objet animé ou inanimé, pas même la place des armoires, rien enfin ne répondait à la description qu'Olivier en avait faite.

— Maintenant, dit le petit bossu, qui avait étudié tous ses mouvements, quelle est votre intention en entrant chez moi de cette manière? Venez-vous pour me voler ou pour m'assassiner? Lequel des deux?

— Avez-vous jamais vu un voleur ou un assassin descendre de calèche pour faire son coup, vous, vieux vampire? demanda l'irritable docteur.

— Que voulez-vous, alors? demanda le bossu d'un air furieux. Je vous engage à sortir au plus vite si vous ne voulez pas qu'il vous arrive malheur!

— Je m'en irai quand bon me semblera! dit M. Losberne jetant un coup d'œil rapide dans une autre petite salle, qui, de même que la première, n'avait rien qui ressemblât à la description qu'Olivier avait donnée. Je saurai vous retrouver un de ces jours, mon ami!

— En vérité! dit en ricanant l'affreux bossu, si jamais vous avez besoin de moi, je suis toujours ici. Je n'ai pas vécu ici seul dans cet état de folie, depuis plus de vingt-cinq ans, pour que vous veniez m'effrayer ainsi. Vous me payerez cela, soyez-en sûr !

Ayant dit ces mots, le hideux petit monstre poussa un cri affreux et se mit à danser avec une fureur frénétique.

— Ceci est assez drôle ! se dit le docteur en lui-même. Il faut que l'enfant se soit trompé. Tenez, prenez cela !

En même temps, il tira une pièce de monnaie de sa poche, qu'il jeta au bossu, et s'en revint à la calèche. Celui-ci le suivit jusqu'à la portière en faisant des imprécations tout le long du chemin ; et tandis que M. Losberne parlait au cocher, il lança à Olivier un regard si furieux que, de nuit aussi bien que de jour, le pauvre enfant y passa pendant des mois entiers. Il continua ses imprécations jusqu'à ce que le cocher fut remonté sur son siége ; et quand la voiture se fut éloignée, on eût pu le voir encore d'une certaine distance frapper du pied contre terre et s'arracher les cheveux dans un transport de rage.

— Je suis un âne ! dit le docteur après un long silence. Savais-tu cela, Olivier ?

— Non, Monsieur.

— Eh bien ! ne l'oublie pas une autre fois !

— Oui, je suis un âne ! reprit le docteur après un moment de réflexion. En supposant que c'eût été la même maison et les mêmes individus, que pouvais-je faire seul ?... Et quand même encore j'aurais eu main-forte, je n'aurais fait que me vendre moi-même en divulguant la ruse que j'ai dû employer pour étouffer cette affaire. Et cependant c'eût été bien fait... Je m'enfonce toujours dans quelque bourbier en agissant ainsi d'après ma première impulsion, et je n'en retire aucun bien.

Le fait est que cet excellent homme n'avait jamais de sa vie agi autrement ; et que, loin de s'enfoncer dans un bourbier comme il le disait lui-même, la nature de l'impulsion qu'il suivait était telle, qu'il s'était acquis le respect et l'estime de tous ceux qui le connaissaient.

Comme Olivier connaissait le nom de la rue où demeurait M. Brownlow, ils y allèrent tout droit, sans chercher, et quand la calèche tourna le coin de la rue, le cœur de l'enfant battit si fort qu'il pouvait à peine respirer.

— Maintenant, mon garçon, quelle maison est-ce ? demanda M. Losberne.

— Là!... là! Celle-ci!... La maison blanche! s'écria Olivier mettant vivement la tête à la portière de la voiture. Oh! vite, vite, je vous prie!... Je sens que j'en mourrai de joie. J'en suis tout tremblant.

— Patience! patience! dit le bon docteur lui donnant un petit coup sur l'épaule. Tu les verras tout à l'heure, et ils seront ravis de te voir sain et sauf.

— Oh! je crois bien, répliqua Olivier, ils ont été si bons pour moi, si vous saviez, Monsieur!

La voiture s'arrêta : car ce n'était point cette maison. Elle avança quelques pas et s'arrêta encore. Des larmes de joie s'échappèrent des yeux de l'enfant comme il regardait aux fenêtres. Hélas! la maison blanche était déserte, et un écriteau portant ces mots : *A louer*, était appendu au-dessus de la porte.

— Frappez à l'autre porte, cocher! dit M. Losberne passant son bras dans celui d'Olivier.

— Qu'est devenu M. Brownlow, qui habitait la maison voisine, savez-vous? demanda-t-il à la domestique qui vint ouvrir.

— Je ne sais pas, répondit celle-ci ; mais je vais m'en informer.

Elle vint bientôt dire que M. Brownlow avait vendu son mobilier, il y avait à peu près dix semaines, et qu'il était ensuite parti pour les Indes occidentales.

— A-t-il emmené avec lui sa femme de charge? demanda M. Losberne après avoir réfléchi un instant.

— Oui, Monsieur, répondit le domestique. Il a emmené sa femme de charge et un monsieur de ses amis... Ils sont partis tous trois le même jour.

— Alors, droit à la maison, cocher! dit M. Losberne, et ne vous arrêtez pour faire rafraîchir vos chevaux que quand nous serons hors de ce maudit Londres.

— Et le libraire, Monsieur? dit Olivier. Je sais où il demeure... Allons-y, je vous en prie!

— Mon pauvre enfant, reprit le docteur, c'est assez de désappointements en un jour. Assez comme cela pour toi et pour moi. Si nous allons chez le libraire, je ne doute pas qu'il ne soit mort, ou que sa maison n'ait été incendiée, ou bien qu'il n'ait pris la fuite. Non, tout droit au logis! Et, conformément à la *première impulsion* du docteur, ils s'en retournèrent à la maison.

Cette circonstance ne produisit pourtant aucun changement dans la conduite de ses bienfaiteurs envers lui. Une quinzaine s'était passée depuis, et, avec elle les beaux jours étant venus, on se disposa à quitter pour quelques mois la maison de Chertsey. En conséquence, ayant envoyé chez leur banquier l'argenterie qui avait excité si fort la cupidité du juif, et ayant laissé Giles et un autre domestique à la maison pour en prendre soin pendant leur absence, nos deux dames partirent pour leur maison de campagne, à quelques lieues de là, emmenant Olivier avec elles.

C'était une campagne charmante que celle où ils s'étaient retirés; et Olivier, peu accoutumé à un séjour aussi délicieux, semblait commencer une nouvelle vie.

Chaque matin, il se rendait près de l'église chez un vieillard en cheveux blancs, qui lui apprenait à lire et à écrire, et qui se donnait vraiment tant de peine qu'Olivier ne pouvait jamais trop faire pour le contenter. Ensuite il faisait un tour de promenade avec ses bienfaitrices; et si l'on s'asseyait pour faire une lecture, il écoutait avec une si grande attention, que la nuit eût pu venir qu'il ne s'en serait pas aperçu. Après cela, c'était sa leçon qu'il fallait préparer pour le lendemain; et alors il s'enfermait dans une petite salle qui donnait sur le jardin, et il étudiait jusqu'au soir, où on faisait une seconde promenade.

Tous les jours, dès six heures du matin, il était sur pied, parcourant les champs et cueillant des fleurs dont il faisait des bouquets qu'il mettait sur la table, à l'heure du déjeuner. Il rapportait aussi du mouron pour les oiseaux de mademoiselle Maylie, et en décorait les cages avec un soin tout particulier. Quand il avait fini, il y avait ordinairement quelque petite commission à faire dans le village, quelque acte de charité à exécuter de la part de ces dames. Ou bien il s'amusait dans le jardin à cultiver les plantes que le clerc du village, qui était jardinier, lui avait appris à connaître; et sur ces entrefaites, arrivait mademoiselle Rose, qui ne manquait jamais de le complimenter sur tout ce qu'il avait fait, et qui l'en récompensait toujours par un gracieux sourire.

C'est ainsi que trois mois se passèrent : trois mois de félicité pour Olivier, dont la vie n'avait été jusqu'alors qu'une suite continuelle de chagrins et de tourments.

XXXII. — Un incident imprévu vient troubler le bonheur de nos trois amis.

L'été succéda bientôt au printemps; et la campagne, qu'Olivier avait trouvée si belle à son arrivée au village, déployait alors ses richesses et se montrait dans toute sa beauté. La terre avait revêtu son manteau de verdure et exhalait ses plus doux parfums.

Un soir qu'ils venaient de faire une promenade plus longue que de coutume, Rose, qui avait été enjouée tout le long du chemin, s'assit à son piano. Après avoir promené machinalement ses doigts sur le clavier pendant quelque temps, elle joua un air langoureux, et madame Maylie crut l'entendre sangloter.

— Rose!... ma bonne amie! dit cette dame.

La jeune fille garda le silence, mais joua un peu plus vite, comme si la voix de la bonne dame l'eût tirée d'une pénible rêverie.

— Rose! ma bien-aimée! s'écria celle-ci se levant précipitamment de sa chaise et s'approchant de la jeune fille : qu'as-tu? Ton visage est baigné de pleurs!... Dis-moi, qui a pu te faire de la peine?

— Rien, ma tante, je vous assure, dit Rose. Je ne sais pas en vérité ce que j'ai; mais je me sens si abattue ce soir!

— Serais-tu malade, mon ange? demanda madame Maylie.

— Oh! non, je ne suis pas malade? répondit Rose en frissonnant comme si un froid mortel l'eût saisie tout à coup. Du moins ce ne sera rien. Je serai mieux tout à l'heure. Fermez la fenêtre, je vous prie.

Olivier ferma bien vite la croisée; et la jeune fille, faisant tous ses efforts pour surmonter le sentiment qui l'agitait, essaya de jouer un air plus gai. Mais à peine ses doigts eurent-ils effleuré les touches, qu'elle ne put se contenir, et se couvrant le visage de ses deux mains, elle alla s'asseoir sur le sofa et donna un libre cours à ses larmes.

— Ma chère enfant! s'écria madame Maylie, je ne t'ai jamais vue ainsi!

— J'ai fait tout ce que j'ai pu pour ne pas vous alarmer, dit Rose; mais c'est plus fort que moi, ma tante; je crois vraiment que je suis malade.

Elle l'était en effet; car, lorsqu'on eut apporté de la lumière, ils s'aperçurent qu'elle était pâle comme la mort. Il y avait dans ses traits si doux et si réguliers quelque chose de hagard qu'on n'y avait jamais vu auparavant. En moins de rien, son visage devint pourpre et ses yeux bleus se couvrirent d'un nuage. Quelques minutes encore et elle était pâle à faire peur.

Olivier, qui, pendant tout ce temps, avait observé madame Maylie avec la plus scrupuleuse attention, remarqua que ces étranges symptômes l'avaient alarmée, et il en fut lui-même effrayé. Mais, voyant qu'elle cherchait à cacher son trouble, en affectant un air calme, il fit de même ; de sorte que, lorsqu'à l'instigation de sa tante, Rose les quitta pour aller se coucher, elle était plus gaie et paraissait être beaucoup mieux. Elle leur dit même qu'elle était certaine de s'éveiller le lendemain matin en parfaite santé.

— J'espère qu'il n'y a rien de sérieux, n'est-ce pas, Madame? dit Olivier quand madame Maylie rentra dans la salle, Mademoiselle Maylie n'a pas l'air de se bien porter, ce soir ; mais...

La bonne dame lui fit signe de ne point parler ; et, s'asseyant dans un coin, elle demeura silencieuse pendant quelque temps. Enfin elle dit d'une voix tremblante :

— J'espère que non, Olivier. J'ai été très-heureuse avec elle depuis quelques années.... trop heureuse peut-être, et il se pourrait bien qu'il m'arrivât quelque malheur... Non pas que je veuille dire que ce soit ici le cas !

— Quel malheur, Madame? demanda Olivier.

— Celui de perdre cette chère enfant, qui a fait si longtemps ma joie et mon bonheur, dit celle-ci d'une voix entrecoupée.

— A Dieu ne plaise ! s'écria vivement Olivier.

— Que sa sainte volonté soit faite ! reprit la dame en se tordant les mains.

— Assurément nous ne sommes pas menacés d'un si grand malheur ! dit Olivier. Il n'y a pas encore deux heures qu'elle était si bien portante !

Les craintes de madame Maylie n'étaient que trop fondées, et ce qu'elle avait prédit arriva. Le lendemain matin les premiers symptômes d'une maladie dangereuse s'étaient déclarés chez Rose.

— Il faut nous dépêcher, Olivier, et ne pas perdre notre temps à nous affliger inutilement, dit madame Maylie passant son doigt sur ses lèvres. M. Losberne doit recevoir cette lettre le plus tôt possible. Il faut donc la porter au bourg voisin, à quatre milles d'ici tout au plus, par la traverse ; et de là, l'envoyer à Chertsey par un exprès à qui vous recommanderez d'aller à franc étrier. Les gens de l'auberge s'en chargeront, et je m'en rapporte à vous du soin de la voir partir.

Olivier ne put répondre, tant il était impatient de s'éloigner au plus vite.

— En voici une autre, reprit madame Maylie d'un air pensif; mais je ne sais vraiment pas si je ne ferais pas mieux d'attendre que le docteur m'ait dit ce qu'il pense de Rose... Je ne voudrais l'envoyer que dans le cas où il y aurait du danger.

— Est-ce aussi pour Chertsey, Madame? demanda Olivier tendant sa main tremblante pour recevoir la lettre, impatient qu'il était de s'acquitter de sa commission.

— Non, reprit la dame en la lui donnant machinalement

Olivier jeta un coup d'œil sur l'adresse, et vit qu'elle était pour M. Henri Maylie, chez un monsieur dont il ne put déchiffrer ni le nom ni la demeure.

— Voulez-vous qu'elle parte, Madame? demanda Olivier plus impatient que jamais.

— Je pense que je ferai mieux d'attendre jusqu'à demain, dit madame Maylie en la reprenant.

Ayant dit cela, elle donna sa bourse à Olivier; il s'élança hors de la salle sans prendre congé de sa bienfaitrice.

Courant à travers champs autant que ses forces le lui permirent, tantôt caché par le blé à haute tige qui s'élevait des deux côtés du chemin, tantôt au milieu d'une plaine où des hommes étaient occupés à faucher et à faner, et ne s'arrêtant que pour reprendre haleine, il arriva enfin couvert de sueur et de poussière sur la place du marché de l'endroit.

Son premier soin fut de chercher l'auberge dont madame Maylie lui avait parlé. Il regarda de tous côtés. Une brasserie peinte en rouge se présenta d'abord à ses regards, puis l'Hôtel-de-Ville peint en jaune, puis enfin une auberge ayant pour enseigne : *Au roi Georges*. Il y entra incontinent.

Il s'adressa à un postillon qui flânait sous la porte cochère, et qui, après s'être fait expliquer la nature du message qui amenait Olivier, le renvoya au garçon d'écurie, qui, après même explication, le renvoya au maître de poste, qui, adossé contre la pompe, près de la porte de l'écurie, s'amusait à promener dans sa bouche un cure-dents d'argent. Ce dernier prit la lettre des mains de l'enfant, et se dirigea nonchalamment vers le bureau pour prendre connaissance de l'adresse (ce qui exigea encore assez de temps). Ensuite, quand il en fut venu à bout et qu'il se fut fait payer d'avance, il fit seller un cheval et donna ordre à un postillon de s'apprêter, ce qui fut l'affaire de près d'un quart d'heure, pendant lequel temps Olivier, qui était sur les épines, fut tenté vingt fois de sauter sur le cheval et de courir à bride abattue jusqu'au prochain relais.

A la fin cependant tout fut prêt; et Olivier ayant bien recommandé au postillon de faire le plus de diligence qu'il lui serait possible, celui-ci partit d'un seul trait et fut en moins de rien à l'extrémité opposée du bourg.

Ce n'était pas peu de chose pour Olivier d'avoir la certitude que la jeune fille allait recevoir de prompts secours, et qu'il n'y avait point eu de temps de perdu. Il venait de quitter la cour de l'auberge, le cœur moins oppressé, et il tournait le coin de la porte cochère en courant, lorsqu'il se jeta dans les jambes d'un homme en manteau qui entrait dans l'auberge.

— Qu'est-ce là? dit l'homme reculant tout à coup à la vue de l'enfant.

— Je vous demande pardon, Monsieur, dit celui-ci, j'étais pressé de m'en retourner à la maison et je ne vous voyais pas.

— Malédiction! murmura l'homme entre ses dents en lançant à Olivier un regard furieux. Est-il possible!... Je crois que, s'il était mort, il sortirait exprès de la tombe pour se trouver sur mon chemin!

— Je suis bien fâché, Monsieur, en vérité, balbutia Olivier effrayé de la manière avec laquelle l'étranger le regardait. Vous ai-je fait mal?

— Malédiction! murmura de nouveau celui-ci entre ses dents. Si j'avais seulement eu le courage de dire un mot, il y a longtemps que j'en serais débarrassé! Que l'enfer te confonde, toi, petit diable! Que fais-tu ici?

Disant cela, il grinça des dents, ferma les poings, et avançant sur Olivier, comme pour le frapper, il tomba à la renverse, écumant de rage et se débattant comme un furieux.

Il l'eut bientôt oublié cependant; car lorsqu'il fut arrivé à la maison, des choses plus sérieuses occupèrent son esprit et détournèrent son attention de ce qui lui était personnel.

Rose était plus mal; la fièvre avait redoublé, et, avant la nuit, elle eut le délire. Le chirurgien de l'endroit ne la quitta pas d'un seul instant. A peine l'eut-il vue que, prenant madame Maylie en particulier, il lui avait déclaré que sa maladie était des plus graves, et que ce serait un miracle si sa nièce en réchappait.

Le lendemain matin, tout se passa en silence dans l'intérieur de la maison. On se parlait tout bas; des femmes et des enfants se montraient de temps en temps à la grille, et s'en retournaient les larmes aux yeux. Toute la journée, et même assez longtemps après le coucher du soleil, Olivier se promena dans le jardin, levant les yeux à chaque instant vers la fenêtre de la chambre de la malade. Il lui semblait, d'après la tristesse du lieu, que la mort devait être là, et il en frissonnait d'horreur.

Il était tard le soir quand M. Losberne arriva.

— C'est un grand malheur, dit-il en se tournant de côté. Si jeune et si aimable!... Mais il y a bien peu d'espoir!

Pendant plusieurs jours, la mort semblait habiter cette maison, tant elle était triste et morne; le silence le plus profond y régnait; la douleur se peignait sur tous les visages. Un soir madame Maylie et Olivier étaient assis dans le salon, lorsqu'ils furent tirés de leur rêverie par le bruit des pas d'une personne qui approchait. Ils se précipitèrent involontairement vers la porte, au moment où M. Losberne entra.

— Et Rose? s'écria madame Maylie. Dites-moi, je vous en supplie!... Je suis préparée à tout! Je ne puis vivre plus longtemps dans cette affreuse incertitude! Parlez!... au nom du ciel, parlez!

— Calmez-vous, ma chère dame, dit le docteur la prenant par le bras, calmez-vous, je vous prie.

— Pour l'amour de Dieu, laissez-moi! dit madame Maylie d'une voix étouffée. Rose!... ma chère enfant! elle est morte! Elle se meurt!

— Non! s'écria le docteur avec force. Dieu, qui est la bonté même, permet qu'elle vive encore de longues années, pour notre bonheur à tous.

La bonne dame tomba à genoux, et essaya de joindre les mains en signe d'actions de grâces; mais le courage qui l'avait soutenue si longtemps l'ayant abandonnée, elle s'évanouit entre les bras de son vieil ami.

XXXIII. — Un nouveau personnage est introduit sur la scène. — Encore une aventure qui survient à Olivier.

C'était vraiment plus de bonheur qu'Olivier n'en pouvait supporter. Etourdi et stupéfait à cette nouvelle inattendue, il ne pouvait ni pleurer, ni parler, ni même se tenir en place. A peine s'il pouvait se rendre compte à lui-même de ce qui s'était passé. Ce ne fut qu'après avoir fait une longue course dans les champs, que l'air frais du soir le rappela à ses sens et qu'il versa un torrent de larmes.

La nuit était déjà avancée et il s'en revenait à la maison, chargé de fleurs qu'il avait cueillies avec un soin particulier pour orner la chambre de la malade, lorsqu'il entendit le bruit d'une voiture qui s'avançait rapidement derrière lui. Il se retourna, et vit une chaise de poste attelée de deux chevaux qui couraient au galop. Comme la route en cet endroit était étroite, il se rangea de côté pour laisser passer la voiture.

Quand elle fut en face de lui, il entrevit un homme en bonnet de coton, dont les traits ne lui étaient pas inconnus, bien qu'il n'eût pas eu le temps de le reconnaître. En moins d'une seconde, l'homme au bonnet de coton mit la tête à la portière, et d'une voix de stentor cria au postillon d'arrêter (ce qui n'était pas chose facile de la manière dont les chevaux étaient lancés). A la fin cependant, ce dernier en étant venu à bout non sans peine, l'homme au bonnet de coton mit de nouveau la tête à la portière et appela Olivier par son nom.

— Ohé! monsieur Olivier! monsieur Olivier! mademoiselle Rose comment va-t-elle?

— Est-ce vous, Giles? cria Olivier courant à la voiture.

Giles se préparait à répondre, car le gland du bonnet de coton se montra derechef à la portière; mais il en fut empêché par un jeune homme qui le fit rasseoir brusquement, et qui, adressant à son tour la parole à Olivier :

— En un mot, lui dit-il, mieux ou pire?

— Mieux!... beaucoup mieux! répondit vivement Olivier.

— Dieu soit loué! s'écria le jeune homme. Vous en êtes bien sûr?

— Oui, Monsieur, répliqua Olivier. Le changement s'est opéré il y a quelques heures... M. Losberne affirme qu'elle est hors de danger.

Sans en dire davantage, le jeune homme ouvrit la portière, s'élança hors de la voiture, et prenant brusquement Olivier par le bras, il le tira en particulier.

— Vous êtes certain de ce que vous dites, n'est-ce pas, mon ami? demanda-t-il d'une voix tremblante. Vous ne voudriez pas me tromper en me donnant un espoir qui ne devrait pas se réaliser, n'est-il pas vrai?

— Oh! certainement non, Monsieur! répliqua Olivier. Je ne le ferais pas pour tout au monde, vous pouvez m'en croire!... Voici les propres paroles de M. Losberne : *Elle vivra encore longtemps pour notre bonheur à tous!...* J'étais présent quand il a dit cela à madame Maylie.

Des larmes d'attendrissement s'échappèrent des yeux de l'enfant au souvenir de cette scène touchante (le commencement de tant de bonheur), et le jeune homme lui-même, se tournant de côté pour cacher son émotion, garda quelque temps le silence.

Pendant tout ce temps, Giles, assis sur le marchepied de la voiture, ses coudes appuyés sur ses genoux, essuyait ses larmes avec un mouchoir de coton bleu parsemé de points blancs. A en juger par les yeux rouges de ce fidèle serviteur, son émotion n'était rien moins que feinte.

— Vous n'avez qu'à remonter dans la chaise de poste, Giles, et aller tout droit chez ma mère, dit le jeune homme;... je préfère marcher un peu pour me préparer à la voir.... Vous lui direz que je viens tout doucement.

— Je vous serais obligé, monsieur Henri, dit Giles donnant le dernier poli à son visage avec son mouchoir, je vous... serais... bien obligé si vous vouliez charger le postillon de ce message... Je pense qu'il n'est pas *convenable* que je paraisse ainsi devant les servantes. Si elles me voyaient en cet état, je perdrais toute mon autorité sur elles.

— Eh bien! reprit Henri Maylie en souriant, faites comme il vous plaira. Qu'il aille devant avec les valises... et vous, suivez-nous, si vous voulez... Seulement je vous engage à changer de coiffure, si vous ne voulez pas qu'on vous prenne pour un fou.

Giles, se rappelant qu'il avait son bonnet de coton sur la tête, le fourra bien vite dans sa poche, et prenant son chapeau, qui était dans la voiture, il s'en alla aussitôt. Le postillon se remit en route, et M. Maylie, Olivier, ainsi que Giles, suivirent tout doucement.

Tout en marchant, Olivier jetait de temps en temps un coup d'œil sur le nouveau venu. Il pouvait avoir vingt-quatre ou vingt-cinq ans; il était de moyenne taille; il y avait un air de franchise et de bonté sur son visage, qui d'ailleurs était noble et régulier; ses manières étaient aisées et prévenantes tout à la fois. Malgré la différence qui existe entre la jeunesse et la vieillesse, il ressemblait tellement à madame Maylie, qu'Olivier eût pu aisément deviner qu'il était le fils de cette dame, lors même que celui-ci n'aurait point parlé d'elle en cette qualité.

Il tardait à madame Maylie de voir son fils, au moment où celui-ci ouvrit la porte de la salle; et l'entrevue fut des plus touchantes.

— Bonne mère! dit le jeune homme, pourquoi ne m'avoir pas écrit plus tôt?

— J'avais écrit, reprit madame Maylie; mais, réflexion faite, j'ai cru qu'il serait plus prudent de n'envoyer la lettre qu'après avoir vu M. Losberne.

— Mais pourquoi, dit le jeune homme, pourquoi attendre au dernier moment? Si Rose fût... (je n'ose prononcer ce mot), si cette maladie s'était terminée différemment, ne vous seriez-vous pas reproché toute la vie votre silence?... Et moi, aurais-je jamais pu être heureux à l'avenir?

— S'il en eût été ainsi, répliqua madame Maylie, vos espérances eussent été entièrement détruites; et je ne sache pas que votre arrivée ici un jour plus tôt ou un jour plus tard eût été de bien grande importance.

— Qui peut en douter, ma mère? reprit le jeune homme... Vous savez combien je l'aime... Vous devez le savoir.

— Sans doute, repartit madame Maylie. Je sais fort bien qu'elle mérite l'amour le plus pur et le plus constant, un amour durable, cimenté par la plus solide amitié. Si je ne savais pas qu'un changement de conduite, de la part de celui qu'elle aimerait, dût briser son cœur, je ne trouverais pas ma tâche si difficile à remplir, et je n'éprouverais pas ce combat intérieur, quand je fais en sorte d'agir le plus consciencieusement possible en cette circonstance.

— Ceci n'est pas bien, ma mère! répliqua Henri. Supposez-vous donc que je sois si enfant, que je ne connaisse pas mon propre cœur, ou que je puisse me méprendre sur la nature de mes sentiments?

— Je pense, mon cher Henri, dit la bonne dame posant sa main sur l'épaule de son fils, que la jeunesse est sujette à des impulsions généreuses du cœur qui ne durent pas, et qu'il est certains sentiments qui, pour être partagés, n'en deviennent que plus passagers. Je sais en outre, poursuivit-elle en regardant fixement le jeune homme, qu'une femme qui peut rougir de sa naissance (bien qu'il n'y ait rien de sa faute) est exposée, ainsi que ses enfants, aux sarcasmes des sots; que son mari, quelque généreux qu'il soit d'ailleurs, peut un jour se repentir de l'avoir épousée dans un moment d'enthousiasme, et elle s'apercevoir de son indifférence et en mourir de douleur.

— Celui qui se conduirait ainsi serait indigne de porter le nom d'homme! s'écria Henri. Ce serait un brutal.

— C'est ainsi que vous pensez maintenant, Henri? dit la dame.

— Et que je penserai toujours, reprit le jeune homme. Tout ce que j'ai souffert depuis deux jours m'arrache l'aveu sincère d'une passion qui ne date pas d'hier, et que je n'ai pas conçue légèrement, vous le savez vous-même. Mes pensées, mes espérances, mon avenir, tout est en elle... Je ne vois rien au-delà de Rose. Si vous mettez un obstacle à mes désirs, vous m'ôtez la paix et le bonheur. Pensez-y sérieusement, ma mère, et connaissez mieux mes sentiments.

— Henri, reprit madame Maylie, c'est justement parce que je les connais que je ne voudrais pas qu'ils fussent froissés. Mais nous en avons assez dit sur ce sujet.

— Que Rose se prononce elle-même! dit Henri. Votre intention n'est pas de vous opposer à mes vœux, n'est-ce pas?

— Non, sans doute, repartit la bonne dame; mais réfléchissez-y vous-même.

— J'y ai réfléchi depuis des années, mes sentiments seront toujours les mêmes, répliqua Henri avec impatience, et pourquoi tarderais-je à me déclarer? Quel avantage en retirerais-je? Je n'en vois aucun. Non, avant que je quitte cette maison il faut que Rose m'entende!

— Elle vous entendra, dit madame Maylie se disposant à quitter la place.

— Où allez-vous donc, ma mère?

— Je m'en vais rejoindre Rose. Au revoir!

— Je vous reverrai ce soir? demanda vivement Henri.

— Tout à l'heure, répondit sa mère, quand j'aurai parlé à notre jeune malade.

— Vous lui direz que je suis ici? dit Henri.

— Sans doute, reprit la bonne dame.

— Dites-lui aussi combien j'ai été inquiet... combien j'ai souffert de la savoir malade... et comme il me tarde de la voir. Vous ferez cela pour l'amour de moi, n'est-ce pas, bonne mère ?

— Oui, dit madame Maylie ; je lui dirai tout cela. Ayant dit ces mots, elle pressa tendrement la main de son fils et disparut.

Pendant ce dialogue entre le fils et la mère, M. Losberne et Olivier s'étaient tenus à l'écart, à l'extrémité opposée de la salle. Le premier alors s'avançant vers Henri, lui tendit la main, et après maintes salutations de part et d'autre, le docteur, en réponse aux questions multipliées du jeune homme, lui donna un détail exact des progrès de la maladie de Rose et de l'heureux changement qui s'était opéré dans la soirée ; ce qui s'accordait parfaitement avec ce qu'Olivier lui avait dit en chemin.

— Avez-vous tiré quelque chose d'extraordinaire depuis peu, Giles ? demanda le docteur se tournant vers ce dernier, qui, tout en s'occupant de défaire des malles, prêtait une oreille attentive à ce qu'on disait de sa jeune maîtresse.

— Non, Monsieur, répondit Giles rougissant jusque dans le blanc des yeux.

— Et n'avez-vous mis la main sur aucun voleur ? ajouta le docteur avec malice.

— Du tout, Monsieur, reprit Giles avec beaucoup de gravité.

— J'en suis vraiment fâché, repartit le docteur. Vous vous acquittez si bien de ces sortes de choses !... Et Brittles, comment va-t-il ?

— Le jeune homme se porte très-bien, Dieu merci ! répliqua Giles reprenant son air de protecteur. Il m'a chargé de vous présenter ses civilités respectueuses.

— Fort bien ! dit M. Losberne. A propos, Giles ! en vous voyant cela me rappelle que la veille du jour où l'on m'a dépêché un courrier pour venir en toute hâte auprès de mademoiselle Rose, je me suis acquitté pour votre maîtresse d'une petite commission en votre faveur. Voulez-vous venir ici un instant, que je vous dise un mot en particulier ?

Giles s'avança vers l'embrasure de la fenêtre d'un air important et étonné tout à la fois, et, après avoir eu avec le docteur une petite conférence à voix basse qu'il termina par un grand nombre de courbettes, il se retira avec une aisance peu commune. Le sujet de cette conférence ne fut point connu au salon, mais on en fut instruit à la cuisine ; car M. Giles s'y rendit tout droit, et s'étant fait apporter un pot de bière et des verres, il annonça avec un air de bienveillante dignité qui produisit le plus grand effet, qu'en considération de sa belle conduite lors de la tentative de vol, il avait plu à sa maîtresse de déposer à la caisse d'épargne la somme de vingt-cinq livres sterling en son nom à lui et pour son propre compte.

Le reste de la soirée se passa gaiement au salon, car M. Losberne était de bonne humeur; et, bien que Henri Maylie fût pensif et en même temps très-fatigué, il ne put tenir contre les saillies et les bons mots du docteur, qui raconta plusieurs anecdotes au sujet de sa profession, et qui fit des plaisanteries sans nombre, toutes plus drôles les unes que les autres : de sorte qu'Olivier, qui n'avait jamais entendu rien de semblable, ne put s'empêcher de rire aux éclats, à la grande satisfaction du docteur, qui riait lui-même à gorge déployée des farces qu'il débitait, et que cette folle gaieté gagna bientôt Henri Maylie, qui suivit leur exemple.

Le lendemain matin, Olivier se leva plus frais et plus dispos, et il vaqua à ses occupations ordinaires avec plus de plaisir et de courage qu'il ne l'avait fait les jours précédents.

Une chose digne de remarque et qui n'échappa point à Olivier, c'est qu'il n'était plus seul dans ses excursions matinales. Dès la première fois qu'Henri Maylie l'eut vu revenir à la maison chargé de bouquets, il s'était pris tout à coup d'une telle passion pour les fleurs, et il les assemblait avec tant de goût, qu'il eut bientôt surpassé dans cet art son jeune compagnon. Mais, si Olivier était en arrière quant à cela, il savait mieux où trouver les plus belles, et chaque matin nos deux amis parcouraient la plaine et ne revenaient jamais les mains vides à la maison. Quand parfois, pour respirer un air plus pur, Rose laissait sa fenêtre entr'ouverte, on eût pu apercevoir à l'intérieur, dans un vase rempli d'eau, un joli petit bouquet dont les fleurs étaient artistement mélangées. Un bouquet nouveau succédait chaque jour à celui de la veille, qu'on gardait bien précieusement, quoiqu'il fût fané, et Olivier remarqua que chaque fois que M. Losberne se promenait dans le jardin, il ne manquait jamais de lever les yeux vers la fenêtre sur laquelle était le petit vase, et qu'alors il branlait la tête de la manière la plus expressive. Cependant Rose se rétablissait et recouvrait ses forces de jour en jour.

Quoique la jeune convalescente ne fût pas encore en état de quitter la chambre, et que les promenades accoutumées du soir n'eussent plus lieu que très-rarement, Olivier n'en trouvait pas pour cela le temps long. Il redoubla d'assiduité auprès du bon vieillard, qui lui donnait des leçons, et il travailla avec tant d'ardeur qu'il fut lui-même étonné des progrès rapides qu'il fit. C'est pendant qu'il poursuivait ainsi le cours de ces études, qu'il fut grandement alarmé par un incident imprévu.

La petite salle qui lui servait de cabinet d'étude était située au rez-de-chaussée, sur le derrière de la maison. Elle était éclairée par une fenêtre à treillage autour de laquelle s'entrelaçaient le chèvrefeuille et le jasmin, qui répandaient à l'intérieur un parfum délicieux. Elle avait vue sur un jardin correspondant par un guichet avec un petit clos au bout duquel étaient de verts bocages et des prairies émaillées de fleurs. Comme il n'y avait point d'habitation tout près dans cette direction, la perspective en était immense.

Un soir que les premières ombres de la nuit commençaient à couvrir la terre, Olivier était assis à une table auprès de la fenêtre de son cabinet, les yeux fixés sur ses livres. Comme il avait fait ce jour-là une chaleur excessive, et qu'il avait lui-même beaucoup travaillé, il s'assoupit par degrés et s'endormit insensiblement.

Olivier savait parfaitement qu'il était dans sa petite salle d'étude avec ses livres posés sur une table devant lui, et qu'un doux zéphyr agitait le feuillage au-dehors; cependant il dormait. Tout à coup la scène changea, l'air devint plus épais, et il se crut de nouveau dans la maison du juif, où le hideux vieillard, de sa place accoutumée, au coin de la cheminée, le montrait du doigt en parlant tout bas à un autre individu assis à côté de lui, et qui tournait le dos à l'enfant.

— Chut! disait Fagin; c'est bien lui! allons-nous-en!

— Lui! répliqua l'autre, pensez-vous que je ne le reconnaisse pas? S'il se trouvait au milieu d'une foule de démons qui prissent la même forme et la même figure, il y aurait quelque chose qui me le ferait découvrir parmi eux tous. S'il était à cinquante pieds sous terre et que le hasard me conduisît sur sa tombe, je saurais bien qu'il est enterré là, bien qu'il n'y eût rien pour me l'indiquer. Que la foudre l'écrase!

Il semblait y avoir tant de haine dans les paroles de cet homme, qu'Olivier s'éveilla en sursaut et tressaillit d'épouvante.

Grand Dieu! là, là... à sa fenêtre, tout près de lui... si près qu'ils auraient pu le toucher avant qu'il eût eu le temps de se sauver, il aperçut le juif qui le regardait!... Son regard perçant rencontra le sien... et à côté de l'affreux vieillard... à cette même fenêtre, pâle de rage ou de frayeur, ou peut-être des deux, était ce même homme qui lui avait parlé si brusquement à la porte de l'auberge.

En moins de rien ils disparurent aussi vite que l'éclair; mais ils l'avaient reconnu et lui de même, et leurs regards étaient restés gravés dans sa mémoire aussi profondément que sur la pierre. D'abord il resta pétrifié un instant; puis, sautant par la fenêtre dans le jardin, il donna l'alarme en jetant de grands cris.

XXXIV. — Résultat peu satisfaisant de l'aventure d'Olivier. — Entretien de quelque importance entre Henri Maylie et mademoiselle Rose.

Lorsque les commensaux du logis, attirés par les cris d'Olivier, furent arrivés en toute hâte dans le jardin, ils trouvèrent ce pauvre enfant pâle et agité montrant du doigt la prairie, derrière la maison, et ayant à peine la force d'articuler ces mots :

— Le juif! le juif!

Giles ne pouvait comprendre ce que cela voulait dire; mais Henri Maylie, à qui sa mère avait raconté l'histoire d'Olivier, fut bien vite au fait.

— Quel chemin a-t-il pris? demanda-t-il, s'armant d'un gros bâton qui était dans un coin.

— Par là! dit Olivier montrant du doigt la direction que les deux hommes avaient prise. Je les ai perdus de vue à l'instant.

— Alors, ils sont dans le fossé, reprit Henri. Suivez-moi d'aussi près que vous pourrez. Ayant dit cela, il sauta par-dessus la haie, et courant d'une telle vitesse que les autres eurent beaucoup de peine à marcher sur ses traces.

Giles suivit du mieux qu'il put, ainsi fit Olivier; et M. Losberne, qui était allé faire une promenade dans les champs, venant à rentrer sur ces entrefaites, sauta par-dessus la haie comme avaient fait les trois autres, et, se relevant avec plus d'agilité qu'on ne l'aurait cru, il les suivit d'assez près les appelant tout le long du chemin pour savoir la cause de leur excursion.

Ils coururent ainsi d'un seul trait jusqu'à l'angle d'un champ indiqué par Olivier. Alors Henri Maylie, qui était arrivé le premier, s'étant mis à visiter le fossé et la haie, les autres le rejoignirent pendant ce temps, et Olivier put expliquer à M. Losberne le motif de cette poursuite.

Leurs recherches furent inutiles; ils n'aperçurent même pas les traces des pas des deux fugitifs. Ils se trouvaient alors sur le sommet d'une colline qui dominait la plaine à trois ou quatre milles à la ronde. Le village était dans le fond à gauche; mais en supposant que les deux hommes eussent voulu s'y réfugier, il leur eût fallu faire en rase campagne un circuit qu'il leur avait été impossible de parcourir en si peu de temps. Il y avait bien un petit bois qui bordait la prairie dans une autre direction; mais ils n'avaient pu y arriver par la même raison.

— Il faut que ce soit un rêve, Olivier! dit Henri Maylie prenant celui-ci à part.

— Oh! non, bien sûr, Monsieur! répliqua Olivier, que le souvenir de l'affreux vieillard fit tressaillir involontairement, je l'ai trop bien vu pour cela... Je les ai vus tous deux comme je vous vois maintenant.

— Qui était l'autre? demandèrent en même temps le jeune homme et M. Losberne.

— Celui dont je vous ai parlé, qui m'a brusqué si fort à la porte de l'auberge, dit Olivier. Nous nous sommes trop bien regardés l'un l'autre pour que je puisse m'y tromper... Je jurerais que c'est lui.

— Vous êtes sûr que c'est bien de ce côté qu'ils se sont sauvés? demanda Henri.

— J'en suis aussi certain qu'il est vrai qu'ils étaient à ma fenêtre, reprit Olivier montrant du doigt la haie qui sépare le jardin de la prairie. Le plus grand a sauté à cet endroit même, et le juif a passé par cette trouée que voici à droite.

Henri Maylie et M. Losberne se regardèrent et parurent satisfaits des réponses d'Olivier. Cependant aucun indice de personnes qui s'enfuient précipitamment ne s'offrit à leurs yeux : l'herbe haute n'était foulée nulle part, excepté dans les endroits où ils avaient marché eux-mêmes; le bord des fossés n'était que boue; mais en aucun lieu cette boue ne portait l'empreinte de souliers d'homme.

— Voilà qui est bien étrange! dit Henri.

— Etrange! répéta le docteur; Blathers et Duff eux-mêmes y perdraient leur latin.

Malgré le peu de succès qu'ils obtinrent de leurs recherches, ils n'y renoncèrent que lorsque la nuit qui s'avançait les eut rendues tout à fait inutiles; encore ne le firent-ils qu'à regret. Giles, muni du signalement des deux hommes, fut envoyé dans les cabarets du village où ils auraient pu être à boire ou à s'amuser; mais il ne rapporta aucune nouvelle qui servît à éclaircir ou à dissiper ce mystère.

Le lendemain on fit de nouvelles perquisitions sans obtenir un meilleur résultat. Le jour suivant, M. Maylie et Olivier se rendirent au bourg voisin dans l'espoir d'apprendre quelque chose relativement aux deux hommes; mais ils ne revinrent pas plus savants qu'ils n'étaient partis. On finit bientôt par oublier cette affaire, à l'exemple de tant d'autres qui meurent d'elles-mêmes quand le merveilleux en est passé.

Cependant Rose se rétablissait à vue d'œil. En peu de jours elle fut en état de sortir, et, se mêlant de nouveau avec la famille, elle ramena la joie dans tous les cœurs.

Mais, quoique cet heureux changement produisît un effet visible sur le petit cercle d'amis, et que le bonheur et la gaieté régnassent encore une fois dans la maison, il existait parfois chez certains d'entre eux (et Rose était du nombre) une contrainte inaccoutumée qu'Olivier ne put s'empêcher de remarquer. Madame Maylie s'enfermait souvent avec son fils pendant des heures entières, et la jeune fille parut plus d'une fois dans la salle les yeux encore tout humides de larmes. Après que M. Losberne eut fixé le jour de son départ pour Chertsey, cette contrainte redoubla : il était donc évident qu'il se passait quelque chose qui affectait visiblement la jeune demoiselle et une autre personne encore.

Un matin que Rose était seule dans la salle à manger, Henri Maylie entra et lui demanda en hésitant la permission de l'entretenir un instant.

— Quelques minutes, Rose!... seulement quelques minutes! dit Henri approchant sa chaise de celle de la jeune fille. Ce que j'ai à vous dire s'est déjà présenté de soi-même à votre esprit. Vous n'ignorez pas mes plus chères espérances; mes sentiments vous sont connus, bien que je ne vous les aie pas déclarés moi-même.

Rose, qui était restée très-pâle depuis le moment où Henri Maylie était entré, fit seulement un signe de tête, et, s'amusant à effeuiller quelques fleurs qu'elle tenait à la main, elle attendit en silence qu'il continuât.

— Il y a longtemps que je devrais être parti, dit Henri.

— En effet, reprit Rose. Pardonnez-moi de parler ainsi, mais je désirerais que vous le fussiez.

— Je suis venu ici entraîné par la plus affreuse de toutes les craintes, reprit le jeune homme : celle de perdre l'objet de toutes mes affections... l'être qui m'est plus cher que la vie... celle enfin sur qui je fonde mes désirs et mon espoir.

Des larmes s'échappèrent en ce moment des yeux de la jeune fille.

— Un ange! poursuivit Henri, une créature aussi pure que les anges du ciel flottait entre la vie et la mort. Oh! qui pouvait penser, lorsque le séjour des bienheureux dont elle était si digne allait lui être ouvert, qu'elle dût connaître encore les misères et les chagrins de ce monde! Rose!... Rose! Vous vous rétablîtes de jour en jour, je dirai presque d'heure en heure, et j'épiai ce changement de la mort à la vie avec la plus vive anxiété... Et si l'affection que je vous porte m'a fait répandre des larmes d'attendrissement et de joie, ne m'en faites point un reproche, car elles ont adouci mes peines et rendu le calme à mes sens.

— Ce n'était point mon intention, dit Rose avec une émotion visible. J'aurais seulement désiré, dans votre intérêt, vous voir reprendre des occupations plus sérieuses et plus dignes de vous.

— Et quelle occupation plus digne de moi que de m'efforcer de gagner un cœur comme le vôtre? dit Henri. Depuis longtemps je ne cherche à me faire un nom que pour vous l'offrir. Bien que ce temps ne soit pas encore arrivé, acceptez ce cœur qui vous appartient depuis si longtemps... De votre réponse dépend mon avenir.

— Votre conduite a toujours été noble et généreuse, dit Rose cherchant à maîtriser son émotion.

— Dois-je faire tous mes efforts pour vous mériter? dites, Rose!

— Au contraire, reprit Rose, vous devez chercher à m'oublier, non pas comme la compagne et l'amie de votre enfance, cela me ferait trop de peine, mais comme l'objet de votre amour.

Il s'ensuivit un instant de silence, pendant lequel Rose, portant la main à ses yeux, donna un libre cours à ses larmes.

— Et quelles sont vos raisons, Rose, pour agir ainsi? dit enfin Henri d'un air chagrin. Puis-je les savoir?

— Sans doute, répliqua Rose, vous avez droit de les connaître. Tout ce que vous pourriez dire ne me fera pas changer de résolution...

— Pour vous?

— Oui, Henri. Je me dois à moi-même, pauvre jeune fille sans parents, sans fortune et sans nom, de ne pas donner à penser au monde que, par un motif d'intérêt, j'aurais encouragé une première passion de jeune homme et que j'aie été un obstacle à ses projets futurs.

— Si votre inclination s'accorde avec ce que vous croyez votre devoir! dit Henri.

— Non, répliqua Rose rougissant extrêmement. Ne le croyez pas!

— Alors vous partagez mon amour? répliqua Henri. Dites, Rose, dites seulement cela, et vous adoucirez l'amertume de ce cruel désappointement.

— Si je l'avais pu sans faire tort à celui que j'aime, dit Rose, j'aurais peut-être...

— Reçu cette déclaration bien différemment? reprit vivement Henri. Dites, Rose, avouez-moi cela du moins!

— C'est vrai, répliqua la jeune fille dégageant sa main de celle d'Henri. Mais pourquoi prolonger un entretien qui m'est si pénible, bien qu'il me procure le bonheur de savoir qu'un jour j'aurai occupé la meilleure place dans votre cœur? Adieu, Henri; jamais pareil entretien ne sera renouvelé entre nous. Qu'une franche et pure amitié nous unisse comme par le passé.

— Encore un mot! dit Henri : que j'entende vos raisons de votre propre bouche. Faites-moi connaître le motif de votre refus.

— L'avenir qui se prépare pour vous est brillant, dit Rose avec fermeté; tous les honneurs attachés aux grands talents vous sont préparés;... vous avez des amis puissants qui vous aideront de tout leur pouvoir;... mais ces amis sont fiers, et je ne me mêlerai jamais avec des gens qui pourraient mépriser ma mère; encore moins voudrais-je envelopper dans ma disgrâce le fils de celle qui m'en a tenu lieu. En un mot, poursuivit la jeune fille en détournant la tête, mon nom porte une tache que le monde ferait retomber sur des innocents : je la garderai pour moi, et la honte en sera pour moi seule.

— Un dernier mot, Rose! plus qu'un mot! s'écria Henri se mettant devant elle comme elle allait se retirer. Si j'avais été moins heureux (selon que le monde considère le bonheur), si ma vie eût été simple et obscure;... si j'avais été pauvre, malade et abandonné de tout le monde, auriez-vous rejeté mes offres?

— Ne me forcez pas à répondre, dit Rose. Il n'en est pas ainsi, et jamais ce ne sera. Ce n'est pas bien à vous de me presser ainsi.

— Si votre réponse doit être ce que j'ose presque espérer, repartit Henri, elle jettera un rayon de bonheur sur ma triste destinée, Rose!

au nom de l'affection que je vous porte, au nom de tout ce que j'ai souffert et de ce que je suis condamné à souffrir à cause de vous, répondez à cette seule question !

— Si votre destinée eût été tout autre, répliqua la jeune fille, s'il n'y eût pas eu une si grande différence entre votre sort et le mien, si j'avais pu vous rendre l'existence plus douce et que je ne dusse pas être un obstacle à votre avancement dans le monde, cet entretien eût été moins pénible. J'ai bien sujet d'être heureuse... très-heureuse, maintenant ; mais alors, Henri, je l'eusse été encore bien davantage ! Je ne puis empêcher cette faiblesse ; mais ma résolution n'en sera que plus forte, dit-elle tendant la main à Henri. Il faut vraiment que je vous quitte.

— Je ne vous demande qu'une chose, dit Henri. Permettez-moi (dans un an ou peut-être plus tôt) de vous entretenir une seule et dernière fois à ce sujet.

— Non pas pour me presser de changer ma détermination, reprit Rose avec un sourire mélancolique, ce serait inutile.

— Non, répliqua Henri, mais pour vous l'entendre répéter, si vous voulez. Je déposerai alors à vos pieds mon état et ma fortune ; et si vous persistez dans votre résolution, je vous promets de ne rien faire pour la changer.

— Eh bien ! soit, reprit Rose, ce ne sont que des chagrins de plus que je me prépare ; mais à cette époque je serai peut-être plus en état de les supporter.

Elle tendit de nouveau sa main à Henri, et ils se séparèrent.

XXXV. — Qui, bien qu'il soit court, n'en est pas moins d'une certaine importance pour cette histoire, en ce qu'il fait suite au chapitre précédent, et qu'il conduit nécessairement au chapitre suivant.

— Ainsi vous êtes bien décidé à m'accompagner, ce matin ? dit le docteur à Henri Maylie au moment où celui-ci entra dans la salle à manger, où M. Losberne et Olivier l'attendaient pour déjeuner. Vous n'êtes pas dans les mêmes dispositions une heure de suite.

— Vous me direz tout le contraire un de ces jours, répondit Henri en rougissant.

— Je désire en avoir le sujet, reprit le docteur, quoiqu'à vous parler franchement je ne le pense pas du tout. Hier matin, vous aviez tout à coup résolu de rester ici, et, comme un bon fils, d'accompagner madame Maylie au bord de la mer; l'après-midi, vous annoncez que vous me ferez l'honneur de venir avec moi, aussi loin que je vais moi-même, sur la route de Londres; et le soir vous me pressez avec beaucoup de mystère de partir avant que ces dames soient levées; ce qui fait qu'Olivier est cloué là, sur sa chaise, à vous attendre, au lieu de parcourir les champs et de s'occuper de botanique comme il fait tous les matins. C'est très-mal! n'est-ce pas, Olivier?

— J'aurais été au désespoir de ne pas m'être trouvé à la maison, au moment de votre départ, croyez-le bien, Monsieur! répondit Olivier.

— Voilà ce qui s'appelle un charmant garçon! reprit le docteur. Mais, plaisanterie à part, Henri, auriez-vous reçu quelque lettre des gens de la *haute volée*, que vous êtes si impatient de partir?

— Les gens de la *haute volée* ne m'ont pas écrit une seule fois depuis que je suis ici; et il n'est guère probable non plus qu'à cette saison de l'année il arrive rien qui nécessite ma présence parmi eux.

— Alors, répliqua le docteur, vous êtes bien étonnant!... Mais ils vous auront au parlement, il n'y a pas de doute.

Henri Maylie parut un instant sur le point de faire quelques remarques qui n'eussent pas peu étonné le docteur; mais il se contenta de dire :

— Nous verrons plus tard; et la conversation finit là. Peu de temps après, la chaise de poste arriva devant la maison, Giles entra pour prendre le bagage, et M. Losberne le suivit jusqu'à la porte de la rue pour le voir charger.

— Olivier! dit Henri à demi-voix, j'ai quelque chose à vous dire.

Olivier suivit M. Maylie vers l'embrasure d'une fenêtre, étrangement surpris du contraste frappant qu'offrait la conduite du jeune homme, triste et gai tour à tour.

— Vous commencez à bien écrire, maintenant, n'est-ce pas?

— Mais... assez bien, Monsieur, répondit celui-ci.

— Je ne reviendrai pas à la maison de quelque temps peut-être; je désirerais que vous m'écrivissiez... voyons un peu, disons une fois tous les quinze jours : le lundi.

— Avec le plus grand plaisir, Monsieur! s'écria Olivier enchanté de cette marque de confiance de la part du fils de sa bienfaitrice.

— J'aimerais apprendre de vous comment... ma mère... et... mademoiselle Maylie se portent, poursuivit le jeune homme. Ecrivez-moi au long et parlez-moi des promenades que vous faites le soir, du sujet de vos entretiens; et dites-moi surtout si ces dames paraissent heureuses... Vous comprenez bien, n'est-ce pas?

— Oh! certainement, Monsieur! répliqua Olivier.

— Il n'est pas nécessaire de leur en parler, ajouta Henri affectant un air indifférent. Cela obligerait sans doute ma mère à m'écrire plus souvent; et je voudrais, autant que possible, lui éviter cette peine.

Olivier promit d'écrire de longues lettres et de garder fidèlement le secret; et M. Maylie prit congé de lui après l'avoir assuré de son estime et de sa protection.

Le docteur était déjà dans la chaise de poste. Henri jeta un coup d'œil furtif vers la fenêtre de Rose, et s'élança dans la voiture.

— En route! s'écria-t-il. Ventre à terre, postillon!

— Pas si vite, postillon! s'écria le docteur baissant vivement le châssis de devant.

La chaise de poste s'éloigna aussitôt et les roues tournaient avec une telle vitesse qu'il eût été impossible à l'œil de les suivre.

Mais la chaise de poste était déjà à trois ou quatre milles de la demeure de nos amis, qu'une autre personne était encore là, les yeux fixés sur l'endroit où elle avait disparu : car à cette même fenêtre vers laquelle Henri avait jeté un coup d'œil furtif avant de monter en voiture, derrière le rideau blanc qui l'avait dérobée aux regards du jeune homme, était Rose elle-même.

— Il semble être heureux! se dit-elle enfin. J'ai craint un moment le contraire... Je me trompais... J'en suis contente... très-contente!

XXXVI. — Dans lequel, en se reportant au chapitre XXVII de cet ouvrage, on apercevra un contraste malheureusement trop commun dans le mariage.

M. Bumble était assis dans le parloir du dépôt de mendicité, les yeux tristement fixés vers le foyer, où, à cause de la belle saison, il n'y avait point de feu.

La tristesse de M. Bumble n'était pas la seule chose qui dût exciter la compassion. Tout en sa personne annonçait qu'un grand changement avait eu lieu dans sa position sociale. Qu'étaient devenus le tricorne et l'habit galonné?... Il portait bien, comme auparavant, une culotte courte et des bas de coton noirs; mais ce n'était plus la *culotte de drap peluché*. L'habit avait bien de larges basques, de même que l'autre; mais qu'il était différent de ce dernier! L'élégant tricorne était remplacé par un modeste chapeau rond : M. Bumble enfin n'était plus bedeau.

M. Bumble avait épousé madame Corney, et il était devenu maître du dépôt de mendicité.

— Dire qu'il y aura demain deux mois que nous sommes mariés! On eût pu croire, d'après ce que venait de dire M. Bumble, que ce court espace de temps avait compris toute une existence de bonheur; mais le soupir prouvait assez le contraire.

— Je me suis vendu pour six cuillers à thé, une paire de pinces à sucre, un pot au lait, quelques méchants meubles d'occasion et vingt livres sterling. Je puis bien dire que j'ai été raisonnable! Faut avouer que c'est bon marché!

— Bon marché! bon marché! cria une voix aigre à l'oreille de M. Bumble. Moins que cela eût été encore plus que vous ne valez.

M. Bumble se retourna et se trouva face à face avec son intéressante moitié, qui avait saisi imparfaitement le sens de ces quelques paroles.

— Madame Bumble! dit celui-ci d'un air sévère et sentimental.

— Eh bien? reprit la dame.

— Ayez un peu la bonté de me regarder, si vous voulez bien! Si elle soutient mon regard, se dit M. Bumble en lui-même, elle peut tout braver. Jamais (du moins que je sache) il n'a manqué de produire le plus grand effet sur les pauvres... Si elle peut le supporter, mon autorité est perdue à tout jamais.

Le fait est que la matrone ne fut nullement déconcertée par celui que lui lança M. Bumble. Bien loin de là, elle affecta la plus grande indifférence, et poussa le mépris jusqu'à rire au nez de son mari d'aussi bon cœur, en apparence, et avec autant de bruit que si c'eût été naturel.

Etonné d'une chose à laquelle il s'attendait si peu, M. Bumble ne sut s'il devait en croire ses yeux et ses oreilles. Il redevint pensif et ne fut tiré de sa rêverie que par la voix de sa moitié.

— Allez-vous rester là toute la journée à ronfler? demanda celle-ci.

— Je resterai là aussi longtemps qu'il me semblera convenable, entendez-vous, Madame! reprit M. Bumble. Et, quoique je ne ronfle pas, je ronflerai, je bâillerai, j'éternuerai, je rirai, je chanterai, je crierai selon que l'idée m'en prendra et en conséquence de mes prérogatives.

— Vos prérogatives! s'écria madame Bumble.

— J'ai dit le mot, Madame! observa le ci-devant bedeau. Les prérogatives de l'homme... c'est de commander.

— Et quelles sont les prérogatives de la femme, s'il vous plaît?

— C'est d'obéir, Madame! répondit M. Bumble d'une voix de tonnerre. Feu votre premier mari (l'infortuné Corney) aurait dû vous l'apprendre; et peut-être bien que, s'il l'avait fait, il serait encore de ce monde... Je le souhaiterais de tout mon cœur, pauvre cher homme!

Madame Bumble vit d'un coup d'œil que le moment décisif était venu, et qu'il fallait porter un grand coup pour assurer la maîtrise en faveur de l'un ou de l'autre. Aussi, à peine eut-elle entendu l'allusion faite à la mémoire du défunt, que se laissant tomber sur une chaise, elle s'écria que M. Bumble n'était qu'un brutal, et elle versa un torrent de larmes.

Mais les larmes n'étaient pas choses qui dussent trouver accès auprès du cœur de M. Bumble, lequel était à l'épreuve de l'eau.

— Cela dégage les poumons, lave le visage, exerce les yeux et adoucit le caractère, ajouta-t-il; ainsi pleurez, pleurez, ma chère!

En même temps, M. Bumble prit son chapeau, qui était accroché à une *patère*, et se coiffant un tant soit peu de côté (*en vrai luron*), et comme le doit tout homme qui a établi sa supériorité d'une manière convenable, il mit ses deux mains dans ses poches et se dirigea, en sautillant, vers la porte, se donnant les airs d'un *franc vaurien*.

La ci-devant madame Corney avait essuyé ses pleurs, parce que c'était moins fatigant que d'en venir aux mains; mais elle était toute prête à employer ce dernier moyen, ainsi que M. Bumble fut bientôt à même de s'en apercevoir. Un bruit sourd frappa son oreille, et au même instant son chapeau vola à l'extrémité de la salle. Cette action préliminaire laissant son chef à nu, la bonne dame le prit d'une main par la gorge, et de l'autre lui asséna une volée de coups de poings sur la tête avec une vigueur et une dextérité peu communes.

En ce moment, madame Bumble fit quelques pas en avant pour replacer le tapis, qui avait été foulé aux pieds dans la lutte, et M. Bumble s'échappa aussitôt de la salle.

M. Bumble fut grandement surpris et joliment battu. Il avait une propension décidée à faire le fanfaron; et cette propension lui faisait trouver un certain plaisir à exercer une petite tyrannie sur ceux qui lui étaient subordonnés : il n'est pas besoin de dire qu'il était poltron.

Mais la mesure de sa dégradation n'était pas encore remplie, et un autre affront lui était réservé. Après avoir parcouru l'établissement dans tous les sens, pensant pour la première fois que la loi concernant les pauvres était trop sévère, et que ceux qui abandonnaient leurs femmes en les laissant aux frais de la paroisse étaient plus à plaindre qu'à blâmer, en ce qu'ils avaient dû nécessairement beaucoup souffrir, M. Bumble se trouva près de la buanderie où les femmes du dépôt lavaient ordinairement le linge de la paroisse, et la conversation lui sembla sur un diapason plus haut que de coutume.

— Hom! fit le digne homme reprenant cet air de dignité qui lui était naturel, ces pauvresses, du moins, continueront de respecter mes prérogatives. Eh bien! que signifie ce bruit! Allez-vous bientôt vous taire, vous, vieilles sorcières!

Disant cela, M. Bumble ouvrit la porte et s'avança d'un air courroucé; mais à peine eut-il fait quelques pas qu'il se radoucit en apercevant son épouse, qu'il ne s'attendait pas à rencontrer là.

— Ma chère amie, dit-il, je ne vous savais pas ici.

— Vous ne saviez pas! reprit l'aimable dame; et qu'y venez-vous faire vous-même?

— Je pensais qu'elles parlaient trop pour bien faire leur ouvrage, ma chère amie, répondit M. Bumble regardant d'un air effaré deux vieilles femmes occupées à savonner dans un baquet et se communiquant leur étonnement au sujet de l'humilité du maître du dépôt.

— Vous pensiez qu'elles parlaient trop, n'est-ce pas? dit la matrone. Et de quoi vous mêlez-vous?

— Mais, ma chère amie!... reprit humblement M. Bumble.

— Encore une fois, de quoi vous mêlez-vous? demanda la matrone.

— Il est vrai que vous êtes la maîtresse ici, répondit celui-ci du même ton; mais je pensais que vous pouviez bien ne pas y être en ce moment.

— Voulez-vous que je vous dise, monsieur Bumble, reprit la dame, nous n'avons nullement besoin de vous ici, et vous aimez trop à fourrer votre nez dans les choses qui ne vous regardent pas. Il n'y a pas une seule personne dans cette maison qui ne se moque de vous aussitôt que vous avez le dos tourné ; et par vos niaiseries vous vous rendez si ridicule que vous êtes la risée de tout le monde à chaque instant du jour. Allons, sortez d'ici !

A la vue des deux vieilles pauvresses qui ricanaient entre elles, M. Bumble éprouva un serrement de cœur et il hésita un instant ; mais son épouse, dont l'impatience ne souffrait point de retard, saisit une cuiller à pot, la plongea dans l'eau de savon, et, lui montrant du doigt la porte, elle lui ordonna de sortir, sous peine de recevoir le liquide sur sa noble personne.

Que pouvait faire M. Bumble ? Il regarda autour de lui d'un air contrit et fila bien vite. A peine avait-il passé le seuil de la porte que les éclats de rire des deux vieilles redoublèrent avec plus de force qu'auparavant. Il les entendit et en fut pénétré jusqu'au fond du cœur. Il ne manquait plus que cela. Il était dégradé à leurs yeux ; il avait perdu son aplomb et son autorité sur les pauvres de l'établissement ; il était tombé du faîte des grandeurs et de la splendeur du *bedléisme* à l'état le plus avilissant de *mari mené par sa femme*.

— Et tout cela dans l'espace de deux mois ! dit M. Bumble l'esprit plein de ces tristes pensées. Deux mois !

C'en était trop : M. Bumble donna un soufflet au petit garçon qui lui ouvrit la grande porte, car au milieu de ses rêveries il était arrivé sous le portail, et il s'élança dans la rue.

Il marcha comme un fou, prenant tantôt à gauche, tantôt à droite, jusqu'à ce que l'air et l'exercice l'eussent un peu calmé : alors il se sentit altéré. Il passa devant plusieurs tavernes sans qu'elles attirassent son attention ; et en apercevant une entre autres située dans un enfoncement, il s'y arrêta.

Un homme y était assis à une table : il était brun et d'assez belle taille ; un long manteau couvrait ses épaules et lui cachait une partie du visage. Il avait l'air étranger en ces lieux, et, à voir l'égarement de ses yeux et la poussière de sa chaussure, il était facile de deviner qu'il venait de loin. Il jeta un regard oblique sur M. Bumble ; mais à peine s'il daigna rendre le salut que lui fit ce dernier.

Il arriva cependant (ce qui arrive assez souvent quand des hommes se rencontrent en de telles circonstances) que M. Bumble ne put s'empêcher de jeter, de temps à autre, un regard furtif sur l'inconnu ;

et chaque fois que cela lui arrivait, il ramenait bien vite ses yeux sur le journal : confus de voir que, dans le même moment, celui-ci le regardait de la même manière.

Lorsque leurs yeux se furent ainsi rencontrés plusieurs fois, l'inconnu rompit enfin le silence.

— Est-ce moi que vous cherchiez, dit-il d'une voix sombre, lorsque vous avez mis la tête à la fenêtre?

— Non pas que je sache, à moins que vous ne soyez M.....

Ici M. Bumble s'arrêta tout court; car il aurait voulu savoir le nom de l'inconnu, et il pensait que, dans son impatience, celui-ci finirait la phrase en se nommant.

— Je vois maintenant que ce n'est pas moi que vous cherchiez, reprit l'autre avec un air de dédain; sans quoi vous sauriez mon nom.

— Je n'ai pas eu l'intention de vous offenser, jeune homme! observa M. Bumble avec dignité.

— Et je ne m'en offense pas non plus, repartit l'autre.

Il s'ensuivit un court silence, que l'étranger rompit de nouveau.

— Il me semble vous avoir déjà vu, dit-il; vous aviez un autre costume alors. J'ai seulement passé près de vous dans la rue, mais je crois bien vous reconnaître... N'avez-vous pas été autrefois bedeau de cette paroisse?

— Oui, répondit M. Bumble un peu surpris, bedeau *paroissial*.

— Justement, reprit l'autre en branlant la tête. C'est bien sous ce costume que je vous ai vu... Qu'êtes-vous maintenant?

— *Maître* du dépôt de mendicité, jeune homme! répliqua M. Bumble appuyant avec emphase sur chaque mot.

— Vous avez toujours le même œil à vos intérêts que jadis, à n'en pas douter? demanda l'inconnu regardant fixement M. Bumble. Ne craignez pas de répondre franchement. Vous voyez que je vous connais passablement bien.

— Un homme marié peut, aussi bien qu'un célibataire, ce me semble, détourner un sou à son profit, surtout quand c'est par des moyens honnêtes, repartit M. Bumble regardant l'autre de la tête aux pieds avec une évidente perplexité. Les *officiers paroissiaux* ne sont pas assez bien salariés pour refuser quelques petits profits quand ils se présentent à eux d'une manière convenable.

L'inconnu sourit en branlant de nouveau la tête, comme pour

dire qu'il avait bien deviné son homme, et il tira le cordon de la sonnette.

— Remplissez cela! dit-il donnant au garçon le verre de M. Bumble. Fort et chaud! C'est ainsi que vous l'aimez, je crois?

— Pas trop fort, dit M. Bumble affectant de tousser avec peine.

— Vous comprenez ce que cela veut dire, garçon? reprit sèchement l'inconnu.

Celui-ci sortit en souriant et reparut bientôt avec un verre de *grog* d'où s'élevait une vapeur épaisse qui fit venir les larmes aux yeux de M. Bumble aussitôt qu'il y eut porté les lèvres.

— Maintenant écoutez-moi, dit l'inconnu après avoir fermé avec soin la porte, puis la fenêtre de la salle. Je suis venu aujourd'hui dans ce pays dans l'intention de vous trouver; et, par une de ces chances que le hasard jette quelquefois sur les pas de ses amis, vous entrez précisément dans la salle où je suis et au moment même où je pensais le plus à vous... J'ai besoin de quelques renseignements, et, bien qu'ils soient de peu d'importance, je ne vous les demande pas pour rien.

En même temps il posa sur la table deux souverains; et lorsque, après avoir examiné chaque pièce l'une après l'autre pour s'assurer si elles étaient de bon aloi, M. Bumble les eut mises, avec une satisfaction évidente, dans la poche de son gilet, il continua ainsi :

Tâchez de vous rappeler. Attendez un peu... il y a eu douze ans l'hiver dernier; le lieu de la scène, le dépôt de mendicité; l'instant... la nuit; et l'endroit, le sale trou, quelque part qu'il soit, où de misérables procurent la vie à de petits braillards...

— Vous voulez dire, je pense, la salle d'accouchement? demanda M. Bumble, qui avait peine à suivre la description de l'inconnu.

— Oui, dit l'autre; un garçon y est né?

— Plusieurs garçons, observa M. Bumble secouant la tête d'un air grave.

— Je parle d'un petit gamin, pâle et chétif... qui avait l'air d'une *sainte n'y touche*... qu'on avait mis en apprentissage ici chez un fabricant de cercueils, et qui s'est sauvé à Londres, à ce qu'on croit.

— Ah! vous voulez parler d'Olivier... du jeune Twist?

— Ce n'est pas de lui que je veux parler, j'en sais déjà assez comme ça sur son compte, reprit l'inconnu arrêtant M. Bumble au commencement d'une tirade dans laquelle il allait relater tous les vices d'Olivier, c'est d'une femme... vous savez, la vieille sorcière qui a enseveli la mère de cet enfant et qui a assisté à ses derniers moments... où est-elle?

— Il me serait assez difficile de vous dire où elle est maintenant! répondit M. Bumble, que le *grog* avait rendu facétieux. En quelque endroit qu'elle soit allée, d'une manière ou d'autre, il y a gros à parier qu'elle est sans emploi.

— Que voulez-vous dire? demanda l'autre d'un air sévère.

— Qu'elle est morte l'hiver dernier, répliqua M. Bumble.

L'inconnu le regarda fixement à cette nouvelle. Il sembla douter pendant quelque temps s'il devait se réjouir ou s'affliger de ce qu'il venait d'apprendre.

M. Bumble, qui était assez rusé, vit tout d'abord qu'il s'agissait d'un secret dont son épouse était dépositaire, et qu'une occasion se présentait pour elle de gagner de l'argent en le révélant. Il se rappelait fort bien le soir que la vieille Sally était morte, et il avait une bonne raison pour s'en souvenir, c'était ce même soir qu'il s'était déclaré à madame Corney; et, bien que cette dame ne lui eût jamais confié ce secret, dont elle seule avait connaissance, il en savait assez pour deviner qu'il avait rapport à quelque chose qui se serait passé entre la jeune mère d'Olivier et la vieille qui, en qualité de garde-malade du dépôt, avait assisté à ses derniers moments. Cette circonstance lui étant revenue tout à coup à l'esprit, il informa l'inconnu avec un air de mystère qu'une femme avait eu un entretien avec la vieille garde-malade un quart d'heure avant que celle-ci mourût; et qu'elle pourrait, comme il avait raison de le croire, satisfaire sa curiosité au sujet de ses recherches.

— Et comment la trouverai-je? demanda celui-ci se trahissant lui-même en laissant voir clairement ses craintes.

— Seulement par moi, répondit ce dernier.

— Quand cela? s'écria vivement l'inconnu.

— Demain, repartit M. Bumble.

— A neuf heures du soir, reprit l'autre tirant de sa poche un petit morceau de papier sur lequel il écrivit une adresse.

Disant cela, il se dirigea vers la porte après s'être arrêté un instant au comptoir pour payer ce qu'ils devaient.

En jetant un coup d'œil sur l'adresse, le *fonctionnaire paroissial* remarqua que le nom de l'inconnu n'y était point. Il courut après lui pour le lui demander.

— Eh bien! qu'est-ce que c'est que cela? s'écria celui-ci se retournant subitement au moment où M. Bumble lui toucha le bras; vous me suivez, je crois!

— C'est seulement pour vous faire une question, reprit l'autre montrant du doigt le petit morceau de papier. Quel nom dois-je demander?

— Monks! répliqua l'inconnu, et il s'éloigna rapidement.

XXXVII. — De ce qui se passa entre Monks et les époux Bumble le soir de leur entrevue.

Il faisait une chaleur étouffante, le ciel était couvert de nuages d'où s'échappaient déjà de larges gouttes d'eau, quand M. et madame Bumble dirigèrent leurs pas vers la maison du bord de l'eau, distante d'environ une demi-lieue de la ville.

Ils s'étaient affublés tous deux de vieux manteaux. Ils avancèrent ainsi en silence : de temps en temps M. Bumble ralentissant sa marche et tournant la tête pour s'assurer si sa compagne le suivait ; et, s'apercevant que celle-ci était sur ses talons, il redoublait de vitesse pour gagner au plus tôt le lieu du rendez-vous.

Ce n'était qu'un assemblage confus de misérables cabanes situées pour la plupart à quelques pas du bord de l'eau : les unes bâties en briques mal jointes, les autres de planches de bateau pourries ou vermoulues. Quelques barques trouées, couchées sur la vase et amarrées au petit mur bordant le quai, une rame et des cordages étendus çà et là sur le rivage, semblaient indiquer, dès l'abord, que les habitants de ces pauvres demeures avaient quelque occupation sur la rivière; mais un seul coup d'œil suffisait au passant pour deviner que ces objets, inutiles et hors d'état de servir, étaient déposés là plutôt pour sauver les apparences que dans un but d'utilité quelconque.

Au beau milieu de cet amas de bicoques, et si près de la berge que les étages supérieurs dominaient la rivière, était un grand bâtiment ayant servi autrefois de manufacture, et qui avait dû, dans le temps, fournir de l'occupation aux habitants des maisons circonvoisines; mais depuis longtemps il était tombé en ruines. Les rats, les vers, ainsi que l'humidité, avaient affaibli et pourri les pieux qui le soutenaient, et une grande partie avait croulé dans l'eau; tandis que l'autre, affaissée sous son poids, semblait épier une occasion favorable pour en faire autant.

Ce fut devant cette maison que le digne couple s'arrêta comme les premiers roulements du tonnerre se faisaient entendre au loin, et que la pluie commençait à tomber par torrents.

— Ce doit être ici quelque part, dit M. Bumble consultant un petit morceau de papier qu'il tenait à la main.

— Ohé! s'écria une voix au-dessus de lui.

M. Bumble leva la tête et aperçut, au second étage, un homme regardant par une porte à hauteur d'appui.

— Attendez un instant, s'écria de nouveau la voix; je suis à vous dans la minute. Disant cela, il disparut et la porte se referma aussitôt.

— Est-ce lui? demanda la femme.

M. Bumble fit un signe de tête affirmatif.

— Alors, rappelez-vous ce que je vous ai dit, observa la matrone, et faites attention de parler le moins possible si vous ne voulez nous trahir tout d'un coup.

M. Bumble, qui avait considéré la maison d'un œil pitoyable, allait sans doute exprimer quelque doute sur la nécessité d'aller plus loin, lorsqu'il en fut empêché par la présence de Monks, qui ouvrit une petite porte près de laquelle ils se trouvaient, et leur fit signe d'entrer.

— Allons! s'écria-t-il d'un ton d'impatience en frappant du pied contre terre, ne me faites pas attendre là une heure!

La femme, qui d'abord avait hésité, entra hardiment, sans se faire prier davantage; et M. Bumble, qui eût été honteux ou qui eût craint de rester en arrière, suivit son aimable moitié d'un pas incertain, qui prouvait assez qu'il était très-mal à son aise, ayant perdu pour le quart d'heure cette assurance et cette dignité qui le caractérisaient si bien en toute autre circonstance.

— Qu'aviez-vous donc à rester ainsi à la pluie? dit Monks se tournant vers Bumble après avoir fermé la porte aux verrous derrière lui.

— Nous nous... rafraîchissions, balbutia celui-ci en jetant un regard inquiet autour de lui.

— Vous vous rafraîchissiez! répliqua Monks. Jamais toutes les pluies qui sont tombées depuis la création du monde (quand vous y joindriez celles qui doivent tomber jusqu'à la fin des siècles) ne seraient capables d'éteindre une parcelle du feu qui vous consumera dans l'enfer.

Ayant dit ces paroles gracieuses, Monks se tourna brusquement vers la matrone et la regarda fixement; de sorte que celle-ci, qui pourtant ne se laissait pas facilement intimider, fut obligée de baisser les yeux.

— C'est bien la femme dont vous m'avez parlé? demanda Monks.

— Hum! fit Bumble se souvenant des recommandations de son épouse. C'est elle-même.

— Vous pensez peut-être que les femmes ne peuvent pas garder un secret? dit la matrone s'adressant à Monks, qu'elle regarda fixement à son tour.

— Je sais qu'il en est un qu'elles sauront toujours garder jusqu'à ce qu'on le découvre, dit Monks d'un air de mépris.

— Et quel est-il, s'il vous plaît? demanda la matrone.

— La perte de leur réputation, reprit Monks, vous comprenez...

— Non, repartit la matrone rougissant tant soit peu.

— Il n'y a pas de doute à cela, répliqua Monks d'un air moqueur, comment pourriez-vous comprendre?

Et leur ayant de nouveau fait signe de le suivre, il traversa précipitamment plusieurs grandes pièces dont le plafond était fort bas; et il allait monter un escalier rapide, ou plutôt une échelle conduisant à l'étage au-dessus, lorsqu'un éclair en sillonna l'entrée, et fut aussitôt suivi d'un coup de tonnerre qui ébranla la vieille masure jusque dans ses fondements.

— Ecoutez! s'écria-t-il reculant d'horreur. Ce bruit me fait mal!...

Il garda le silence pendant quelques minutes, et, ôtant tout à coup ses mains de devant ses yeux, M. Bumble vit avec une surprise et une frayeur indicibles que son visage était décomposé et presque noir.

— Ces accès me prennent de temps en temps, dit Monks remarquant la frayeur de Bumble; et bien souvent c'est le tonnerre qui en est cause.

Disant cela, il monta le premier à l'échelle; et lorsqu'il fut dans la chambre où elle conduisait, il en ferma aussitôt les volets et baissa une lanterne qui pendait au bout d'une corde par le moyen d'une poulie assujétie à une des énormes poutres du plafond.

— Maintenant, dit Monks lorsqu'ils se furent assis tous trois, plus tôt nous parlerons affaires et mieux cela vaudra pour nous tous. Cette femme sait ce qui l'amène ici, n'est-ce pas?

La question s'adressait à Bumble, mais la femme s'empressa de répondre qu'elle en était instruite.

— Vous étiez avec la vieille sorcière en question, le soir qu'elle est morte, et... elle vous a dit quelque chose?...

— Au sujet de la mère de cet enfant que vous connaissez? interrompit la matrone. Oui, c'est la vérité.

— La première question est de savoir de quelle nature était sa confidence, dit Monks.

— Non pas! observa la matrone d'un air délibéré; ce n'est que la seconde. La première question est de savoir ce que vous donnerez pour en avoir connaissance.

Mais madame Bumble n'était pas femme à se démonter facilement; elle aimait mieux un *tiens* quelconque que tous les *tu l'auras* du monde. Aussi joua-t-elle serré avec son adversaire; celui-ci eut beau marchander, faire l'indifférent, paraître ne se soucier que médiocrement du secret, la matrone ne voulut point démordre des vingt-cinq livres sterling en or qu'elle demandait. Enfin, il fallut se soumettre, faire contre fortune bon cœur.

— A quoi cela m'avancera-t-il, si je paye pour rien? dit Monks avec quelque hésitation.

— Vous pourrez reprendre votre argent, répondit la matrone. Je ne suis qu'une faible femme, seule, sans appui.

M. Bumble voulut ici placer son mot.

— Taisez-vous, dit Monks d'un ton d'autorité.

Disant cela, il tira de sa poche un sac de toile, et compta sur la table vingt-cinq souverains, qu'il donna ensuite à la matrone.

— Maintenant, dit-il, empochez cela! et lorsque ce maudit coup de tonnerre que je sens approcher aura éclaté sur l'exécrable cassine, racontez-nous ce que vous savez.

Le tonnerre, qui se faisait entendre avec plus de force qu'auparavant, et qui semblait vouloir éclater sur la maison et la réduire en poudre, ayant enfin cessé, Monks, qui pendant ce temps s'était couvert la figure de ses deux mains et avait la tête appuyée sur la table, se releva quand le danger fut passé et se pencha en avant pour écouter ce que la femme allait dire.

— Lorsque la vieille Sally mourut, c'est ainsi que s'appelait cette femme, dit la matrone, j'étais seule avec elle.

— N'y avait-il point quelqu'un tout près, demanda Monks à voix basse, quelque autre malade ou quelque idiote couchée dans la même chambre, laquelle aurait pu entendre, et, par conséquent, comprendre?...

— Il n'y avait pas une âme, répliqua la matrone. Nous étions tout à fait seules. J'étais à son chevet quand elle rendit le dernier soupir.

— Bien, dit Monks regardant fixement la matrone.

— Elle m'a parlé d'une jeune fille, poursuivit la matrone, qui accoucha, quelques années auparavant, non-seulement dans la même chambre, mais encore dans le même lit.

— Comme les choses se découvrent pourtant, à la fin! dit Monks visiblement agité. N'est-ce pas étonnant?

— L'enfant à qui cette jeune fille donna le jour est le petit garçon dont vous lui avez parlé hier, reprit la matrone tournant la tête vers son mari. La mère de cet enfant (la jeune fille en question) a été volée par la vieille Sally la garde-malade.

— Lorsqu'elle vivait? demanda Monks.

— Non, après sa mort! répliqua l'autre frémissant involontairement. Cette jeune fille était encore tiède quand la garde détacha du cadavre de la jeune mère ce que celle-ci, jusqu'à son dernier moment, l'avait priée de garder pour le bien de son enfant.

— Elle l'aura vendu, sans doute! s'écria Monks hors de lui. L'a-t-elle vendu?... Où?... Quand?... A qui?... Y a-t-il longtemps?...

— Comme elle pouvait à peine articuler ces mots, quand elle m'a confié cela, dit la matrone, elle est morte sans m'en dire davantage.

— Sans en dire davantage! s'écria Monks d'un air furieux. C'est un mensonge! Je ne souffrirai pas que vous me trompiez! Elle en a dit davantage! Je vous arracherai la vie à tous deux, si vous ne me dites ce que c'était!

— Je vous assure encore une fois qu'elle ne m'a pas dit un seul mot de plus, reprit celle-ci avec un sang-froid que M. Bumble était loin de partager; mais, d'une main à moitié fermée, elle me prit par ma robe et m'attira près d'elle, et lorsque je vis qu'elle était morte, je m'aperçus, en retirant ma robe d'entre ses doigts, qu'elle tenait un morceau de papier tout crasseux.

— Qui contenait?... interrompit brusquement Monks.

— Rien du tout, répliqua la matrone, c'était une reconnaissance du Mont-de-Piété.

— Pour quel objet?... demanda Monks.

— Vous le saurez tout à l'heure, répondit la femme. J'ai tout lieu de croire qu'elle avait d'abord gardé l'objet pendant quelque temps, dans l'espoir, sans doute, d'en tirer un plus grand profit, et qu'elle le mit ensuite en gage, ayant soin, sur l'argent qu'elle en aura reçu, d'épargner de quoi payer, chaque année, les intérêts, afin de pouvoir le retirer en cas de besoin. Elle est donc morte, comme je viens de vous le dire, tenant fortement serré dans sa main ce morceau de papier tout sale et tout déchiré. Comme il ne s'en fallait que de trois jours pour que l'année fût écoulée, j'ai pensé que je pourrais moi-même un jour en tirer avantage et j'ai dégagé l'objet.

— Où est-il maintenant? demanda Monks avec impatience.

— Le voici, répliqua la matrone. Et comme s'il lui eût tardé d'en être débarrassée, elle jeta vivement sur la table un petit sac de peau à peine assez grand pour contenir une montre de femme. Monks s'en empara aussitôt, et, l'ouvrant d'une main tremblante, il en tira un petit médaillon en or contenant deux boucles de cheveux et une alliance toute simple.

— Le mot *Agnès* est gravé à l'intérieur de la bague, dit la matrone. Le nom de famille est laissé en blanc : mais il y a la date, qui est, je crois, un an avant l'époque de la naissance de l'enfant. J'ai découvert cela.

Est-ce là tout? dit Monks après avoir examiné attentivement les objets.

— C'est tout, répondit la femme... Je ne sais rien de cette histoire, au-delà de ce que je puis deviner, dit la dame s'adressant à Monks après un instant de silence. Je ne désire pas non plus en savoir davantage, car ce ne serait peut-être pas prudent, et je crains bien qu'il n'y ait rien à gagner... mais il m'est bien permis de vous faire deux questions, n'est-ce pas?

— Sans doute, répliqua Monks un tant soit peu surpris; mais que j'y réponde ou non, c'est une autre question.

— Ce qui fait trois questions, observa M. Bumble voulant faire le plaisant.

— Est-ce là tout ce que vous désiriez de moi? demanda la matrone.

— C'est tout, répondit Monks. Et puis quoi, encore?

— Ce que vous vous proposez d'en faire peut-il me porter préjudice?

— Jamais, reprit Monks, pas plus qu'à moi... Regardez! mais ne faites pas un seul pas en avant, ou c'en serait fait de vous pour toujours!

Disant ces mots, il poussa la table de côté, et passant sa main dans un anneau de fer fixé dans le plancher, lâcha une trappe qui s'ouvrit justement aux pieds de M. Bumble; ce qui effraya tellement ce dernier, qu'il recula précipitamment.

— Jetez un coup d'œil au fond, dit Monks baissant la lanterne dans le gouffre. N'ayez pas peur de moi! J'aurais pu vous faire descendre la garde bien tranquillement, quand vous étiez tous deux assis dessus, si telle avait été mon intention.

Rassurée par ces paroles, la matrone approcha jusque sur le bord du précipice; et M. Bumble lui-même, poussé par la curiosité, en fit autant. L'eau bourbeuse, grossie par la pluie, coulait rapidement au-dessous et faisait un tel bruit en se brisant contre les piliers verdâtres qui soutenaient l'édifice, qu'il était impossible de s'entendre.

— Si l'on précipitait un homme au fond de ce gouffre, où pensez-vous qu'on doive retrouver son cadavre demain matin? dit Monks secouant la corde au bout de laquelle était attachée la lanterne.

— A douze milles d'ici, et coupé en morceaux, qui plus est, répliqua Bumble reculant d'horreur à cette seule pensée.

Monks tira de sa poche le petit sachet qu'il y avait mis à la hâte, et l'attachant solidement avec une ficelle à un morceau de plomb qui était par terre, dans un coin de la chambre, il le jeta dans la rivière.

Ils se regardèrent tous trois, et parurent soulagés d'un poids énorme.

— Voilà ce que c'est! dit Monks fermant la trappe. Si la mer rejette ses cadavres sur le rivage, comme certains écrivains le prétendent, elle garde au moins l'or et l'argent; et je ne doute pas que cette bagatelle n'y reste ensevelie pour toujours... Nous n'avons rien de plus à nous dire, ainsi nous pouvons nous séparer.

— Comme de raison! s'empressa de dire M. Bumble.

— Vous saurez retenir votre langue, j'espère? dit Monks lançant à ce dernier un regard menaçant; je n'ai pas besoin de faire cette recommandation à votre femme, je suis sûr qu'elle gardera le secret.

— Vous pouvez compter sur moi, jeune homme! répliqua M. Bumble.

Ce fut fort heureux pour M. Bumble que la conversation finît là, car il se trouvait en ce moment si près de l'échelle qu'il s'en fallait de bien peu qu'il ne tombât, la tête la première, dans la pièce au-dessous. Il alluma sa lanterne à celle que Monks détacha de la corde; et, ne cherchant nullement à prolonger l'entretien, il descendit en silence, suivi de sa femme. Monks descendit le dernier.

A peine furent-ils dehors, que Monks, qui n'aimait point sans doute à rester seul, appela un petit garçon qui s'était tenu caché quelque part dans le bas de la maison ; et lui ayant dit de prendre de la lumière et de marcher le premier, il retourna à la chambre qu'il venait de quitter.

XXXVIII. — Le lecteur se retrouve avec d'anciennes connaissances. — Monks et Fagin se concertent entre eux.

Il pouvait être environ sept heures du soir, le lendemain même du jour où les trois dignes personnages dont il est fait mention dans le chapitre précédent réglèrent ensemble leurs petites affaires, quand Guillaume Sikes, s'éveillant tout à coup, demanda d'un ton bourru quelle heure il était.

Coiffé d'un sale bonnet de coton et enveloppé dans sa grande redingote blanche, à défaut de robe de chambre, le brigand reposait tranquillement sur son lit. Une barbe dure et épaisse, qui n'avait pas été faite depuis huit jours, jointe à la teinte cadavéreuse de son visage, ajoutait à la férocité de ses traits. Le chien était couché au chevet du lit, tantôt regardant son maître d'un œil pensif, et tantôt dressant les oreilles ou grognant sourdement, selon que quelque bruit attirait son attention. Auprès de la fenêtre était une jeune femme occupée à raccommoder un vieux gilet qui formait une partie de l'habillement du voleur. Elle était si pâle et si défaite, à force de veilles et de privations, que, sans le son de sa voix, au moment où elle répondit à la question de Sikes, on eût eu beaucoup de peine à reconnaître en elle cette même Nancy qui a déjà figuré dans le cours de cette histoire.

— Sept heures viennent de sonner à l'instant, dit la jeune fille ; comment te trouves-tu ce soir, Guillaume ?

— Aussi faible que de l'eau, répliqua Sikes. Voyons, donne-moi la main et aide-moi à sortir de cet infernal lit, d'une manière ou d'autre !

La maladie de Sikes n'avait pas adouci son caractère; car, au moment où Nancy, l'ayant aidé à se lever, le conduisait vers une chaise, il fit des imprécations contre sa maladresse, et il la frappa.

— Ne vas-tu pas pleurnicher? dit-il; ôte-toi de là, si tu veux r'nifler! Si tu n' peux rien faire de mieux, décampe au plus vite! Entends-tu?

— Pourquoi donc, Guillaume? demanda celle-ci posant sa main sur l'épaule de Sikes; tu n'as pas l'intention de me maltraiter ce soir, je pense?

— Non!... Et pourquoi pas? s'écria Sikes.

— Tant de nuits, reprit la fille avec une expression de tendresse qui donnait de la douceur même à sa voix, tant de nuits que j'ai passées près de toi à te soigner, comme si tu étais un enfant!... Et pour la première fois aujourd'hui que je te vois un peu toi-même, je suis sûre que tu ne m'aurais pas traitée comme tu viens de le faire, si tu avais pensé à cela, n'est-ce pas? Voyons, Guillaume, parle franchement!

— Eh bien! je ne dis pas non, répliqua Sikes, certainement je ne l'aurais pas fait... Allons, peste soit la fille, la voilà qui pleurniche encore!

— Ce n'est rien, dit celle-ci se laissant tomber sur une chaise, ne fais pas attention à moi;... c'est l'affaire d'un rien... ce sera bientôt passé.

— Qu'est-ce qui sera bientôt passé? demanda Sikes d'un air furieux; qu'est-ce qui te prend maintenant? Lève-toi, voyons! promène-toi par la chambre, et ne viens pas *m'emberlificoter* avec tes niaiseries de femme!

En toute autre circonstance, cette remontrance faite d'un ton si péremptoire eût sans doute produit son effet; mais la jeune fille, affaiblie par les veilles et épuisée de fatigue, laissa tomber sa tête sur le dos de sa chaise avant que Sikes eût eu le temps de débiter le chapelet de jurons qu'il avait tout prêts en pareil cas. Ne sachant que faire en cette occurrence, car les convulsions de mademoiselle Nancy étaient de telle nature que tout secours était superflu, Sikes essaya un blasphème; et, voyant que ce genre de traitement n'était rien moins qu'efficace, il appela du secours.

— Qu'y a-t-il donc, mon cher? dit le juif ouvrant la porte de la chambre.

— Ne pouvez-vous porter secours à cette fille? dit Sikes d'un air impatient... au lieu d'être là à babiller et à me regarder comme un événement!

Fagin s'approcha aussitôt de Nancy avec une exclamation de surprise, tandis que Jack Dawkins, autrement le fin Matois, qui avait suivi son vénérable ami, posa promptement à terre un paquet dont il était chargé, et prenant une bouteille des mains de maître Bates, qui entra derrière lui, il la déboucha en un clin d'œil avec ses dents, et versa une partie de la liqueur qu'elle contenait dans le gosier de la jeune fille; après y avoir toutefois goûté lui-même, de peur de méprise.

— Donnez-lui une bouffée d'air avec le soufflet, Charlot! dit Dawkins; et vous, Fagin, tapez-lui dans la main, tandis que Guillaume la délacera!

Ces secours, administrés à propos et avec zèle, surtout ceux qui étaient du ressort de maître Bates, qui paraissait prendre un plaisir tout particulier à s'acquitter consciencieusement de son devoir, ne furent pas longtemps à produire l'effet qu'on en attendait : Nancy recouvra peu à peu ses sens, et, se traînant sur une chaise qui était au chevet du lit, elle se cacha le visage sur l'oreiller, laissant entièrement le soin de confronter les nouveaux venus à Sikes, un peu étonné de leur visite inattendue.

— Comment se fait-il que vous soyez venus? demanda-t-il à Fagin. Quel mauvais vent vous a soufflés ici?

— Ce n'est pas un mauvais vent, mon cher, répondit le juif, car un mauvais vent ne souffle jamais rien de bon pour qui que ce soit, et je vous ai apporté quelque chose de bon qui vous réjouira la vue. Matois, mon ami, défais ce paquet, et donne à Guillaume ces petites friandises pour lesquelles nous avons dépensé tout notre argent ce matin.

A la demande de Fagin, le Matois, dénouant le paquet, qui formait un assez gros volume et qui était enveloppé d'une vieille nappe, passa les objets qu'il contenait, un par un, à Charlot Bates, qui en fit l'éloge en même temps qu'il les posa sur la table.

— Ah! fit le juif se frottant les mains avec un air de satisfaction, voilà, j'espère, de quoi vous remettre! Ça va vous rétablir, ça, Guillaume!

— Tout cela est bel et bon, dit celui-ci; mais il me faut de la *bille* ce soir même!

— Je n'ai pas une seule pièce de monnaie sur moi, reprit le juif.

— Vous en avez chez vous à remuer à la pelle, répliqua Sikes, et c'est de là qu'il m'en faut !

— A remuer à la pelle ! y pensez-vous ? s'écria le juif levant les mains au ciel. Le peu que j'ai ne pourrait pas suffire à.....

— Je ne sais pas combien vous avez, et je pense bien que vous auriez de la peine à le savoir vous-même, d'autant plus que ça vous demanderait du temps à compter, dit Sikes. Tout ce que je sais, c'est qu'il m'en faut ce soir : c'est positif, cela !

— C'est bien, cela suffit, dit le juif avec un soupir ; j'enverrai le Matois tout à l'heure.

— Vous n'en ferez rien du tout, reprit Sikes ; le *Matois* est beaucoup trop *matois*, et il oublierait peut-être de venir. Il pourrait se faire d'ailleurs qu'il perdît son chemin, ou qu'il fût pris au *traquenard*, ou toute autre excuse de ce genre, si vous lui en suggérez l'idée. Nancy fera mieux d'aller avec vous le chercher ; ce sera bien plus sûr. Je me coucherai et je ferai un somme pendant ce temps-là.

Après avoir bien contesté et marchandé de part et d'autre, le juif réduisit la somme exigée par Sikes de cinq livres à trois livres quatre schellings six pence, protestant avec serment qu'il ne lui resterait qu'un schelling six pence pour vivre à la maison. Sur quoi Sikes ayant répliqué d'un ton bourru que, s'il n'y avait pas moyen d'avoir davantage, il fallait bien s'en contenter, Nancy se prépara à sortir avec Fagin, tandis que le Matois et maître Bates rangèrent les comestibles dans le buffet.

Le juif alors, prenant congé de son intime ami, s'en retourna chez lui accompagné de ses élèves et de Nancy ; et Sikes, resté seul, se jeta sur son lit et se disposa à dormir pour passer le temps jusqu'au retour de la jeune fille.

Ils arrivèrent à temps à la demeure du juif, où ils trouvèrent Toby Crackit et le sieur Chitling en train de faire leur quinzième partie de piquet.

— Est-il venu quelqu'un, Toby ? demanda le juif.

— Je n'ai vu âme qui vive, répondit le sieur Crackit tirant le col de sa chemise. C'était aussi triste que de la piquette.

Le juif ayant fait remarquer à ses amis qu'il était grandement temps d'aller à la besogne, car il était dix heures, et il n'y avait encore rien de fait, ils partirent pour se distribuer leurs quartiers respectifs.

— Maintenant, dit le juif quand ils eurent quitté la chambre, je m'en vais te chercher cet argent, Nancy. Ceci est la clef de la petite armoire où je serre toutes les choses que mes jeunes gens m'apportent. Je n'enferme jamais mon argent à clef, ma chère; car je n'en ai jamais assez pour cela, ah! ah! ah!... Non certes, ma chère, je n'en ai pas du tout même... C'est un pauvre commerce que le nôtre, Nancy! il n'y a pas à s'en louer, tant s'en faut! Et si ce n'était que j'aime les jeunes gens comme je le fais, il y a déjà longtemps que j'y aurais renoncé... Mais je les aide, ma chère, je les soutiens, Nancy; j'en ai toute la charge, ma fille. Chut! dit-il fourrant précipitamment la clef dans son sein, qui ce peut-il être? écoute!

La jeune fille, qui était assise les bras croisés et les coudes appuyés sur le bord de la table, affecta la plus grande indifférence quant à l'arrivée d'un tiers, et parut se soucier fort peu de savoir quelle était la personne qui venait à cette heure, quand, le chuchotement d'une voix d'homme ayant frappé son oreille, elle ôta sur-le-champ son chapeau et son châle avec la rapidité de l'éclair, les jeta sous la table, se plaignant de la chaleur d'un ton langoureux qui contrastait singulièrement avec la promptitude de ses mouvements, mais ce dont le juif ne put s'apercevoir, ayant le dos tourné en ce moment.

— Ah! ah! dit-il comme s'il eût été contrarié de la visite de l'importun, c'est l'homme que j'attendais... Il va descendre ici, Nancy. Tu n'as pas besoin de parler de cet argent en sa présence, entends-tu?... Il ne restera pas longtemps, ma chère... dix minutes tout au plus.

Le juif prit la chandelle et alla ouvrir la porte au visiteur.

— C'est une de mes petites jeunesses, dit le juif voyant Monks (car c'était lui-même) reculer à l'aspect de la jeune fille. Reste là, Nancy!

Cette dernière se rapprochant de la table regarda Monks d'un air insouciant et baissa aussitôt les yeux; mais, comme il se fut tourné vers le juif pour lui adresser la parole, elle lui lança à la dérobée un nouveau regard, si différent du premier, si vif et si pénétrant que, s'il y avait eu là quelqu'un pour en remarquer la différence, il eût eu beaucoup de peine à croire qu'ils provinssent de la même personne.

— Avez-vous quelque nouvelle à m'apprendre? demanda le juif.

— Oui, une bien grande! répondit Monks.

— Et... bonne, sans doute? demanda le juif en hésitant comme s'il eût craint de déplaire à l'autre par un excès de curiosité.

— Pas mauvaise, tant s'en faut! répliqua Monks en souriant. J'ai été assez heureux cette fois. Je voudrais vous dire deux mots en particulier.

Nancy s'approcha de nouveau de la table et n'offrit point de se retirer, bien qu'elle s'aperçût que Monks la montrait du doigt en s'adressant ainsi au juif. Celui-ci craignant sans doute qu'elle ne vînt à parler d'argent s'il essayait de la renvoyer, fit un signe de tête pour désigner l'appartement supérieur, et sortit avec son ami.

Le bruit de leurs pas n'avait pas encore cessé, que la jeune fille avait déjà ôté ses souliers, retroussé sa robe par-dessus sa tête, et écoutait attentivement à la porte. Lorsqu'elle n'entendit plus rien, elle sortit tout doucement, et, montant l'escalier sans faire le moindre bruit, elle fut bientôt perdue dans l'obscurité.

Au bout d'un quart d'heure ou vingt minutes environ, elle descendit aussi légèrement qu'elle était montée et fut bientôt suivie des deux hommes. Monks ne tarda pas à sortir, et le juif remonta l'escalier pour aller chercher l'argent. Au moment où il rentra, la jeune fille mettait son châle et son chapeau pour se préparer à sortir.

— Qu'as-tu donc, Nancy? s'écria le juif reculant d'étonnement aussitôt qu'il eut posé la chandelle sur la table, comme tu es pâle!

— Pâle! s'écria à son tour la jeune fille mettant sa main devant ses yeux, afin de supporter le regard du juif avec plus d'assurance.

— Tu es pâle comme la mort, reprit celui-ci. Que t'est-il donc arrivé?

— Rien du tout... A moins que ce ne soit d'avoir été renfermée pendant tout ce temps dans cette pièce où il fait une chaleur étouffante, repartit nonchalamment la fille. Allons! finissons-en, que je m'en aille!

Fagin remit à Nancy la somme convenue, poussant un soupir à chaque pièce de monnaie qu'il lui mettait dans la main; et, après s'être souhaité réciproquement une bonne nuit, ils se séparèrent.

A peine la jeune fille fut-elle dans la rue, qu'elle se vit obligée de s'asseoir sur le pas d'une porte, incapable qu'elle était de poursuivre son chemin. Tout à coup elle se leva et courut dans une direction tout à fait opposée à la demeure de Sikes, jusqu'à ce qu'épuisée de fatigue et couverte de sueur elle s'arrêta enfin pour reprendre haleine. Alors, comme si elle fût revenue à elle-même, et qu'après s'être remise de son trouble elle eût déploré l'impossibilité d'exécuter un projet qu'elle avait en tête, elle se tordit les bras et pleura amèrement.

XXXIX. — Singulière entrevue en conséquence de ce qui s'est passé dans le chapitre précédent.

Fort heureusement pour Nancy, Sikes, une fois en possession de l'argent, passa toute la journée du lendemain à boire et à manger; ce qui lui adoucit tellement le caractère, qu'il n'eut ni le temps ni l'envie de trouver à redire à la conduite de la jeune fille.

A mesure que le jour s'avançait, le trouble de la jeune fille augmenta; et quand, vers le soir, elle s'assit au chevet du brigand, attendant avec impatience que le sommeil et la boisson eussent appesanti ses paupières, son visage était si pâle et ses yeux si brillants, que Sikes même l'observa avec étonnement.

Ce dernier, que la fièvre avait affaibli, était couché sur son lit, buvant force *grog*, afin de l'apaiser, et il tendait son verre à Nancy, pour qu'elle le lui remplît pour la troisième ou quatrième fois, lorsque ces symptômes le frappèrent.

— Qu'est-ce que cela veut dire? s'écria-t-il se mettant sur son séant pour la considérer de plus près. Tu as l'air d'un revenant! Qu'est-ce que cela signifie?

— Ce que cela signifie! reprit la fille. Rien... Pourquoi me regardes-tu ainsi entre les deux yeux?

— Qu'est-ce que c'est que toutes ces bêtises-là! demanda Sikes la prenant par le bras et la secouant rudement. Qu'y a-t-il?... que veut dire cela? A quoi penses-tu? Voyons, parle!

— A bien des choses, Guillaume! répondit celle-ci passant ses mains sur ses yeux pour cacher son trouble et frissonnant involontairement. Mais, qu'y a-t-il d'extraordinaire à cela?

Le ton enjoué qu'elle affecta en prononçant ces dernières paroles sembla produire sur Sikes une plus forte impression que ne l'avait fait la pâleur excessive de la jeune fille.

Rassuré par cette pensée que Nancy pouvait bien avoir la fièvre, Sikes vida son verre jusqu'à la dernière goutte; et alors, tout en continuant de gronder, il demanda sa potion. La fille ne se le fit pas dire deux fois; elle se leva aussitôt de sa chaise, versa le breuvage dans une tasse (ayant eu soin pour cela de se détourner un tant soit peu), et elle porta elle-même le vase à ses lèvres, jusqu'à ce qu'il eût tout bu.

— Maintenant, dit le brigand, viens t'asseoir près de moi, et reprends ta mine accoutumée si tu ne veux pas que je te la change moi-même de telle manière que tu ne te reconnaîtras pas quand il te prendra envie de te regarder dans la glace.

Celle-ci obéit et Sikes, lui prenant la main, la tint étroitement serrée dans la sienne, et quand il retomba sur l'oreiller, il n'en continua pas moins de la considérer attentivement. Ses yeux se fermèrent, puis se rouvrirent; ils se refermèrent et se rouvrirent de nouveau. Il se remua dans son lit et changea plusieurs fois de position, comme s'il eût été mal à son aise; et après s'être assoupi à différentes reprises pendant l'espace de quelques minutes, tressaillant de temps à autre et regardant d'un air effaré autour de lui, il resta tout à coup immobile dans la position d'une personne prête à se lever, et dormit bientôt d'un sommeil léthargique. Sa main lâcha celle de Nancy et retomba nonchalamment sur le lit.

— Le laudanum a produit enfin son effet! murmura Nancy s'éloignant aussitôt du lit. Il se pourrait bien même qu'il fût trop tard.

Disant ces mots, elle mit bien vite son chapeau et son châle en regardant avec frayeur autour d'elle comme si, malgré le breuvage qu'elle avait administré au brigand, elle se fût attendue à chaque instant à sentir sur son épaule la pression de sa lourde main; ensuite, se penchant doucement sur le lit, elle déposa un baiser sur les lèvres de Sikes et disparut aussi vite que l'éclair.

Au bout d'un passage qu'elle devait traverser pour gagner une des rues principales de Londres, un *watchman* cria neuf heures et demie.

— Y a-t-il longtemps que la demie est sonnée? demanda Nancy.

— Dix heures sonneront dans un quart d'heure, répondit le crieur de nuit levant sa lanterne pour voir le visage de la fille.

— Déjà dix heures moins un quart!... et il me faut une bonne heure au moins pour arriver là! se dit à part soi Nancy continuant son chemin avec une rapidité sans égale.

— Cette femme est folle! disait-on en la regardant courir ainsi à travers la chaussée.

C'était un superbe hôtel, situé dans une rue élégante et tranquille aux environs de *Hyde-Park.* Au moment où elle aperçut la brillante clarté du réverbère placé devant la porte, onze heures sonnèrent à l'horloge d'une église voisine. Elle avait ralenti sa marche, incertaine si elle devait avancer ou s'en retourner, mais le son de la cloche l'ayant déterminée, elle entra dans le vestibule. Ayant trouvé le fauteuil du portier vacant, elle regarda d'un air inquiet autour d'elle et se dirigea vers l'escalier.

— Que voulez-vous, jeune fille, demanda une femme de chambre élégamment vêtue entr'ouvrant une porte derrière Nancy, qui demandez-vous ici?

— Une demoiselle qui est dans cette maison, répondit la fille.

— Une demoiselle! reprit l'autre avec dédain. Quelle demoiselle, s'il vous plaît?

— Mademoiselle Maylie, dit Nancy.

La jeune femme, qui, pendant ce court dialogue, avait remarqué la mise de cette dernière, se contenta de la regarder de toute sa hauteur, et fit signe à un laquais de venir lui parler. Nancy exposa à ce dernier le motif de sa visite.

— De quelle part? demanda le domestique, quel nom faut-il que je dise?

— Ce n'est pas nécessaire, répliqua Nancy.

— Ni ce qui vous amène ici? demanda l'homme.

— Non, ce n'est pas la peine, répondit la fille, il faut que je voie cette demoiselle.

— Allons donc! reprit l'homme en la poussant vers la porte. Nous connaissons ces couleurs-là. Sortez d'ici!

— Si je sors d'ici, il faudra que vous me portiez dehors, dit vivement Nancy, et je vous jure que ce ne sera pas une petite affaire pour deux d'entre vous. N'y a-t-il donc personne ici, poursuivit-elle en promenant ses regards autour de la salle, qui veuille se charger d'un message pour une pauvre fille comme moi?

Nancy eut bien des difficultés à vaincre pour arriver jusqu'à Rose, car les domestiques de grande maison croyaient se déshonorer en faisant sa commission. Les servantes l'insultaient, les valets la regardaient d'un air de pitié, la prenant pour une mendiante. Enfin, une bonne pâte de cuisinier vint à son secours et finit par déterminer le valet de chambre à daigner aller prévenir mademoiselle Maylie; et, quoique l'orgueil de celui-ci se trouvât froissé, il voulut bien faire quelque chose à la recommandation d'un confrère.

Enfin elle entendit un léger bruit.

Elle leva les yeux suffisamment pour remarquer que la personne qui se présentait à elle était jeune.

— On a assez de peine à parvenir jusqu'à vous, Mademoiselle! dit-elle secouant la tête d'un air d'indifférence. Si je m'étais offensée et que je fusse partie (comme toute autre à ma place l'aurait fait), vous en auriez été bien fâchée un jour à venir; et il y aurait eu de quoi.

— Je suis désolée qu'on se soit mal conduit envers vous, reprit Rose, oubliez cela et dites-moi quelle est la cause qui vous a fait désirer me voir : je suis la personne que vous demandez.

Le ton obligeant avec lequel cette réponse fut faite, la douce voix de Rose, ses manières affables, exemptes de hauteur, frappèrent d'étonnement la jeune fille, qui fondit en larmes.

— Oh! Mademoiselle, dit Nancy joignant les mains d'un air suppliant, s'il y avait plus de personnes comme vous, il y en aurait moins comme moi; c'est bien certain!

— Asseyez-vous, dit Rose avec empressement : vous me serrez le cœur. Si vous êtes dans la misère ou l'affliction, je me ferai un vrai plaisir de vous soulager si c'est en mon pouvoir. Asseyez-vous...

— Permettez-moi de rester debout, Mademoiselle, dit la fille, et ne me parlez pas avec tant de bonté jusqu'à ce que vous me connaissiez mieux... Il commence à se faire tard... Cette porte est-elle fermée?

— Oui, dit Rose reculant quelques pas, afin de se trouver plus à portée d'appeler du secours en cas de besoin. Pourquoi me faites-vous cette question?

— Parce que, dit la fille, je suis sur le point de mettre ma vie et celle de bien d'autres entre vos mains. C'est moi qui ai ramené le petit Olivier à la maison du vieux Fagin, le juif, le soir même que cet enfant a disparu de Pentonville.

— Vous! dit Rose.

— Moi-même, reprit la fille. Je suis l'infâme créature dont vous avez entendu parler; qui vis parmi les voleurs, et qui, depuis que je me connais (c'est-à-dire dès ma plus tendre enfance), n'ai jamais connu d'existence préférable à celle qu'ils m'ont procurée, ni de paroles plus douces que celles qu'ils m'ont adressées : ainsi, que Dieu ait pitié de moi!... Vous n'avez pas besoin de déguiser l'horreur que je vous inspire... Je suis plus jeune qu'on ne le penserait à me voir; mais je sais bien l'effet que produit ma présence : les femmes les plus misérables s'éloignent de moi quand je passe près d'elles dans la rue.

— De quelles horribles choses venez-vous m'entretenir! dit Rose reculant involontairement.

— Rendez grâces au ciel, ma bonne demoiselle, s'écria Nancy, de ce qu'il vous a accordé des amis qui ont eu soin de vous dans votre enfance et qu'il n'a pas permis que vous soyez exposée au froid, à la faim, à l'ivrognerie et à quelque chose encore de pire que tout cela, comme je l'ai été moi-même dès mon berceau pour ainsi dire : car les allées et les ruisseaux ont été mon partage, et j'y mourrai comme j'y ai vécu.

— Je vous plains! dit Rose d'une voix émue. Vos paroles me déchirent le cœur!

— Que Dieu vous bénisse pour votre bonté! reprit la fille. Si vous saviez ce que j'éprouve quelquefois, vous me plaindriez bien certainement. Mais j'ai échappé à la vigilance de ceux qui m'assassineraient, j'en suis sûre, s'ils savaient que je suis venue ici pour vous dire ce que j'ai entendu. Connaissez-vous un individu appelé Monks?

— Non, dit Rose.

— Il vous connaît bien, lui, répliqua la fille, et il savait que vous étiez ici; car c'est par lui que j'ai découvert votre adresse.

— Je ne connais personne de ce nom, dit Rose.

— Alors probablement que c'est un nom d'emprunt, poursuivit la fille. C'est ce qui m'est venu plus d'une fois à l'idée. Il y a quelque temps (peu de jours après qu'Olivier fut introduit par cette petite fenêtre dans la maison que vous habitez à Chertsey, le jour qu'ils devaient vous voler), comme j'avais des soupçons sur cet homme, j'écoutai une conversation qu'il eut avec Fagin, dans l'obscurité. D'après ce que j'entendis, j'appris donc que Monks, l'homme que je croyais que vous connaissiez, vous savez?...

— Oui, oui, dit Rose, je comprends.

— J'appris donc que Monks, poursuivit la fille, avait vu par hasard Olivier avec deux de nos petits jeunes gens le jour même que nous l'avons perdu pour la première fois, et qu'il l'avait tout de suite reconnu pour être l'enfant qu'il cherchait (quoique je ne puisse pas me rendre compte pourquoi). Un marché fut conclu entre eux que, si Fagin pouvait ravoir Olivier, il recevrait une certaine somme d'argent, et qu'il recevrait davantage s'il parvenait à faire de cet enfant un voleur ; ce que (pour des raisons que j'ignore) Monks paraissait désirer vivement.

— Dans quel but ? demanda Rose.

— C'est ce que je ne sais pas, reprit la fille. Comme je me penchais pour mieux entendre, il aperçut mon ombre sur le mur (et il n'y en a pas beaucoup à ma place qui auraient pu s'esquiver aussi adroitement sans être découvertes) ; mais, fort heureusement, je me suis retirée inaperçue, et depuis je ne l'ai plus revu si ce n'est hier au soir.

— Et que se passa-t-il, alors ?

— Je m'en vais vous le dire, Mademoiselle. La nuit dernière il revint, et Fagin l'emmena à l'étage au-dessus comme la première fois. Comme la première fois aussi, j'écoutai à la porte et j'entendis Monks qui disait :

— Ainsi, les seules choses qui eussent pu servir à prouver l'identité de cet enfant sont au fond de la rivière ; et la vieille sibylle qui les a reçues de la mère est morte depuis longtemps, et ses os sont pourris dans sa bière. Alors ils se mirent à rire en s'entretenant du succès de cette affaire ; et chaque fois que Monks parlait d'Olivier, il devenait furieux et disait que, quoiqu'il se fût assuré de l'argent de ce petit diable, il aurait préféré s'en emparer d'une autre manière. Car (disait-il) quelle bonne farce c'eût été d'annuler le testament du père en traînant celui qui en est l'objet et qui faisait sa gloire dans toutes les prisons de Londres, et en le conduisant ensuite à la potence pour quelque crime capital !... ce que vous pouvez encore faire, Fagin, après avoir tiré avantage de lui par-dessus le marché.

— Qu'est-ce que tout cela, mon Dieu ! s'écria Rose.

— La vérité, Mademoiselle, quoiqu'elle sorte de mes lèvres, répliqua Nancy. Alors il ajouta avec d'horribles jurements (familiers à mes oreilles, mais tout à fait étrangers aux vôtres) que, s'il pouvait satisfaire à sa haine en prenant la vie de cet enfant sans mettre la sienne en danger, il le ferait sans hésiter ; mais que, puisque cela était impossible, il ferait en sorte de mettre des entraves dans toutes ses actions et de lui nuire dans plus d'une circonstance ; et que, si Olivier voulait jamais un jour tirer avantage de sa naissance et de son histoire, il saurait bien l'en empêcher ; enfin, Fagin (ajouta-t-il), tout juif que vous êtes, vous n'avez jamais employé de moyens semblables à ceux que je vais mettre en usage pour attirer dans le piège mon frère Olivier.

— Son frère! s'écria Rose joignant les mains de surprise.

— Voilà ses propres paroles, dit Nancy regardant d'un air inquiet autour d'elle (ce qu'elle n'avait cessé de faire depuis le moment où elle avait commencé à parler, car l'image de Sikes la tourmentait continuellement). Il a même dit plus : lorsqu'il est venu à parler de vous et de l'autre dame, il a dit qu'il fallait que le ciel ou l'enfer s'en fût mêlé pour avoir fait tomber Olivier entre vos mains; puis il se prit à rire et observa que le hasard l'avait encore assez bien servi en cela : car, ajouta-t-il en vous nommant, que de milliers de livres sterling ne donnerait-elle pas elle-même, si elle les avait, pour savoir qui est *ce petit épagneul à deux pattes qui la suit partout!*

— Est-il possible! dit Rose en pâlissant, il n'a pas pu dire cela sérieusement, n'est-ce pas?

— Si jamais homme a parlé sérieusement, ce fut lui en cette circonstance, répliqua Nancy. Il n'est pas homme à plaisanter lorsqu'il est excité par la haine. J'en connais qui font pis que lui, mais j'aimerais mieux les entendre douze fois que lui une... Il se fait tard et je veux arriver à la maison sans qu'on se doute que je suis venue ici : il faut donc que je m'en retourne au plus vite.

— Mais comment m'y prendre? dit Rose. Comment, sans vous, pourrai-je tirer avantage de la révélation que vous venez de me faire?... Vous en retourner!... comment pouvez-vous désirer rejoindre des compagnons que vous peignez sous des couleurs si affreuses? Si vous voulez répéter ce que vous venez de me dire à un monsieur qui est là, dans la chambre voisine, il vous conduira en moins d'une demi-heure dans un endroit où vous serez en sûreté.

— Je désire m'en aller, dit la fille. Il faut que je m'en aille; parce que... (comment pourrai-je avouer de telles choses à une vertueuse demoiselle comme vous!) parce que, parmi ces hommes dont je vous ai parlé, il en est un (le plus méchant et le plus déterminé d'eux tous peut-être), que je ne puis quitter... non, pas même pour m'arracher à la vie que je mène maintenant!

— La sensibilité que vous avez déjà montrée une fois auparavant en prenant le parti de ce cher enfant, dit Rose, la générosité dont vous faites preuve maintenant en venant, au risque de votre vie, me dire ce que vous avez entendu, vos manières, qui me sont un sûr garant de la vérité de vos paroles, le repentir évident et le sentiment intérieur de votre honte, tout me porte à croire que vous pourriez encore vous réformer. Oh! continua Rose joignant les mains, tandis que des larmes coulaient de ses joues, ne rejetez pas les sollicitations d'une personne de votre sexe, la première, la seule, je pense, qui vous ait jamais parlé avec douceur et compassion!... Ne refusez pas de m'entendre et laissez-vous ramener dans le sentier de l'honneur et de la vertu!

— Ma bonne demoiselle! s'écria Nancy se jetant aux genoux de Rose, ange de douceur et de bonté! vous êtes, en effet, la première qui m'ait fait entendre ces paroles de consolation qui me pénètrent le cœur, et si je les avais entendues longtemps auparavant elles auraient pu me tirer du vice dans lequel je suis plongée; mais maintenant il est trop tard!... il est trop tard!

— Il n'est jamais trop tard pour le repentir, dit Rose.

— Il est trop tard! s'écria Nancy se tordant les bras dans l'agonie du désespoir. Je ne puis l'abandonner maintenant! Je ne veux pas être la cause de sa mort!

— Comment seriez-vous la cause de sa mort? demanda Rose.

— Rien ne pourrait le sauver, s'écria la fille, si je déclarais à d'autres ce que je viens de vous dire, et qu'on les prît tous, il n'en réchapperait pas. C'est le plus hardi et le plus intrépide de la bande. Et il a commis des actions si atroces!

— Est-il possible, dit Rose, que pour un tel homme vous renonciez à une délivrance certaine et à l'espoir d'un meilleur avenir? C'est de la vraie folie!

— J'ignore moi-même ce que c'est, reprit la fille. Tout ce que je sais, c'est qu'il n'en est pas ainsi qu'avec moi, et qu'il y en a beaucoup d'autres aussi vicieuses et aussi misérables que moi qui pensent de même. Il faut que je m'en retourne. Que ce soit la volonté du ciel ou punition du mal que j'ai fait, c'est ce dont je ne puis me rendre compte à moi-même; mais je suis ramenée vers cet homme malgré sa brutalité envers moi, et je crois que je le serais encore si je savais que je dusse périr de sa main.

— Que faire? dit Rose. Je ne devrais pas vous laisser partir ainsi.

— Vous ne me retiendrez pas, j'en suis sûre, repartit la fille, vous ne le ferez pas, parce que je me suis fiée à votre bonté et que je n'ai exigé aucune promesse de vous, comme j'aurais pu le faire.

— Alors, à quoi me servira la révélation que vous m'avez faite? demanda Rose. Dans l'intérêt d'Olivier que vous désirez servir, ce mystère doit être éclairci.

— Il me semble que vous devriez raconter cela, sous le sceau du secret, à quelque monsieur de vos amis qui vous dira ce que vous avez à faire, repartit Nancy.

— Mais où vous trouverai-je quand il en sera nécessaire? demanda Rose. Je ne cherche pas à savoir où demeurent ces gens affreux; mais encore ai-je besoin de vous revoir.

— Me promettez-vous de garder fidèlement le secret et de venir seule ou, du moins, accompagnée seulement de la personne qui sera dans la confidence? demanda la fille. Puis-je compter que je ne serai pas épiée ou suivie?

— Je vous le jure! répondit Rose.

— Tous les dimanches, depuis onze heures jusqu'à minuit, dit la fille sans hésiter, je me promènerai sur le pont de Londres... si j'existe!

— Encore un mot! dit Rose comme Nancy se préparait à se retirer. Réfléchissez encore une fois à l'horreur de votre position et à l'occasion qui se présente de vous en affranchir. Vous avez des droits à l'intérêt que je vous porte, non-seulement pour être venue ici volontairement me faire cette révélation, mais parce que vous êtes, pour ainsi dire, perdue au-delà de toute espérance. Retournerez-vous vers cette bande de voleurs et avec cet homme qui vous maltraite si cruellement, lorsqu'une seule parole suffit pour vous sauver? Quel est donc ce charme qui vous entraîne malgré vous, et qui vous attache au malheur et au crime? N'est-il pas dans votre cœur une corde que je puisse toucher? N'y reste-t-il donc aucun sentiment auquel je puisse en appeler contre ce fatal prestige?

— Quand de jeunes demoiselles aussi belles et aussi bonnes que vous livrent leur cœur, reprit avec fermeté la jeune fille, l'amour les entraîne quelquefois bien loin, celles mêmes qui ont, comme vous, des parents, des amis et des admirateurs pour les distraire. Mais quand de malheureuses filles, qui, comme moi, n'ont d'autre demeure que la tombe et d'autre ami pour les visiter dans leurs maladies, ou à l'heure de la mort, que le servant d'hôpital, donnent leur cœur à un homme qui leur tient lieu de parents et d'amis qu'elles ont perdus ou qui leur ont manqué pendant tout le cours de leur misérable existence, qui peut espérer de les guérir?... Plaignez-nous, Mademoiselle, d'entretenir en notre cœur un sentiment que la justice divine condamne et que les hommes réprouvent!

— Vous accepterez de moi quelque argent qui vous mette à même de vivre sans déshonneur, jusqu'à ce que nous nous revoyions du moins? dit Rose après un instant de silence.

— Pas un sou! reprit la fille.

— Ne rejetez pas l'offre que je fais de vous aider, dit Rose avec bonté; je désire vous être utile, je vous assure.

— Vous me rendriez un plus grand service, repartit Nancy avec l'accent du plus grand désespoir, si vous pouviez m'arracher la vie d'un seul coup; car jamais, plus que ce soir, je n'ai senti l'horreur de ma position, et il me serait si agréable de ne pas mourir dans le même enfer que celui dans lequel j'ai vécu!... Que Dieu vous bénisse, bonne demoiselle, et qu'il répande sur votre tête autant de bonheur qu'il a répandu de honte et d'opprobre sur la mienne!

Ayant prononcé ces paroles entrecoupées par ses sanglots, la malheureuse créature s'en alla.

XL. — Nouvelles découvertes, prouvant que les surprises, de même que les malheurs, viennent rarement seules.

La situation de Rose n'était pas des moins embarrassantes; car, tandis qu'elle désirait vivement pénétrer le mystère qui enveloppait la naissance d'Olivier, elle se voyait obligée, en conscience, de garder le secret qui lui avait été confié par la malheureuse fille avec qui elle venait d'avoir un si pénible entretien.

Elle n'avait plus que trois jours à rester à Londres avant de partir, avec madame Maylie et son jeune protégé, pour un port de mer assez éloigné. On touchait déjà à la fin du premier jour (minuit venait justement de sonner à l'instant où Nancy quitta la chambre). Quel projet pouvait-elle former qui pût être mis à exécution en vingt-quatre heures? ou quel moyen devait-elle employer pour retarder le voyage sans exciter le soupçon?

M. Losberne était à l'hôtel avec ces dames, et il devait y passer les deux dernières journées de leur séjour à Londres; mais Rose connaissait trop bien le caractère impétueux du docteur, et elle prévoyait trop clairement le courroux que, dans un premier moment d'indignation, il ferait éclater contre la jeune fille, pour lui confier le secret. C'était encore une des raisons pour lesquelles Rose craignait de s'ouvrir à madame Maylie, qui n'aurait pas manqué d'en parler au docteur... Avoir recours à un homme de loi, en supposant qu'elle eût su comment s'y prendre, était chose à laquelle elle devait renoncer pour la même raison... Elle eut bien un moment la pensée d'écrire à Henri; mais elle se souvint de leur dernière entrevue... Elle était dans cette perplexité, lorsque Olivier, qui venait de se promener dans la ville, escorté de Giles, qui lui tenait lieu de garde du corps, entra brusquement dans la chambre hors d'haleine et tout ému.

— Qu'avez-vous donc, que vous paraissez si agité? demanda Rose en s'avançant vers lui; répondez-moi, Olivier.

— Je puis à peine parler, reprit l'enfant. Il me semble que j'étouffe... Quel bonheur de penser que je le reverrai enfin, et que vous aurez la certitude que tout ce que je vous ai dit est l'exacte vérité!

— Je n'ai jamais supposé qu'il en fût autrement, mon ami, dit Rose, mais pourquoi dites-vous cela?... De qui parlez-vous?

— J'ai revu ce bon monsieur qui m'a témoigné tant d'amitié! répliqua Olivier pouvant à peine articuler ses mots... Vous savez, M. Brownlow, dont je vous ai si souvent parlé?

— Où donc? demanda Rose.

— Il descendait de voiture et il entrait dans une maison, répondit Olivier pleurant de joie. Je ne lui ai pas parlé... je ne pouvais pas lui parler, car il ne m'a pas aperçu, et j'étais si tremblant, qu'il m'a été impossible de courir vers lui; mais Giles s'est informé s'il demeurait dans la maison où nous l'avons vu entrer, et on lui a répondu que oui. Tenez, ajouta-t-il en tirant un papier de sa poche, voici son adresse : c'est là qu'il demeure... j'y vais de ce pas... Oh! mon Dieu, mon Dieu! que deviendrai-je quand je le reverrai et qu'il me parlera!

— Vite! dit Rose. Envoyez chercher un fiacre, et tenez-vous prêt à partir; je vais vous y conduire sur-le-champ. Il n'y a pas une minute à perdre! Le temps seulement de prévenir ma tante que nous sortons pour une heure, et je vous emmène. Ainsi soyez prêt!

Olivier ne se le fit pas dire deux fois, et en moins de dix minutes ils étaient en route pour *Craven Street* dans le *Strand*. Lorsqu'ils y furent arrivés, Rose descendit du fiacre pour préparer le vieux monsieur à recevoir Olivier; et remettant sa carte au domestique, elle le pria de dire à M. Brownlow qu'elle désirait le voir pour affaires de la plus grande importance. Celui-là reparut bientôt, il avait reçu l'ordre de faire monter la jeune demoiselle; il l'introduisit dans une chambre du premier étage, où elle fut présentée à un monsieur d'un certain âge, à l'air affable, et ayant un habit vert-bouteille. Non loin de lui était un autre vieux monsieur en culotte courte et en guêtres de nankin, lequel vieux monsieur (qui ne paraissait point extrêmement affable) était assis les mains jointes, appuyées sur la pomme de sa canne, et son menton par-dessus.

— Mille pardons, ma jeune demoiselle! dit le monsieur à l'habit vert se levant précipitamment de sa chaise et faisant un salut gracieux à mademoiselle Maylie. Je pensais que ce pouvait être quelque personne importune qui... Je vous prie en grâce de m'excuser... Donnez-vous la peine de vous asseoir.

— C'est à M. Brownlow que j'ai l'honneur de parler? dit Rose s'adressant à ce dernier.

— Oui, Mademoiselle, répondit le vieux monsieur, et voici mon ami M. Grimwig. Grimwig, voulez-vous bien nous laisser pour quelques minutes?

— Je crois, observa Rose, qu'à ce point de notre entrevue Monsieur peut fort bien rester avec nous. Si je suis bien informée, il n'est pas étranger à l'affaire qui m'amène près de vous.

M. Brownlow fit une inclination de tête; et M. Grimwig, qui avait fait un salut très-roide, s'étant levé de sa chaise, fit un autre salut très-roide et se rassit.

— Je vais bien vous surprendre, sans doute, dit Rose un peu embarrassée; mais vous avez jadis témoigné beaucoup d'intérêt et d'affection à un de mes jeunes amis, et je suis sûre que vous ne serez pas fâché d'en avoir des nouvelles.

— Vraiment! dit M. Brownlow. Puis-je savoir son nom?

— Olivier Twist, répliqua Rose.

A peine eut-elle prononcé ce nom, que M. Grimwig, qui s'était mis à parcourir un gros livre qui était sur la table, le referma brusquement; et se laissant retomber sur le dos de sa chaise, il laissa voir sur son visage les signes de la plus grande surprise.

L'étonnement de M. Brownlow ne fut pas moins grand, quoiqu'il ne le fît pas paraître d'une manière aussi excentrique. Il approcha sa chaise de celle de Rose, et dit :

— Faites-moi la grâce, ma chère demoiselle, de passer sous silence cette bienveillance et cette bonté dont vous parlez et dont personne autre ne se doute; et s'il est en votre pouvoir de me désabuser quant à l'opinion défavorable que j'ai dû concevoir de ce pauvre enfant, au nom du ciel faites-le sur-le-champ!

— C'est un petit vaurien! j'en mangerais ma tête que c'est un petit vaurien! dit M. Grimwig sans remuer aucun muscle de son visage, comme le ferait un ventriloque.

— Cet enfant a le cœur noble et généreux, reprit Rose en rougissant; et l'Etre suprême, qui a jugé à propos de lui envoyer des peines et de le faire passer par des épreuves au-dessus de ses forces, lui a donné des qualités et des sentiments qui feraient honneur à bien des gens qui ont six fois son âge.

— Je n'ai que soixante et un ans! repartit M. Grimwig sur le même ton; et comme cet Olivier dont vous parlez doit avoir douze ans, s'il n'a pas davantage, je ne vois pas l'application de cette remarque.

— Ne faites pas attention à mon ami, Mademoiselle, dit M. Brownlow, il ne pense pas ce qu'il dit.

— Si, gronda M. Grimwig.

— Non, il ne le pense pas, je vous assure! reprit M. Brownlow, qui commençait visiblement à s'impatienter.

— Il en mangera sa tête si ce n'est pas vrai! gronda M. Grimwig.

— Il mériterait plutôt qu'on la lui cassât! répliqua M. Brownlow.

— Il voudrait bien voir quelqu'un le lui proposer! repartit M. Grimwig frappant avec sa canne sur le plancher.

Après s'être ainsi excités l'un l'autre, les deux amis prirent séparément chacun une prise et se donnèrent ensuite une poignée de main, selon leur invariable coutume.

Rose, qui avait eu le temps de rassembler ses idées, raconta en peu de mots ce qui était arrivé à Olivier depuis le jour où il avait quitté la maison de M. Brownlow, réservant pour le moment où elle serait seule avec ce monsieur la révélation de Nancy. Elle ajouta que le seul chagrin de cet enfant, pendant plusieurs mois, avait été de ne pouvoir retrouver son bienfaiteur.

— Dieu soit loué! dit le vieux monsieur. Voilà qui me rassure!... Mais vous ne m'avez pas dit où il est maintenant, mademoiselle Maylie... Vous m'excuserez si je vous fais cette remarque; mais pourquoi ne l'avoir pas amené?

— Il est en bas qui m'attend dans la voiture qui est à la porte, répliqua Rose.

— Ici, à ma porte! s'écria le vieux monsieur. Et, sans en dire davantage, il s'élança hors de la chambre, descendit l'escalier quatre à quatre, sauta sur le marchepied, et de là dans la voiture.

A peine la porte de la chambre fut-elle refermée sur lui, que M. Grimwig leva la tête, et, convertissant en pivot un des pieds de derrière de sa chaise, il décrivit, à l'aide de son bâton et de la table, trois cercles distincts; après quoi, se remettant sur ses jambes, il marcha clopin-clopant à travers la chambre, et, s'approchant tout à coup de Rose, il l'embrassa sans autre préambule.

— Chut! dit-il voyant que celle-ci se levait précipitamment, alarmée qu'elle était de son audace, ne craignez rien! je suis assez vieux pour être votre grand-père... Vous êtes une bonne fille, je vous aime bien! Les voici qui montent!

En effet, comme il s'était jeté d'un seul bond sur une chaise, M. Brownlow rentra accompagné d'Olivier, que Grimwig reçut fort gracieusement; et cette satisfaction du moment eût-elle été pour Rose la seule récompense de ses soins et de ses inquiétudes pour son jeune protégé, qu'elle s'en fût trouvée bien payée.

— A propos! il y a quelqu'un qui ne doit pas être oublié, dit M. Brownlow tirant le cordon de la sonnette. Dites à madame Bedwin de monter, s'il vous plaît!

La vieille femme de charge monta aussitôt, et, ayant fait une révérence, elle attendit à la porte que M. Brownlow lui donnât ses ordres.

— Je crois que votre vue s'affaiblit de jour en jour, Bedwin! dit celui-ci d'un air à moitié fâché.

— A mon âge, Monsieur, il n'y a rien d'étonnant, répliqua la bonne dame. Les yeux des gens ne s'améliorent pas avec les années.

— Je pourrais bien vous en dire autant, repartit M. Brownlow; mais mettez vos lunettes et voyons un peu si vous devinerez pourquoi je vous ai fait demander.

Madame Bedwin se mit à fouiller dans ses poches pour chercher ses lunettes, mais la patience d'Olivier n'était pas à l'épreuve contre ce nouveau retard, c'est pourquoi, cédant à la première impulsion de son cœur, il se précipita dans les bras de la bonne dame.

— Dieu me pardonne! s'écria celle-ci en l'embrassant, c'est mon cher petit garçon!

— Ma bonne madame Bedwin! s'écria Olivier.

— Je savais bien qu'il reviendrait! reprit la vieille dame le pressant dans ses bras. Comme il a bonne mine... et qu'il est bien mis! Il a l'air d'un petit monsieur! Où avez-vous été pendant tout ce temps qui m'a semblé si long?... Ah! toujours son joli petit visage... mais plus si pâle cependant... Toujours ses yeux si doux, mais plus si tristes. Je ne les ai jamais oubliés, ni son agréable sourire non plus. Laissant madame Bedwin et Olivier converser à loisir, M. Brownlow fit passer Rose dans une autre chambre et celle-ci lui raconta tout au long l'entrevue qu'elle avait eue avec Nancy; ce qui le surprit et l'inquiéta étrangement. Comme elle lui eut expliqué les raisons qui l'avaient empêchée d'en parler dès l'abord à M. Losberne, il approuva fort sa prudence et résolut aussitôt d'avoir, à cet effet, une conférence avec le docteur. Pour se procurer plus tôt l'occasion d'exécuter ce dessein, il fut convenu qu'il irait à l'hôtel le soir même, à huit heures, et que, pendant ce temps, madame Maylie serait instruite de tout ce qui s'était passé.

Mademoiselle Maylie n'avait point exagéré le courroux du docteur; car à peine eut-il eu connaissance de la révélation de Nancy, qu'il se répandit en imprécations contre elle et qu'il menaça de la livrer à MM. Blathers et Duff. Il avait déjà pris son chapeau et se préparait à aller trouver ces dignes personnes, sans considérer quelles pourraient être les suites de cette folle démarche, si M. Brownlow, qui était lui-même très-irascible, ne l'eût empêché de sortir et n'eût employé tous les arguments possibles pour lui faire entendre raison.

— Que nous reste-t-il donc à faire? Ne faut-il pas encore remercier tous ces vagabonds, et les prier d'accepter chacun une centaine de livres sterling comme une légère preuve de notre estime et un faible gage de notre gratitude!

— Je ne dis pas précisément cela, reprit en souriant M. Brownlow, mais il faut agir avec douceur et avec prudence.

— De la douceur et de la prudence! s'écria le docteur. Je vous les enverrai tous aux...

— Je ne dis pas le contraire, répliqua M. Brownlow, et sans doute ils l'ont bien mérité.

Il fut très-difficile de faire entendre raison au docteur, qui, depuis qu'il avait vu MM. Duff et Blathers, semblait avoir une confiance sans bornes en leurs talents. Mais M. Brownlow lui ayant fait comprendre que de leur prudence dépendait le sort d'Olivier, et qu'une seule démarche inconsidérée pouvait tout compromettre et le priver à la fois de l'héritage de ses parents et de tout espoir de retrouver sa famille, le docteur finit par convenir que ses emportements pouvaient tout gâter et qu'à l'avenir il serait plus calme. En conséquence il fut convenu que MM. Grimwig et Henri Maylie feraient partie du comité, et que M. Brownlow accompagnerait Rose au pont de Londres, où elle devait revoir Nancy; que tout serait fait de façon à ne pas compromettre cette malheureuse, et que la justice ne serait pas avertie, de peur qu'en donnant l'éveil Nancy ne voulût plus faire connaître ce Monks.

XLI. — Une vieille connaissance d'Olivier, donnant des preuves d'un génie supérieur, devient un personnage public dans la métropole.

Le même soir que Nancy vint trouver Rose Maylie, après avoir donné à Sikes un breuvage soporifique, deux personnes que le lecteur connaît déjà, mais avec lesquelles (pour l'intelligence de cette histoire) il doit renouer connaissance, s'acheminaient vers Londres par la grande route du Nord.

Ces deux voyageurs étaient un homme et une femme (peut-être serait-il mieux de dire un mâle et une femelle). Le premier, au corps long et fluet, était monté très-haut sur jambes et avait une de ces figures osseuses auxquelles il est difficile d'assigner aucun âge exact : c'était de ces êtres enfin qui paraissent déjà vieux quand ils sont encore jeunes, et qui paraissent enfants quand ils commencent à prendre de l'âge. La femme pouvait avoir dix-huit ou vingt ans; mais elle était solidement construite et il fallait qu'elle le fût en effet, à en juger par l'énorme paquet qu'elle portait sur son dos au moyen de bretelles. Celui de son compagnon, enveloppé d'un mouchoir bleu et pendant au bout d'un bâton, formait un très-petit volume.

— Avance donc, veux-tu? Que tu es lente, va, Charlotte!

— Ce paquet est bien lourd.

— Lourd! c'te bêtise! A quoi es-tu propre donc? reprit celui-là changeant d'épaule son petit paquet. Oh! te voilà encore arrêtée!...

— Y a-t-il encore bien loin? demanda la femme.

— S'il y a encore loin? Tu es encore bonne, toi, de me demander ça! dit l'homme aux longues jambes. Ne vois-tu pas d'ici les lumières de Londres?

— Il y a encore au moins deux bons milles d'ici.

— Eh bien! après? Qu'il y en ait deux ou qu'il y en ait vingt, répliqua Noé Claypole (car c'était lui-même). Allons! lève-toi, et en route, si tu ne veux que je te donne un coup de pied pour te faire déguerpir!

Comme le nez naturellement rouge du sieur Noé était devenu pourpre de colère, et qu'il s'avançait vers Charlotte d'un air furieux, celle-ci se leva sans mot dire, et se remit en marche.

Charlotte, fatiguée, harassée, ne pensait plus qu'à s'arrêter. A chaque instant, elle s'informait si Noé s'arrêterait bientôt pour passer la nuit. Mais le sieur Claypole était avant tout un homme prudent; il avait fait ses plans, il craignait les logements que pouvait lui fournir si généreusement Sa très-gracieuse Majesté Britannique : aussi se défiait-il de toute auberge située trop près de la grande route; il avait une préférence tout à fait marquée pour les quartiers les plus retirés. Sowerberry lui apparaissait comme l'ombre de Banco. Au milieu de toutes ses peurs, il ne manquait cependant jamais l'occasion de faire sentir sa supériorité à Charlotte. Celle-ci la reconnaissait et le remerciait de la confiance grande qu'il lui avait témoignée en lui laissant l'argent qu'ils avaient emporté de chez Sowerberry! Mais cette confiance n'était qu'une conséquence du système de prudence du sieur Claypole; il avait craint de se compromettre dans le cas où on les aurait poursuivis, et l'argent se trouvant sur elle seule, il aurait pu protester de son innocence et échapper peut-être à la justice.

Noé, traînant Charlotte après lui, tantôt ralentissait le pas au coin d'une de ces rues qu'il parcourait des yeux dans toute sa longueur pour voir s'il ne découvrirait point l'enseigne de quelque modeste auberge, et tantôt se remettait à marcher comme de plus belle s'il craignait que l'endroit ne fût trop public pour lui. Il s'arrêta enfin devant un cabaret plus sale et plus chétif en apparence que tous ceux qu'il avait vus jusqu'alors; et après en avoir examiné scrupuleusement l'extérieur, il annonça gracieusement à Charlotte son intention d'y passer la nuit.

— Ainsi, donne-moi ce paquet, dit-il défaisant les bretelles passées autour des bras de Charlotte et s'en chargeant lui-même, et ne t'avise pas d'ouvrir la bouche à moins que je ne t'adresse la parole!

Quelle est l'enseigne de la maison? A...u...x... aux, t...r...o...i...s... trois, aux trois... aux trois... aux trois quoi? demanda-t-il.

— Aux *Trois-Boiteux*, dit Charlotte.

— Aux *Trois-Boiteux?* répéta Noé. Elle n'est déjà pas si bête, c'te enseigne-là! Toi, suis-moi... et fais bien attention à ce que je t'ai recommandé! Ayant dit ces mots, il poussa la porte avec son épaule et entra, suivi de Charlotte.

Il n'y avait au comptoir qu'un jeune juif qui, les deux coudes appuyés sur la table, était occupé à lire un journal crasseux. Il regarda fixement Noé, et celui-ci le considéra de même.

Si Noé avait eu son costume de l'école de charité, l'air d'étonnement avec lequel le juif le regardait n'eût pas paru extraordinaire; mais comme il avait une blouse par-dessus ses vêtements, il n'y avait rien en lui, ce semble, qui dût attirer à ce point l'attention dans un cabaret.

— N'est-ce pas ici l'auberge des *Trois-Boiteux?* demanda Noé.

— C'est l'enseigne de cette baison, répondit le juif.

— Un monsieur que nous avons rencontré sur la route nous a recommandé votre maison, dit Noé faisant signe de l'œil à Charlotte autant pour lui faire remarquer la subtilité de son esprit que pour l'avertir de ne laisser paraître aucun signe de surprise. Pouvons-nous y avoir un lit pour cette nuit?

— Je d' sais bas s'il y a boyen, reprit Barney, qui était garçon dans cette maison, j' b'en vais b'inforber.

— Conduisez-nous dans la salle et servez-nous un plat de viande froide et une pinte de bière en attendant, dit Noé.

Barney, les ayant introduits dans une petite salle basse, leur apporta bientôt après ce qu'ils avaient demandé, les informant en même temps qu'ils pourraient passer la nuit et qu'on allait leur préparer un lit; après quoi il se retira.

Cette salle était située de manière que quelqu'un qui connaissait la maison pouvait, au moyen d'un petit carreau placé dans un angle, voir de la salle d'entrée tout ce qui s'y passait sans courir le risque d'être vu, et qu'en appliquant son oreille au susdit endroit, il était facile d'entendre ce qui s'y disait. Le maître de la maison avait l'œil collé à cet endroit depuis plus de cinq minutes, prêtant l'oreille en même temps à la conversation de nos deux voyageurs, et Barney venait justement de leur rendre la réponse ci-dessus, quand Fagin entra pour s'informer si on n'avait point vu quelques-uns de ses jeunes élèves.

— Chut! fit Barney mettant son doigt sur ses lèvres, il y a deux bersodes dans la bedite salle.

— Deux personnes! répéta le vieillard à voix basse.

— Oui, et de drôles de corps, allez! ajouta Barney. Ils arrivent de la gambagne; bais c'est queuqu' chose dans votr' genre, ou bien j' be dromberais fort.

Cette nouvelle parut intéresser vivement Fagin : il monta sur un abouret, appliqua son œil au carreau et fut à même de distinguer le sieur Claypole mangeant sa viande et buvant sa bière en compagnie de Charlotte.

— Ah! ah! dit tout bas Fagin se tournant vers Barney, l'air de ce gaillard-là me plaît assez!... Il nous serait utile, j'en suis certain!... Il comprend à merveille la manière de vous mener la donzelle! Ne fais pas de bruit, Barney, que j'entende ce qu'ils disent!

Le juif appliqua de rechef son œil au carreau, retenant son haleine pour mieux entendre, et l'expression de son visage en ce moment était tout à fait satanique.

— Décidément je veux être un monsieur! dit le sieur Claypole allongeant ses jambes et finissant une conversation commencée avant l'arrivée de Fagin. Je ne veux plus faire de cercueils; j'en ai assez de ça! mais je veux mener une joyeuse vie, et si tu veux, Charlotte, tu seras une dame!

— Je ne demanderais pas mieux, Noé, reprit celle-ci, mais on ne trouve pas tous les jours des tirelires à vider.

— Bah! dit Noé. Il y a bien autre chose que des tirelires à vider!

— Que veux-tu dire? demanda Charlotte.

— Il y a des poches, des ridicules, des maisons, des carrosses, la Banque même... est-ce que je sais, moi! dit Noé excité par le *porter*.

— Mais tu ne peux pas faire tout cela, Noé? dit Charlotte.

— Je verrai à m'associer avec d'autres, s'il y a moyen, reprit le sieur Claypole, ils ne seront pas embarrassés de nous employer d'une manière ou d'autre. Toi-même tu vaux cinquante femmes comme toi!...

— Oh! comme ça me fait plaisir de t'entendre dire cela! s'écria la fille, imprimant un gros baiser sur la figure hideuse de son compagnon.

— C'est bon, en voilà assez comme ça! Ne sois pas trop affectionnée, de crainte de me déplaire, dit Noé la repoussant avec gravité. J'aimerais être le capitaine de quelque bande... J' vous les mènerais rondement et j' me déguiserais pour les guetter... Oui, cela me conviendrait assez!... Et si je pouvais seulement rencontrer quelques messieurs de ce genre, je dis que ça vaudrait bien la *banknote* de vingt livres que tu as soufflée à Sowerberry; d'autant plus que nous ne savons pas trop, ni l'un ni l'autre, comment nous en défaire.

Ayant ainsi déclaré son opinion, le sieur Claypole regarda dans le pot à bière d'un air avisé; et, en ayant bien secoué le contenu, il fit un signe d'intelligence à Charlotte, et en but une gorgée qui parut le rafraîchir extrêmement. Il se disposait à en boire une autre lorsqu'il fut interrompu par l'arrivée subite d'un étranger. Cet étranger n'était autre que M. Fagin, qui, faisant un salut gracieux accompagné d'un sourire aimable en passant devant nos deux voyageurs, s'assit à une table près d'eux, et ordonna au rusé Barney de lui servir quelque chose à boire.

— Une belle soirée, un peu froide pour la saison, cependant, dit Fagin en se frottant les mains... vous arrivez de la campagne, à ce qu'il paraît, Monsieur?

— Comment pouvez-vous le savoir? demanda Noé.

— Nous n'avons pas tant de poussière que cela dans Londres, reprit le juif montrant du doigt les souliers de Noé.

— Vous m'avez l'air d'un *finaud*, dit Noé. Ha! ha!

— On ne saurait trop l'être dans une ville comme celle-ci.

Il accompagna cette remarque d'un petit coup sur son nez avec l'index de sa main droite; geste que Noé voulut imiter, mais qu'il manqua complètement, à cause du peu d'étoffe que le sien offrait en cette partie de son visage. Fagin, satisfait de l'intention, partagea libéralement avec nos deux amis la liqueur que Barney avait apportée.

— C'est du chenu, cela! observa Noé faisant claquer ses lèvres.

— Oui; mais c'est cher! dit Fagin. Un homme ne peut faire autrement que de vider des poches, des ridicules, des maisons, des carrosses et même la Banque, s'il veut en boire à tous ses repas.

A ces paroles, Noé se laissa retomber sur le dos de sa chaise, et regarda alternativement Fagin et Charlotte.

— Que cela ne vous effraie pas, mon cher! dit Fagin se rapprochant de Noé. Ha! ha! c'est bien heureux que je sois le seul qui vous ait entendu par le plus grand des hasards.

— Ce n'est pas moi qui ai pris la *banknote!* balbutia Noé n'allongeant plus ses jambes comme un homme indépendant, mais les fourrant du mieux qu'il put sous sa chaise : c'est elle qui a fait le coup. Tu l'as encore sur toi, Charlotte; tu ne peux pas dire le contraire.

— Peu importe qui a fait le coup ou qui a l'argent, mon cher, reprit le juif fixant cependant ses yeux de faucon sur la jeune fille et sur les deux paquets. Je suis moi-même dans la partie, et je ne vous en aime que plus pour cela.

— Dans quelle partie voulez-vous dire? demanda le sieur Claypole un peu plus rassuré.

— Dans la même *branche de commerce*, repartit Fagin. Ainsi sont les gens de cette maison. Vous êtes tombé ici comme *Mars en carême*, mon cher!... Il n'y a pas dans Londres un endroit plus sûr que les *Trois-Boiteux;*... surtout si je vous prends sous ma protection... Et comme vous et cette jeune femme m'inspirez de l'intérêt, vous pouvez vous tranquilliser; je puis vous assurer qu'il n'y a rien à craindre.

Noé Claypole eût dû en effet se tranquilliser d'après cette assurance; mais si son esprit était plus à l'aise, son corps ne l'était certainement pas : car il se tordit de mille manières sur sa chaise et il prit différentes positions toutes plus bizarres les unes que les autres, regardant tout le temps son nouvel ami avec un air de défiance et de crainte tout à la fois.

— Je vous dirai plus, repartit le juif après être parvenu à rassurer la fille à force de signes de tête et de protestations d'amitié : j'ai un mien ami qui pourra satisfaire le désir que vous venez d'exprimer en vous lançant dans la bonne voie; vous laissant le maître, bien entendu, de choisir d'abord la partie qui vous conviendra le mieux, et se réservant le soin de vous enseigner les autres.

— Vous dites cela comme si vous parliez sérieusement, reprit Noé.

— Je ne vois pas pourquoi je plaisanterais, dit le juif haussant les épaules. Venez avec moi à la porte, que je vous dise un mot en particulier.

— Ce n'est pas nécessaire de nous déranger, dit Noé allongeant ses jambes de nouveau; vous pouvez me dire cela, tandis qu'elle va porter les paquets en haut. Charlotte! vois un peu à ce que ces paquets soient placés dans la chambre où nous devons coucher.

Charlotte se mit en devoir d'obéir, et Noé tint la porte ouverte pour lui faciliter le passage et pour la voir sortir; après quoi il vint se rasseoir.

— Comme je vous la fais marcher, hein! dit-il du ton d'un directeur de ménagerie qui aurait apprivoisé une bête féroce.

— A merveille! dit Fagin lui donnant un petit coup sur l'épaule; vous êtes un génie, mon cher!

— C'est bien pour cela que je suis venu à Londres, reprit Noé. Mais nous ferons bien de ne pas perdre notre temps, car elle ne va pas tarder à revenir.

— Vous avez raison, au fait, dit le juif. Eh bien! voyons, si mon ami vous plaît, pensez-vous que vous puissiez mieux faire que de vous associer avec lui?

— Fait-il de bonnes affaires?... c'est là le grand point! demanda Noé en clignant ses petits yeux.

— Il en fait d'excellentes, répondit le juif; il occupe une foule de *mains*, et il a à son service les *travailleurs* les plus *habiles* et les plus *distingués de la profession*.

— Comme qui dirait alors des *ouvriers bourgeois?* demanda le sieur Claypole.

Puis le juif et son nouvel associé se mirent à passer en revue toutes les façons de voler connues et inconnues. A chaque proposition, le sieur Claypole trouvait toujours l'objection : tantôt le genre de commerce était trop dangereux, car, nous l'avons dit, la bravoure n'était pas dans les qualités dominantes de ce héros; tantôt il ne rapportait pas assez, et la rapacité de Noé ne se trouvait pas satisfaite; et, s'il y avait quelque chose de difficile à satisfaire, c'était bien cette rapacité; car, si le sieur Claypole eût été partagé en deux, nous croyons que la gourmandise se serait emparée du côté droit et l'avarice du côté gauche, côté du cœur. Enfin il trouva un genre d'*occupation* à sa fantaisie, il fut convenu qu'*il ferait les moutards*.

— Qu'est-ce que c'est que ça? demanda-t-il.

— Les *moutards* sont les jeunes enfants qui vont faire les commissions. Ils ont presque toujours un shilling ou une pièce de six sous à la main, on les culbute, on prend leur argent et on passe son chemin.

— Ah! ah! voilà mon affaire.

— Eh bien! c'est convenu! dit Noé voyant que Charlotte était rentrée sur ces entrefaites. A quelle heure demain?

— A dix heures, cela vous va-t-il? demanda le juif. Et quand le sieur Claypole eut fait un signe de tête affirmatif, il ajouta :

— Sous quel nom faudra-t-il que je parle de vous à mon ami?

— M. Bolter, répondit Noé, qui avait prévu la question et qui s'était préparé à y répondre, M. Maurice Bolter. Voici madame Bolter, poursuivit-il en montrant Charlotte.

— Serviteur à madame Bolter! dit Fagin faisant un salut grotesque. J'espère avant peu avoir l'avantage de la mieux connaître.

— Entends-tu ce que dit Monsieur, Charlotte?

— Oui, Noé! reprit madame Bolter tendant sa main à Fagin.

— Elle m'appelle Noé comme par manière d'amitié, dit M. Maurice Bolter (ci-devant Noé Claypole) s'adressant à Fagin. Vous comprenez?

— Oui, oui, je comprends... parfaitement, reprit le juif disant la vérité pour cette fois. Bonsoir! bonsoir!

XLII. — Le Matois se fait de mauvaises affaires.

— Ainsi c'était vous-même qui étiez votre ami? dit le sieur Claypole, autrement Bolter, quand, par suite de leurs conventions, il fut allé le lendemain demeurer chez le juif; je m'en serais presque douté hier.

— Tout homme est son propre ami à lui-même, reprit le juif avec un sourire insinuant; il ne peut nulle part en trouver de meilleur.

— Excepté quelquefois, pourtant, dit Maurice Bolter se donnant des airs d'un homme du monde. Il y a des gens, vous savez, qui sont leurs ennemis à eux-mêmes.

— Ne croyez pas cela, dit le juif. Lorsqu'un homme est son propre ennemi, c'est seulement parce qu'il est beaucoup trop son ami, et non parce qu'il prend plus les intérêts des autres que le sien propre. Bah! c'te bêtise! ce ne serait pas naturel d'ailleurs.

— C'est encore vrai, reprit M. Bolter d'un air pensif; oh! vous êtes un vieux malin!

M. Fagin vit avec un certain plaisir l'impression qu'il avait produite sur le sieur Bolter. Pour en augmenter l'effet, il l'instruisit de l'état de ses affaires et de ses opérations de commerce, mêlant si bien la fiction à la vérité, que le respect et la crainte qu'il avait inspirés à ce digne jeune homme s'accrurent visiblement.

— C'est la confiance mutuelle que nous avons l'un envers l'autre qui me console et me dédommage pour ainsi dire des pertes douloureuses que je fais quelquefois, poursuivit Fagin. Mon meilleur sujet... mon bras droit m'a été ravi hier matin.

— Vous voulez dire qu'il est mort sans doute? reprit le sieur Bolter.

— Non pas, reprit Fagin, pas si mal que cela... pas tout à fait si mal.

— Que peut-il donc lui être arrivé?

— Ils ont eu besoin de lui, répliqua le juif; ils ont jugé à propos de le retenir.

— Pour affaires importantes peut-être? demanda le sieur Bolter.

— Non, reprit le juif; ils prétendent qu'ils l'ont vu mettre la main dans la poche d'un monsieur. Ils l'ont fouillé comme de raison, et ils ont trouvé sur lui une tabatière d'argent... la sienne, mon cher, la sienne à lui, car il adorait le tabac en poudre et il en prenait habituellement. Ils l'ont gardé jusqu'aujourd'hui, prétendant connaître l'individu à qui appartient cette bagatelle... Ah! il valait bien cinquante tabatières comme celle-là; et j'en donnerais, s'il était en mon pouvoir, la valeur avec le plus grand plaisir pour le ravoir auprès de moi! Je voudrais que vous eussiez connu le Matois, mon cher; je voudrais que vous l'eussiez connu!

— Faut espérer que je le connaîtrai, dit le sieur Bolter.

— Ah! j'en doute fort, répliqua le juif avec un soupir. S'ils n'obtiennent point de nouvelles preuves à l'appui de cette accusation, ce ne sera pas grand'chose et il reviendra dans six semaines ou deux mois au plus tard; sans quoi ils sont dans le cas de l'envoyer au *pré* comme *pensionnaire*. Ils connaissent bien tout ce qu'il vaut, et ils en feront un *pensionnaire*.

— Qu'entendez-vous par pré et pensionnaire? demanda le sieur Bolter. A quoi bon me parler de cette manière, puisque je ne comprends pas!

Fagin allait traduire en langage vulgaire ces expressions mystérieuses et recherchées, et le sieur Bolter eût su alors que la combinaison de ces mots *pré* et *pensionnaire* signifiait condamné à perpétuité, quand le dialogue fut interrompu par l'arrivée de maître Bates, qui entra d'un air contrit, les deux mains dans ses poches.

— C'est fini, Fagin! dit Charlot.

— Que veux-tu dire? demanda celui-ci d'une voix tremblante.

— Ils ont trouvé le monsieur à qui appartient la boîte. Deux ou trois témoins, qui plus est, sont venus grossir l'accusation, et le pauvre Matois est enregistré pour un *passage au loin*. Il me faut un costume de deuil et un crêpe à mon chapeau, Fagin, pour l'aller visiter avant son départ. De penser que Jacques Dawkins, le Matois, le *fin Matois*, sera déporté pour une méchante tabatière de deux sous et demi!... Je n'aurais jamais cru qu'il dût faire ce voyage à moins d'une montre d'or avec sa chaîne et les breloques. Oh! pourquoi n'a-t-il pas dévalisé quelque vieux richard! Il aurait fait parler de lui et serait du moins parti comme un monsieur, au lieu de nous quitter sans honneur et sans gloire comme un misérable *grinche!*

Donnant ainsi un libre cours à sa douleur, maître Bates se laissa tomber sur une chaise et garda quelque temps le silence.

— Qu'entends-tu par là quand tu dis qu'il nous quitte sans honneur et sans gloire? demanda Fagin d'un ton courroucé. N'a-t-il pas toujours été le premier d'entre vous tous?... y en a-t-il un seul, dis-je, qui soit digne de décrotter ses bottes, hein?

— Non, certainement! répondit maître Bates d'une voix piteuse, je n'en connais pas un seul qui puisse se vanter de cela.

— Eh bien! alors, que nous chantes-tu là, dit le juif avec aigreur. A quoi bon ces jérémiades?

— Parce qu'on n'en dit rien dans les journaux, vous le savez bien vous-même! s'écria Charlot s'irritant en dépit de son vénérable ami. Parce que l'affaire n'aura point de publicité, et que personne ne saura jamais ce qu'il était. Comment figurera-t-il dans le calendrier de Newgate? Peut-être bien son nom n'y sera-t-il pas inscrit, seulement. Ah! mon Dieu, mon Dieu! quel malheur!... Si ce n'est pas désolant!

— Ha! ha! fit le juif étendant la main et se tournant vers le sieur Bolter, voyez un peu comme ils sont fiers de leur profession, mon cher! N'est-ce pas édifiant?

— Il ne manquera de rien, reprit le juif. Il sera dans sa cellule comme un seigneur, Charlot, comme un jeune prince. Il aura tout ce qu'il désire... tout. Je veux qu'il ait, comme d'habitude, sa bière à tous ses repas et de l'argent dans sa poche pour jouer à pile ou face, s'il ne peut le dépenser.

— Vraiment! s'écria Charlot.

— Sans doute, repartit le juif. Et nous lui trouverons un défenseur, Charlot. Nous choisirons celui qui passe pour avoir la meilleure *platine*. Il prendra son parti avec chaleur dans un superbe discours qui touchera l'audience. Notre jeune ami parlera aussi à son tour, s'il le juge convenable, et nous verrons cela dans tous les journaux. Le *fin Matois*... (éclats de rire parmi l'auditoire). Plus loin... (agitation au banc de MM. les jurés)... Et, quelques lignes plus bas encore... (hilarité générale). Hein, Charlot!

— Ah! ah! s'écria maître Bates en riant, c'te besogne qu'il va vous leur tailler à tous, dites donc, Fagin!... Comme le Matois va vous les r'tourner! Je ne les vois pas *blancs* avec lui, s'cusez du peu!

— Et qu'il fera bien de ne pas les ménager! reprit le juif.

— Il n'y a pas de doute, reprit Charlot se frottant les mains.

— Il me semble le voir maintenant, dit le juif fixant ses regards sur son jeune élève.

— Et moi aussi, s'écria Charlot. Ah! ah! ah! Il me semble que j'y suis. Parole d'honneur, Fagin, si je ne crois pas y être! Je me le représente comme si ça se passait sous mes yeux. Quelle bonne farce! Ces vieilles têtes à perruque, faisant tout leur possible pour garder leur sérieux, et Jacques Dawkins ne se gênant pas plus pour leur dire sa façon de penser que s'il était leur camarade, et leur parlant avec autant d'aisance que le ferait le fils du président lui-même après un bon repas, ah! ah! ah!

Le fait est que le juif avait si bien réussi à exciter la belle humeur de son jeune élève, que maître Bates, qui avait d'abord considéré l'emprisonnement de son ami comme un malheur, et le Matois lui-même comme une victime, regardait maintenant cet illustre jeune homme comme le principal acteur d'une scène comique, et il lui tardait de voir arriver le moment où son jeune ami aurait une occasion si favorable de déployer ses talents.

— Il faudrait aviser aux moyens d'avoir de ses nouvelles aujourd'hui d'une manière ou d'autre, dit Fagin, voyons un peu?

— Si j'y allais? demanda Charlot.

— Ne t'avise pas de cela! reprit le juif. Es-tu fou, mon cher? En vérité, il faut que tu sois archifou, pour penser à t'aller fourrer dans la gueule du loup!... Non, non, mon cher! c'est assez pour moi d'en avoir perdu un, sans encore m'exposer à perdre l'autre. C'est même déjà trop pour cette fois.

— Vous ne voulez pas y aller vous-même, je pense? dit Charlot d'un ton goguenard.

— Cela ne m'irait pas du tout, reprit Fagin en secouant la tête.

— Alors, pourquoi n'envoyez-vous pas ce nouveau venu? demanda maître Bates posant sa main sur le bras de Noé. Personne ne le connaît.

— S'il veut bien y aller, je ne demande pas mieux, observa Fagin.

— Pourquoi ne voudrait-il pas? répliqua Charlot.

— Je ne sais pas, mon cher, dit Fagin se tournant vers Bolter, je ne sais réellement pas!

— Oh! que si, vous savez bien, observa Noé faisant quelques pas rétrogrades vers la porte. Que si, que si, vous savez bien, ajouta-t-il en branlant la tête, un tant soit peu alarmé de la proposition de Charlot. Pas de ça, Lisette! ça n'entre pas dans mon département, ce genre de *besogne-là*. Vous ne l'ignorez pas, d'ailleurs!

— Pour quel genre de *travail* l'avez-vous donc embauché, Fagin? demanda maître Bates toisant Noé de la tête aux pieds avec un air de dédain; pour jouer des jambes quand il y aura quelque chose de *louche*, et pour *tortiller*, à lui seul, tout ce qu'il y aura sur la table quand tout ira bien, sans doute?

— Ceci ne vous regarde pas, mon jeune homme, répliqua le sieur Bolter, et si vous vous permettez ces libertés avec vos *supérieurs*, nous pourrons bien nous fâcher : je ne vous dis que ça!

Maître Bates partit d'un tel éclat de rire à cette menace, que Fagin fut longtemps avant de pouvoir interposer son autorité et faire comprendre au sieur Bolter qu'il ne courait aucun risque à visiter le bureau de police, d'autant plus que, comme la petite affaire qui l'amenait à Londres n'avait pas encore transpiré dans cette ville, et que son signalement n'y était pas encore parvenu, il était plus que probable qu'on ne le soupçonnerait pas de s'y être réfugié; qu'en conséquence, s'il changeait de costume, il n'y avait pas plus de danger pour lui à aller au bureau de police, qu'il n'y en aurait partout ailleurs, puisque, de tous les endroits de la capitale, c'est, sans contredit, celui qu'on penserait le moins qu'il dût visiter de son plein gré.

Persuadé par ces paroles de Fagin, aussi bien que par la crainte que ce dernier lui avait inspirée, le sieur Bolter consentit, d'assez mauvaise grâce, à faire cette démarche. Par le conseil du juif, il revêtit un costume de charretier.

Lorsque tous ces arrangements furent pris, on lui fit le portrait du Matois de manière qu'il pût facilement le reconnaître; et Charlot l'ayant accompagné jusqu'à l'entrée de la rue dans laquelle se trouvait le bureau de police, lui promit de l'attendre au même endroit.

Noé Claypole, ou plutôt Maurice Bolter (comme il plaira au lecteur de l'appeler), suivant la direction que lui avait donnée Charlot Bates, qui avait lui-même une connaissance exacte des lieux, arriva sans obstacle dans le sanctuaire de la justice.

Noé chercha des yeux le Matois; mais, quoiqu'il vît plusieurs femmes qui auraient bien pu passer, les unes pour la mère, les autres pour les sœurs de cet estimable jeune homme, et que, parmi les hommes qui parurent au banc des prévenus, il y en eût plus d'un qui lui ressemblât assez pour qu'on le prît pour son frère ou pour son père, il n'aperçut pourtant, parmi les jeunes gens de son âge, personne qui répondît au signalement qu'on lui avait donné. Il attendait avec impatience, lorsque parut un jeune prisonnier qu'il reconnut aussitôt pour Jacques Dawkins.

C'était en effet le Matois, qui, les manches retroussées comme de coutume, la main gauche dans son gousset, et de l'autre tenant son chapeau, entra délibérément, suivi du geôlier. Ayant pris place au banc des accusés, il demanda d'un ton semi-sérieux et semi-comique la raison pour laquelle on le traitait d'une manière aussi indigne.

— Silence! cria le geôlier.

— Je suis Anglais, n'est-ce pas? dit le Matois. Où sont mes priviléges?

— Vous les aurez assez tôt, vos priviléges, et ils seront *poivrés*, que je dis, reprit le geôlier.

— Nous verrons un peu ce que l' ministre de l'intérieur aura à dire aux *becs* si on me r'tire mes priviléges, répliqua Jacques Dawkins. Maintenant, voulez-vous bien m' faire le plaisir de m'expliquer de quoi qu'il en r'tourne? J' vous s'rai obligé, poursuivit-il s'adressant aux magistrats, de terminer cette petite affaire au plus vite, et de ne pas m' tenir là en suspens, au lieu d' vous amuser à lire le journal, car j'ai rendez-vous avec un monsieur, dans la Cité, et comme il sait que je suis très-exact, pour ce qui est des *affaires*, et que je n'ai jamais manqué à ma parole, il s'en ira d'abord, je vous préviens, si je n'arrive pas à l'heure dite. Avec ça qu' je ne r'clamerai point des dommages et intérêts contre ceux qui m'auront fait perdre mon temps; non, s'cusez! du plus souvent!

Ayant dit ces paroles avec une volubilité extraordinaire, il pria le geôlier de lui faire connaître les noms de ces *deux vieux rococos* (désignant les magistrats) qui étaient assis au comptoir : ce qui excita tellement l'hilarité des spectateurs, qu'ils rirent d'aussi bon cœur que l'eût fait maître Bates lui-même, s'il se fût trouvé là.

— Silence! cria le geôlier.

— De quoi s'agit-il? demanda l'un des juges.

— Il s'agit d'un vol, monsieur le président, répondit le geôlier.

— Ce garçon a-t-il déjà comparu ici?

— Il n'a pas comparu devant ce tribunal, monsieur le président, répliqua le geôlier, quoiqu'il l'ait mérité plus d'une fois; mais je réponds qu'il a été *plus d'une fois* autre part. Je le connais de long temps.

— Ah! vous me connaissez! dit le Matois prenant note de la déclaration du geôlier; c'est bon à savoir. Je me rappellerai ça! Ce n'est rien autre chose qu'une diffamation; rien qu' ça, s'cusez!

Ces paroles furent suivies de nouveaux éclats de rire parmi la foule, et d'un autre : *Silence!* de la part du geôlier.

— Où sont les témoins? demanda le greffier.

— C'est juste, au fait! reprit le Matois. Où sont-ils? Je serais bien curieux de les connaître.

Il fut bientôt satisfait sur ce point; car un *policeman* s'étant avancé, déclara qu'il avait vu dans la foule le prisonnier introduire sa main dans la poche d'un inconnu et en retirer un mouchoir qu'il examina attentivement, et que, ne l'ayant pas trouvé sans doute assez bon pour lui, il le remit de la même manière après s'être mouché dedans; qu'en conséquence il l'avait arrêté pour ce fait; et qu'ayant été fouillé au *violon*, on avait trouvé sur lui une tabatière d'argent, sur le couvercle de laquelle était gravé le nom du monsieur à qui elle appartenait, et qui était même présent à l'audience.

Ce monsieur, dont on avait découvert la demeure au moyen de l'almanach du commerce, jura que la tabatière était réellement à lui, et qu'il l'avait perdue la veille au moment où il se dégageait de la foule. Il ajouta qu'il avait remarqué un jeune homme empressé se frayer un chemin à travers la presse, et que ce jeune homme était bien le prisonnier qu'il voyait devant lui.

— Avez-vous quelque question à faire au témoin ici présent, jeune homme? dit le magistrat.

— Je n' voudrais pas m'abaisser à tenir conversation avec lui, répondit le Matois.

— Avez-vous quelque chose à dire pour votre défense?

— N'entendez-vous pas M. le président qui vous demande si vous avez quelque chose à dire pour votre défense? dit le geôlier donnant un coup de coude au Matois, qui s'obstinait à garder le silence.

— J' vous demande bien pardon, dit celui-ci levant la tête d'un air distrait et s'adressant au magistrat. Est-ce à moi qu' vous parliez, mon vieux?

— Je n'ai jamais vu un petit vagabond aussi effronté que celui-là, monsieur le président! observa le geôlier. N'avez-vous rien à dire, vous, petit filou?

— Non pas ici, répliqua le Matois, car ce n'est pas ici la *boutique* à la justice. D'ailleurs mon défenseur est maintenant à déjeuner avec le vice-président de la chambre des communes; mais j'aurai quelque chose à dire autre part et lui aussi, ainsi que mes amis, qui sont en grand nombre et très-respectables.

— Reconduisez-le en prison, cria le greffier il sera jugé aux prochaines assises.

— Allons! dit le geôlier.

— Me v'là! reprit le Matois brossant son chapeau avec la paume de sa main. Ah! poursuivit-il s'adressant aux magistrats, ça n' vous sert de rien de paraître effrayés, allez! J' n'aurai pas de pitié de vous pour un liard, soyez-en sûrs!... C' n'est pas mon intention de vous ménager, prenez garde de l' perdre!... Il vous en cuira pour ça, mes camarades, soyez tranquilles!... Je r'fuserais maintenant ma liberté, voyez-vous bien, quand même vous vous mettriez à mes genoux pour me la faire accepter! Allons, vous! dit-il au geôlier, r'conduisez-moi en prison, j' suis prêt à vous suivre!

Ayant dit cela, le Matois se laissa prendre au collet et suivit ou plutôt marcha côte à côte avec le geôlier, ne cessant de menacer les juges jusqu'à ce qu'il fut hors de la salle; ensuite il tira la langue à son gardien avec un air de satisfaction intérieure, et se retrouva de nouveau sous les verrous. Après que le Matois eut quitté la salle,

Noé s'en retourna du mieux qu'il put à l'endroit où il avait laissé maître Bates.

Ils se hâtèrent donc d'apporter à Fagin l'heureuse nouvelle que le Matois faisait honneur aux *principes* qu'il avait reçus, et qu'il travaillait à s'établir une glorieuse réputation.

XLIII. — Le temps est arrivé pour Nancy de tenir sa promesse envers Rose. — Elle y manque. — Noé Claypole est employé par Fagin pour une mission secrète.

On était au dimanche soir : l'horloge de l'église voisine annonça l'heure. Fagin et Sikes, qui causaient ensemble, se turent un instant pour écouter. Nancy leva la tête et préta une oreille attentive.

— Onze heures, dit Sikes se levant de sa chaise et écartant le rideau de la fenêtre pour regarder dans la rue. Il fait noir comme dans un four. Un fameux temps pour les *affaires!*

— Ah! reprit le juif, n'est-ce pas dommage, hein, Guillaume, qu'il n'y ait rien de prêt pour cette nuit?

— Vous avez raison cette fois, repartit brusquement Sikes; c'est d'autant plus dommage que je me sens tout à fait en train ce soir.

Le juif poussa un soupir et secoua tristement la tête.

— Aussi, à la première occasion qui se présentera, faudra prendre la balle au bond et réparer le temps perdu, il n'y a pas à dire, continua Sikes.

— Voilà ce qui s'appelle parler! dit le juif lui donnant un petit coup sur l'épaule; j'aime à vous entendre parler ainsi, Guillaume.

— Vraiment! reprit Sikes, ça m' fait plaisir!

— Ah! ah! ah! fit le juif encouragé par cette remarque, vous êtes dans votre assiette ce soir, Guillaume, vous êtes tout à fait dans votre assiette!

— Je ne suis pas dans mon assiette, quand vous posez vos griffes sur mon épaule, dit Sikes repoussant la main du juif. Ainsi, à bas les pattes!

Fagin ne répondit rien à ce compliment flatteur; mais, tirant Sikes par la manche, il lui montra du doigt Nancy, qui, ayant profité du moment où ils étaient à causer pour mettre son chapeau, se disposait à sortir.

— Eh bien! Nancy, cria Sikes, que fais-tu donc là! où as-tu l'intention d'aller à l'heure qu'il est?

— Pas bien loin.

— Est-ce que c'est une réponse ça, *Pas bien loin!* reprit Sikes. Où vas-tu?

— Pas loin, te dis-je.

— Mais encore! veux-tu répondre, demanda Sikes, qui commençait à s'échauffer, je te demande où tu vas?

— Je ne sais pas, répondit la fille.

— Eh bien! donc, dit Sikes plutôt par esprit de contradiction que parce qu'il n'avait aucune raison pour l'empêcher de sortir, assieds-toi et ne bouge pas de là!

— Je ne me porte pas bien, je te l'ai déjà dit, observa Nancy; j'ai besoin de prendre l'air.

— Passe la tête par la fenêtre et prends-en à discrétion, reprit Sikes.

— Il n'y en a pas assez là, repartit la fille : j'ai besoin de prendre l'air dans la rue.

— Tu n'iras pas dans la rue! répliqua Sikes. Disant cela, il alla fermer la porte, mit la clef dans sa poche, et arrachant le chapeau de la tête de Nancy, il le jeta sur le haut d'une vieille armoire. Maintenant, ajouta le brigand, je te dis encore une fois de t'asseoir et de rester tranquille, tu m'entends!

— Ce n'est pas un chapeau qui m'empêcherait de sortir, dit la fille en pâlissant. Que signifie cela, Guillaume! Sais-tu ce que tu fais?

— C'est un peu fort! s'écria Sikes se tournant vers Fagin. Il faut qu'elle ait perdu l'esprit, sans quoi elle n'oserait pas me parler ainsi.

— Tu me feras faire un coup de tête! murmura Nancy mettant ses deux mains sur sa poitrine comme pour retenir un cri qui allait lui échapper, laisse-moi sortir, je te dis! tout de suite!... à l'instant même!

— Non! s'écria Sikes.

— Dites-lui qu'il ferait mieux de me laisser sortir, Fagin! Il ferait beaucoup mieux... M'entends-tu? cria Nancy frappant du pied sur le plancher.

— Si je t'entends! reprit Sikes se retournant brusquement pour la regarder en face; je ne t'ai déjà que trop entendue! Si tu dis encore un seul mot, je te ferai étrangler par mon chien; ça fait que tu crieras pour quelque chose. Qu'est-ce qui lui prend? a-t-on jamais vu!

— Laisse-moi sortir, dit Nancy d'un ton suppliant. Laisse-moi sortir, Guillaume, je t'en prie! ajouta-t-elle en s'asseyant par terre près de la porte. Tu ne sais pas ce que tu fais. Non, tu ne le sais pas... Seulement une heure, dis; je t'en supplie!

— Cette fille est devenue folle! s'écria Sikes l'empoignant par le bras. Allons, lève-toi!

— Non! non! cria Nancy, je ne me lèverai pas à moins que tu ne me laisses sortir.

Sikes l'examina quelque temps en silence; et, profitant du moment où elle ne faisait plus de résistance, il lui mit les mains derrière le dos et l'entraîna avec beaucoup de peine dans la chambre voisine, où, l'ayant assise de force sur une chaise, il l'y tint en respect.

— A-t-on jamais vu! dit-il en essuyant son visage couvert de sueur. Est-elle étonnante, cette fille, avec ses volontés!

— C'est vrai, dit le juif d'un air pensif, c'est une fille étonnante.

— Pour quelle raison pensez-vous qu'elle voulait sortir ce soir, dites? demanda Sikes. Vous devez la connaître mieux que moi. Qu'est-ce que c'est que cette idée qu'elle s'est mise dans la tête?

— Entêtement de femme; je pense, mon cher, répliqua le juif haussant les épaules.

— Peut-être bien, gronda Sikes. Je croyais l'avoir soumise, mais elle est pire que jamais.

— Certainement qu'elle est pire, reprit le juif d'un air distrait. Je ne l'ai jamais vue s'emporter pour un rien, comme aujourd'hui.

— Ni moi non plus, repartit Sikes. Je crois bien qu'elle a attrapé un peu de cette coquine de fièvre qui m'a mis sur les dents. Ça n' peut être que ça; qu'en pensez-vous?

— C'est possible, répliqua le juif.

— Je me charge de lui tirer un peu de sang, si ça lui prend encore, ces lubies-là, dit Sikes. J'éviterai au médecin la peine de venir.

Le juif fit un signe expressif de tête, donnant à entendre qu'il approuvait fort ce genre de traitement.

— Elle ne m'a pas quitté d'un seul instant pendant cette maladie; elle rôdait nuit et jour autour de mon lit, tout le temps que j'ai été sur le dos; tandis que vous, vieux crocodile que vous êtes, vous m'avez laissé là ; vous m'avez abandonné, vous vous êtes tenu à l'écart, dit Sikes. Nous n'avions pas le sou à la maison, et c'est probablement ce qui l'aura tourmentée. D'avoir été enfermée si longtemps, aussi, ça peut bien lui avoir aigri le caractère, hein?

— C'est très-probable, mon cher! dit le juif à voix basse. Chut! la voici!

A peine avait-il dit ces mots, que Nancy reparut dans la chambre, et revint s'asseoir à sa place. Elle avait dû pleurer, car ses yeux étaient rouges et gonflés. Elle s'agita d'abord sur sa chaise, et, un instant après, elle partit d'un éclat de rire.

— La voilà qui rit maintenant! s'écria Sikes se tournant d'un air surpris vers son compagnon.

Le juif lui fit signe de ne pas y faire attention, et Nancy devint bientôt plus calme. Ayant dit tout bas à Sikes qu'il n'y avait pas à craindre maintenant qu'elle retombât, et qu'il pensait bien que c'était fini, Fagin prit son chapeau et souhaita le bonsoir à ses deux amis. Arrivé près de la porte, il s'arrêta, et jetant un regard autour de lui, il demanda si quelqu'un ne voulait pas l'éclairer pour descendre.

— Eclaire-le, Nancy, dit Sikes bourrant sa pipe, ce serait dommage s'il venait à s' casser l' cou ; il priverait les assistants du plaisir de le voir pendre.

Nancy prit la chandelle et accompagna le vieillard jusqu'au bas de l'escalier. Lorsqu'ils eurent atteint le passage d'entrée, le juif, posant son doigt sur ses lèvres, dit tout bas à l'oreille de la jeune fille :

— Qu'y a-t-il donc, Nancy, hein?

— Que voulez-vous dire? reprit celle-ci sur le même ton.

— Quelle est la cause de tout ceci? demanda Fagin. Si ce gros brutal se conduit indignement envers toi, ajouta-t-il en montrant du doigt l'étage supérieur, pourquoi ne pas?...

— Quoi donc? dit celle-ci voyant que Fagin n'achevait point sa phrase et qu'il la regardait attentivement.

— N'importe! reprit celui-ci. Nous reparlerons de cela une autre fois. Tu as en moi un ami, Nancy, un véritable ami. J'ai les moyens de faire bien des choses! Quand tu voudras te venger de celui qui te traite comme un chien, quand je dis comme un chien, pis qu'un chien, car il flatte le sien quelquefois, viens me trouver, entends-tu, Nancy? ce n'est qu'un oiseau de passage, *lui;* tandis que moi, Nancy, tu me connais depuis longtemps... depuis bien longtemps.

— Je vous connais bien, dit la fille sans faire paraître la moindre émotion. Bonsoir !

Tout en regagnant sa demeure, Fagin donna un libre cours aux pensées qui occupaient son esprit. Depuis quelque temps il avait conçu l'idée que Nancy, lassée de la brutalité du brigand, voulait le laisser. L'objet de cette nouvelle affection n'était point parmi ses mirmidons à lui... Ce serait une bonne acquisition à faire avec un tel partenaire que Nancy, pensait Fagin ; il fallait donc se les assurer tous deux au plus tôt.

— Avec un peu de persuasion, pensait Fagin, quel motif plus puissant pourrait déterminer cette fille à empoisonner Sikes ?... D'autres l'ont fait avant elle, et ont même fait pis...

Il se leva de bonne heure le lendemain et attendit avec impatience l'arrivée de son nouveau compagnon, qui, après un certain laps de temps, se présenta enfin et commença par attaquer furieusement les vivres.

— Bolter ! dit le juif prenant une chaise et s'asseyant en face de Noé.

— Eh bien ! me voilà ! qu'est-ce que vous me voulez ? reprit celui-ci. Ne me donnez rien à faire avant que j'aie fini de déjeuner ; c'est assez l'habitude dans cette maison : on n'a jamais le temps de manger !

— Vous pouvez parler en mangeant, n'est-ce pas ?

— Oh ! sans doute, je n'en mange que mieux quand je parle, reprit Noé coupant une énorme tranche de pain. Où est Charlotte ?

— Elle est sortie, dit Fagin, je l'ai envoyée dehors ce matin avec l'autre jeune fille, parce que j'avais besoin d'être seul avec vous.

— Vous auriez dû lui dire de me faire des rôties au beurre auparavant, repartit Noé... Eh bien ! parlez toujours, parlez, vous ne m'interromprez pas.

Il n'y avait pas de danger que quoi que ce fût pût l'interrompre ; car il s'était attablé avec la ferme intention d'*abattre de la besogne*, et il y allait en effet de si bon cœur, qu'il faisait sauter les miettes par-dessus sa tête.

— Vous avez joliment travaillé hier, savez-vous bien ! dit le juif, six shillings neuf pence et demie. Le *vol aux moutards* fera votre fortune, mon cher.

— N'oubliez pas d'ajouter trois pintes à bière et une mesure à lait.

— Non, certainement, mon cher, reprit le juif, l'escamotage des trois pots d'étain est sans doute quelque chose de très-adroit; mais celui de la boîte à lait est tout à fait un chef-d'œuvre.

— Pas mal, je dis, pour un débutant! repartit le sieur Bolter avec un air de complaisance; j'ai décroché les pintes d'une grille en fer devant une maison bourgeoise, et comme la boîte à lait était sur le seuil d'une porte, en-dehors d'un cabaret, je l'ai ramassée, de crainte qu'elle ne se rouillât ou qu'elle n'attrapât un rhume; c'est trop juste, n'est-ce pas! ha! ha! ha!

Le juif affecta de rire aux éclats, et M. Bolter, ayant fait de même, mordit à belles dents dans sa première tranche de pain et de beurre; et à peine l'eut-il expédiée, qu'il s'en coupa une seconde.

— J'ai besoin de vous, Bolter, dit Fagin s'accoudant sur la table, pour un coup de main qui exige beaucoup de prudence.

— Dites donc! reprit Bolter, n'allez pas m'exposer à quelque danger ou m'envoyer encore dans un bureau de police! Je vous préviens que ça ne me convient pas du tout!... Ça ne peut vraiment pas m'aller!

— Il n'y a pas le moindre danger à courir, mon cher, repartit le juif; pas le moindre, mon cher. Il s'agit seulement de suivre une femme et d'épier ses actions.

— Une vieille femme? demanda le sieur Bolter.

— Non, une jeune femme, répliqua Fagin.

— Je puis faire cela à merveille, dit le sieur Bolter. A l'école j'étais un fameux rapporteur, allez. Pourquoi faut-il que je la suive? Ce n'est pas pour...

— Non, interrompit Fagin. Il n'y a rien autre chose à faire qu'à me dire où elle va, qui elle voit, et, s'il est possible, ce qu'elle fait; se rappeler le nom de la rue, si c'est une rue, ou bien de la maison, si c'est une maison, et me donner enfin tous les renseignements que vous pourrez vous-même recueillir.

— Que me donnerez-vous pour cela?

— Je vous donnerai une livre sterling. Et c'est ce que je n'ai jamais donné jusqu'alors pour une corvée de ce genre, dont je ne tire moi-même aucun profit.

— Qui est cette femme? demanda Noé.

— Une des nôtres, répondit le juif.

— Je vois ce que c'est, s'écria Bolter en fronçant le nez : vous avez des soupçons sur elle, n'est-ce pas?

Elle a fait de nouvelles connaissances, mon cher, répliqua le juif, et il faut que je sache ce qu'elles sont.

— Je devine, reprit Noé. Seulement pour avoir le plaisir de les connaître, afin de savoir si ce sont des gens respectables, hein? ha! ha! ha! Je suis votre homme.

— Je savais bien que vous ne demanderiez pas mieux, s'écria Fagin.

— Il n'y a pas de doute à cela, repartit Noé. Où est-elle, où et quand devrai-je la suivre?

— Je vous dirai tout cela, mon cher... je vous la ferai connaître quand il sera temps, dit Fagin, ayez soin de vous tenir prêt; le reste me regarde.

Ce soir-là, le lendemain et le jour suivant, l'espion, botté et accoutré de ses habits de charretier, se tint prêt à partir au signal de Fagin. Six nuits se passèrent ainsi; six mortelles nuits à chacune desquelles le juif rentra désappointé, donnant à entendre en peu de mots qu'il n'était pas encore temps. Le soir du septième jour, il rentra plus tôt que les jours précédents, et un air de satisfaction brillait sur son visage : c'était un dimanche.

— Elle sort ce soir, dit Fagin, et c'est pour aller voir ses nouvelles connaissances, j'en suis sûr; car elle a été seule toute la journée, et celui qu'elle redoute ne reviendra guère avant le jour. Partons vite, il est temps!

Noé se leva sans dire un seul mot; car l'extrême joie que ressentait le juif s'était communiquée à lui. Ils sortirent à la dérobée, et, ayant traversé un labyrinthe de rues, ils arrivèrent enfin devant un cabaret.

Il était onze heures et un quart, et la porte en était fermée. Elle tourna doucement sur ses gonds à un léger sifflement que fit le juif.

Osant à peine chuchoter, mais substituant les gestes aux paroles, Fagin et le jeune juif qui leur avait ouvert montrèrent à Noé le carreau de verre, et lui firent signe de monter pour voir la personne qui était dans la salle voisine.

— Est-ce là la femme en question? demanda celui-ci à voix basse.

Le juif fit un signe de tête affirmatif.

L'espion échangea un coup d'œil avec Fagin et partit comme un trait.

XLIV. — Nancy est exacte au rendez-vous.

Onze heures trois quarts sonnaient à l'horloge de plusieurs églises, quand deux personnes parurent à l'entrée du pont de Londres. La première, qui était une femme, s'avançait d'un pas vif et léger, regardant avidement autour d'elle comme si elle cherchait quelqu'un; l'autre, qui était un homme, suivait à quelque distance dans l'ombre et réglait son pas sur celui de la femme, s'arrêtant lorsqu'elle s'arrêtait, et se glissant de nouveau à la dérobée le long du parapet quand elle repartait.

Il faisait une nuit sombre, le ciel avait été couvert toute la journée, et, à cette heure, dans ce lieu surtout, il n'y avait pas beaucoup de monde.

Un brouillard épais qui couvrait la rivière donnait une teinte blafarde à la flamme rougeâtre des falots qui brûlaient sur les chaloupes.

Minuit sonnait; le douzième coup vibrait encore dans l'air quand une jeune demoiselle et un monsieur en cheveux blancs, descendant d'un fiacre à quelque distance, se dirigèrent vers le pont après avoir renvoyé le cocher. A peine avaient-ils fait quelques pas, que Nancy tressaillit et alla aussitôt à leur rencontre.

Ils marchaient comme des gens qui s'attendent peu à rencontrer la personne qu'ils cherchent, lorsqu'ils se trouvèrent face à face avec la jeune fille. Ils s'arrêtèrent en poussant un cri de surprise qu'ils réprimèrent aussitôt, car un homme en costume de paysan passa rapidement auprès d'eux au même instant.

— Par ici! dit vivement Nancy. Je crains de vous parler en cet endroit, suivez-moi en bas de cet escalier.

Comme elle disait ces mots, le paysan tourna la tête, et demandant brusquement pourquoi ils occupaient ainsi tout le trottoir à eux seuls, il poursuivit son chemin.

L'escalier dont parlait Nancy est à l'extrémité du pont sur la rive du comté de Surrey.

Ces marches, qui forment une partie du pont, consistent en trois échappées ou paliers. En bas du second palier, le mur de gauche se termine par un pilastre faisant face à la Tamise. Arrivé au bas de ce second palier, le paysan jeta un regard autour de lui; et, voyant qu'il n'y avait point d'autre endroit pour se cacher et que, d'ailleurs, la marée étant alors très-basse, il y avait beaucoup de place, il se rangea de côté, le dos contre le pilastre, et attendit là nos trois amis, presque sûr qu'ils ne descendraient pas plus bas, et que, s'il ne pouvait entendre leur entretien, il pourrait du moins les suivre de nouveau en toute sûreté.

Il était sur le point de sortir de sa cachette et il pensait à remonter, quand il entendit un bruit de pas résonner sur la pierre, et bientôt après les voix de plusieurs personnes frappèrent son oreille; il se dressa contre le mur, et respirant à peine, il écouta attentivement.

— Il me semble que c'est assez loin comme cela, dit le monsieur. Je ne souffrirai pas que cette jeune demoiselle descende une marche de plus; il y a bien des gens qui auraient eu trop peu de confiance en vous pour consentir même à venir jusqu'ici! Mais je suis encore complaisant, comme vous voyez.

— Vraiment! vous appelez cela être complaisant! repartit Nancy, vous êtes vraiment sensé!... complaisant! Bah! c'est égal.

— Non, mais dites-moi, reprit le monsieur d'un ton plus doux, pourquoi nous avoir amenés dans cet étrange endroit! Pourquoi pas là-haut, où l'on y voit du moins, et où il y a du monde qui passe, plutôt que dans cet affreux coupe-gorge?

— Je vous ai déjà dit que je n'aime pas vous parler là-haut, répliqua la fille frémissant involontairement; je ne sais pas ce que j'ai, mais j'éprouve une telle frayeur, ce soir, que je puis à peine me soutenir. Je ne puis m'en rendre compte, je voudrais le savoir. J'ai été tourmentée tout le jour par de si horribles pensées de mort et de linceuls couverts de sang, j'en ai eu la fièvre. J'ai voulu m'amuser à lire ce soir pour passer le temps, et j'ai vu les mêmes choses dans le livre...

— C'est l'effet de l'imagination, dit le monsieur.

— Je n'ai pas pu venir dimanche dernier, répondit la fille; j'ai été retenue par force.

— Par qui donc?

— Par Guillaume, l'homme dont j'ai parlé à Mademoiselle.

— Vous n'étiez point soupçonnée d'avoir eu un entretien avec quelqu'un au sujet de ce qui vous amène ici, je pense?

— Non, reprit la fille en secouant la tête. Il ne m'est point facile de le quitter, à moins qu'il ne sache pourquoi. Je n'aurais pas pu voir Mademoiselle quand je suis venue la trouver, si, pour le faire dormir, je n'avais mis du *laudanum* dans la potion que je lui ai donnée.

— Dormait-il encore quand vous êtes rentrée? demanda le monsieur.

— Oui, répondit la fille, et ni lui ni aucun d'eux n'ont le moindre soupçon.

— C'est bien, dit le monsieur. Maintenant, écoutez-moi.

— Je suis prête à vous entendre, dit la fille.

— Cette jeune demoiselle que voici, dit le monsieur, m'a communiqué, ainsi qu'à quelques amis sur la discrétion desquels on peut se reposer en toute confiance, ce que vous lui avez dit il y a environ quinze jours. Pour vous prouver que je me fie à vous, je vous dirai franchement que nous nous proposons d'extorquer de ce Monks son secret (quel qu'il soit), et que pour cela nous tirerons avantage, s'il le faut, des terreurs paniques auxquelles vous dites qu'il est sujet. Mais si cependant nous ne pouvons nous en rendre maîtres, ou qu'une fois entre nos mains il ne veuille rien avouer, il faudrait pourtant consentir à nous livrer le juif.

— Fagin! s'écria Nancy faisant un pas en arrière.

— Sans doute, poursuivit le monsieur. Il faut que vous nous livriez cet homme.

— N'y comptez pas! repartit la fille. Quelque affreuse qu'ait été sa conduite envers moi, je ne ferai jamais ce que vous me demandez là!...

— Vous êtes bien résolue! dit le vieux monsieur.

— Jamais! reprit Nancy.

— Dites-moi pourquoi.

— Pour une bonne raison, répondit avec fermeté celle-ci. Pour une seule raison que Mademoiselle connaît et pour laquelle elle se rangera de mon côté, j'en suis sûre, puisqu'elle m'en a donné sa parole; et puis encore par cela même que, si sa conduite est mauvaise, la mienne n'est pas non plus exempte de reproches.

— Alors, repartit le monsieur comme s'il avait atteint le but qu'il se proposait, livrez-moi Monks et laissez-le s'arranger avec moi.

— Et s'il vient à dénoncer les autres? demanda Nancy.

— Je vous promets que, dans tous les cas où nous pourrons obtenir de lui la vérité en lui arrachant son secret, il n'en sera que cela. Il peut y avoir, dans l'histoire du petit Olivier, des particularités qu'il serait pénible de soumettre aux yeux du public; et pourvu (comme je vous l'ai dit) que la vérité nous soit connue, c'est tout ce que nous demandons, vos amis ne courront aucun danger.

— Et s'il ne veut pas avouer la vérité? dit la fille.

— Alors, repartit le monsieur, le juif ne sera traîné en justice qu'autant que vous y consentirez.

— Mademoiselle s'engage-t-elle à me donner sa parole en cela?

— Je vous la donne, répliqua Rose. Vous pouvez y compter.

— Monks ne saura jamais par qui vous avez appris ce que vous savez? dit la fille après un instant de silence.

— Jamais! répliqua le monsieur. Je vous assure que nous nous y prendrons de telle manière qu'il ne pourra même pas s'en douter.

— Quoique depuis mon jeune âge j'aie vécu parmi les menteurs et que par conséquent le mensonge me soit devenu familier, dit Nancy après un autre moment de silence, j'accepte votre parole et je m'en rapporte entièrement à vous.

Après avoir reçu l'assurance de Rose et du monsieur qu'elle pouvait être parfaitement tranquille, elle commença (d'une voix si basse que l'espion pouvait à peine entendre) par donner l'adresse du cabaret d'où elle avait été suivie ce soir-là. A la manière dont elle s'arrêtait en parlant, on eût pu croire que le monsieur prenait note des renseignements qu'elle lui donnait. Lorsqu'elle eut bien expliqué les localités de la place ainsi que l'endroit d'où, sans exciter les regards, on pouvait très-bien voir; qu'elle eut dit l'heure de la nuit et quels étaient à peu près les jours où Monks fréquentait le plus ordinairement ce repaire, elle sembla réfléchir un instant comme pour se rappeler les traits de l'homme en question et être plus capable de donner le signalement.

— Il est grand, dit-elle, assez fort, mais pas gros. A le voir marcher on croirait qu'il va faire un mauvais coup, car il regarde constamment de côté et d'autre. Il a les yeux tellement renfoncés dans la tête que, par cela seul, vous pourriez aisément le reconnaître. Il est très-brun de peau, et, bien qu'il n'ait que vingt-six ou vingt-huit ans tout au plus, ses yeux sont secs et hagards. Ses lèvres sont souvent flétries et décolorées par les marques de ses dents, car il est sujet à de terribles convulsions, et souvent même il se mord les mains jusqu'au sang... Pourquoi tressaillez-vous? dit la fille s'arrêtant tout court.

Le monsieur se hâta de répondre qu'il ne savait pas qu'il eût tressailli, et il la pria de continuer.

— J'ai su cela en partie des gens de la maison dont je vous ai parlé, poursuivit la fille; car je ne l'ai vu que deux fois, et encore il était enveloppé d'un grand manteau. Je crois que voilà tout ce que je puis vous en dire... A propos, attendez!... Quand il tourne la tête, on aperçoit sur son cou, un peu au-dessus de sa cravate...

— Une grande marque rouge comme une brûlure! s'écria le monsieur.

— Comment cela se fait-il, dit la fille; vous le connaissez donc?

La jeune demoiselle jeta un cri de surprise et ils gardèrent tous trois, pendant quelques instants, un si profond silence, que l'espion eût pu les entendre respirer.

— Je crois le connaître, dit le monsieur : je le reconnaîtrais du moins, d'après le signalement que vous m'en donnez... Nous verrons...

Disant cela d'un air d'indifférence, il se tourna du côté de l'espion et murmura entre ses dents :

— Ce ne peut être que lui!

— Maintenant, reprit-il en s'adressant à Nancy, vous venez de nous rendre un grand service, jeune fille, et je vous en remercie. Que puis-je faire pour vous?

— Rien, répliqua Nancy.

— Ne persistez pas dans ce refus, voyons, réfléchissez un peu, reprit le monsieur avec un air de douceur et de bonté qui eût pu toucher un cœur plus dur et plus insensible.

— Non, rien, Monsieur, je vous assure, repartit la jeune fille en versant des larmes, vous ne pouvez rien pour changer mon sort.

— Elle va se laisser persuader, s'écria Rose, elle va se rendre, j'en suis sûre; elle hésite.

— Je crains bien que non, ma chère demoiselle! dit le monsieur.

— Non, Monsieur, reprit Nancy après un moment de réflexion, je suis enchaînée à ma première existence : j'en ai horreur, il est vrai; mais je ne puis la quitter. Adieu! peut-être bien que j'aurai été aperçue et suivie. Partez, partez les premiers! Si vous croyez que je vous ai rendu quelque service, tout ce que je demande de vous en retour est de me quitter à l'instant même et de me laisser m'en retourner seule.

— Il est inutile d'insister davantage, dit en soupirant le monsieur; peut-être bien qu'en restant ici nous compromettons sa sûreté.

— Oui, oui, repartit la fille, vous avez bien raison!

— Comment peut donc se terminer la misérable existence de cette pauvre fille? s'écria Rose.

— Comment! reprit la fille; regardez devant vous, Mademoiselle! jetez les yeux sur cette eau qui bouillonne à vos pieds! Combien de fois n'avez-vous pas entendu parler de pauvres malheureuses comme moi qui s'y sont précipitées, fatiguées qu'elles étaient de la vie!

— Ne parlez pas ainsi, je vous en supplie! dit Rose en sanglotant.

— Vous n'en entendrez jamais parler, bonne demoiselle, repartit Nancy; à Dieu ne plaise que de telles horreurs viennent jamais souiller vos chastes oreilles! Bonne nuit! Adieu!

Le monsieur se retourna comme pour se disposer à partir.

— Prenez cette bourse, s'écria Rose; gardez-la pour l'amour de moi, que vous ayez quelque ressource au besoin.

— Non, non, reprit la fille, l'argent ne me tente pas, ce n'est pas l'intérêt qui m'a fait agir en cette circonstance, croyez-le bien... cependant donnez-moi quelque chose, quelque chose que vous ayez porté... J'aimerais avoir quelque chose de vous... Non, non, pas une bague... Vos gants ou votre mouchoir... Merci, merci! Dieu vous bénisse! Adieu!

L'extrême agitation dans laquelle était la fille, et la crainte qu'elle avait d'être maltraitée à son retour, dans le cas où elle viendrait à être découverte, semblèrent déterminer le monsieur à partir.

Rose et son compagnon parurent bientôt sur le pont, et s'arrêtèrent un instant sur la dernière marche de l'escalier.

Rose Maylie attendit encore, mais le vieux monsieur la prit par le bras et l'entraîna doucement vers lui. A l'instant où ils disparurent, Nancy se laissa tomber tout de son long sur l'une des marches, et donna un libre cours à ses larmes.

Arrivé en haut de l'escalier, Noé Claypole tourna la tête à droite et à gauche, et, n'apercevant âme qui vive, il prit ses jambes à son cou.

XLV. — Conséquence fatale.

C'était environ deux heures avant le point du jour : le juif veillait dans son grabat, paraissant attendre quelqu'un avec la plus vive impatience. Près de lui, sur un matelas étendu à terre, gisait Noé

Claypole dormant d'un profond sommeil. Il était depuis longtemps dans cette attitude, lorsque enfin le bruit des pas d'une personne qu'il crut reconnaître vint frapper son oreille.

— Enfin ce n'est pas dommage! murmura-t-il.

Comme il disait ces mots, la sonnette se fit entendre : il grimpa l'escalier quatre à quatre et revint bientôt accompagné de Sikes portant un paquet sous son bras.

— Tenez, serrez cela, dit celui-ci, et tirez-en le plus que vous pourrez; j'ai eu assez de peine à l'avoir, Dieu merci!... Il y a plus de deux heures que je devrais être ici.

Fagin, ayant pris le paquet, le serra à clef dans l'armoire, revint s'asseoir à sa place sans dire un seul mot, et regarda fixement le brigand : ses lèvres pâles tremblaient si fortement, ses traits étaient si bouleversés par les différentes émotions qui le maîtrisaient, que Sikes recula involontairement.

— Qu'est-ce qu'il y a donc, maintenant, s'écria ce dernier, pourquoi envisager ainsi les gens, hein! voulez-vous répondre?

Le juif leva la main, et agita son doigt d'un air mystérieux.

— Malédiction! dit Sikes passant vivement sa main dans sa poche de côté, il est devenu enragé! Il faut que je fasse attention à moi, ici!

— Non! non! dit Fagin recouvrant enfin l'usage de la voix. Il n'y a pas de danger, Guillaume... Ce n'est pas à vous que j'en veux... Je n'ai rien à vous reprocher, à vous.

— Ah! c'est fort heureux! reprit Sikes le regardant entre deux yeux et mettant, avec un air d'ostentation, son pistolet dans une autre poche. Fort heureusement pour l'un de nous deux...

— Ce que j'ai à vous dire, Guillaume, repartit le juif approchant sa chaise de celle du brigand, vous fera encore plus d'effet qu'à moi.

— J'en doute fort, répliqua Sikes d'un air d'incrédulité. Parlez vite, ou Nancy va croire que je suis perdu.

— Perdu! s'écria Fagin, ça ne la surprendrait pas. Elle a assez travaillé comme cela à votre perte.

Sikes interdit chercha à lire dans les yeux du vieillard; mais, n'y pouvant deviner le sens de cette énigme, il le saisit au collet, et le secouant de toutes ses forces :

— Encore une fois, parlez! dit-il, ou, si vous ne parlez pas, c'est que vous n'en aurez plus la force! Ouvrez la bouche et expliquez-vous clairement, entendez-vous, vieux scélérat!

— Je suppose, dit Fagin, que ce garçon qui est couché là...

— Eh bien! après? dit-il reprenant sa première position.

— Je suppose que ce garçon, poursuivit le juif, vienne à nous trahir... qu'il nous vende tous... qu'il découvre les gens qui ont intérêt à nous connaître... qu'il leur donne notre signalement jusqu'à la moindre petite marque, et qu'il leur dise l'endroit où on peut aisément nous *pincer?*

— Ce que je ferais! reprit Sikes. S'il était encore en vie à mon retour, je lui briserais le crâne avec le talon de ma botte.

— Et si c'était moi? cria le juif à tue-tête. *Moi* qui en sais tant et qui pourrais en faire pendre tant d'autres avec moi!

— Je n' sais pas, repartit Sikes grinçant des dents et pâlissant de colère à la seule idée que ce pût être. Je ferais quelque chose dans la prison qui me ferait mettre la camisole, j'en suis sur; ou, si j'étais pour être jugé en même temps que vous, j'en dirais plus à moi seul, contre vous, que tous les témoins à charge, et j' vous ferais sauter la cervelle devant tout le monde... Ce n'est ni la force ni le courage qui me manqueraient, allez! murmura le brigand brandissant son poing comme s'il allait réellement commencer l'action. J'irais de si bon cœur que vous n'y verriez que du feu!

— Vraiment? fit le juif.

— Aussi vrai que je vous le dis, repartit le brigand. Essayez un peu, vous verrez si je me gêne.

— Si c'était Charlot, ou le Matois, ou Betsy... ou bien?...

— Peu m'importe à moi qui ce soit! reprit Sikes avec impatience. Je lui ferais son affaire tout de même.

Fagin fixa de nouveau le brigand, et, lui faisant signe de garder le silence, il se pencha sur le matelas où reposait Noé, et secoua celui-ci par le bras pour l'éveiller.

— Bolter! Bolter!... *Pauvre garçon!* dit le juif appuyant avec emphase sur l'épithète, il est fatigué, Guillaume, il est harassé d'avoir guetté si longtemps la jeune fille!

— Qu'est-ce que cela veut dire? demanda Sikes.

Le juif ne répondit rien; mais, se penchant de nouveau vers Noé, il le tira par le bras et parvint à le faire mettre sur son séant.

— Répétez-moi donc cela encore une fois, afin qu'il l'entende! dit le juif montrant du doigt Sikes. Encore une fois, Bolter, plus qu'une fois, mon garçon!

— Que je vous répète quoi? demanda Noé d'assez mauvaise humeur.

— Ce que vous savez au sujet de Nancy, dit le juif, tenant Sikes par le poignet comme s'il eût craint que celui-ci ne sortît avant d'avoir tout entendu. Vous l'avez suivie, n'est-ce pas ?

— Oui.

— Au pont de Londres ?

— Oui.

— Où elle a rencontré deux personnes ?

— Justement.

— Un monsieur et une demoiselle qu'elle avait été trouver auparavant de son plein gré. Ils lui ont demandé de leur livrer tous ses compagnons et Monks le premier, ce qu'elle a fait ; de leur dépeindre son signalement, ce qu'elle a fait ; de leur donner le nom et l'adresse de la maison que nous fréquentons le plus habituellement, et où nous nous réunissons, ainsi que l'endroit d'où l'on peut le mieux voir sans être aperçu, ce qu'elle a fait ; ils lui ont demandé le jour et l'heure où nous nous rendions ordinairement dans cette maison, et elle le leur a dit : voilà tout ce qu'elle a fait. On n'a pas eu besoin d'employer la menace pour lui faire dire toutes ces choses ; elle les a dites de son plein gré, n'est-il pas vrai ? s'écria le juif presque fou de colère.

— C'est vrai, répliqua Noé se grattant la tête. Voilà justement comme cela s'est passé !

— Qu'ont-ils dit au sujet de dimanche dernier ? demanda le juif.

— Au sujet de dimanche dernier ? reprit Noé cherchant à se rappeler, il me semble que je vous l'ai déjà dit.

— Cela ne fait rien, dites-le encore une fois ! s'écria Fagin serrant encore plus fort le bras de Sikes, et agitant son autre main, tandis que l'écume lui sortait de la bouche.

— Ils lui ont demandé, dit Noé (qui, à mesure qu'il s'éveillait, semblait avoir une idée de ce qu'était Sikes), ils lui ont demandé pourquoi elle n'était pas venue dimanche dernier, comme elle l'avait promis ; et elle a répondu que cela lui avait été impossible.

— Pourquoi, pourquoi ? interrompit le juif d'un air triomphant. Dites-lui pour quelle raison.

— Parce que Guillaume n'a pas voulu la laisser sortir et qu'il l'a retenue de force. Et comme le monsieur ne paraissait pas connaître Guillaume, elle a ajouté que c'était l'homme dont elle avait parlé à la demoiselle auparavant.

— Qu'a-t-elle dit de plus au sujet de Guillaume ? cria le juif. Qu'a-t-elle ajouté à propos de l'homme dont elle avait parlé à la demoiselle auparavant? Dites-lui cela, dites-lui cela.

— Elle a dit qu'elle ne pouvait pas sortir aisément, à moins qu'il ne sût où elle allait, dit Noé, et que, la première fois qu'elle est venue trouver cette demoiselle (ha! ha! ha! je n'ai pu m'empêcher de rire quand elle a dit cela), elle lui avait mis du *laudanum* dans la potion qu'elle lui a fait boire avant qu'elle sortît.

— Damnation! s'écria Sikes faisant lâcher prise au juif. Laissez-moi!

Repoussant loin de lui le vieillard, il s'élança hors de la chambre et se précipita dans l'escalier comme un furieux.

— Guillaume! Guillaume! cria le juif courant après lui, un mot! un seul mot!

Ce mot n'eût pas été échangé si le brigand, qui ne pouvait ouvrir la porte, n'eût donné le temps au juif d'arriver tout haletant.

— Ouvrez-moi cette porte, dit Sikes, ne m'amusez pas là une heure avec votre bavardage, je ne suis pas d'humeur à vous entendre! laissez-moi sortir sans m'adresser la parole, il n'y ferait pas bon, je vous assure!

— Un instant, un seul instant! dit le juif posant la main sur la serrure; ne soyez pas trop...

— Trop quoi? reprit l'autre.

— Ne soyez pas... trop... violent, Guillaume! dit le juif d'un air patelin.

Il commençait à faire assez jour pour que chacun d'eux pût lire sur le visage de l'autre ce qui se passait en son âme. Ils échangèrent un regard; leurs yeux étincelaient. On ne pouvait se tromper sur la nature de leurs sentiments à tous deux.

— Ah! çà, Guillaume! dit Fagin voyant que toute feinte était désormais inutile : je voulais dire, ne soyez pas trop violent (du moins pour votre sûreté à vous). N'allez pas vous compromettre, surtout soyez prudent!

Disant cela, le juif tourna deux fois la clef dans la serrure; et Sikes, pour toute réponse, ouvrit la porte toute grande et partit comme un trait.

Sans se donner le temps de réfléchir, sans tourner la tête d'aucun côté, sans jeter un regard à droite ou à gauche, mais les yeux fixes devant lui, il allait à grands pas, ses dents serrées si fortement les unes contre les autres, que sa mâchoire inférieure semblait rentrer dans sa peau. Plein de farouches pensées et ayant un affreux projet en tête, il marchait tête baissée ; et, sans avoir dit une seule parole ni remué un seul muscle de son visage, il se trouva devant sa maison. Il entra sans faire de bruit, monta doucement l'escalier, ouvrit la porte de sa chambre avec la même précaution, la ferma à double tour ; et ayant porté une table derrière, il s'approcha du lit et en tira les rideaux.

Nancy, qui était couchée à moitié habillée, s'éveilla en sursaut.

— Est-ce toi, Guillaume ? dit-elle avec un air de satisfaction de le savoir de retour.

— Oui, c'est moi, répondit le brigand, lève-toi !

Il y avait une chandelle qui brûlait en attendant Sikes, celui-ci l'ôta du chandelier et la jeta dans la cheminée. La jeune fille, voyant qu'il faisait petit jour, se leva pour tirer les rideaux de la fenêtre.

— Ce n'est pas nécessaire, dit Sikes mettant son bras devant elle pour l'en empêcher : j'y verrai toujours assez pour ce que j'ai à faire.

— Guillaume ! s'écria Nancy d'une voix étouffée par la peur, pourquoi me regardes-tu ainsi ?

L'œil hagard, la respiration courte et les narines gonflées, le brigand la considéra un instant en silence ; puis, la prenant par la tête et par le cou, il la traîna au milieu de la chambre et lui mit la main sur la bouche après avoir jeté un regard vers la porte.

— Guillaume ! Guillaume ! s'écria la fille se débattant avec une force que peut donner seule la crainte de la mort, je ne ferai point de bruit, je ne crierai pas... je te le promets ! Ecoute-moi !... parle-moi !... dis-moi ce que j'ai fait !

— Ah ! tu le sais bien, ce que tu as fait, infâme ! reprit Sikes avec un rire infernal ! tu le sais bien, ce que tu as fait !... On t'a guettée cette nuit... Chacune de tes paroles a été entendue.

— Epargne ma vie comme j'ai épargné la tienne, je t'en supplie, Guillaume ! au nom du ciel, épargne ma vie ! s'écria Nancy se cramponnant après lui. Guillaume ! mon cher Guillaume !... tu n'auras pas le cœur de me tuer ! Ah ! pense à tout ce que j'ai refusé cette nuit pour toi !... réfléchis un peu et épargne-toi ce crime ! Je ne te lâcherai pas ; tu ne peux pas me faire lâcher prise, Guillaume. Pour l'amour de Dieu, réfléchis avant de verser mon sang ! C'est moi qui supplie !... moi qui t'aime tant !... Je t'ai toujours été fidèle, Guillaume. Aussi vrai que je suis une indigne créature.

Le brigand se débattit violemment pour lui faire lâcher prise; mais les bras de la fille étaient entrelacés dans les siens d'une telle sorte, qu'il ne put en venir à bout.

— Guillaume, dit Nancy cherchant à poser sa tête sur le sein du brigand, ce vieux monsieur et cette bonne demoiselle m'ont offert cette nuit un asile dans quelque pays étranger, où je pourrai finir mes jours en paix; laisse-les-moi voir encore une fois, je les supplierai à genoux de t'accorder la même faveur, et, s'ils y consentent, comme je n'en doute pas, nous quitterons cet horible lieu, nous irons chacun de notre côté vivre dans la retraite, où nous tâcherons d'oublier la vie affreuse que nous avons menée ensemble, et nous ne nous reverrons jamais plus. Il n'est jamais trop tard pour se repentir : ils me l'ont dit, et je comprends maintenant qu'ils ont raison... mais il faut le temps... Faut-il encore avoir le temps, Guillaume... un peu de temps !

Sikes saisit son pistolet. L'idée qu'il serait découvert et arrêté sur-le-champ s'il en lâchait la détente se présenta comme un éclair à son esprit au milieu même de sa fureur, et il en asséna deux ou trois coups de crosse sur le visage suppliant de la jeune fille.

Elle chancela d'abord et tomba ensuite presque aveuglée par le sang qui ruisselait d'un trou énorme qu'il lui avait fait à la tête; mais se relevant sur ses genoux, avec quelque difficulté toutefois, elle tira de son sein un mouchoir blanc (celui de Rose Maylie), et l'élevant entre ses deux mains jointes, aussi haut que ses forces le lui permirent, elle murmura une courte prière pour implorer la pitié du Seigneur.

. . . .

C'était un spectacle horrible. L'assassin épouvanté recula jusqu'à la muraille en portant la main devant ses yeux; puis s'emparant d'un énorme bâton, il en porta un coup sur le crâne de la fille et l'étendit roide à ses pieds.

XLVI. — Monks et M. Brownlow se rencontrent enfin. Entretien qu'ils eurent ensemble, et de quelle manière il fut interrompu.

Le jour commençait à baisser quand M. Brownlow, descendant d'une voiture de place, frappa doucement à la porte de sa maison. A peine eut-on ouvert, qu'un fort gaillard descendit à son tour et se mit en faction d'un côté du perron, tandis qu'un autre de même stature sauta lestement de dessus le siége où il avait pris place à côté du cocher, et vint se poster vis-à-vis du premier. A un signe de M. Brownlow, ils firent sortir du fiacre un troisième individu, qu'ils introduisirent dans la maison : cet individu n'était autre que Monks.

Ils marchèrent tous trois sans dire mot, et suivirent M. Brownlow dans une petite salle à la porte de laquelle Monks, qui n'était monté qu'avec répugnance, s'arrêta tout court; et les deux hommes regardèrent M. Brownlow comme pour lui demander ce qu'ils avaient à faire.

— Il connaît l'alternative, dit M. Brownlow. S'il hésite ou qu'il veuille s'enfuir, emmenez-le dehors et faites-le arrêter en mon nom.

— Et de quel droit agissez-vous ainsi envers moi? demanda Monks.

— Pourquoi m'y forcez-vous, jeune homme? répliqua M. Brownlow en le regardant fixement. Seriez-vous assez fou pour vous enfuir? Lâchez-le! poursuivit-il, s'adressant aux deux hommes. Maintenant, jeune homme, vous êtes libre d'aller où vous voudrez, et nous de vous suivre; mais je vous jure, par tout ce qu'il y a de plus sacré, qu'aussitôt que vous aurez mis le pied dans la rue, je vous fais arrêter comme faussaire et voleur. Ma résolution est prise!...

Monks murmura quelques mots inintelligibles, et parut irrésolu.

— Je vous engage à vous décider promptement, ajouta M. Brownlow. Un seul mot de ma bouche, et l'alternative est perdue pour toujours.

Monks hésita encore.

— Je n'en dirai pas davantage, continua M. Brownlow.

— N'y a-t-il point d'autre alternative? demanda Monks.

— Non, certainement!

Monks regarda le vieux monsieur d'un air inquiet; mais, ne voyant sur son visage que l'expression de la sévérité et de la détermination, il fit quelques pas dans la salle en haussant les épaules, et finit par s'asseoir.

— Fermez la porte en-dehors, dit M. Brownlow aux deux hommes.

Ceux-ci obéirent, et M. Brownlow resta seul avec Monks.

— Voilà de jolis procédés, Monsieur, en vérité, de la part d'un ancien ami de mon père! dit Monks.

— C'est justement parce que j'étais l'intime ami de votre père, reprit M. Brownlow; c'est justement parce que l'espoir de mes jeunes années m'attachait à lui, et que sa sœur, qui est morte le jour même que je devais l'épouser, m'a laissé seul sur cette terre; c'est parce que, encore enfant, il s'est agenouillé avec moi auprès du lit de mort de cet ange de douceur et de bonté qu'il a plu à Dieu de retirer de ce monde à la fleur de son âge; c'est parce que, depuis ce moment, j'ai voué à votre père une amitié que ni ses chagrins ni ses malheurs n'ont jamais refroidie et qui a duré jusqu'à sa mort; c'est parce que ces souvenirs du passé remplissent mon cœur, que je me sens disposé à vous traiter avec égards.

— Et qu'a de commun mon nom avec ce que vous avez à me dire?

— Rien pour vous, jeune homme, repartit celui-ci, rien pour vous, sans doute; mais beaucoup pour moi, et je suis charmé que vous en ayez pris un autre.

— Tout cela est bel et bon, dit Monks d'un air effronté, tout cela est fort beau, mais où voulez-vous en venir?

— Vous avez un frère, dit avec chaleur M. Brownlow, un frère dont le nom seul, prononcé tout bas à votre oreille quand j'étais derrière vous dans la rue, a suffi pour me faire suivre de vous malgré la répugnance que vous aviez à le faire.

— Je n'ai point de frère! reprit Monks. Vous n'ignorez pas que je suis fils unique.

— Ecoutez ce que j'ai à vous dire, continua M. Brownlow; cela ne laissera pas que de vous intéresser. Je sais fort bien que vous êtes le seul et l'indigne fruit d'une fatale union qu'un orgueil de famille et un intérêt sordide ont forcé votre père, jeune encore, à contracter.

— Je me soucie fort peu de vos épithètes, interrompit Monks avec un sourire forcé. Vous avouez le fait, et c'est assez.

— Mais je sais aussi quels furent les maux causés par cette fatale union, poursuivit M. Brownlow. Je sais combien fut lourde, pour tous deux, cette chaîne qu'ils durent porter dans le monde, aux yeux de ce monde qui n'avait plus de charme pour eux. Je sais que les froides formalités de l'étiquette furent remplacées par les reproches, que l'indifférence fit place au mépris, le mépris au dégoût, et le dégoût à la haine, jusqu'à ce qu'enfin, ne pouvant plus se supporter l'un l'autre, ils furent obligés de se séparer.

— Eh bien! ils furent séparés, dit Monks. Qu'est-ce que cela prouve?

— Après quelque temps de séparation, reprit M. Brownlow, et quand votre mère, lancée dans le tourbillon du grand monde, eut entièrement oublié l'homme qui lui avait été donné pour mari, et qui était plus jeune qu'elle de onze ans pour le moins, celui-ci, qui jusqu'alors avait mené une vie retirée, fit de nouvelles connaissances. Vous savez déjà cela, j'en suis sûr.

— Non pas! dit Monks. Je ne sais rien du tout.

— Votre contenance prouve le contraire, repartit M. Brownlow. Je parle de cela, il y a quinze ans à peu près : vous aviez alors dix ou onze ans, et votre père n'en avait que trente, car, je le répète, il n'était qu'un enfant quand son père le força de se marier. Dois-je rappeler un événement que, par respect pour la mémoire de votre père, je voudrais passer sous silence, ou voulez-vous m'en épargner la peine en m'avouant la vérité?

— Comme je ne sais rien, je n'ai rien à dire! répliqua Monks.

— Parmi ces nouvelles connaissances que fit votre père, poursuivit M. Brownlow, était un officier de marine, veuf depuis six mois et restant seul avec deux enfants. Il en avait eu plusieurs, mais heusement il avait perdu les autres. C'étaient deux filles : l'une, un ange de beauté, qui pouvait avoir dix-neuf ans à cette époque, et l'autre une enfant de deux ou trois ans.

— Qu'est-ce que cela peut me faire, à moi? demanda Monks.

— Cet officier de marine, ajouta M. Brownlow sans paraître faire attention à l'observation de Monks, occupait une maison dans cette partie de l'Angleterre que votre père parcourut à l'époque de ses malheurs, et dans laquelle maison il prit un logement. Peu de temps leur suffit pour se lier d'une étroite amitié. Votre père avait des avantages qu'ont peu d'hommes : il était joli garçon, et avait un cœur franc et généreux comme sa sœur. Plus le vieil officier le connut, et plus il l'aima. Malheureusement il en fût de même avec sa fille...... Avant qu'un an se fût écoulé, reprit M. Brownlow, il était lié par serment à cette jeune vierge, victime d'une passion vive et sincère... d'un premier amour, enfin.

— Votre conte est des plus longs, observa Monks évidemment mal à son aise.

— C'est un récit de malheurs, de chagrins et de misères, jeune homme, répliqua M. Brownlow; et de tels contes (comme vous voulez bien dire) sont toujours longs. Enfin, un de ses parents pour l'amour duquel votre père avait été sacrifié, comme le sont tant d'autres, vint à mourir; et, comme s'il eût voulu réparer le malheur dont il avait été la cause, il lui légua toute sa fortune, qui était considérable. Votre père dut se rendre à Rome, où ce parent était allé pour sa santé, et où il mourut sans avoir mis ordre à ses affaires. Il y alla donc et y tomba dangereusement malade. Votre mère, qui en reçut la nouvelle à Paris, qu'elle habitait alors, partit avec vous sur-le-champ pour l'aller trouver. Il mourut le jour de votre arrivée, sans avoir fait son testament : de sorte que sa fortune vous échut en partage à tous deux.

A cet endroit de ce récit, Monks prêta une oreille plus attentive, sans cependant regarder M. Brownlow.

— Avant de s'embarquer et en passant par Londres, poursuivit M. Brownlow regardant fixement celui-ci, il vint me voir.

— Je n'ai jamais eu connaissance de cela, reprit Monks.

— Oui, jeune homme, reprit M. Brownlow, il vint me voir, et me laissa entre autres choses un portrait peint par lui-même... le portrait de cette pauvre fille qu'il ne pouvait emporter... Il paraissait accablé par le remords, s'accusait d'avoir causé la ruine et le déshonneur d'une famille, et me confia l'intention qu'il avait de convertir tout son bien en argent (*quoi qu'il dût lui en coûter*), et, après vous avoir laissé à votre mère et à vous une partie de cet argent, s'enfuir en pays étranger. Je devinai bien qu'il ne s'enfuirait pas seul... Il ne m'en dit pas davantage, il me cacha le reste, à moi son vieil ami, son ami d'enfance! Il promit de m'écrire, de me dire tout et de me revoir une seule et dernière fois avant de quitter définitivement l'Angleterre. Hélas! je ne devais plus le revoir, et je ne reçus même pas de lettre de lui... Quelque temps après sa mort, continua M. Brownlow, j'allai moi-même à la demeure du père de la jeune fille, résolu, dans le cas où mes craintes ne se trouveraient que trop fondées, d'offrir asile et protection à une pauvre jeune fille errante qu'un amour coupable... (selon le monde) aurait entraînée à sa perte. Il y avait huit jours qu'ils avaient quitté le pays. Après avoir payé quelques petites dettes criardes, ils étaient partis pendant la nuit. Où et pourquoi, c'est ce que personne ne put me dire.

Monks parut se trouver plus à l'aise, et jeta autour de lui un regard de triomphe.

— Lorsque votre frère, poursuivit M. Brownlow en se rapprochant de Monks, pauvre et opprimé, tomba entre mes mains (je ne dirai pas par le plus grand des hasards, mais par les soins de la Providence), et que je le sauvai du vice et de l'opprobre...

— Quoi! s'écria Monks tressaillant d'étonnement.

— Oui, jeune homme, moi-même, reprit M. Brownlow. Je vous ai dit que je finirais par vous intéresser. Je vois bien que votre rusé compagnon ne vous a pas dit le nom de celui qui avait reçu le petit Olivier : il avait sans doute ses raisons pour cela. Lors donc que ce pauvre enfant eut été reçu par moi, et qu'il y eut passé tout le temps de sa convalescence, sa ressemblance parfaite avec le portrait dont je vous ai parlé me frappa d'étonnement. Lors même que je le vis pour la première fois couvert de haillons, je remarquai de suite sur son visage une expression langoureuse qui me rappela les traits d'une personne qui me fut bien chère... Je n'ai pas besoin de vous dire qu'il fut repris par vos associés avant que je connusse son histoire.

— Pourquoi non? demanda vivement l'autre.

— Parce que c'est ce que vous savez fort bien.

— Moi!

— Il est inutile de nier, dit M. Brownlow. Je vais vous prouver que j'en sais plus que vous ne croyez.

— Vous ne pouvez rien prouver contre moi! balbutia Monks. Je vous défie de prouver que j'y sois pour quelque chose!

— C'est ce que nous allons voir, reprit M. Brownlow lançant à Monks un regard scrutateur. Je perdis donc Olivier, et tout ce que je pus faire pour le retrouver fut inutile. Votre mère étant morte, je savais qu'il n'y avait que vous qui pussiez résoudre ce mystère; et, comme vous étiez alors aux Grandes-Indes, où, à cause de certains méfaits, vous aviez dû vous réfugier pour éviter ici des démêlés avec la justice, j'en fis le voyage. Vous étiez retourné à Londres depuis quelques mois; j'y revins aussi. Aucun de vos correspondants ne put me dire où vous demeuriez : vous alliez et veniez, me dirent-ils, sans résider positivement à tel ou tel endroit, menant le même genre de vie qu'avant votre départ pour les Grandes-Indes. Je battis le pavé nuit et jour dans l'espoir de vous rencontrer, et ce n'est, comme vous voyez, qu'aujourd'hui même que j'y suis parvenu.

— Et me voilà! dit Monks effrontément en se levant de sa chaise, que me voulez-vous enfin? La fraude et le vol sont deux fort jolis mots justifiés (selon vous) par une ressemblance imaginaire entre un petit diablotin et un homme qui n'est plus depuis des années... Mon frère!... Vous ignorez même que de cette liaison criminelle, il est résulté un enfant... vous ne savez même pas cela!

— Il est vrai que je l'ai ignoré longtemps, reprit M. Brownlow se levant à son tour, mais depuis quinze jours je sais tout. Vous avez un frère, vous n'en ignorez pas, et vous le connaissez, qui plus est. Il existait un testament que votre mère a détruit. Vous étiez vous-même dans le secret et vous deviez en profiter après sa mort. Ce testament était en faveur de l'enfant qui devait probablement naître de cette liaison coupable; cet enfant naquit, et sa ressemblance frappante avec son père fit que vous le reconnûtes quand le hasard l'amena sur vos pas. Vous vous rendîtes au lieu de sa naissance; vous fîtes supprimer ou plutôt vous supprimâtes vous-même les preuves qui eussent pu justifier de sa parenté. Je puis même, au besoin, vous rappeler vos propres paroles : *Ainsi les seules choses qui eussent pu servir à prouver l'identité de cet enfant sont au fond de la rivière. La vieille sibylle qui les a reçues de sa mère est morte depuis long-temps, et ses os sont pourris dans sa bière.* Indigne fils que vous êtes! lâche! menteur! Vous qui fréquentez des voleurs et des assassins, et qui avez avec eux des entretiens secrets au milieu de la nuit dans des lieux retirés; vous dont les trames et les complots ont causé la mort de tant de gens comme vous; vous qui dès votre enfance n'avez fait que de la peine à votre malheureux père, et dont les excès en tous genres de vices sont peints sur votre visage, qu'on peut regarder avec juste raison comme le miroir de votre âme; vous, Édouard Leeford, me bravez-vous encore?

— Non! non! s'écria Monks atterré par ces paroles.

— Chaque mot qui s'est dit entre vous et Fagin (le juif) m'est connu, dit M. Brownlow. Les ombres que vous avez vues vous-même sur la muraille ont retenu vos chuchotements et me les ont rapportés. La vue de l'enfant persécuté a changé le vice en courage, et je dirai même en vertu. Un assassinat vient d'être commis, assassinat que vous avez commis moralement, sinon réellement...

— Non! non! s'écria Monks, j'en suis innocent, je vous assure! j'entrais pour prendre des informations à ce sujet quand vous m'avez arrêté. Je n'en connaissais pas la cause; j'attribuais cela à toute autre chose.

— La révélation d'une partie de vos secrets en est la seule cause, dit M. Brownlow. Voulez-vous révéler le reste?

— Oui, oui, certainement!

— Avouer la vérité devant témoins?

— Je le promets aussi.

— Rester tranquille jusqu'à ce que j'aie pris d'autres renseignements, et venir avec moi en tel lieu qu'il sera nécessaire?

— Si vous insistez sur ce point, j'y consens encore, répliqua Monks.

— J'exige de vous plus que cela, ajouta M. Brownlow : il faut que vous fassiez restitution à votre frère. Bien que ce pauvre enfant soit le fruit d'un amour coupable, il n'en est pas moins votre frère. Vous connaissez les clauses du testament; exécutez-les quant à ce qui regarde le petit Olivier, et allez ensuite où vous voudrez.

Tandis que Monks se promenait de long en large dans la salle, réfléchissant aux conditions expresses que lui dictait M. Brownlow, M. Losberne entra tout ému.

— Il ne peut manquer d'être pris, s'écria-t-il.

— L'assassin, vous voulez dire? demanda M. Brownlow.

— Oui, oui, reprit le docteur, on a vu son chien aux environs d'une maison qu'il fréquente ordinairement : son maître y est sans doute, sinon il y entrera probablement à la nuit. La police est sur pied; j'ai parlé aux hommes qui sont chargés de l'arrêter, et ils m'ont assuré qu'il ne peut leur échapper. Le gouvernement a fait proclamer une récompense de cent livres sterling à quiconque mettra la main dessus.

— J'en donnerai cinquante autres, dit M. Brownlow, et j'en ferai l'offre moi-même sur les lieux, si je puis m'y transporter. Où est M. Maylie?

— Henri? Aussitôt qu'il vous a su ici en sûreté avec cet inconnu, répondit le docteur, il a fait seller son cheval et est allé voir ce qui se passe.

— Et le juif? demanda M. Brownlow.

— Il n'était pas encore pris quand je me suis informé de tout cela, répliqua M. Losberne, mais il le sera bientôt.

— Etes-vous bien décidé? dit tout bas M. Brownlow.

— Oui, répondit celui-ci, vous me promettez le secret?

— Restez ici jusqu'à mon retour.

Disant cela, M. Brownlow sortit avec M. Losberne et ferma à clef la porte de la chambre.

— Quel est le résultat de votre entretien? demanda le docteur.

— Tout ce que j'en espérais et même plus, répondit M. Brownlow. Je lui ai prouvé qu'il n'y avait pour lui aucun espoir de salut. Faites-moi le plaisir d'écrire, et assignez rendez-vous pour après-demain au soir à sept heures.

Les deux amis se séparèrent extrêmement agités.

XLVII. — Sikes est poursuivi. — Comment il échappe à la police.

Près de cet endroit de la Tamise où est située l'église de Rother-hithe, existe de nos jours le plus sale, le plus étrange et le plus extraordinaire de tous les recoins qui se trouvent dans Londres; recoin inconnu, même de nom, à la plupart de ceux qui l'habitent.

Dans l'île de Jacob, les maisons qui servaient anciennement de magasins sont sans toits, les murailles sont en ruines, les fenêtres manquent de châssis, les portes ne tiennent plus à rien et sont prêtes à tomber dans la rue; les cheminées sont noires, mais il n'en sort pas de fumée. Il y a trente ou quarante ans, c'était un quartier commerçant, tandis que maintenant c'est une île déserte. Les bâtiments sont sans propriétaires, et sont occupés seulement par ceux qui ont le courage d'y vivre et d'y mourir.

Dans une chambre supérieure de l'une de ces maisons se trouvaient trois hommes se regardant l'un l'autre en silence; l'un était Toby Crackit, l'autre le sieur Chitling, et le troisième, nommé Kags, homme d'une cinquantaine d'années, dont le visage était couvert de meurtrissures et de cicatrices, était un forçat évadé.

— Tu m'aurais joliment fait plaisir, mon cher, dit Toby s'adressant à Chitling, d'aller te réfugier partout ailleurs.

— Est-il borné! reprit Kags, comme s'il n'y avait pas plusieurs *cassines*, sans venir ici nous compromettre!

— Je m'attendais peu à cet accueil flatteur de votre part, répliqua Chitling d'un air déconcerté.

— Crois-tu, répondit Toby, qu'il soit agréable pour un jeune homme comme moi, qui se tient aussi à l'écart que possible, et qui a su se conserver son *chez soi* sans exciter le moindre soupçon, de recevoir à l'improviste la visite d'un particulier qui, bien qu'il soit aimable et même plaisant au jeu de cartes, n'en est pas moins dans une position équivoque?

— Surtout quand ce jeune homme a chez lui un ami revenu des pays lointains plus tôt qu'on ne l'attendait, et qui est tout à la fois trop modeste et trop circonspect pour se présenter devant les juges à son retour! reprit Kags.

— Quand donc Fagin a-t-il été pris? demanda Toby Crackit.

— Il a été pris à deux heures après midi, juste au moment de son dîner, répondit le sieur Chitling. Charlot et moi nous avons été assez heureux pour nous sauver par la cheminée de la cuisine; quant à Maurice Bolter, il s'était caché dans le cuvier, qu'il avait eu soin de mettre sens dessus dessous, mais ses longues guibolles qui dépassaient l'ont fait découvrir, et il a été pincé aussi.

— Et Betsy?

— Pauvre Betsy! dit Chitling d'un air piteux; elle est venue pour voir le cadavre, et la révolution que cela lui a fait l'a rendue folle.

— Qu'est devenu le petit Charlot? demanda Kags.

— Il est quelque part aux environs, attendant sans doute qu'il fasse nuit pour venir ici, répondit Chitling : il ne peut pas tarder maintenant. Il n'y a pas à dire qu'on puisser aller ailleurs; *la Rousse* a commencé par arrêter tous ceux qui se trouvaient aux *Trois-Boiteux*. Heureusement pour moi que j'étais dehors, sans quoi j'y aurais passé comme les autres. La salle du fond et celle d'entrée sont pleines de *loustics* : il y fait chaud, je vous assure!

— Voilà qui est vexant! dit Toby Crackit se mordant les lèvres. Il y en a plus d'un qui la sautera dans cette affaire.

— Les assises sont commencées, dit Kags; s'ils chauffent l'affaire, si Bolter se porte dénonciateur et témoin à charge contre Fagin (ce dont on ne doit pas douter d'après ce qu'il a déjà dit), le pauvre vieux juif sera convaincu de complicité du meurtre, et il la dansera dans six jours à compter d'aujourd'hui.

— Il aurait fallu entendre le monde crier après lui! dit Chitling. Sans *la Rousse*, ils l'auraient déchiré en morceaux. Ils l'ont renversé par terre une fois, et ils l'auraient tué, j'en suis sûr, si les *loustics* n'avaient formé aussitôt un cercle autour de lui; mais il peut dire qu'il l'a échappée belle.

Tandis que, les yeux baissés, l'oreille au guet, ils paraissaient tous trois ensevelis dans une rêverie profonde, un piétinement se fit entendre dans l'escalier, et le chien de Sikes entra d'un seul bond dans la chambre. Ils regardèrent aussitôt par la fenêtre, mais ils ne virent personne; ils descendirent l'escalier, personne; dans la rue, personne.

— Que signifie cela? dit Toby. Est-ce qu'il s'aviserait de venir ici, par exemple? J'espère bien que non!

— S'il était pour venir ici, nous l'aurions vu avec son chien.

— D'où peuvent-ils venir? dit Toby. Il aura été aux autres *cassines*, sans doute, et ayant vu là un tas de gens qu'il ne connaît pas, il sera accouru ici, où il est venu tant de fois. Mais comment se fait-il qu'il soit seul?

— Il ne se serait pas détruit, pensez-vous? dit Chitling.

Toby secoua la tête en signe de doute.

— Si cela était, reprit Kags, le chien nous tourmenterait pour que nous l'accompagnions sur les lieux. Non, je ne pense pas. Je crois plutôt qu'il sera passé en pays étranger, et qu'il aura perdu son chien.

Chacun fut de l'avis du forçat, et le chien, se fourrant sous une chaise, se mit à dormir.

Comme il faisait nuit, on ferma les volets et on mit une chandelle sur la table. Les événements des deux jours précédents avaient fait une telle impression sur eux, qu'ils tressaillaient au moindre bruit. Ils se rapprochèrent l'un de l'autre et se parlèrent à voix basse, comme si le cadavre de la femme eût été dans la chambre voisine.

Ils étaient depuis quelque temps dans cette position quand on frappa tout à coup à la porte de la rue.

— C'est le petit Charlot, dit Kags.

On frappa de nouveau à coups redoublés.

— Non, ce n'est pas Charlot! il ne frappe jamais comme ça.

Toby Crackit se hasarda d'aller voir à la fenêtre; mais il se retira tout tremblant: sa pâleur en disait assez. Le chien fut sur pattes en un instant, et courut vers la porte en jappant.

— Il faut pourtant lui ouvrir, dit Toby prenant la chandelle.

— Est-ce qu'il n'y a pas moyen de faire autrement?

— Non, il n'y a pas de milieu; il faut lui ouvrir, répliqua Toby.

— Ne va pas nous laisser sans lumière, dit Kags.

Crackit descendit ouvrir, et revint accompagné d'un homme ayant la tête enveloppée d'un mouchoir. Cet homme n'était autre que Sikes.

Il posa sa main sur le dos d'une chaise; puis, venant à tourner la tête, il tressaillit tout à coup et alla s'asseoir sur un autre siége adossé contre le mur.

— Comment se fait-il que ce chien soit ici? demanda-t-il.

— Il est venu seul, il y a deux ou trois heures.

— Le journal de ce soir annonce que Fagin est pris, est-ce vrai?

— C'est vrai.

— N'avez-vous rien à me dire l'un ou l'autre? dit Sikes passant sa main sur son front.

Ils se regardèrent les uns les autres d'un air embarrassé; mais pas un n'ouvrit la bouche.

— Toi qui es le patron ici, as-tu envie de me vendre ou m'y laisseras-tu cacher jusqu'à ce qu'ils soient las de chercher? voyons, parle! demanda Sikes s'adressant à Toby Crackit.

— Tu peux y rester si tu t'y crois en sûreté, répondit celui-ci.

Sikes tourna lentement la tête vers la muraille contre laquelle il était adossé, et dit d'une voix creuse :

— Est-elle... l'ont-ils... enterrée?

Ils se contentèrent de faire un signe de tête négatif.

— Pourquoi ne l'ont-ils pas enterrée? Qui vient de frapper là?

Toby Crackit fit signe de la main qu'il n'y avait rien à craindre, et, étant allé ouvrir la porte, il revint bientôt après avec Charlot Bates.

Aussitôt qu'il eut aperçu l'assassin, ce dernier recula d'horreur.

— Toby, dit-il, pourquoi ne m'avoir pas dit cela en bas?

Les trois autres pâlirent à cette question de l'enfant, et Sikes, qui s'en aperçut, chercha à l'amadouer.

Charlot fit trois pas en arrière, et posa la main sur le loquet de la porte, comme s'il eût voulu sortir.

— Est-ce que tu ne me reconnais pas, Charlot?

— N'approchez pas de moi, monstre que vous êtes! s'écria Charlot fixant l'assassin avec une expression de terreur et d'effroi.

Sikes s'arrêta : leurs yeux se rencontrèrent, mais il baissa aussitôt les siens.

— Remarquez bien, tous trois, ce que je vous dis, s'écria Charlot fermant les poings et s'irritant de plus en plus à mesure qu'il parlait : je ne le crains pas! S'ils viennent ici pour le chercher, je le livrerai moi-même! Je le ferai, aussi vrai que je vous le dis! Il peut me tuer s'il veut ou s'il l'ose; mais je vous déclre que je le livrerai à la police si je suis ici quand ils viendront pour le prendre. Dût-il être brûlé vif, je le livrerai! Assassin!... Au secours! au secours! à l'assassin!

Disant cela, il se précipita sur Sikes, qui, étourdi par les cris de Charlot, et surpris de trouver tant d'énergie et de courage dans un enfant, se laissa terrasser par lui avant d'avoir eu le temps de songer à se défendre.

Le combat cependant était trop inégal pour durer plus longtemps. Déjà Sikes, ayant pris le dessus, avait un genou sur la poitrine de l'enfant quand Crackit, se levant précipitamment de sa place, s'élança vers lui, et, le tirant par le collet, lui montra du doigt la fenêtre.

Il y avait une foule de gens à la porte de la rue : on se parlait tout haut; le bruit des pas et celui des voix arrivèrent jusqu'à eux et les frappèrent d'épouvante. On frappait à coups redoublés à la porte de la rue, comme si on eût voulu l'enfoncer.

— Au secours! à l'assassin! criait Charlot.

— Au nom de la loi, ouvrez! criaient à leur tour les gens du dehors.

— Enfoncez la porte, répétait Charlot. Ils ne vous ouvriront pas. Venez droit à la chambre où vous voyez de la lumière, c'est là qu'est l'assassin.

La porte et les volets commençaient à céder aux efforts des assaillants, et les cris de joie de la multitude donnèrent à Sikes une juste idée du danger qu'il courait.

— N'avez-vous pas quelque endroit ici où je puisse enfermer cet infernal braillard? demanda-t-il marchant dans la chambre.

La porte d'un petit cabinet se trouvant sous sa main, il l'ouvrit et y enferma l'enfant.

— Maintenant, dit-il, la porte d'en bas est-elle bien fermée?

— Au verrou et à la clef, répliqua Toby.

— Les panneaux sont solides?

— Doublés en fer.

— Et les volets?

— Les volets aussi.

— Que le tonnerre vous confonde! s'écria l'assassin levant le châssis de la fenêtre et bravant la foule.

A ce défi, des huées se firent entendre parmi la populace effrénée :

les uns criaient à ceux qui étaient plus près de mettre le feu à la maison, les autres faisaient signe aux officiers de police de tirer sur lui ; mais parmi les acharnés était un monsieur à cheval, qui, étant parvenu à fendre la presse, criait sous les fenêtres de la maison :
Vingt guinées à celui qui apportera une échelle !

— Ils vont envahir la maison ! s'écria l'assassin regardant par la fenêtre ! donnez-moi une corde ! une longue corde à l'aide de laquelle je puisse me glisser dans le fossé et ensuite jouer des jambes.

Toby lui montra du doigt où se trouvaient ces objets ; et l'assassin, ayant choisi, parmi plusieurs cordes, la plus longue et la plus forte, monta précipitamment au grenier.

Toutes les fenêtres donnant sur le derrière de la maison et ayant vue par conséquent sur le fossé, avaient été murées depuis longtemps ; à l'exception pourtant d'une petite ouverture éclairant le cabinet où était enfermé Charlot, encore était-elle si étroite qu'il ne pouvait y passer la tête. De cette ouverture, il ne cessait de crier aux gens du dehors de se porter sur ce point ; de sorte que, lorsque l'assassin se montra sur le bord du toit pour regarder au-dessous de lui, une foule de voix en donnèrent avis à ceux qui étaient sur le devant de la maison, et ceux-ci se refoulèrent en masse vers le fossé.

Ayant barricadé la porte du grenier avec un morceau de bois qu'il avait pris à cet effet, il sortit par la lucarne et grimpa sur les tuiles.

Il regarda encore une fois au-dessous de lui : le fossé était à sec.

— Cinquante livres sterling à celui qui le prendra vivant ! s'écria à son tour un vieux monsieur tout près de là. Cinquante livres à celui qui le prendra vivant !... Je resterai ici jusqu'à ce qu'il vienne les chercher.

Rassemblant toutes ses forces et toute son énergie à l'aspect du danger, et stimulé par le bruit qui se faisait à l'intérieur de la maison, dont la porte venait effectivement d'être enfoncée, il passa un bout de sa corde autour d'une souche de cheminée et l'y attacha solidement ; puis, à l'aide de ses mains et de ses dents, il fit en moins de rien un nœud coulant avec l'autre bout. De cette manière il pouvait, au moyen de la corde, se laisser descendre jusqu'à quelques pieds de terre et couper ensuite la corde avec son couteau, qu'il tenait tout ouvert dans sa main.

Au moment où il tenait le nœud coulant au-dessus de sa tête pour le passer sous ses bras, et comme le vieux monsieur en question, celui qui avait promis cinquante livres sterling à quiconque arrêterait l'assassin, avertissait ceux qui l'entouraient du dessein de ce dernier, Sikes regarda derrière lui, et se couvrant le visage avec ses deux mains, il jeta un cri de terreur.

— Encore ces vilains yeux! s'écria-t-il.

Chancelant comme s'il eût été frappé par la foudre, il perdit l'équilibre et tomba à la renverse, d'une hauteur de trente-cinq pieds, avec le nœud coulant passé autour du cou. La corde s'était roidie comme celle d'un arc, et l'effet en fut aussi prompt que la flèche qu'il lance. Il y eut une rude secousse, puis un mouvement convulsif du corps, et l'assassin resta suspendu, tenant fortement serré dans sa main son couteau ouvert.

La vieille cheminée en fut ébranlée, mais elle résista cependant; le cadavre du brigand se trouvait contre la muraille.

Un chien, qu'on n'avait pas aperçu jusqu'alors, se mit à courir de droite et de gauche sur le bord du toit, en poussant d'affreux hurlements, et, prenant son élan, il sauta tout à coup sur les épaules du pendu. Ayant manqué son coup, il tomba dans le fossé, la tête contre une pierre, et se brisa le crâne.

XLVIII. — Eclaircissement de plus d'un mystère. — Proposition de mariage sans dot et sans épingles.

Il n'y avait guère plus de deux jours qu'avaient eu lieu les événements que nous avons lus dans le chapitre précédent, quand, vers les trois heures de l'après-midi, Olivier se trouva dans une chaise de poste en compagnie de madame Maylie, de Rose, de madame Bedwin et du bon docteur, tous faisant route pour sa ville natale : dans une autre chaise, à quelque distance derrière, venaient M. Brownlow et un individu dont ils ignoraient le nom.

A mesure qu'ils approchaient de la ville, il fut impossible à Olivier de maîtriser ses transports.

Ils descendirent à la porte d'un des plus beaux hôtels. Ils furent reçus par M. Grimwig, qui les y attendait et qui les embrassa tous quand ils descendirent de voiture.

Enfin, comme neuf heures venaient de sonner, M. Losberne et

M. Grimwig entrèrent suivis de M. Brownlow et d'un étranger à la vue duquel Olivier fit une exclamation de surprise, car on lui dit que c'était son frère, et il le reconnut pour le même individu qu'il avait rencontré en sortant du bourg où il était allé porter une lettre pour madame Maylie, et qu'il avait vu avec Fagin à la fenêtre de son petit cabinet d'étude.

— Dépêchons-nous, dit l'étranger se tournant de côté.

— Ce petit garçon est votre frère, dit M. Brownlow, attirant Olivier. C'est le fils naturel de mon meilleur ami, Edwin Leeford, votre père, et de la jeune et malheureuse Agnès Fleming.

— Oui, répliqua Monks. Mon père étant tombé dangereusement malade à Rome, où il était allé pour affaires, comme vous savez, ma mère, dont il était séparé depuis longtemps, et qui habitait Paris à cette époque, se rendit bien vite avec moi auprès de lui, dans son intérêt à elle-même. Il n'en sut rien, car, lorsque nous arrivâmes, il avait perdu connaissance et il resta dans cet état jusqu'au lendemain matin qu'il mourut. Parmi ses papiers se trouvait un paquet sous enveloppe, lequel était daté du premier jour de sa maladie et adressé à vous-même avec recommandation expresse, écrite de sa main sur le revers de l'enveloppe, de ne l'envoyer qu'après sa mort. Ce paquet renfermait une lettre assez insignifiante pour Agnès Fleming, ainsi qu'un testament en faveur de cette fille.

— Que contenait cette lettre? demanda M. Brownlow.

— L'aveu de sa faute et des vœux pour la jeune fille, répondit Monks, rien autre chose. Elle était enceinte de quelques mois à cette époque. Il lui disait dans cette lettre tout ce qu'il avait fait pour cacher son déshonneur; et il la priait, dans le cas où il viendrait à mourir, de ne pas maudire sa mémoire ou de ne pas croire que son enfant et elle-même dussent être les victimes de sa faute, car lui seul était la cause de tout le mal. Il lui rappelait le jour où il lui avait donné le médaillon et la bague sur laquelle il avait fait graver son nom de baptême à elle, se réservant d'y joindre le sien, qu'il espérait lui faire porter un jour. Il lui recommandait de garder soigneusement ce médaillon et de le porter sur son cœur, comme auparavant.

— Quant au testament, dit M. Brownlow, je me charge de vous en dire la teneur. Il était dicté dans le même esprit que la lettre. Votre père s'y plaignait des chagrins que sa femme lui avait causés. Il vous laissait, à votre mère et à vous, chacun une pension viagère de huit cents livres. Le reste de son bien était divisé en deux portions égales, l'une pour Agnès Fleming, l'autre pour l'enfant auquel elle devait donner le jour, dans le cas où il naîtrait et qu'il parvînt à l'âge de majorité. Si c'était une fille, elle devait jouir de sa part, sans aucune condition; mais si, au contraire, c'était un garçon, il ne devrait recueillir cet héritage qu'à condition que, pendant sa minorité, il ne déshonorerait jamais son nom par quelque acte de lâcheté ou de félonie. Dans le cas contraire, l'argent devait vous revenir.

— Ma mère, dit à son tour Monks d'un ton plus haut, fit ce que toute femme à sa place aurait fait : elle brûla le testament. La lettre ne parvint jamais à son adresse, mais elle resta entre les mains de ma mère, ainsi que d'autres preuves, dans le cas où la jeune Agnès viendrait à nier son déshonneur. Le père de cette jeune fille connut toute la vérité par ma mère. Accablé de chagrin, ce brave homme s'enfuit avec ses enfants dans un village retiré du pays de Galles et changea de nom, afin que ses amis ne connussent point le lieu de sa retraite. Après quelques mois de séjour dans cet endroit, on le trouva mort dans son lit. Sa fille ayant quitté le pays une quinzaine auparavant, il avait parcouru tout le voisinage à pied, marchant nuit et jour pour la chercher.

— Quelques années après, la mère d'Edouard Leeford ici présent vint me trouver. Cette femme avait une maladie incurable, qui devait la conduire lentement au tombeau.

— Elle mourut au bout de quelques mois, reprit Monks, après m'avoir confié tous ses secrets et m'avoir légué la haine qu'elle portait à cette Agnès. Elle ne voulut jamais croire que cette fille se fût détruite; mais elle pensa, au contraire, qu'elle avait dû accoucher. Je jurai la perte de cet enfant, si jamais le hasard me le faisait rencontrer. Ma mère ne s'était pas trompée : j'eus l'occasion de le voir, et sa ressemblance avec mon père me fit deviner que c'était lui. Je tins fidèlement ma promesse : j'avais déjà bien commencé, il eût été à souhaiter que j'eusse fini de même !...

— Le médaillon et la bague? demanda M. Brownlow s'adressant à Monks.

— Je les ai achetés de ces gens dont je vous ai parlé, répondit Monks.

M. Brownlow fit signe à M. Grimwig, qui sortit aussitôt et revint incontinent accompagné des époux Bumble.

— Mes yeux ne me trompent-ils pas! s'écria M. Bumble avec un enthousiasme affecté. Est-ce bien là le petit Olivier!...

— Taisez-vous, vieux fou! dit tout bas madame Bumble.

— C'est plus fort que moi, madame Bumble. Moi qui l'ai élevé d'une manière toute *paroissiale;* quand je le revois entouré de dames et de messieurs de la haute volée, ne dois-je pas être surpris superlativement? J'ai toujours eu autant d'affection pour cet enfant que s'il eût été mon... mon grand'père, dit M. Bumble cherchant dans sa tête une juste comparaison. Cher petit Olivier!

— Voyons! interrompit M. Grimwig, trêve de sentiments!

— Je m'en vais faire mon possible pour me contenir, répliqua M. Bumble. Comment vous portez-vous, Monsieur?

Ce salut amical s'adressait à M. Brownlow, qui, s'étant approché du respectable couple, demanda en montrant du doigt Monks :

— Connaissez-vous Monsieur?

— Non, répondit sèchement madame Bumble.

— Vous ne le connaissez sans doute pas non plus? dit M. Brownlow.

— Je ne l'ai jamais vu de ma vie ni de mon vivant, répliqua M. Bumble.

— Vous ne lui avez jamais rien vendu, peut-être?

— Non, jamais! répondit la dame.

— Vous n'avez point eu non plus en votre possession certain médaillon et certaine bague, n'est-ce pas? poursuivit M. Brownlow.

— Non, certainement! reprit la matrone.

M. Brownlow fit signe de nouveau à M. Grimwig, qui disparut lestement et reparut de même, accompagné cette fois de deux vieilles femmes à demi paralytiques, qui le suivaient d'un pas chancelant.

— Vous avez eu bien soin de fermer la porte la nuit que la vieille Sally est morte, dit l'une des deux femmes levant sa main tremblante; mais nous n'en avons pas moins entendu votre conversation au travers des fentes de la porte.

— Ah! ah! vous ne vous doutiez guère de cela!

— Nous regardions par le trou de la serrure, et nous vous avons vue lui prendre un papier qu'elle tenait à la main! reprit la première. Et le lendemain nous vous guettions quand vous avez été au Mont-de-Piété.

— Et nous en savons même plus que vous là-dessus, repartit la première; car la vieille Sally nous a souvent répété que cette jeune fille lui avait dit que, sentant qu'elle ne pourrait jamais surmonter son chagrin, elle se rendrait à Rome (lorsque les premières douleurs de l'enfantement la forcèrent de s'arrêter ici), résolue de s'y laisser mourir sur la tombe de son enfant.

— Désirez-vous voir le commis du Mont-de-Piété? demanda M. Grimwig se dirigeant vers la porte.

— Ce n'est pas la peine, répondit la matrone. Puisque monsieur a été assez lâche pour avouer, et que vous avez su tirer les vers du nez de ces vieilles sorcières, je n'ai plus rien à dire.

— Non, reprit M. Brownlow. Vous pouvez vous retirer.

— J'espère, dit M. Bumble regardant d'un air piteux autour de lui, j'espère que cette fâcheuse circonstance, qui n'est rien en elle-même, ne me privera pas de ma charge *paroissiale?*

— Détrompez-vous, répliqua M. Brownlow. Il faut vous y attendre.

— Je n'y suis pour rien, je vous le jure! reprit M. Bumble après s'être assuré que la matrone avait quitté la salle.

— Ceci n'est pas une excuse, vous êtes aux yeux de la loi plus coupable que votre femme; car elle est censée avoir agi d'après vos ordres.

— Si la *loi* suppose des choses pareilles, dit M. Bumble pressant fortement son chapeau entre ses mains, la *loi* est une sotte...

Ayant dit ces mots d'un ton emphatique, il enfonça son chapeau sur sa tête, mit ses mains dans les poches de sa redingote et se retira.

— Vous, ma belle enfant, donnez-moi votre main, dit M. Brownlow se tournant vers Rose. Ne tremblez pas ainsi! vous n'avez pas besoin de craindre pour le peu de mots qu'il nous reste à dire.

— S'ils ont rapport à moi (bien que je ne sache pas en quoi ils pourraient me concerner), dit Rose, dispensez-moi pour aujourd'hui de les entendre; je n'en ai maintenant ni la force ni le courage.

— Vous avez plus de fermeté que cela, j'en suis sûr! repartit M. Brownlow la prenant par le bras. Connaissez-vous cette jeune demoiselle? poursuivit-il en s'adressant à Monks.

— Oui, répondit celui-ci.

— Je ne vous ai jamais vu auparavant, dit Rose d'une voix faible.

— Je vous ai vue souvent, moi! reprit Monks.

— Le père de la malheureuse Agnès avait deux filles, poursuivit M. Brownlow, qu'est devenue la plus jeune?

— Lorsque le père mourut sous un nom supposé sans laisser aucun papier qui pût faire connaître ses amis, répliqua Monks, la plus jeune, qui n'était qu'une enfant, fut adoptée par de pauvres gens du village, qui l'élevèrent comme la leur.

— Poursuivez, dit M. Brownlow faisant signe à madame Maylie d'approcher.

— Vous ne pûtes trouver l'endroit où cet homme s'était retiré, reprit Monks; mais là où l'amitié échoue, souvent la haine réussit : ma mère finit par découvrir l'enfant après un an de recherches.

— Elle la prit, n'est-ce pas ?

— Non. Ces braves gens étaient fort pauvres, et cette action d'humanité les mit encore plus à la gêne. L'homme finit par tomber malade, ce que voyant ma mère, elle leur laissa la petite fille, leur remettant une modique somme d'argent qui ne devait pas durer longtemps, et leur en promettant une plus forte, qu'elle n'avait pas l'intention de leur envoyer. Ne trouvant pas que l'état de misère dans lequel ils étaient fût une cause assez grande pour les indisposer contre cette enfant, elle leur raconta à sa manière l'histoire de la sœur, leur disant que s'ils n'y faisaient attention, la petite qu'ils élevaient deviendrait certainement comme elle; car elle provenait de parents sans principes et était elle-même une enfant illégitime. Ces bonnes gens ajoutèrent foi à tout ce que leur dit ma mère, et l'enfant traîna une misérable existence jusqu'à ce qu'une dame veuve qui demeurait à Chertsey, ayant vu par hasard cette petite, en eut pitié et l'adopta. Il faut qu'il y ait un sort contre nous; car, en dépit de tous nos efforts, elle resta chez cette dame et fut heureuse. Je l'avais perdue de vue depuis deux ou trois ans, et je ne l'ai revue qu'il y a quelques mois.

— Vous la voyez, maintenant ?

— Oui, appuyée sur votre bras.

— Mais elle n'en est pas moins ma nièce, s'écria madame Maylie pressant la jeune fille sur son cœur; elle n'en est pas moins ma chère enfant. Je ne voudrais pas la perdre maintenant pour tous les trésors du monde. Ma douce compagne! ma fille d'adoption! mes plus chères espérances!

— Vous êtes la seule amie que j'aie dans ce monde! s'écria Rose passant ses bras autour du cou de la dame. Vous fûtes pour moi la meilleure des amies, la plus tendre des mères.

— Rassurez-vous, mon ange, dit madame Maylie l'embrassant

tendrement, et rappelez-vous qu'il en est d'autres à qui vous êtes chère.

— Rose, ma chère Rose, s'écria Olivier, vous fûtes pour moi une bonne sœur, je veux vous considérer désormais comme une sœur chérie.

Ils restèrent seuls bien longtemps. Un léger coup à la porte de la chambre annonça que quelqu'un désirait entrer. Olivier courut ouvrir et s'esquiva aussitôt pour faire place à Henri Maylie.

— Je sais tout! dit-il en s'asseyant auprès de la jeune fille.

Ce n'est pas le hasard qui m'amène en ce lieu, ajouta-t-il après un silence prolongé, et ce n'est seulement que d'hier que j'ai connaissance de tout ce qui vous concerne. Vous n'ignorez pas sans doute que je suis venu pour vous rappeler votre promesse?

— Un moment, dit Rose; vous savez tout?

— Vous endurcissez votre cœur contre moi, Rose!

— O Henri! Henri! dit Rose fondant en larmes, je voudrais le pouvoir et m'épargner cette peine!

— Eh bien! alors, dit Henri, réfléchissez à ce que vous avez appris ce soir.

— Et qu'ai-je appris, mon Dieu! s'écria Rose : que le sentiment de sa honte et de son déshonneur a tellement agi sur mon malheureux père, qu'il n'a pu supporter son malheur...

— Non pas, reprit le jeune homme retenant Rose par le bras comme elle se disposait à se retirer. Mes désirs, mon espoir, mon avenir, tout enfin, excepté mon amour pour vous, a subi un changement. Je ne vous offre plus maintenant un rang distingué dans le monde, où certains préjugés font rougir même l'innocence...

— Que signifie cela? dit Rose d'une voix mal assurée.

— Cela signifie, poursuivit Henri, que, dans un des plus beaux comtés de l'Angleterre, au milieu de riants coteaux et de vertes prairies, il est une petite église de village qui m'appartient, Rose, et dont je suis le pasteur; près de cette église est le presbytère, habitation rustique que vous embellirez par votre présence, et que vous me ferez préférer mille fois à toutes les dignités auxquelles j'ai renoncé : tel est le rang que j'occupe dans le monde et que je me trouverais si heureux de partager avec vous (1).

(1) Pour peu que le lecteur connaisse de romans protestants, il ne s'étonnera pas que toujours le beau rôle, la vertu la plus pure, soient le lot des pasteurs ou minis-

XLIX. — Le dernier jour d'un condamné

La cour d'assises était tapissée de figures humaines depuis le parquet jusqu'au plafond. Le moindre espace, le plus petit recoin était occupé.

Au milieu de tout ce monde, il était là, une main appuyée sur la rampe de bois qui était devant lui, l'autre à son oreille et la tête penchée en avant pour mieux entendre l'acte d'accusation que l'avocat général lisait à messieurs les jurés. De temps en temps il portait sur eux des regards avides pour voir s'il ne découvrirait point sur leurs traits la moindre chance en sa faveur; et quand les charges portées contre lui étaient prouvées par trop clairement, il regardait d'un œil inquiet son conseil.

Un léger bruit dans la salle le rappela à lui-même. Il tourna la tête et s'aperçut que les jurés s'étaient assemblés pour délibérer.

Comme il comprit cela d'un seul coup d'œil, l'image de la mort se présenta à son esprit; et ramenant ses regards vers la cour, il s'aperçut que le chef des jurés adressait la parole au président. Chut!

C'était seulement pour demander la permission de se retirer.

Il les envisagea les uns après les autres, afin de deviner, s'il lui était possible, pour quel parti penchait le plus grand nombre; mais inutilement. Le geôlier lui ayant donné un petit coup sur l'épaule, il le suivit machinalement jusqu'à l'extrémité du banc des accusés pour y attendre le retour du jury.

Tout à coup le silence se rétablit, et tous les regards se portèren vers la porte latérale par laquelle étaient sortis les jurés. Ils passèrent tout près de lui en rentrant dans la salle; mais il lui fut impossible de rien distinguer sur leurs traits : ils étaient impassibles : « Oui, l'accusé est coupable! »

La salle retentit par trois fois des acclamations de la multitude, et ceux du dehors y répondirent par des cris de joie en apprenant qu'il serait exécuté le lundi suivant.

---

tres. Cette façon de soutenir l'erreur est une sorte de calomnie qui n'est pas sans effet. Heureuse encore cette Eglise abhorrée qu'ils appellent *papisme*, si quelques-uns de ses prêtres ou religieux n'y figurent pas comme d'hypocrites scélérats.

(*Note des Editeurs.*)

Quand le bruit se fut apaisé peu à peu, on lui demanda s'il n'avait rien à dire contre la peine de mort. Il avait repris sa première attitude, et regardait attentivement le président; mais on fut obligé de lui répéter par deux fois cette question avant qu'il parût comprendre, et il marmotta seulement entre ses dents qu'il était un vieillard, — un pauvre vieillard, — un malheureux vieillard. Puis il garda le silence.

Les juges prirent le bonnet noir; le prisonnier resta dans la même position, la bouche béante, le cou tendu. Il y eut une femme, dans la galerie, qui jeta un cri perçant, et le juif se retourna vivement comme s'il eût été contrarié d'être interrompu. Le président prononça d'une voix émue la fatale sentence, et l'accusé resta tout le temps aussi immobile qu'une statue.

On le conduisit le long d'un passage carrelé dans lequel il y avait quelques prisonniers qui attendaient leur tour, et d'autres qui parlaient à leurs amis à travers une grille donnant sur la cour. Quoiqu'il n'y eût là personne pour lui parler, ces derniers reculèrent à son approche, afin de laisser aux gens du dehors qui grimpaient sur la grille pour le voir passer le loisir de le considérer tout à leur aise; et ils le huèrent, le sifflèrent et l'accablèrent d'injures.

Il s'assit sur un banc de pierre qui servait tout à la fois de siége et de lit, et, baissant les yeux vers la terre, il chercha à rassembler ses idées. Il arriva par degrés à ce terrible dénoûment : *Condamné à être pendu par le cou jusqu'à ce que mort s'ensuive.* Telle avait été la fatale sentence : *Condamné à être pendu par le cou jusqu'à ce que mort s'ensuive !!!*

Il n'avait plus qu'un jour à vivre; et à peine eut-il eu le temps d'y penser, que le dimanche était arrivé!

Ce ne fut que lorsque le soir fut venu qu'il commença à sentir l'horreur de sa position; non pas qu'il eût conçu auparavant l'espoir d'obtenir sa grâce, mais parce qu'il n'avait jamais pu s'imaginer qu'il dût mourir sitôt.

Il se coucha sur le banc de pierre et chercha à se rappeler le passé. Ayant été blessé par la populace le jour qu'il avait été pris par la police, il avait un bandeau autour de la tête; ses cheveux roux pendaient sur son front ridé; sa barbe, pleine de poussière et de crasse, était mêlée en petits nœuds; son teint livide, ses yeux étincelants, ses joues creuses faisaient horreur à voir. Huit! neuf! dix! Si ce n'était pas un tour qu'on lui jouât, et que ces trois heures se fussent réellement succédé aussi rapidement, où sera-t-il lorsqu'elles sonneront de nouveau ? Onze heures ! minuit sonna que le dernier coup de onze heures vibrait encore à ses oreilles.

Des barrières peintes en noir étaient déjà placées tout autour de la place de la prison pour contenir l'affluence de la foule que la curiosité ne manquerait pas d'attirer en ce lieu, quand M. Brownlow, accompagné d'Olivier, se présenta au guichet ; ayant fait voir au concierge un permis d'entrée signé de l'un des shérifs, ils furent aussitôt introduits dans la loge.

— Ce petit jeune homme va-t-il avec vous au cachot du condamné ? dit l'homme qui devait les y conduire. Ce n'est pas un beau spectacle pour des enfants.

— Sans doute, mon ami, vous avez parfaitement raison, reprit M. Brownlow ; mais sa présence est indispensable, et je ne puis faire autrement que de l'emmener.

L'homme les conduisit sans mot dire.

— Voici l'endroit par lequel il va passer, dit-il lorsqu'ils furent arrivés à une petite cour carrelée dans laquelle plusieurs charpentiers travaillaient.

De là ils passèrent par plusieurs grilles qui leur furent ouvertes de l'intérieur par d'autres guichetiers. Ayant dit à M. Brownlow d'attendre un instant, le geôlier frappa avec son trousseau de clefs à l'une des portes garnies de fer ; et les deux gardiens ayant ouvert, après avoir échangé avec lui quelques paroles à voix basse, ils firent signe à nos visiteurs de suivre le geôlier dans la cellule.

Le criminel était assis sur son banc, s'agitant de côté et d'autre comme une bête farouche prise au piége.

Le geôlier prit Olivier par la main ; et lui ayant dit tout bas de ne pas avoir peur, il regarda le juif en silence.

— Fagin ! dit le geôlier.

— Me voilà ! c'est moi ! s'écria le juif prenant la même attitude qu'il avait pendant le cours des débats ; je suis un vieillard, milords !

— Voici quelqu'un qui demande à vous parler, Fagin ! dit le geôlier lui posant la main sur l'épaule pour le faire rasseoir. Voyons, Fagin ! n'êtes-vous pas un homme ?

— Je ne le serai pas longtemps ! reprit le juif levant la tête et regardant le geôlier avec une expression de rage et de terreur.

En parlant ainsi, il aperçut Olivier et M. Brownlow ; et se reculant jusqu'à l'extrémité du banc, il leur demanda ce qu'ils lui voulaient.

— Allons, Fagin, restez tranquille, dit le geôlier. Maintenant, Monsieur, poursuivit-il en s'adressant à M. Brownlow, si vous avez quelque chose à lui dire, faites-le au plus vite, car il devient plus furieux à mesure que l'heure approche.

— Vous avez des papiers, dit M. Brownlow, qui vous ont été remis, pour plus de sûreté, par un certain homme appelé Monks?

— Il n'y a rien de si faux! répliqua le juif.

— Pour l'amour de Dieu! dit M. Brownlow, ne dites pas cela, maintenant que vous touchez à vos derniers moments; avouez plutôt où ils sont. Vous savez que Sikes est mort, que Monks a tout déclaré, et qu'il ne vous reste plus d'espoir. Dites-moi, où sont ces papiers?

— Olivier! s'écria le juif en lui faisant signe de la main, viens ici que je te dise un mot à l'oreille.

— Je n'ai pas peur, dit tout bas Olivier lâchant la main de M. Brownlow.

— Les papiers en question, dit le juif attirant l'enfant vers lui, sont dans un sac de toile, au fond d'un trou pratiqué un peu avant dans le tuyau de cheminée. J'ai quelque chose à te dire, mon ami; quelque chose d'important à te dire... Dehors! dehors! ajouta-t-il poussant celui-ci vers la porte, et regardant d'un air égaré autour de lui. Dis que je me suis endormi et ils te croiront. Je ne parviendrai jamais à sortir si tu t'y prends de cette manière..... Avance! avance! C'est cela! c'est bien cela! Nous réussirons ainsi!... Cette porte d'abord. Si je tremble en passant devant l'échafaud, n'y fais pas attention et va toujours comme si de rien n'était...

— N'avez-vous rien autre chose à lui demander? dit le geôlier s'adressant à M. Brownlow.

— Non, répondit celui-ci. Si je pensais qu'on pût le ramener au sentiment de sa position!

— Ne croyez pas cela, dit l'homme en branlant la tête.

— Avance! avance! s'écria de nouveau le juif... Doucement! doucement!... un peu plus vite! Là... comme cela!... c'est bien!...

Les gardiens le séparèrent enfin d'Olivier et le repoussèrent au fond de la cellule.

Nos visiteurs furent quelque temps à sortir de la prison, car Olivier sentit son cœur défaillir après cette scène affreuse, et le jour commençait à paraître quand ils en franchirent le seuil. Une multitude de personnes étaient déjà rassemblées sur la place de l'exécution.

L. — Conclusion.

Les destinées de ceux qui ont figuré dans cet ouvrage sont presque fixées, et il ne reste à l'historien que peu de chose à dire.

En moins de trois mois Rose Fleming et Henri Maylie furent mariés dans la petite église dont celui-ci devint le pasteur, et dans le presbytère de laquelle ils s'établirent le même jour.

Madame Maylie vint demeurer avec ses enfants pour jouir, pendant ses dernières années, de la félicité la plus pure que la vieillesse et la vertu puissent connaître : celle d'être témoin du bonheur de ceux qui avaient été constamment les objets de ses soins.

Il paraît, d'après un sérieux examen, qu'en partageant également entre Olivier et Monks les débris de l'immense fortune dont celui-ci était seul possesseur (laquelle n'avait jamais profité entre ses mains, pas plus que dans celles de sa mère), il leur revenait à chacun un peu plus de trois mille livres sterling.

Monks ayant jugé à propos de garder ce nom d'emprunt, se retira dans une partie éloignée du Nouveau-Monde avec la portion que voulut bien lui accorder M. Brownlow, et qu'il dissipa promptement. Il reprit bientôt ses mauvaises habitudes et retomba dans ses anciens vices.

M. Brownlow adopta Olivier comme son propre fils ; et étant venu, à la grande satisfaction de ce dernier, demeurer avec sa femme de charge à un mille environ du presbytère qu'habitaient les nouveaux époux, ils composèrent une petite société de vrais amis, dont le bonheur fut aussi parfait qu'on peut l'espérer en ce monde.

Peu après le mariage de nos jeunes gens, le bon docteur retourna à Chertsey, où, privé de la société de ses dignes amis, il ne tarda pas à s'ennuyer et serait bientôt devenu maussade pour peu qu'il y eût été disposé par caractère. Pendant deux ou trois mois, il se contenta de donner à entendre qu'il craignait bien que l'air de Chertsey ne fût contraire à sa santé; puis, voyant qu'il ne s'y plaisait plus comme auparavant, il céda sa clientèle à son associé, et loua une petite maison à l'entrée du village dont son jeune ami était pasteur.

Avant de venir s'installer dans sa nouvelle demeure, il avait contracté une forte amitié pour M. Grimwig, qui lui rendait le réciproque. En conséquence, il reçoit bien souvent la visite de cet excentrique monsieur, qui, en ces occasions, jardine, pêche et charpente avec une activité sans égale; faisant chacune de ces choses à rebours de tous les autres, et affirmant (avec sa proposition favorite) que sa manière de s'y prendre est infiniment préférable à toute autre.

Le sieur Noé Claypole, ayant obtenu sa grâce de la couronne pour avoir témoigné contre le juif, et ayant considéré que sa profession n'était pas tout à fait aussi sûre qu'il le désirait, avisa nécessairement aux moyens de gagner sa vie sans être par trop surchargé de besogne. Il fut d'abord assez embarrassé sur le parti qu'il avait à prendre; mais, après quelque réflexion, il se fit mouchard, partie dans laquelle il réussit assez bien. Il se promène régulièrement tous les dimanches, pendant l'heure de l'office, en compagnie de Charlotte, décemment vêtue. Celle-ci s'évanouit à la porte des charitables cabaretiers; Noé s'étant fait servir pour trois sous d'eau-de-vie, afin de la faire revenir à elle, fait sa déposition le lendemain contre tel ou tel cabaretier qui a contrevenu à la loi en ouvrant sa boutique pendant l'office : alors il empoche la moitié de l'amende.

Les époux Bumble, privés tous deux de leur emploi, furent réduits graduellement à la plus affreuse misère, et finirent par être reçus comme pauvres dans le dépôt de mendicité où ils avaient jadis gouverné en despotes.

Quant à Giles et à Brittles, ils sont toujours à leurs anciens postes.

Charles Bates, épouvanté par le crime de Sikes, fit de sérieuses réflexions sur son inconduite passée, et, persuadé qu'après tout une vie honnête vaut mieux, il résolut de s'amender et de vivre désormais de son travail.

FIN.

TABLE.

TABLE

I. — Du lieu où Olivier Twist reçut le jour, et des circonstances qui accompagnèrent sa naissance. 5

II. — De la manière dont fut élevé Olivier Twist, de sa croissance, de son éducation. 7

III. — Comment Olivier Twist fut sur le point d'accepter une place qui n'était rien moins qu'une sinécure. 15

IV. — Une autre place étant offerte à Olivier, il fait son entrée dans le monde. 23

V. — Olivier fait connaissance de nouveaux personnages. 28

VI. — Olivier, poussé à bout par les railleries amères de Noé, entre en fureur, et surprend ce dernier par son audace. 31

VII. — Olivier est décidément réfractaire. 35

VIII. — Olivier se rend à Londres, et rencontre en chemin un singulier jeune homme. 42

IX. — Quelques détails concernant le facétieux vieillard et ses élèves intelligents. 47

X. — Olivier connaît mieux le caractère de ses nouveaux compagnons et acquiert de l'expérience à ses dépens. Importance des détails contenus dans ce chapitre. 52

XI. — De la manière dont M. Fang le magistrat rend la justice. 57

XII. — Olivier est mieux traité qu'il ne l'a jamais été auparavant. — Particularité concernant un portrait. 61

XIII. — Comment, par le moyen du facétieux vieillard, le lecteur intelligent va faire la connaissance d'un nouveau personnage. — Particularités et faits intéressants appartenant a cette histoire. 67

XIV. — Détails concernant le séjour d'Oliver chez M. Brownlow. — Prédiction remarquable d'un certain M. Grimwig au sujet d'un message dont l'enfant est chargé. 75

XV. — Montrant jusqu'à quel point le vieux juif et mademoiselle Nancy aimaient Olivier. 82

XVI.	— De ce que devint Olivier, après avoir été réclamé par Nancy.	85
XVII.	— Arrivée à Londres d'un personnage illustre qui perd Olivier de réputation.	93
XVIII.	— Comment Olivier passe le temps en la société de ses estimables amis.	100
XIX.	— Un grand projet est discuté, et l'on en détermine l'exécution.	105
XX.	— Olivier est remis entre les mains de Guillaume Sikes	113
XXI.	— Expédition.	120
XXII.	— Le vol de nuit avec effraction.	123
XXIII.	— Entretien entre M. Bumble et madame Gorney.	129
XXIV.	— Détails obscurs en apparence, mais qui ne laissent pas que d'être de quelque importance dans cette histoire.	133
XXV.	— Encore Fagin et compagnie.	136
XXVI.	— Un mystérieux personnage paraît sur la scène. — Particularités inséparables de cette histoire.	141
XXVII.	— Amende honorable pour une impolitesse faite à une dame que nous avons quittée de la manière la plus incivile dans le chapitre précédent.	151
XXVIII.	— Suite des aventures d'Olivier.	156
XXIX.	— Caractère des commensaux de la maison où se trouve Olivier. — Ce qu'ils pensent de lui.	163
XXX.	— Position critique.	171
XXXI.	— De la vie heureuse qu'Olivier mène avec ses amis.	179
XXXII.	— Un incident imprévu vient troubler le bonheur de nos trois amis.	184
XXXIII.	— Un nouveau personnage est introduit sur la scène. — Encore une aventure qui survient à Olivier.	189
XXXIV.	— Résultat peu satisfaisant de l'aventure d'Olivier. — Entretien de quelque importance entre Henri Maylie et mademoiselle Rose.	196
XXXV.	— Qui, bien qu'il soit court, n'en est pas moins d'une certaine importance pour cette histoire, en ce qu'il fait suite au chapitre précédent, et qu'il conduit nécessairement au chapitre suivant.	201
XXXVI.	— Dans lequel, en se reportant au chapitre XXVII de cet ouvrage, on apercevra un contraste malheureusement trop commun dans le mariage.	203
XXXVII.	— De ce qui se passa entre Monks et les époux Bumble le soir de leur entrevue.	211
XXXVIII.	— Le lecteur se retrouve avec d'anciennes connaissances. — Monks et Fagin se concertent entre eux.	218
XXXIX.	— Singulière entrevue en conséquence de ce qui s'est passé dans le chapitre précédent.	224
XL.	— Nouvelles découvertes, prouvant que les surprises, de même que les malheurs, viennent rarement seules.	233

XLI.	— Une vieille connaissance d'Olivier, donnant des preuves d'un génie supérieur, devient un personnage public dans la métropole.	239
XLII.	— Le Matois se fait de mauvaises affaires.	246
XLIII.	— Le temps est arrivé pour Nancy de tenir sa promesse envers Rose. — Elle y manque. — Noé Claypole est employé par Fagin pour une mission secrète.	254
XLIV.	— Nancy est exacte au rendez-vous.	261
XLV.	— Conséquence fatale.	266
XLVI.	— Monks et M. Brownlow se rencontrent enfin. — Entretien qu'ils eurent ensemble, et de quelle manière il fut interrompu.	272
XLVII.	— Sikes est poursuivi. — Comment il échappe à la police.	280
XLVIII.	— Eclaircissement de plus d'un mystère. — Proposition de mariage sans dot et sans épingles.	286
XLIX.	— Le dernier jour d'un condamné.	293
L.	— Conclusion.	297

FIN DE LA TABLE.

Limoges. — Impr. EUGÈNE ARDANT et C⁰.

www.ingramcontent.com/pod-product-compliance
Lightning Source LLC
Chambersburg PA
CBHW071528160426
43196CB00010B/1704